マクロ経済学・入門

第6版

福田慎一・照山博司［著］

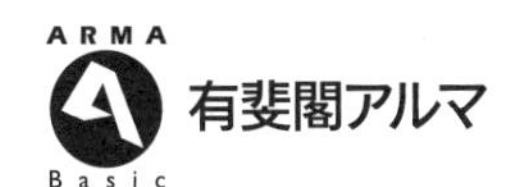

第6版 はしがき MACROECONOMICS

今日，世界では，新型コロナウィルス感染症のパンデミック（世界的流行），ロシアによるウクライナへの軍事侵攻，中東地域でのイスラエルとハマスの衝突など，予期せぬ出来事が各地で次々と起こっている。これらの出来事は，一見われわれ個々人の生活には直接関係ないと思いがちである。しかし，それらは，めぐりめぐってわれわれの生活に大きな影響を与えることが少なくない。とくに，読者の皆さんがしばしばテレビ・新聞やSNSなどで見聞きする物価や賃金，金利や為替レート，それに景気といったマクロ経済に関するニュースは，これら世界で起こっている出来事と密接に関連している。グローバル化した現代社会では，世界のさまざまな出来事は，われわれの日常生活と不可分なものとなっている。

初版以降の本書における一貫したテーマは，「一見難しく思えるマクロ経済の現象を，読者が理解できるようになること」である。このため，本書では，日本経済・世界経済で何が起こってきたのかを理解しながら，マクロ経済学を勉強するというスタンスをとっている。大学生がはじめに学ぶ標準的な理論を勉強するだけでも，日本や世界が抱えるマクロ経済の諸問題はかなり理解できるものである。本書では，抽象的な議論や数式の展開を極力避け，簡単なデータを使いながらマクロ経済理論を直感的に理解するという方法を通じて，さまざまなマクロ経済学の問題を勉強するというスタイルで書き進められている。

早いもので，本書の初版が刊行されてから，約27年という長い月日が経ってしまった。その間の日本経済を振り返ると，まさに激動の時代であったといえる。かつて目覚ましい成長を達成した日本経済は，1990年代初頭にバブル経済が崩壊すると成長の鈍化が顕著となり，長期停滞を経験することとなった。物価や賃金はほとんど上昇せず，インフレ率がしばしばマイナスの値となるデフレも発生した。物価の低迷は，長期化した成長率の低迷も相まって，日本経済に悪影響を及ぼしているのではないかという指摘も数多くなされた。しかし，2020年に発生した新型コロナウィルス感染症による不況を経て，日本でも，輸入物価の高騰の結果，物価が日本銀行の目標2%を大きく超えて上昇し始めた。これは，消費税の引き上げで物価が上昇した2014年を除けば，1991年以来の高い上昇率で，長年，物価の低迷が続いてきた日本にも変化の兆しがみられる。

今回の改訂でも，旧版と同様に，これら最近のマクロ経済の現象をできるだけ取り入れるように心がけた。とくに，新型コロナウィルス感染症が日本経済に与えた影響をできるだけ丁寧に説明すると同時に，足元で発生している物価上昇やそれに伴う金融政策のあり方をわかりやすく解説した。また，第8章で利子率と経済成長率を比較して財政の維持可能性を探るドーマー条件を，第9章で2000年代に日本で賃金が低迷した原因を，第12章で海外価格と国内価格の関係を示すパススルーとは何かを書き加えるなど，各章でさまざまな改訂が行われた。

マクロ経済学は，経済学のなかでも比較的新しい学問である。1930年代に世界的に深刻な不況が起こったなか，1936年にイギリスの経済学者**ジョン・メイナード・ケインズ**（John Maynard

Keynes）が，代表作『雇用・利子および貨幣の一般理論』を著したのがその始まりと考えられている。その考え方をもとに，第2次大戦後，さまざまな理論が提唱され，それをもとにミクロ経済学と並んで経済学のもっとも基本的な分野となっていった。今日の経済社会では，多くの国々で所得水準が飛躍的に増大した。しかし，われわれは，依然として「より豊かな社会」の実現を求め続けている。他方，その過程で経済活動も多様化・複雑化し，それを理解するためにより進んだ経済学の知識が必要とされるようになっている。本書で取り扱う「マクロ経済学」は，そうした多様化・複雑化したマクロ経済現象をできるだけ平易に理解できるように工夫して執筆されている。本書を読むことで，一見複雑に思えるマクロ経済現象のメカニズムを理解し，「マクロ経済学」の面白さを少しでも学んでいただければ幸甚である。

最後に，これまでの版と同様に，本テキストの編集にご尽力いただいた有斐閣編集部の方々に心から御礼申し上げたい。とくに，藤田裕子さんには未整理の校正原稿を手際よく編集していただき，『マクロ経済学・入門（第6版）』の刊行にこぎつけていただいた。2023年は，奇しくもケインズが生誕してから150年の節目の年となる。異例の猛暑が続くなか，当初の予定から遅れがちな改訂作業であったが，何とか節目の年に無事に出版へとこぎつけていただいた。ここに記して感謝の意を表したい。

2023年11月

著　　者

初版はしがき MACROECONOMICS

著者たちがこの教科書を執筆している過程で，経済学を勉強しはじめたばかりのある学生から，「マクロ経済学の方がミクロ経済学よりも勉強しやすい！」という意見を耳にしたことがある。この学生の弁によれば，「ミクロ経済学でまず学ぶことといえば，家計の効用最大化であり，企業の利潤最大化である。しかし，自分たちが日常的にそのような最大化行動をしているといわれてもなかなかピンとこない。そもそも“効用”とか，“無差別曲線”といった日本語なのか外国語なのかわからない用語がどんどん出てくるミクロ経済学は，それだけで嫌気がさしてしまう。これに対して，マクロ経済学は，自分たちが日常的に新聞やテレビを通じて関心を持っている問題を直接取り扱っていることが多い。このため，マクロ経済学を勉強すると，何が今日の日本経済の中で問題となっているかが自分なりにわかってくるような気がする。」というのである。

もし皆さんのなかでこの学生の意見に賛成の人があるならば，是非この本を読んでマクロ経済学を勉強してもらいたい。なぜなら，この教科書は，「日本の貯蓄率はなぜ高い？」とか，「日本の失業率はなぜ低い？」といった，日常的なマクロ経済学の問題をどのように考えるかを理解してもらうために書かれた本だからである。したがって，この本を一通り勉強すると，何が今日の日本経済のなかで問題となっているかがわかるような工夫がしてある。また，本のなかでしばしば登場する“コラム”では比較的最近の研究の紹介も行っており，読者が最先端のマクロ経済学の研究とはどのようなものかもわかるようになっている。

本書は全体で11の章で構成されているが，本書の特徴として，各章の説明が基本的に自己完結的なものとして構成されている点があげられる。このため，本文中で多少専門的な記述があってわからなくなった場合には，どんどん読み飛ばして先に進んでもらいたい。また，後の章で興味深いと思うものがあれば，その章から読みはじめてもらってもよい。いずれの場合でも，各章の内容はほぼ理解できるような工夫がなされている。

ところで，著者たちがマクロ経済学を学び始めた頃，マクロ経済学のもっとも標準的な教科書といえば，**ドーンブッシュ**（R. Dornbusch）と**フィッシャー**（S. Fischer）の共著としてまとめられた『マクロ経済学』（マグロウヒル社）であった。1978年に初版が出版されたこの本は全体で19章からなっており，その多くの章が当時の標準的な分析手法であった乗数理論や*IS–LM*分析の説明に割かれていた。そして，いかに財政政策や金融政策が有効であり，国民所得を高めるためにはどのような政策が望ましいかが，各章でさまざまな角度から議論されていた。

しかしながら，このようなスタンダードなマクロ経済学の教科書が出版された頃，より専門的な研究を行う学界ではそれまでのマクロ経済学のアプローチに対する批判がさまざまな形で提示され始めていた。そして，最近では，経済学の専門家の間では伝統的なマクロ経済学に対する評価は一変し，少なくとも大学院のレベルではかつて教科書で詳細な説明がなされた乗数理論や*IS–LM*分析を時間をかけて教える大学は，きわめて少数派となってしまった。

以上のようなマクロ経済学における考え方の変化は，学部の授業内容も少しずつ変えつつある。そして，アメリカで出版された教科書のなかには，**バロー**（R. Barro）による『マクロ経済学』（John Wiley & Son）のように，乗数理論などはごく簡単にふれるだけという本も登場した。ただ，学部の授業では，大学院のように専門的な最新の研究成果をそのまま教えるわけにはいかない。このため，現状では，たとえばこれからマクロ経済学を学ぼうとする人たちに何を教えるべきかははっきりとしていない。

著者たちの考えでは，最近の学部学生がマクロ経済学を学ぶ方法は大きく分けて２つあると思っている。第１の方法は，現実のデータに着目し，今日の日本経済が抱えている諸問題をマクロ経済学の観点から勉強するものである。マクロ経済学の考え方は最近大きく変容したとはいえ，失業やインフレといったマクロ経済固有の問題は依然として十分に解決されないまま今日に至っている。そればかりか，最近の日本経済が直面するマクロ経済環境はますます複雑化し，マクロ経済学が解かなければならない問題は従来よりも飛躍的に多くなっている。そうしたなかで，今日のマクロ経済学が解明しなければならない問題とはどのようなものであるかをまず理解してもらい，そのうえでこれらの諸問題にマクロ経済学としてどのように考えればよいかのアイディアを提示する。それが，著者たちが考える第１の勉強方法である。

第２の方法は，ミクロ的基礎に忠実にマクロ経済学を勉強するものである。専門的なマクロ経済学では，1970年代半ば以降，この考え方にもとづく研究が大きな影響力をもってきている。このため，マクロ経済学といえども，まずは「家計の効用最大化」や「企業の利潤最大化」といったミクロ経済学の考え方を勉強する。そして，そのうえで，古典派経済学のような市場メカニズムを中心としたマクロ・モデルを考察したり，ケインズ経済学のような市場の失敗を重視するマクロ現象を勉強することとなる。

以上の２つの勉強方法のうち，本書で採用されるアプローチは第１の方法である。著者たちがこの方法によって初歩的なマクロ経済学の教科書を書こうと思い立ったのは，これまでわれわれが「日本経済とマクロ経済学」という問題意識から数多くの共同研究を行ってきたからである。それらの研究それぞれは，学部学生のレベルからするとかなり専門的なものであったかもしれない。しかし，それらの研究を行うに至った動機は，日頃から多くの人々がマクロ経済現象に関して疑問に思っている問題と共通したところから生まれている。このため，われわれがこれまでの研究を通じて考察しようとしてきた問題を，誰でもが理解できるように平易に，しかも議論の基礎となるマクロ経済学の考え方をやさしく解説しながら説明したいと考えたのである。

この本をまとめるにあたっては，多くの方々からご助言や励ましをいただいた。ここですべての方々のお名前をあげることはできないが，あらためて皆様に心からお礼を申し上げる。とくに，本書の内容の一部を，大蔵省，日本銀行，日本経済研究センターといった実務家の研修における講義に利用する機会を得たことは，本書を執筆するうえで有益であった。また，名古屋市立大学経済学部の外谷英樹氏には，草稿に目を通してもらい，読者として意見を聞かせていただいた。

最後に，このようなマクロ経済学の教科書を執筆する機会をわれわれに与えて下さった有斐閣編集部の方々に，心からお礼を申し上げたい。とくに，千葉美代子さんには，著者たちが仕事の都合で，シアトル，ボストン，ワシントンDCなど海外に滞在することになったにもかかわらず，予定よりも遅れがちな原稿を辛抱強く編集していただき，最終的な出版にまでこぎつけていただいたことには深く感謝の意を表したい。

1996年8月

著　者

著者自己紹介 MACRO ECONOMICS

福田慎一（ふくだ しんいち）

1960年石川県生まれ。1984年に東京大学経済学部を卒業した後，米国イェール大学大学院に留学しました。イェール大学で博士号を取得した後，横浜国立大学経済学部，一橋大学経済研究所に勤務し，現在は東京大学経済学部で教えています。私の研究分野は，マクロ経済学や金融理論で，理論と実証の両面から研究活動を続けています。

いわゆる「バブル」が崩壊した後，日本経済はさまざまな意味で大きく変容したといえます。近年では，新型コロナウィルス感染症のパンデミックやロシアのウクライナ侵攻なども，日本経済に大きな影響を与えました。このため，従来の考え方では，日本経済で進行している出来事を十分理解できなくなっているのが現状です。今回の改訂版は，マクロ経済の立場から，そのような日本経済の現状を皆さんにできるだけわかってもらえるように工夫して書きました。経済は日々刻々と変わっていくものなので，わかりやすく説明するのは大変でしたが，皆さんも日ごろ耳にしてきた経済ニュースを思い出しながら読んでもらえれば幸いです。

「マクロ経済学」といってもその勉強方法にはいろいろあります。どのように勉強するかは皆さんの好みによりますが，この教科書はマクロ経済学を現実の経済と結びつけて勉強したい人向けです。経済学は数式が多くて嫌だとか，経済用語は難しいなどと思っている人は，是非この本でマクロ経済学を勉強してください。

照山博司（てるやま ひろし）

1962年愛知県生まれ。1985年に東京大学経済学部を卒業し，東京大学大学院経済学研究科で勉強を続けました。その後，東京大学社会科学研究所を経て，1992年から京都大学経済研究所で，本書で説明するようなマクロ経済データを使った実証分析を中心に研究活動を続けています。

現実の日本の経済データを見ながら，やさしくマクロ経済学を解説する入門書として企画された本書は，幸いにも版を重ねることができ，これで第6版となりました。この間，日本経済は大きく変貌し，初版時には日本経済の特徴とされていた多くの事柄が様変わりしました。たとえば，「日本の貯蓄率はなぜ高い？」，「日本の失業率はなぜ低い？」といった問いも，今日では「日本の貯蓄率はなぜ低くなったのか？」，「日本の失業率はなぜ高くなったのか？」と問い直さなければならなくなりました。本書に掲げたグラフや表からは，他にも多くの日本の経済環境の変化を読み取ることができます。どうして私たちはこれほど大きな変化を体験することになったのでしょうか。本書によって，このような現実の経済の疑問を身近に感じ，マクロ経済学がそれらの問にどのように答えるのかに関心をもって，マクロ経済学の基本的な考えを学んでいってもらえたら，と思います。本書が，皆さんが毎日の経済ニュースを一層理解するための役に立ち，また，これから専門的にマクロ経済学を勉強しようとする方々にとっての一助となることができるよう願っています。

Information　本書について

●本書とは何か　本書は，これから経済学を勉強し始めようとする読者が，マクロ経済学の基礎を学ぶために作られたテキストです。マクロ経済学の基礎を学ぶと同時に，いま日本経済で何が問題となっているかを理解するのに役立つ本であることを目指しています。

●本書の構成　本書は，第1章～12章の，全12章で構成されています。これらの章において，マクロ経済の基本的な考え方とその応用例がやさしく説明されています。全体の章は順序立てて配列されていますが，自分の関心のある章から読み始めてもわかるように工夫がされています。

●各章の構成　各章は，「本文」「Column」「練習問題」「参考文献」で構成され，問題を複合的に理解できるようになっています。

●キーワード　本文において重要な語句や人名はゴチック文字で記し，ひと目でわかるようにしました。

●*Column*　各章のなかにColumnが挿入されています。その章で学ぶ内容に関連した興味深い応用例が取り上げられ，本文の理解を助けるように工夫されています。

●図　表　活字ばかりでなく，理解の手助けのために，図示できるものはできるだけ多く図表にしてあります。また，日本経済に関するデータも数多く図や表として示し，現実の経済で何が起こっているかがわかるようにしました。

2001年1月からの中央省庁の再編により省庁名が変更されました。そのため，本書の図表などのデータの出所としてあげた刊行機関は，2001年以降発行されたものについては下記の名称に変更されています。なお，名称変更前の刊行物については，刊行時の名称を用いています。

大蔵省→財務省　　経済企画庁→内閣府　　労働省→厚生労働省
総務庁→総務省　　通商産業省→経済産業省

●練習問題　各章末に，その章の内容に関連した「練習問題」が付けられています。巻末には各章の練習問題の解答例も掲載してありますので，より進んだ学習のために利用して下さい。また姉妹書『演習式　マクロ経済学・入門　補訂版』をあわせて利用されるとより効果的です。

●参考となる文献やウェブサイト　さらに学習を進めるために，各章末に文献をあげてあります。日本語の文献やウェブサイトを中心に読者が入手・アクセスしやすいものが選択されています。

●索　引　巻末には，キーワードを中心に基礎タームが検索できるように索引が掲載されています。索引から本文を読み直せば，また違った角度から知識を整理することができると思います。

目　次　MACRO ECONOMICS

第5章 貨幣の需要と供給 135

貨幣の役割と貨幣供給

Column 一覧

各章扉写真提供　時事（1, 4, 5, 6, 7, 11 章），AFP＝時事（2 章），朝日新聞社／時事通信フォト（3 章），時事通信フォト（8, 9, 12 章），共同通信社（10 章）

第1章 *GDP* とは何だろうか？

一国の経済力の指標

工場の製造ライン

マクロ経済学では，一国のマクロ経済のパフォーマンスを統計のうえで体系的に測る指標がつくられている。それが，国民経済計算（SNA）と呼ばれるものである。本章では，一国の代表的な経済活動の指標として GDP（国内総生産）を取り上げ，国民経済計算で用いられている諸概念を簡単に説明する。

1 GDP（国内総生産）

●一国の経済力を測る指標

生産活動のとらえ方

マクロ経済学において，一国の経済のパフォーマンスを統計的に測る代表的な基準が，国民経済計算（SNA: System of National Accounts）である。国民経済計算の特徴は，一定期間（たとえば，四半期や1年）に国全体としてどれだけの生産活動が行われたかをさまざまな角度から測ることで一国の経済力をとらえている点である。

また，国民経済計算では，生産活動を具体的な財の生産にとどまらず，その成果が特定の形となって現れないサービスの供給（たとえば，接客スタッフや電話オペレーターの仕事）を含むものとしてとらえている。このため，国民経済計算では，財の生産量やサービスの供給量にそれぞれの価格を掛けて集計したものが，一国の生産活動を測るベースとなる。

二重計算の問題

しかし，このようにして集計された生産活動は，一国全体の生産額としては適切な指標ではない。というのは，各財・サービスの価格のなかには，原材料として使われた他の生産物の価格が重複して含まれている可能性があるからである。

たとえば，今期に生産されたコンピュータを考えてみた場合，その販売価格のなかには，原材料としての部品の価格が含められているはずである。しかし，この部品自体は，このコンピュータ製造メーカーに販売された際に，部品製造メーカーの生産としてすでに計上されたものである。このため，単純にすべての生産額を合計した場合には，コンピュータ部品の生産は，部品製造メーカーとコンピュータ製造メーカーの両方の生産額に含まれてしまうという二重計算が発生することになってしまう。

粗付加価値と GDP

それでは，一国の生産活動の成果を二重計算することなく測定するためには，どのようにすればよいのであろうか。その解決策として現在用いられている方法は，各生産者が新たに付け加えた生産物の価値である粗付加価値のみを合計する方法である。粗付加価値は，各財・サービスの生産額から原材料等の中間生産物の投入額を取り除いた形で定義されるので，粗付加価値のみを合計すれば，上述の二重計算の問題は回避できることになる。

ある期間中に生産されたすべての財・サービスの粗付加価値をすべての生産主体について合計したものが，国内総生産（GDP: Gross Domestic Product）である。すなわち，GDP とは，「一定期間中に一国の国内で生産されたすべての粗付加価値を市場価格で評価して合計した金額」ということができる。

たとえば，上の例でいえば，当期中にコンピュータの生産に利用された部品の生産額は中間生産物である。したがって，**図 1-1** で示されているように，コンピュータの粗付加価値は，その生産額から部品の生産額を引いたものとして求められる。また，部品の粗付加価値は，その生産額からその原材料費を取り除いたものとなる。GDP は，このようにして求められた粗付加価値をすべての生産工程の財について合計したものとして計算されることになる。

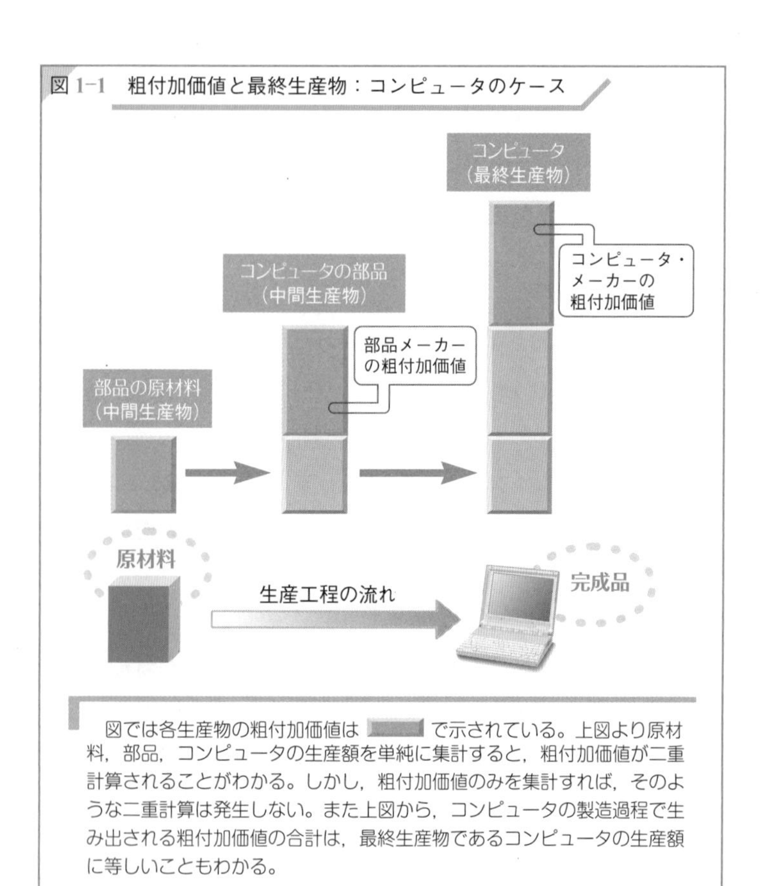

図 1-1　粗付加価値と最終生産物：コンピュータのケース

図では各生産物の粗付加価値は［図示］で示されている。上図より原材料，部品，コンピュータの生産額を単純に集計すると，粗付加価値が二重計算されることがわかる。しかし，粗付加価値のみを集計すれば，そのような二重計算は発生しない。また上図から，コンピュータの製造過程で生み出される粗付加価値の合計は，最終生産物であるコンピュータの生産額に等しいこともわかる。

最終生産物と GDP

GDP は，輸入された中間生産物を除けば，最終生産物の生産額のみを合計しても得ることができる。ここで，最終生産物とは，その期間中に他の生産物の中間投入として使用されることのない生産物のことである。

前述の例でいえば，コンピュータは最終生産物であるが，部品や原材料は中間生産物であって，最終生産物でない。したがって，この方法でGDPを計算するときには，コンピュータの生産額のみを最終生産物として計上し，部品や原材料の生産額はGDPを計算するうえではカウントしないことになる。

国内純生産（NDP）

ところで，GDPから固定資本減耗を差し引いた金額は，国内純生産（NDP: Net Domestic Product）と呼ばれている。機械や建物等の資本ストックは使用すれば必ず摩耗するので，それを表す固定資本減耗の分を取り除くことによって生産の過大評価を防ごうというのである。

したがって，統計的に固定資本減耗を正確にとらえることができるのであれば，国内純生産は国内総生産よりも適切な生産の概念である。しかし，資本減耗を正確に把握することは実際にはきわめて難しいことはよく知られている。このため，現在の国民経済計算では，生産について国内総生産（GDP）と国内純生産（NDP）の両者の概念を併用している。

2 三面等価の原則

●生産＝所得＝支出

分配面からみたGDP

一国の生産活動は，生産に参加した経済主体に対する分配という観点からもとらえることができる。すなわち，われわれは，労働者として働けば賃金という報酬を受け取ることができるし，土地や資本を生産活動に提供すればその分だけ地代や利子といった報酬を受け取ることができる。

これらの報酬は，いわば生産活動に従事したことの代償として支払われるものであり，生産活動によって得られた収入は，このような報酬として分配されると考えることができる。このように生産活動への報酬として支払われた所得は，要素所得といわれる。

要素所得は，雇用者報酬と営業余剰・混合所得から構成されている。ここで，雇用者報酬とは労働に対する報酬のことであり，具体的には労働者の賃金・俸給などがそれに当たる。また，営業余剰には，法人企業の利潤，支払利子，地代などが一括して含まれ，個人企業のそれらは，混合所得として別に分類される。一国の総生産の多くは，これら雇用者報酬と営業余剰・混合所得のいずれかの形で分配されることになる。

したがって，生産活動を分配面からとらえた場合には，GDP は，国内総所得として次のような項目に分けることができる。

国内総所得＝雇用者報酬＋営業余剰・混合所得
＋（生産・輸入品に課される税－補助金）
＋固定資本減耗

ここで，「生産・輸入品に課される税－補助金」は生産活動に対する報酬ではないが，政府部門への付加価値の分配となるため，分配面からみた GDP の構成項目となっている。

国内総支出（GDE）

一方，分配された総生産は，それがどのように使われるのかという観点から，支出面でもとらえることができる。これが国内総支出（GDE: Gross Domestic Expenditure）である。

この国内総支出は，民間最終消費支出（C），政府最終消費支出（G），国内総固定資本形成（I），在庫品増加（N），財・サー

ビスの輸出（X），輸入（M）の諸項目によって構成されており，事後的には，

$$\mathrm{GDE} = C + G + I + N + X - M$$

という関係が成立している。

これらの国内総支出の構成項目が具体的にどのようなものであり，それらがどのように決定されているかは，マクロ経済学における最も重要な問題である。したがって，われわれも，以下の章でこの問題を少しずつ学んでいくことになる。

三面等価の原則とマクロ的循環構造

以上のように，われわれは，国民経済計算において，

総生産 = 総所得 = 総支出

の関係が成り立っていることをみた。つまり，国民経済計算においては，GDP は生産面からみようと，分配面からみようと，支出面からみようとすべて等しいという関係が成立しているのである。この関係は，三面等価の原則と呼ばれている。

図 1-2 は，この関係の概略を，2021 年度の日本のケースについて表したものである。図から容易に，この三面等価の原則が日本で実際に成立していることを確認することができる。

三面等価の原則は，マクロ的な循環構造の仕組みを理解するうえで重要な意味をもっている。実際，マクロ的な生産，分配，支出の間には，**図 1-3** でその概略が示されているように，

生産 → 分配 → 支出 → 生産 → ……

という流れが存在しており，それがマクロ経済のモノやお金の動きを基本的に規定しているのである。

マクロ経済学の 1 つの重要な目的は，このような生産，分配，

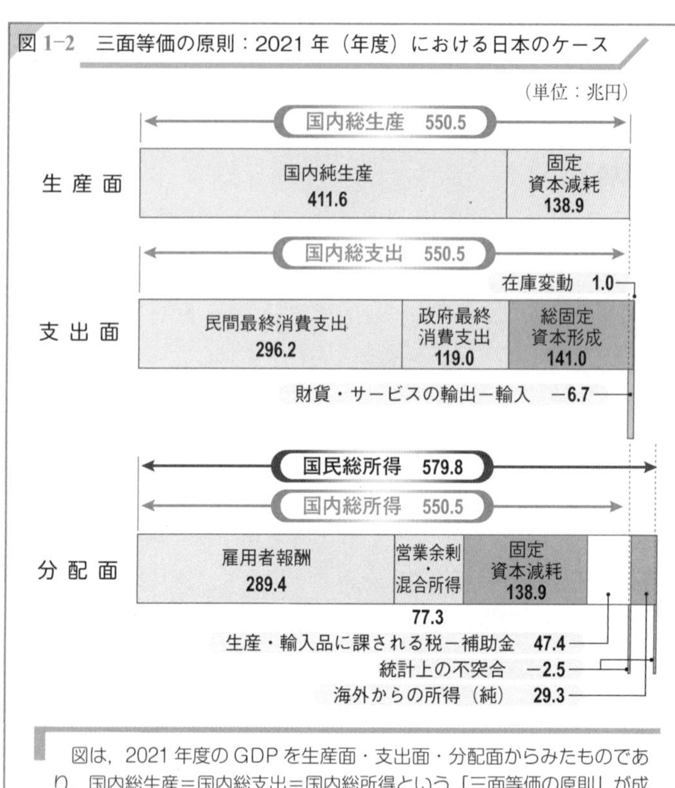

図 1-2　三面等価の原則：2021 年（年度）における日本のケース

図は，2021 年度の GDP を生産面・支出面・分配面からみたものであり，国内総生産＝国内総支出＝国内総所得という「三面等価の原則」が成立している（ただし，実際には別々に推計されるため，「統計上の不突合」という若干の推計値の不一致が生じる）。なお，生産・支出は「国内」概念，所得は「国民」概念によって把握される指標であるため，一国の生産水準を表す国内総生産（＝国内総所得）に海外からの純所得を加えた国民総所得が一国の所得水準を示す指標となる。

（出所）　内閣府『国民経済計算（GDP 統計）』より作成。

支出といったモノの流れが，経済全体としてどのように決定されるかを理論的に解説することにある。もっとも，今日の経済システムは非常に複雑であり，そのすべてを取り入れて分析を行う

図 1-3　国民経済計算でみたマクロ経済の循環

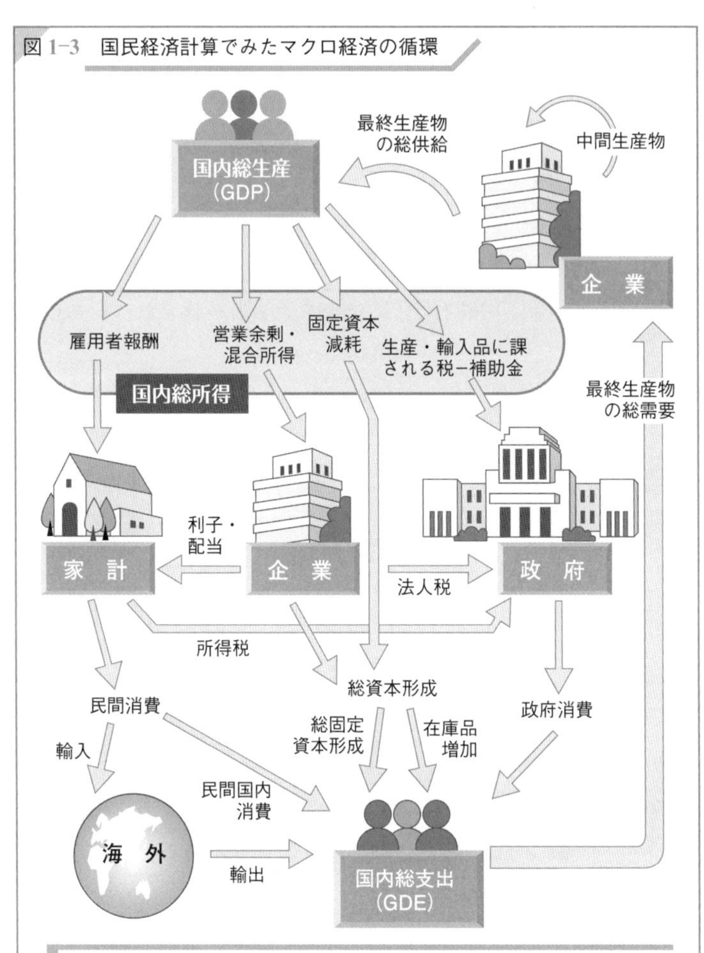

上図は，GDP の生産・分配・支出という 3 つの側面を，マクロ経済の循環構造のなかでみたものである。まず，GDP は一国の生産活動の成果としての粗付加価値の合計である。それは，主として家計部門と企業部門に，雇用者報酬と営業余剰・混合所得として分配される。さらに，このような各経済部門に分配された所得は，民間消費，政府消費，総資本形成のために支出される。そして，これらの国内総支出の構成項目が，最終生産物に対する需要を形成する。

ことは事実上不可能である。そこで，多くのマクロ経済分析では，現実の経済を考えるうえでとくに重要であると考えられる要因（たとえば，支出 → 生産）をクローズアップし，他の要因はできるだけ簡単化して分析を行うアプローチがとられている。

3 GDPの範囲

GDPに含まれるもの・含まれないもの

GDPを計算するうえでの原則

GDPは一国の経済活動の指標であり，できる限り多くの生産活動をそれに含めることが望ましい。したがって，GDPを計算する際には，実際に市場で取引された財・サービスは，原則としてすべて市場価格で評価されてGDPのなかに含まれている。

これに対し，市場価格で評価できないもののなかには，GDPに含まれないものもある。その代表的なものが，主婦の家事労働である。すなわち，同じ炊事・洗濯といった家事労働を行ったとしても，その家の主婦が行えばそれはGDPには含まれないのに対し，家事代行業者を雇って行えば，市場性があるので生産とみなされ，GDPに含まれることになっている。

政府の生産活動

もっとも，実際に市場で取引されないものでも，生産物のなかに含まれるケースがいくつか存在している。その代表的なものが，政府が提供する行政サービス（たとえば，官公庁の窓口業務）である。

国民経済計算では，政府のサービスによる生産額を計算する際には，実際にそのサービスを提供するうえでかかった費用（たとえば，人件費）で代用し，その分だけをGDPに含めている。したがって，政府のサービスがいくら向上しても，それにかかった費用が変化しなければGDPは上昇しないことになっている。

帰属価格

政府のサービス以外に，市場での取引がないにもかかわらずGDPに計上されるのが，帰属価格と呼ばれる価格を当てはめて生産額を計算するケースである。その代表的なものとしては，①持ち家のサービス，②会社員の現物給与，③農家の自家消費，の3つがよく知られている。

たとえば，持ち家のサービスは，そのサービスが市場で取引されているわけではない。しかし，持ち家は借家と同様に住宅のサービスを提供しているので，仮にその持ち家が借家であったならばどれだけの家賃を支払わなければならなかったかを帰属家賃として評価し，それをGDPに含めている。国民経済計算では，「持ち家の帰属家賃」は，家計最終消費支出の15%余りにも達し，国内総支出（支出面）のなかで大きなシェア（GDP = GDEの1割近く）を占める。また，国内総所得（分配面）でも，持ち家を所有する家計は住宅賃貸業を営んでいるものとみなされるため,「持ち家の帰属家賃」は家計の生産額となり，費用を差し引いた分が営業余剰・混合所得として計上されている。

同様の処理は，会社が社員に与える現物給与（たとえば，社宅に無料で住まわせてもらうケース）や農家の自家消費に対しても行われている。すなわち，現物給与があった場合には，給与は市場価格で支払われるわけではない。しかし，会社の生産額のなかにあたかも市場を通じる取引があったかのようにみなしてそれぞれGDPに算入する。また，農家が自分の農地で生産したものを自家消費する場合も，その農産物は市場で取引されたわけではない。しかし，国民経済計算ではその分も，それと同等の農産物の市場価格を帰属価格として当てはめることによってその生産額を評価し，他の農家の生産物と同様にGDPの構成要素の1つに加えている。

GDPを計算するうえでのもう1つの原則

GDPを計算するうえでもう1つ注意すべき点は，生産活動によって生み出された価値以外のものは，生産の成果のなかにいっさい算入しないという原則である。

たとえば，保有資産の価格が変動することによって得られるキャピタル・ゲインやキャピタル・ロスは，個人にとっては所得の増加である。しかし，GDPを計算するに際しては，所得とみなさず，GDPには算入しない。また，土地の売買など付加価値を生まない移転支出からの所得も要素所得とはっきり区別し，GDPには含めないことになっている。

4 「国内」の概念と「国民」の概念

●日本人による外国での生産活動

国民と国内

われわれはこれまで，GDP（国内総生産）に関する概念を説明する際に，国内という概念を説明しないで使ってきた。しかし，一国の生産あるいは所得をとらえる概念としては，この国内のほかに，国民という概

Column ❶ 四半期GDPの改定

GDPは，一国の経済状況を知るうえで重要なマクロ経済指標である。このため，その値をいかに速やかにかつ正確に発表するかは，統計作成者にとって大きな課題である。現在，日本のGDP統計は，年次データに加えて，四半期データが内閣府から，速報値，改定値，確報値の3回に分けて公表されている。「1次速報」は四半期終了後から約1カ月半後，その改定値である「2次速報」は1次速報の約1カ月後にそれぞれ公表される。また，精度の高い基礎資料にもとづいて，「第一次年次推計（旧称：確報）」が当該年の翌年12月頃に作成・公表され，それにともなって改定されるGDPが確報値となる。

「四半期別GDP速報」はQE（Quarterly Estimates）とも呼ばれ，1次速報と2次速報はそれぞれ1次QEと2次QEとも称される。各QEを迅速かつ正確に作成・公表することは，直近の経済情勢を分析するうえで欠かせない。しかし，確報値とは異なり，QEはGDPの計算に不可欠な基礎統計が十分に整っていない段階で作成されるため，しばしば無視できない計測誤差をともなう。とくに，日本のQEは，先進主要国のなかで，公表時期が遅いだけでなく，改定ごとの変動幅が大きい傾向がある。さまざまな政策判断は，その時点で利用可能な速報値

図1-4　日本の四半期GDPの公表・改定の流れ

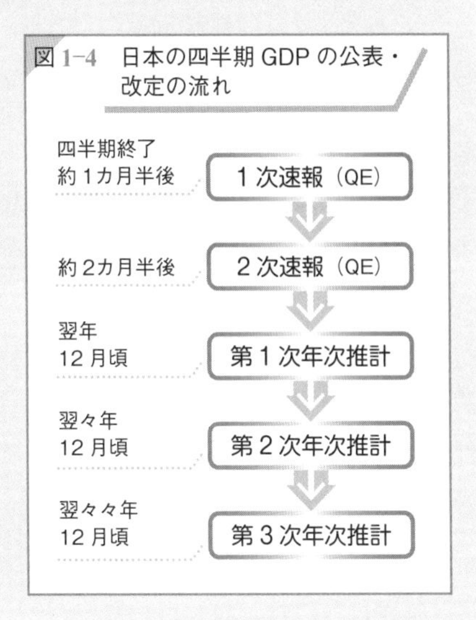

（リアルタイムデータ〔real-time data〕）にもとづいて行うことが少なくない。GDPの計算に必要な基礎統計を速やかに整備し，適切なQEの作成・公表を実現していくことは日本の統計制度の大きな課題といえる。

なお，日本のGDPは，確報値である第1次年次推計が公表された後も，さらに改定される。すなわち，第1次年推計公表の1年後に新たなデータの入手により計数を改定した「第2次年次推計（旧称：確々報）」が，また第2次年推計公表の1年後に追加的な調整を行った「第3次年次推計」がそれぞれ作成・公表される。さらに，「産業連関表」「国勢統計」などの基幹的統計の公表に合わせて，GDP統計は約5年ごとに大幅な改定（基準改定）が行われ，それによってGDPの値がしばしば大きく変わることがある。

マクロ経済の分析では，GDPは最も重要なデータの1つである。分析者は，常に最新のGDPデータを利用することを心掛けると同時に，データの改定でその値がどのように変化したかを注意深く検討する必要がある。

念がある。この2つの概念の相違は，一国を地理的領土に関連してとらえる場合に国内といい，他方，1年以上居住している居住者に関連してとらえる場合を国民という点である。

われわれがこれまでにみてきた生産・所得・支出に関する国内の概念は，いずれも，一国の領土内で一定期間に行われた経済活動についてのものである。このため，日本のGDPのなかには，外国人が一時的に日本国内で行った生産活動も含まれることになる。

国民総所得（GNI）

一方，居住者という意味での国民が一定期間に行った生産活動による所得は，国民総所得（GNI: Gross National Income）として定義される。日本のGNIには，一時的に日本に滞在する外国人が日本で行った生産活動による所得は含まれていないが，日本人が海外で行った生産活動による所得は含まれることになる。

国民経済計算上においては，日本人の海外での生産活動は，日本人が外国から受け取る所得（海外からの所得）によって，また，外国人の日本での生産活動は日本から外国に送られる所得（海外への所得）によって把握されている。このため，GDPの定義から，GDPとGNIの間には，

GNI = GDP + 海外からの所得 − 海外への所得

という関係が成立する。

通常，「国内」概念の場合に「総生産」，「国民」概念の場合に「総所得」が使われる。これは，一国の生産活動水準をとらえるという目的には，海外との所得の受払を含まない国内の概念が適切である一方，一国の豊かさとしての所得水準をとらえるという目的には，その国の国民がどれだけの所得を得たかという国民の概念が適切なためである。かつては，国民経済計算上の中心概念は，国民総生産（GNP）であった。しかし，近年，国際的にGDP重視の傾向が高まり，現在では日本でも，GDPを中心に総生産を考えるようになっている。

なお，国民経済計算には，国民所得という概念もある。国民所得の指標としてはさまざまなものが考えられるが，慣行として，

（要素費用表示の）国民所得 = 国民総所得 −（生産・輸入品に課される税 − 補助金）− 固定資本減耗

を国民所得と呼び，国民の生産活動の成果が，その対価としてどのように分配されたかを示す指標としている。

5 名目値と実質値

●価格変動の影響をどのように取り除くか？

名目 GDP

GDP は，さまざまな財・サービスの粗付加価値（あるいは最終生産物）をそれぞれの市場価格で評価して合計したものである。したがって，その評価の際には各期の市場価格が用いられ，このようにして計算された GDP はとくに**名目GDP（名目国内総生産）**と呼ばれている。

しかし，この名目 GDP は，その変化分のなかに価格の変化分をも含むことになってしまい，純粋な生産活動の指標として用いられるべきはずの GDP の概念とはずれてしまう。たとえば，2021 年の日本の名目 GDP は約 550 兆円であり，それは 1960 年当時の名目 GDP の 30 倍以上にもなる。しかし，これをもって日本の生産が 30 倍以上増加したとはいえない。なぜなら，その間，日本の一般物価水準も大きく上昇し，生産額が名目的に増加してしまっているからである。

実質 GDP

そこで，異なった期間の GDP を比較しようとするときには，名目 GDP に影響を与える価格変化の要因を取り除くことが必要となる。国民経済計算ではこの調整方法として，ある年を**基準年**として固定し，その年の価格水準ですべての年の GDP を再評価するという方法がとられているのである。そのようにして再評価された GDP は，とくに実質GDP（実質国内総生産）と呼ばれ，名目GDPとは区別されている。

具体的に実質GDPがどのように計算されるかは，かなり複雑な問題である。しかし，その再評価のエッセンスは，各財の生産額を計算するのに，あらかじめ決めておいた基準年の価格を使うという点である。すなわち，各財の名目生産額は，通常，生産量に同じ期の価格を掛け合わせて求められる。しかし，実質GDPを計算する際には，あらかじめ決めておいた基準年の価格を使い，それを各期の生産量と掛け合わせることで価格水準の変化に左右されない生産額を求めるのである。

一般に各期の価格は基準年の価格に等しくないので，このように計算された実質GDPは名目GDPとは異なる。とくに，価格水準が基準年と比べて上昇した場合，名目GDPの値は増加するが，実質GDPの値は各生産量の値が変化しない限り不変となる。

GDPデフレーター　名目GDPを実質GDPで割ったもの，すなわち，

$$\frac{\text{名目 GDP}}{\text{実質 GDP}}$$

は，GDPデフレーターと呼ばれている。

価格水準が上昇した場合，名目GDPの値は上昇するが，実質GDPの値は生産量の値が変化しない限り不変であるので，このようにして計算されたGDPデフレーターは，経済全体でどれくらい価格が上昇しているかを表す1つの重要な指標として，しばしば用いられている。

図1-5は，1960～2022年の日本の名目GDPおよび実質GDP

図 1-5　名目 GDP と実質 GDP

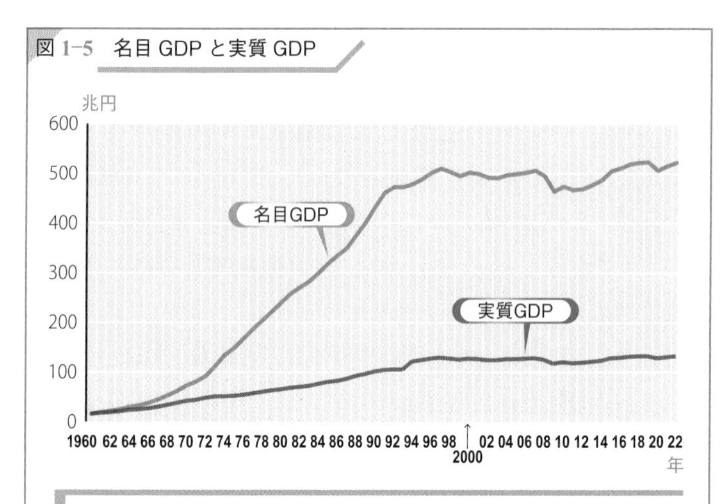

図では，名目 GDP と，1960 年の値が名目 GDP と等しくなるように基準化した実質 GDP が示されている。1960 年から 2020 年までの 60 年間に，名目 GDP は 30 倍以上になったが，実質 GDP は約 8 倍にしかなっていない。この差が価格水準（GDP デフレーター）の上昇によってもたらされた部分である。ただし，1990 年代前半に入って名目 GDP の伸びは鈍化している。これは，1990 年代前半以降価格水準がほとんど上昇しなかった日本経済の状況を反映したものである。

（出所）　内閣府『国民経済計算（GDP 統計）』より作成。なお，1979 年以前は国民経済計算の体系（68SNA）にもとづく値，1980 年以降は国民経済計算の体系（2015 年基準・2008SNA）にもとづく値である。

を図示したものである。図から一見して，1990 年代半ばまでは，名目 GDP の伸びが実質 GDP の伸びを大きく上回っていたことがわかる。いうまでもなくこの差の原因は，価格水準が年々上昇したことによるものであり，それが日本の GDP デフレーターの上昇になっていた。

しかし，**図 1-5** で 1990 年代以降についてみると，90 年代後半以降，実質 GDP がゆるやかに伸びているにもかかわらず名目 GDP はしばしば下落するという状況が観察される。これは GDP デフレーターが低下したことが原因で，最近の日本経済において，価格水準が下落するデフレーション（略して，デフレ）いう現象が進行することがあったことに対応している。

6 景気循環の考え方

●日本の GDP はどのように変動してきたか？

景気循環とトレンド 実質 GDP に限らず，設備投資や失業率といったさまざまなマクロ経済指標は，互いに影響し合いながら同時に変動している。このようなマクロ経済指標の変動が景気循環といわれる現象である。

景気循環の局面は，経済活動水準がその趨勢的な水準を上回る期間を好況期，下回る期間を不況期として区分される。また，景気循環の局面は，景気が上昇から下降に反転する時点を景気の山，景気が下降から上昇に反転する時点を景気の谷とし，谷から山の間を拡張期，山から谷の間を後退期としても区分される。

一国の生産活動水準を代表するものが実質 GDP であるので，その変動は最も重要な景気循環の指標となる。ここでは，明治以来の長期にわたる実質 GDP を指標として，日本の景気循環の歴史をみることにしよう。

図 1-6 は，1886 年から 2022 年までの 100 年以上にわたる日本の実質 GDP の増加率（成長率）の推移を示している。この図から，実質 GDP 成長率は変動を続けるのみでなく，その平均的な成長率も期間によって異なることがわかる。しかし，第 2 次世界大戦

図 1-6　1886 年以後の実質 GDP の変動

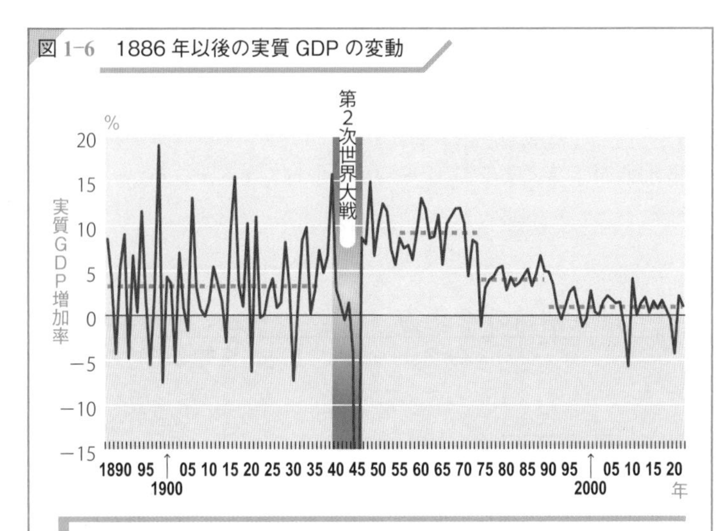

図は，1886 ～ 2022 年の長期にわたる日本の実質 GDP 増加率（成長率）の推移を示している。図中の ▪▪▪ は，1886 ～ 1936 年，1955 ～ 73 年，1974 ～ 90 年，1991 ～ 2022 年についての実質 GDP 成長率の平均値を示す。実質 GDP 成長率は，景気循環により，このトレンド成長率のまわりを変動している。各年代の平均的な実質 GDP 成長率を比較してみると，1955 ～ 73 年が約 9.2%と最も高かった一方，1991 ～ 2022 年が 1%未満と最も低くなっている。

（出所） Angus Maddison, *Monitoring the World Economy 1820-1992*, Development Centre Studies, OECD［1995］，および内閣府『国民経済計算（GDP 統計）』より作成。1981 年以降の値は，2008SNA による。

および戦後の復興期における急激な変動を除けば，明治以降の平均的な成長率は，第 2 次世界大戦前が約 3.3%，1950 年代半ばから第 1 次石油ショック期の 73 年までが約 9.2%，70 年代半ばからバブルの崩壊までが約 4.0%，およびそれ以後の 4 つの期間が約 0.9%で，それぞれ推移している。

このような視点からみると，実質 GDP は比較的長い期間について，平均的には安定した率で成長していると考えられる。各時点の実質 GDP 水準のうちで，安定した率で成長する部分は，実質 GDP のトレンドといわれる。したがって，実質 GDP はこのトレンドのまわりを変動する形で成長しているとみることができる。実質 GDP がトレンドから離れて変動する現象が，景気循環であるといえる。

景気動向指数

マクロ経済では各変数間に景気の影響が徐々に波及していくために，諸変数の変動には時間的なずれが生じる。そこで，このような複雑な関係をもつマクロ経済諸変数の変動を総合的に勘案して景気循環の局面を判断するための指標がつくられている。

その代表的なものの 1 つが，内閣府が毎月公表する景気動向指数である。これは，生産，雇用など経済活動において重要かつ景気に敏感ないくつかの経済変数を指標として選び，それらを統合して指数化したものである。これらの指数には，景気に先立って動く「先行指数」，一致して動く「一致指数」，遅れて動く「遅行指数」の 3 つの指数がある。これらの景気動向指数は，実質 GDP 以外の，速報性が高いより広い情報を取り入れて景気循環の局面をみようとする指標であるといえる。

内閣府は，一致指数の動きを参考にしつつ，景気基準日付という景気循環の期間を決定している。この景気基準日付と図 **1-7** の実質 GDP の変動をあわせてみると，両者はおおよそ対応していることがわかる。このことは，実質 GDP が，さまざまなマクロ経済変数の変動を最終的に反映する代表的な景気循環の指標であることを示している。

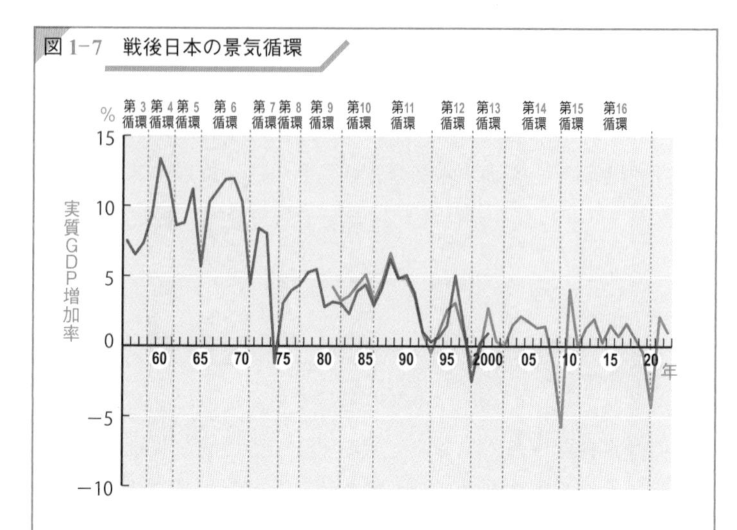

図1-7 戦後日本の景気循環

図は，1956年～2022年までの実質GDP増加率を示したものである。点線は，内閣府の発表する景気基準日付の谷の該当する年を示す。さまざまな景気循環指標により判断された景気循環の期間は，経済活動の最終成果である実質GDPの変動とおおよそ対応している。最近の景気循環の推移をみると，第14循環では世界同時不況の影響で戦後最大の落ち込みを，また第16循環では新型コロナ発生に伴う大きな落ち込みをそれぞれ記録した。

（出所） 内閣府『国民経済計算（GDP統計）』より作成。なお，1981年以降に示した図の——は，2008 SNAにもとづく値，——は68 SNAにもとづく値である。

戦後日本の景気循環

表1-1には，戦後日本の景気基準日付が示されている。**表1-1**の景気基準日付にもとづいて，戦後日本の景気循環を振り返ってみることにしよう。第1循環と第16循環を除く戦後の14の循環の平均的な長さは，1つの循環が約4年4カ月で，傾向として拡張期は後退期よりも長かった。

Column 2 長期景気循環

本文の説明では，景気循環という言葉における「循環」は，好況と不況が「繰り返す」という意味での循環であった。しかし，これとは異なる長期的な視野から，景気は一定周期をもって「循環」していると考え，経験則的に景気循環の周期性を発見しようとする試みが古くから存在している。これらの周期は発見者の名をとって，周期が短いものから，キチン・サイクル（周期約40カ月），ジュグラー・サイクル（周期7～10年），クズネッツ・サイクル（周期約20年），コンドラチェフ・サイクル（周期約50～60年）と呼ばれている。

これらの循環の周期の長さと先にみた景気基準日付の期間の長さを比べれば，キチン・サイクルを除いて，ここでいう景気循環がわれわれが通常いうところの景気循環よりもかなり長期の現象を対象としていることがわかる。

キチン・サイクルは，企業の売行き予測にもとづく在庫投資の循環がその主要因と考えられているため，在庫循環とも，周期が短いため短期循環（小循環）とも呼ばれる。ジュグラー・サイクルは，生産設備の更新投資，および周期的に起こる技術革新，設備投資が生産設備として稼働するまでの期間に依存して起こると考えられ，設備投資循環とも，その周期から中期循環（主循環）とも呼ばれる。クズネッツ・サイクルは，住宅・商工業建築の建替えが主因とされ建築循環とも呼ばれる。

最も周期の長いコンドラチェフ・サイクルは長期波動とも呼ばれ，シュンペーター（J. A. Schumpeter）により注目された。その主因は，18世紀の産業革命，19世紀の鉄道建設，20世紀の科学技術の発展にみられるような大規模な技術革新であるとされる。このような景気循環の法則性は古くから指摘されていたこともあって，かつては日本においても循環を発見しようとする試みが行われた。

表 1-1　戦後日本の景気基準日付

景気基準日付	好況・不況の名称	日本経済関連のできごと	その他のできごと
第1循環			
	朝鮮特需ブーム	1950.　シャウプ税制勧告実施	1950. 6 朝鮮戦争勃発
山 1951. 6			51. 9 サンフランシスコ講和会議
第2循環			
谷 51. 10			
	投資・消費景気	51.　日本開発銀行設立	
山 54. 1		52. 8 IMF，世銀加盟	
第3循環			
谷 54. 11			55.10 社会党統一
	神武景気	55. 9 GATT 加盟	55.11 自由民主党結成
山 57. 6			
	なべ底不況		
第4循環			
谷 58. 6		60.12 池田内閣「所得倍増計画」決定	
	岩戸景気	61.　証券ブーム	
山 61. 12			
第5循環			
谷 62. 10			62.10 キューバ危機
	オリンピック景気		
山 64. 10			64.10 東海道新幹線開業
	証券不況		64.10 東京オリンピック
第6循環			
谷 65. 10		65.　戦後初の国債発行	
	いざなぎ景気	67.　日本の GDP 自由世界第2位になる	
山 70. 7			70.　日本万国博覧会
		71. 8 ニクソン・ショック	
第7循環			
谷 71. 12			
		73. 2 変動相場制移行	73. 1 ベトナム和平協定
山 73. 11		73.　第1次石油ショック	73.10 第4次中東戦争
第8循環			
谷 75. 3			76.　ロッキード疑獄事件
山 77. 1			
第9循環			
谷 77. 10		79.　第2次石油ショック	79. 1 イラン革命
山 80. 2			

景気基準日付	好況・不況の名称	日本経済関連のできごと	その他のできごと
第 10 循環			
谷 83. 2			
山 85. 6			
	円 高 不 況	85. 9「プラザ合意」	
第 11 循環			
谷 86. 11			
	バブル景気	89. 4 消費税実施	90.10 ドイツ統一
山 91. 2		90. 株式大暴落（バブル崩壊）	91. 湾岸戦争
	第 1 次平成不況（複合不況）		92.12 ソ連消滅
第 12 循環			
谷 93. 10			
			95. 1 阪神・淡路大震災
山 97. 5		97. 4 消費税 5%に	97. 7 アジア通貨危機
	第 2 次平成不況	97.11 拓銀・山一證券経営破綻	
		98 長銀・日債銀特別公的管理決定	
第 13 循環			
谷 99. 1		99. 2 ゼロ金利政策始まる	99. 1 EU11カ国，ユーロ導入
		00. 8 ゼロ金利解除	
山 2000. 11			
		01. 3 量的金融緩和政策始まる	
		01. 4 都銀経営統合，4大メガバンクへ	01. 4 小泉内閣発足
	第 3 次平成不況（デフレ不況）		01. 9 アメリカで同時多発テロ
第 14 循環			
			02. 9 小泉首相訪朝
谷 02. 1			
	いざなみ景気	03. 4 日本郵政公社発足	03. 3 米英軍がイラク空爆（イラク戦争）
		06. 3 量的金融緩和政策終了	
山 08. 2			
	世界同時不況		08. 9 投資銀行リーマン・ブラザーズ破綻
第 15 循環			
谷 09. 3			09. 8 民主党政権誕生
			10. ユーロ危機発生
山 12. 3			11. 3 東日本大震災
第 16 循環			
谷 12. 11		12.12 第 2 次安倍政権誕生（アベノミクス始まる）	
		13. 4 量的質的金融緩和始まる	
		14. 4 消費税 8%に	
山 18. 10			16. 6 英，欧州連合離脱決定
		19.10 消費税 10%に	
第 17 循環			
	コロナ不況		
谷 20. 5			

日本が毎年10%を超える経済成長率を実現した高度成長期で最長の景気拡張期は,「いざなぎ景気」と呼ばれる1965年に始まる拡張期で,4年9カ月に及んだ。この拡張期の間の1967年に,日本のGDPは資本主義経済で第2位となった。

日本が戦後初めてマイナス成長を経験したのは,1974年である。これは,OPEC(石油輸出国機構)による原油価格の引上げ(第1次石油ショック)を契機として始まり,景気後退と同時にインフレーションが進行した結果,不況と物価上昇が併存する。スタグフレーションと呼ばれる好ましくない現象が起こった。この第1次石油ショックを機に,日本経済のさまざまな面で大きな構造変化が起こった。とくに,**図1-7**からもわかるように,実質GDPの平均成長率は低下し,日本経済は,もはや10%を超える成長率は達成できなくなった。

1979年には再び原油価格が高騰したが(第2次石油ショック),エネルギー節約が進んだこと,労使協調により賃上げが抑制されたこと,適切な金融政策がとられたことなどにより,物価の上昇は比較的短期間に収束した。とくに,他の先進諸国が低成長と高失業率に悩むなかで,日本が低い失業率と平均4%(1975～90年)の成長を維持したことは,日本経済のパフォーマンスの良さとして注目されることとなった。

バブルと失われた20年

第11循環の拡張期は,いわゆる「バブル景気」と呼ばれるものであり,株式・土地などの資産価格が高騰した。しかし,過度の投機により上昇した資産価格は1990年になって下降し始めた。これが,「バブルの崩壊」である。その結果,日本経済は

1991年と92年には深刻な景気後退を経験することとなり，実質GDPは93年にはほぼゼロ成長となった。

バブル崩壊後の日本経済は，1996年から97年初めにかけて一時的には持ち直したかにみえた。しかし，バブル崩壊の後遺症は深刻で，第12循環の景気回復は1997年5月以降，簡単に腰折れしてしまう。とくに，1997年11月には北海道拓殖銀行（拓銀）や山一證券といった大きな金融機関が相次いで破綻し，その後，日本経済は深刻な金融危機に陥った。

2002年1月以降，日本経済は，徐々に停滞から回復を始め，第14循環の拡張期は「いざなぎ景気」を超えて戦後最大の長さとなった。しかし，成長率はこれまでの拡張期を大きく下回るものにとどまった。バブル崩壊以降の日本経済は，拡張期であっても低迷を続けたことになる。このため，この期間は「日本経済の失われた20年」とも呼ばれている。

世界同時不況

2007年夏ごろから，欧米で金融不安が広がっていくなかで，それまで活況を呈していた世界経済にも大きな陰りがみえ始め，日本経済も2008年春には景気は後退期へと転ずることになった。とりわけ，2008年9月にアメリカの投資銀行であるリーマン・ブラザーズの破綻（いわゆるリーマン・ショック）が発生すると，欧米の金融機関に対する信用不安が一気に高まり，世界経済は「百年に一度」といわれる世界同時不況へと突入した。

日本では，欧米諸国のように金融機関が深刻なダメージを被ることはなかった。しかし，世界景気の急速な悪化によって輸出が大幅に落ち込んだ結果，実質GDPは，その増加率（年率換算の前期比）が2008年第4四半期（10月-12月期）にマイナス11.9%，2009年第1四半期（1月-3月期）にマイナス19.9%を記録するなど，終戦後の混乱期を除くと，戦後最大の下落となった。

各国で実施された経済政策の効果もあって，2009年春以降，世界景気は最悪期を脱した。ただ，その間にも，ギリシャの財政赤字に端を発するユーロ危機がヨーロッパ諸国で発生するなど，世界経済には依然として不確実な要因が残った。とくに，日本の景気回復は，他の先進国に比べても遅れがちであった。

アベノミクスからコロナ不況

2000年代の日本経済は，景気回復の長さこそ戦後最長を記録したものの，経済成長率は先進主要国のなかで最も低い国の1つにとどまった。とくに，持続的に物価が下落するデフレ現象は，1990年代以上に深刻となっていた。そこで，2012年12月に誕生した第2次安倍内閣は，長引くデフレ経済から脱却することを目標に，大胆な経済政策を打ち出した。これが，アベノミクスである。

アベノミクスは，大胆な金融緩和，機動的な財政出動，民間投資を喚起する成長戦略という3本の矢を柱とした。アベノミクスのもとで，実体経済は徐々に回復を始め，内閣府の景気日付でも，2012年11月を景気の谷として第16循環が始まり，その景気の拡張期は18年10月まで続いた。しかし，大胆な金融緩和によって物価が持続的に下落するデフレは回避したとはいえ，物価の上昇幅は限定的であった。とくに，2014年4月に消費税が5%から8%へと引き上げられて以降，経済成長率は景気の拡張期下でもそれほど高まらなかった。

第16循環は，2018年10月を景気の山として後退期に入り，19年には成長率はマイナスとなった。とくに，新型コロナウィルス感染症のパンデミック（世界的大流行）の発生は，2020年，経済活動に甚大な影響をもたらし，経済はコロナ不況と呼ばれる深刻な不況に陥った。

コロナ不況の大きな特徴は，従来の不況とは異なり，経済の落ち込みの原因が経済外的なものであったことである。すなわち，感染の拡大にともなってロックダウンなどで人の移動がほぼ全面的にストップした結果，飲食業や旅行業などを中心に需要が大幅に落ち込み，経済に深刻なダメージが発生した。本来は健全なはずの経済が，時短要請や外出自粛によってその活動が縮小に追い込まれたといえる。

不況の原因が経済そのものにあれば，これまでの知見にもとづいて景気刺激策が可能だった。しかし，行き過ぎた活動の再開は感染者数を再拡大させ，多くの命を奪ってしまう可能性があった。コロナ不況では，「感染症対策と経済活動の両立」というこれまで経験したことのない難題にわれわれは直面したといえる。

ワクチン接種や治療方法の改善などにより，実質GDPは2021年後半には感染症発生前の水準近くまで回復した。しかし，2022年3月以降，ロシアのウクライナ侵攻にともなう地政学的リスク（政治的や軍事的，社会的な緊張の高まりが，その地域や世界経済に与える悪影響）によって，世界経済は新たな不確実性に直面するようになった。世界各国では，深刻なインフレーションも発生した。今後，日本経済がどれだけ本格的に回復するかを見極めるには，もう少し時間がかかりそうである。

練習問題

1 次のうち，日本の GDP を増加させるものはどれか。

(a) おこづかいの値上げ　　(b) 公務員の給料の値上げ

(c) ボランティア活動　　(d) 土地の売買

(e) 映画館のロードショー　　(f) 外国人労働者の仕事

2 最終生産物の生産に，輸入された中間生産物（原材料）が使用された場合には，GDP，最終生産物の生産額合計，中間生産物の輸入額合計，の間にはどのような関係が成り立っているか。

3 2002 年におけるアイルランドの GNI と GDP は，それぞれ，1045 億ユーロおよび 1280 億ユーロで，235 億ユーロも GDP の方が大きかった。このことから，アイルランド国民の所得の特徴として，どのようなことを指摘できるか。

4 内閣府は，2001 年 2 月の『月例経済報告』で，「景気は，企業部門を中心に自律的回復に向けた動きが継続し，全体としては，緩やかな改善が続いている」というこれまでの見解を変更し，「景気の改善は，そのテンポがより緩やかになっている」という基調判断を示した。さらに，3 月の『月例経済報告』では，「景気の改善に，足踏みがみられる」と，より大幅な基調判断の変更を行った。この報告の変更から，その当時の日本経済の景気循環はどのような局面にあったと考えられるか。

（第 1 章 練習問題の解答例 ➡ p. 429）

参考となる文献やウェブサイト

内閣府経済社会総合研究所（ESRI）による国民経済計算（GDP 統計）のホームページには，過去から最近までのさまざまなデータが掲載されているだけでなく，統計の概要や用語解説も掲載されているので，興味のある読者は是非参考にしてもらいたい。

戦後日本の各景気循環の具体的特徴に関心のある読者は，浅子和美・飯塚信夫・篠原総一編『入門・日本経済（第6版）』有斐閣［2020］や大守隆編『日本経済読本（第22版）』東洋経済新報社［2021］を参照のこと。

また，バブル崩壊後の日本経済を論じたものとして，福田慎一『「失われた20年」を超えて』NTT出版［2015］や同『21世紀の長期停滞論――日本の「実感なき景気回復」を探る』平凡社新書［2018］が参考になる。

第2章 消費と貯蓄はどのようにして決まるか？

消費と貯蓄の理論

MACRO

スーパーでの買い物風景

経済学では，消費と貯蓄を表裏一体のものとしてとらえている。本章ではこの考え方を踏襲し，まず，一国の総需要（すなわち，国内総支出）の重要な構成要素の1つである消費がどのような要因によって決定されているかについて説明する。次に，日本の貯蓄率がどのように推移してきたかを国際比較を行うことによって解説する。

ECONOMICS

1 ケインズ型の消費関数

●伝統的な消費関数の理論

可処分所得と消費

マクロ経済全体の消費量がどのように決定されるかを分析するのが，消費関数である。この消費関数の理論のなかで最もオーソドックスなものが，いわゆるケインズ型の消費関数である。

ケインズ型の消費関数の基本的な考え方は，「消費は現在の所得水準に依存して決まる」というものである。とくに，可処分所得を現在の所得から所得税を差し引いた税引き後の所得としてY_dと表した場合，人々の消費量CはY_dに依存するものとして，

$$C = A + cY_d$$

と表される。

ここで，定数項Aはたとえ現在の可処分所得がゼロの場合でも支出される消費の部分で，基礎消費と呼ばれている。また，cは可処分所得Y_dが限界的に1円増えた場合に消費はc円増えることを表したもので，限界消費性向と呼ばれている。

限界消費性向は，一般には，$0 < c < 1$である。これは，現在の可処分所得が増加するとき消費は増加するが，可処分所得の増加分のすべてを消費にまわすことはなく，そのうちの一部を貯蓄に振り向けると考えられるからである。

ケインズ型の消費関数の図解

以上のことを図に描いてみると**図 2-1** のようになる。図中のAB線が消費関数で，それは可処分所得Y_dが増加すれば消費

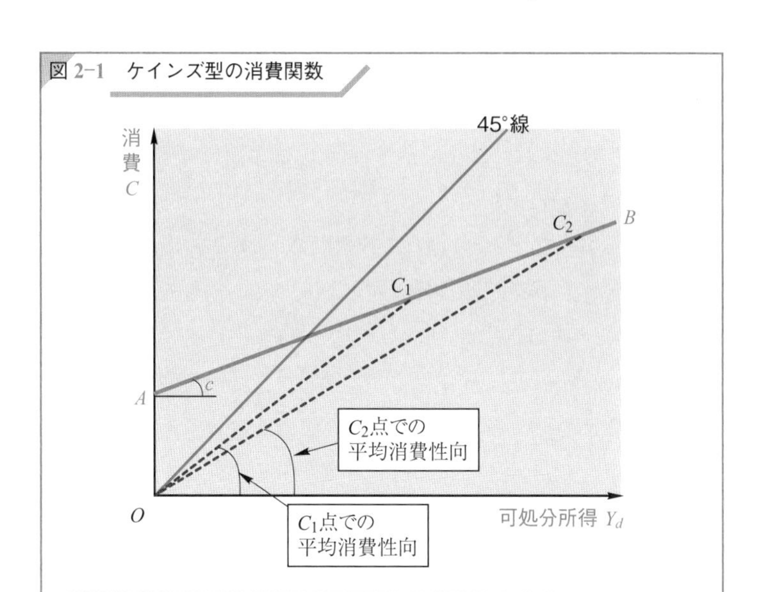

図 2-1　ケインズ型の消費関数

ケインズ型の消費関数 $C = A + cY_d$ は，AB 線のようになる。図では平均消費性向 C/Y_d は，原点と消費関数上の各点を結ぶ直線の傾きとして示される。原点と C_1 点および C_2 点を結ぶ直線の傾きを比べると，より可処分所得が大きい C_2 点での傾きの方が，C_1 点での傾きより小さい。このことは，可処分所得が大きくなるほど平均消費性向は小さくなることを示している。

も増加する関係として描かれている。AB 線の傾きが限界消費性向であり，$0 < c < 1$ のために，45° 線よりも緩やかなものとなっている。

平均すれば可処分所得のうちどれだけを消費にあてたかを示す平均消費性向（C/Y_d）は，消費関数のグラフ上の各点と原点とを結ぶ直線の傾きとして示される。**図 2-1** からも明らかなようにケインズ型の消費関数においては，この平均消費性向は，可処分所得が増加するにつれて減少する。

貯蓄関数

人々の貯蓄（民間貯蓄）をSとすれば，$S=Y_d-C$であることから，ケインズ型の消費関数のもとでは，Sと可処分所得Y_dとの間には，

$$S=(1-c)Y_d-A$$

という関係が成立する。これが貯蓄関数である。ここで，Y_dの係数（$1-c$）は限界貯蓄性向と呼ばれ，現在の可処分所得が1円増えた場合に，貯蓄が（$1-c$）円増えることを表している。

もっとも，貯蓄がこのように可処分所得に応じて変動するのは，人々が可処分所得に応じて消費を変化させるからであって，その逆ではない。実際，消費Cと貯蓄Sとの間には，$C+S=Y_d$という関係が恒等的に成立しており，この関係から結果的に貯蓄が可処分所得に依存して変動する。

2 ケインズ型の消費関数の説明力

●消費関数をめぐる謎

2つのタイプのデータ

前節では，ケインズ型の消費関数の説明をし，それは可処分所得が上昇するにつれて平均消費性向が減少するという特徴をもつことを説明した。それでは，このような特徴は，日本の実際のデータから統計的に確かめられるであろうか。

この問題は，2つのタイプのデータを用いて調べることができる。まず第1のタイプのデータは，ある特定の時点での異なる人々に関するデータで，クロスセクション・データと呼ばれている。このクロスセクション・データを用いた場合，ある特定の年に，さまざまな可処分所得をもつ家計がそれぞれどれだけの消費

を行っていたかを調べることができる。

一方，第2のタイプのデータは，異なる時点についてのデータで，時系列データと呼ばれる。この時系列データを用いて消費関数を調べた場合，時間を通じて可処分所得が変化していくにつれて消費がどのように変化したかをみることができる。

クロスセクション・データの結果

はじめに，クロスセクション・データを用いて，ある特定の年についての消費関数を調べてみよう。日本では，総務省が

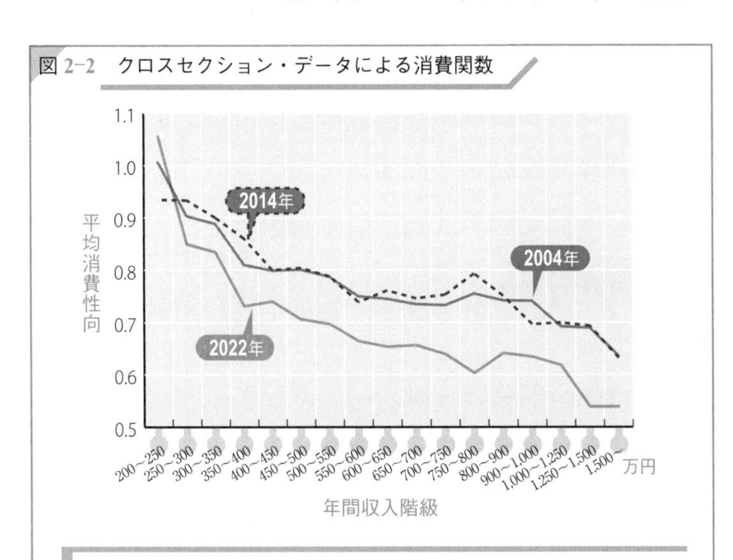

図 2-2　クロスセクション・データによる消費関数

図はクロスセクション・データによる平均消費性向の比較である。図より，家計の収入が高くなると平均消費性向が小さくなる傾向があることを確認できる。この性質は，ケインズ型の消費関数と整合的である。

なお，平均消費性向は，年間収入階級別全国勤労世帯（除く単身世帯）の消費支出を可処分所得で割った値である。

（出所）　総務省統計局『家計調査』より作成。

行っている統計である「家計調査」により，特定の年の家計が得る可処分所得と消費を知ることができる。そこで，「家計調査」によるクロスセクション・データを用いて，家計間の平均消費性向の比較を行ってみよう。

「家計調査」では，家計を年間収入階級別に区分し，各階級の可処分所得と消費支出の平均値を掲載している。これにもとづいて勤労者世帯の収入階級別の平均消費性向を示したものが，**図 2-2** である。この図から，収入階級が高くなるにつれて平均消費性向が 1.0 程度から 0.6 程度にまで減少する傾向があることを，いずれの年についても共通に読み取ることができる。一般に，収入が多い階級ほど可処分所得も高いので，この結果から，日本のクロスセクション・データでは，ケインズ型の消費関数の性質がよく当てはまることを確かめられる。

長期の時系列データの結果

次に，時系列データを用いて消費関数をみることにしよう。**図 2-3** の(1)は，1955 〜 2019 年の家計部門の可処分所得と最終消費支出の関係を，四半期データを用いて図示したものである。この 60 年以上にわたる長期について消費関数を統計的に推計すると，**図 2-3** において黒い実線で示されているように，傾きが 1 の原点を通る直線（45 度線）がおおむね当てはまる。

平均消費性向は各点と原点を結ぶ直線の傾きとして表されるから，このような長期の時系列データを使った場合には，平均消費性向が一定で，消費支出が可処分所得にほぼ等しいという関係があったことになる。したがって，基礎消費がプラスで，可処分所得が増加するにつれ平均消費性向が減少するというケインズ型の

図 2-3　時系列データによる消費関数

(1) 長期の時系列データ：
1955～2019年

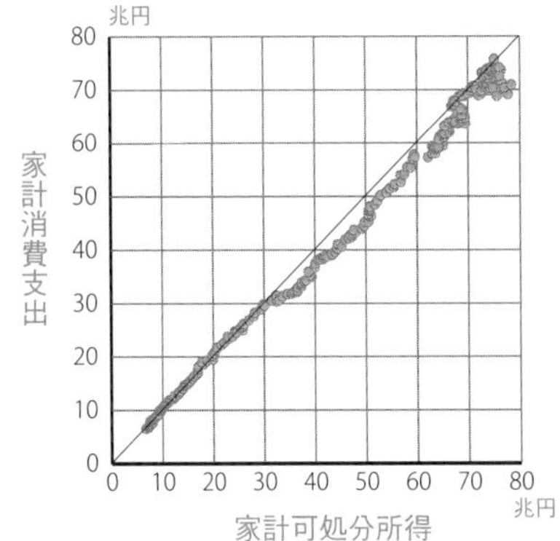

(2) 短期の時系列データ：
1994～2019年

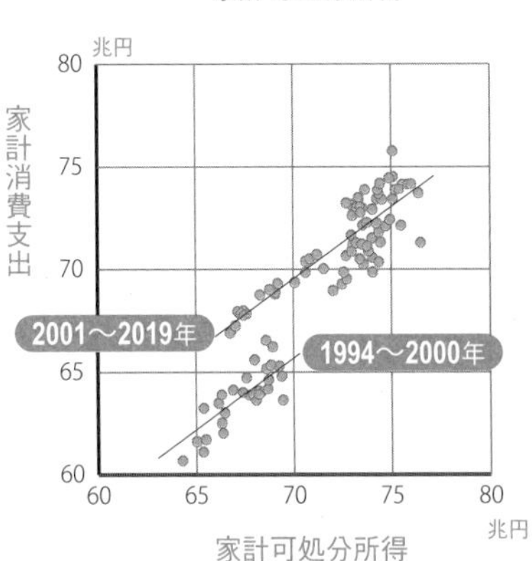

図は時系列データを用いた消費関数である。まず，(1)は1955～2019年を通して計測した長期の消費関数である。長期の消費関数は原点を通り，平均消費性向が一定であるという性質を示す。一方，(2)はより短い期間について計測した短期の消費関数である。短期の消費関数は，正の切片をもち，傾きが1より小さいため，可処分所得が大きくなると平均消費性向が小さくなるというケインズ型の消費関数の性質を示している。

（注）　図の家計可処分所得と家計消費支出は2015年を基準として実質化し，季節調整をした値を用いている。

（出所）　内閣府『国民経済計算（GDP統計）』より作成。

消費関数の性質は，長期の消費関数には当てはまらないことになる。

短期の時系列データの結果

ところが，より短い期間のデータを用いて短期の消費関数を推計すると，異なった性質が示される。たとえば，**図 2-3** の(2)は，1994 ～ 2019 年の家計部門の可処分所得と最終消費支出の関係を，1994 ～ 2000 年と 2001 ～ 2019 年に分けて，四半期データを用いて図示したものである。その結果，これら短期の消費関数はいずれも正の切片をもち，おのおのの傾き（すなわち，限界消費性向）が約 0.78，および 071 の直線であった。すなわち，短期の消費関数では，原点とこれらの直線上の各点を結ぶ直線の傾き（すなわち，平均消費性向）が，可処分所得が大きいほど小さくなっていたのである。

したがって，可処分所得が増加するにつれ平均消費性向が減少するというケインズ型の消費関数の性質は，短期の消費関数にはよく当てはまるといえる。また，これら短期の消費関数の傾きは，長期の消費関数の傾きよりも小さくなっていることもわかる。

矛盾する推計結果

これまでみてきたように，時系列データを用いて推計した場合，長期の消費関数は原点を通り，傾きが 1 に近い直線で表される。一方，短期の消費関数は正の切片をもち，より傾きの小さい直線で表される。

このような消費関数についての短期と長期の矛盾する統計的事実は，**クズネッツ**（S. S. Kuznets）がアメリカの第 2 次世界大戦以前からの長期経済データを用いて消費関数を推計して明らかにしたことである。図**2-3**から，日本においても，短期と長期の消費関数では平均消費性向が異なることを確認できる。

そこで以上の統計的事実にもとづいて，この長期と短期の2つの消費関数の関係を整合的に説明する必要が生まれてくる。ケインズ以降の消費の理論はこれにどのように答えたのであろうか。以下の節では，この問題について具体的にみていくことにする。

3 ライフサイクル仮説

一生を通じた消費計画

生涯所得と消費

一般に各個人の受け取る可処分所得は時間を通じて変動し，各期ごとに異なる値をとると考えられる。ケインズ型の消費関数の場合，このような状況のもとでは，各個人の消費は，可処分所得と同じように時間を通じて上下に変動することになる。

しかし，このような消費の変動はその個人にとって望ましいものではない。というのは，追加的な消費をすることによる満足度（すなわち，限界効用）は，消費量が小さいときは大きいが，消費量が大きい場合には小さいと考えられるからである。したがって，各個人にとっては，可処分所得が多い時期にその一部を貯蓄し，所得が少ない時期の消費にまわすことによって消費パターンを平準化する方が望ましいことになる。

モディリアーニ（F. Modigliani）や**安藤**（A. Ando）らによって考え出されたライフサイクル仮説は，このような消費の平準化の問題を，各個人の生涯を通じた最適な消費パターンという観点からとらえたものである。この仮説のもとでは，人々の消費行動は現在の可処分所得水準ではなく，その個人が一生の間に稼ぐことのできる可処分所得の総額，すなわち**生涯所得**によって決定される。とくに，消費の変動を安定化させる立場から人々が生涯にわたる消費量を一定に保つのが望ましいと考える限り，各人の各年齢での消費量は，生涯所得をその人の寿命で割った平均生涯所得に等しくなるように決定される。

ライフサイクル仮説の図解

ライフサイクル仮説の意味を詳しく検討するために，*D* 歳まで生きる個人が，どのような消費パターンをとるかを考えてみよう。まず，この個人は *O* 歳で就職してから *B* 歳で退職するまでの間に，**図 2-4** の *EF* 線で表されるような所得を受け取るものとしよう。

ただし，議論を簡単にするために，この所得は年齢とともに増加するが，*B* 歳で退職した後の所得はゼロであり，利子収入もないものとしよう。また，この個人は *O* 歳のときに何らの財産もなければ，死亡後はまったく遺産を残すこともないものとしよう。このとき，**図 2-4** では，この個人の生涯所得は，各年齢における所得を合計した台形 *OEFB* で表される。

ライフサイクル仮説のもとでは，この個人は *O* 歳から *D* 歳までの生涯にわたって消費量を一定に保つように行動する。したがって，この個人の各年齢での消費量は，台形 *OEFB* で表される生涯所得をその人の寿命 *OD* で割った平均生涯所得に等しくなる。**図 2-4** の *CC'* 線は，この消費水準を表したものであり，このとき，各年齢の消費量は常に *OC* に等しくなっている。

CC' 線で表される各年齢での消費水準を理解するうえで重要な

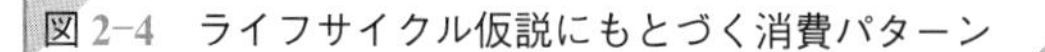

図 2-4　ライフサイクル仮説にもとづく消費パターン

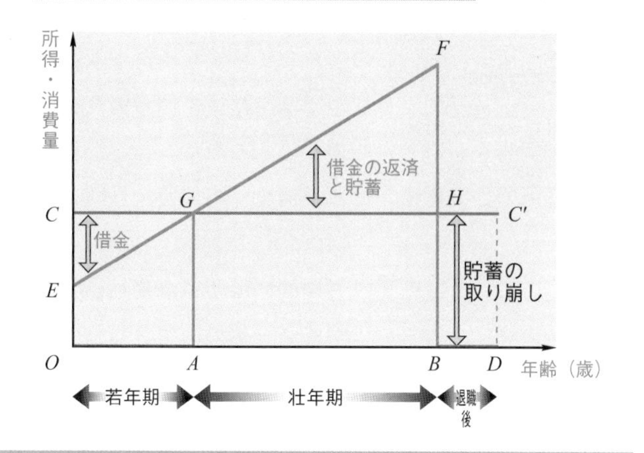

ライフサイクル仮説のもとでは，各個人の所得が年齢により異なるにもかかわらず，消費量は一定であり，常に OC に等しくなる。このため，各個人は所得の低い若年期には借金をして所得の不足を補う一方，所得が高くなる壮年期には借金の返済と将来の生活のための貯蓄をする。そして，退職後には，過去の貯蓄を取り崩すことによって生活をする。

点は，その水準がその時点での所得ではなく，生涯所得に依存して決まっているという点である。これは，この個人は各年齢において借金をしたり，貯金をしたりすることによって，その消費を生涯を通じて平準化しているからである。

具体的には，この個人は，年齢が O 歳から A 歳まで（若年期）は，所得が少ないため，三角形 CEG に相当するお金を借り入れて消費を行う。一方，A 歳から B 歳まで（壮年期）は，所得が多くなったため，三角形 GFH の分のお金でそれまでの借金の返済を行うと同時に，将来の消費のためにお金を貯金する。そして，晩年の B 歳から D 歳まで（退職後）は，所得がないため，その貯蓄を取り崩す形で消費を行うことになる。

統計的事実の説明　このようなライフサイクル仮説が成立するもとでは，経済全体の消費量は各個人の平均生涯所得を合計したものに等しくなる。したがって，人々の平均生涯所得が変動すれば，経済全体の消費量も同じように変動する。

しかし，一般に生涯所得は短期的には所得が変動してもさほど変化しないと考えられるので，経済全体の消費の変動は可処分所得の変動よりも短期的には安定的となる。したがって，このライフサイクル仮説のもとでの消費関数は，限界消費性向が1よりかなり小さい短期の消費関数（すなわち，ケインズ型消費関数）と整合的なものとなる。

一方，長期的にみれば，人々の生涯所得といえども所得の変化とともに変動すると考えられるので，ライフサイクル仮説のもとでの消費は可処分所得とほぼ同じように動くと考えられる。したがって，ライフサイクル仮説は，長期の時系列データを使った消費関数がなぜ原点を通る直線に近くなるかについても矛盾なく説明することができることになる。

4 恒常所得仮説

●競馬でもうけたお金は消費にまわすか？

恒常所得と変動所得　ライフサイクル仮説と同様，時間を通じた消費の平準化に注目した消費関数の理論が，**フリードマン**（M. Friedman）によって提唱された恒常所得

仮説 である。フリードマンによれば，消費支出の決定要因として重要なのは，現在の可処分所得でなく，人々が現在から将来にかけて稼ぐことのできる可処分所得の平均値としての 恒常所得 である。これは，個人にとって望ましい消費パターンは時間を通じて安定したものなので，消費の平準化を行う各個人の消費は，現在から将来にかけての所得を毎期ごとに平準化させた恒常所得に依存する形で決定されると考えるのが自然だからである。

一般に，この恒常所得は短期的には変動しないと考えられるので，毎期に決まって支払われる定期給与などがこれに相当する。一方，一時的要因によって得られる所得は，変動所得 と呼ばれている。したがって，たとえば，土地を売却したことなどによる所得や，競馬や宝くじに当たった賞金は変動所得となる。

恒常所得仮説では，毎期の得られる可処分所得（Y_d）を，恒常所得（Y_P）と変動所得（Y_T）によって，

$$Y_d = Y_P + Y_T$$

と分ける。そして，消費（C）は恒常所得（Y_P）のみに依存するものとして，

$$C = kY_P$$

という比例的な関係があると考える（ただし，k は 1 に近い一定の係数である）。すなわち，消費は恒常所得に応じてのみ行われ，競馬の賞金などの変動所得は主として貯蓄にまわされると考えるのである。

統計的事実の説明

ところで，この恒常所得仮説を使うと，第 **2** 節で指摘した時系列データを用いた統計的事実をうまく説明することができる。たとえば，変動所得

は長期的には差し引きゼロとみなしうるから，長期的には可処分所得（Y_d）は恒常所得（Y_P）に一致する。したがって，長期的には可処分所得と消費の間には比例的な関係（すなわち，グラフに表せば原点を通る直線）が成立する。

しかし，短期的には恒常所得はほとんど変化せず，変動所得が大きく変化する。このため，短期には消費はあまり変化しないのに対して，可処分所得は変動所得によって上下し，それに応じて平均消費性向も上下に変動することになる。すなわち，恒常所得仮説のもとでも，短期的にはケインズ型の消費関数が説明力をもつことになる。

5 流動性制約と消費

●お金を自由に借りられない場合の消費

借入の制約

これまでに説明してきたライフサイクル仮説や恒常所得仮説は，ある意味で，現在の消費は現在の可処分所得に依存すると考えるケインズ型消費関数が長期的には正しくないことを示すものである。しかし，現実の消費の動きをみると，現在の消費は現在の可処分所得とは独立に決定されているとは限らない。

その最大の理由は，人々は必要なお金をいつでも自由に借り入れることができるとは限らないからである。たとえば，将来的には大きな収入が見込まれてはいるが，現在の所得は少ない個人を考えてみよう。この個人にとって時間を通じた消費をできるだけ平準化することが望ましいのであれば，最適な消費行動は，現在はお金を借り入れて所得以上の消費を行い，将来にその借金を返

Column ③ 耐久消費財

通常，経済全体の消費額は，人々の消費支出の合計としてとらえられる。しかし，厳密にいうと，人々の消費支出には，今期ばかりでなく来期以降の消費に含めるべき性質のものも含まれている。その典型的なものが，消費の便益がその購入後も数年間にわたってもたらされる耐久消費財である。

たとえば，テレビや冷蔵庫や自家用車といった耐久消費財に対する支払は，その購入時に一括して行われる。けれども，それら製品からもたらされる便益は，その製品が使われる限り，その後の数年間にわたってもたらされる。したがって，理論的には，耐久消費財に対する消費は，購入時だけでなく，その購入から数年間の消費としてとらえるべきものとなる。

国民経済計算では，家計最終消費支出を財の耐久度を基準として，耐久財，半耐久財，非耐久財，サービスの4つの形態別に公表している。それによると，半耐久財と耐久財の合計が消費支出全体に占めるウェイトは15%近くあり，無視できないシェアをもつ。

耐久財の消費の大きな特徴は，他の消費財に比べて短期的な変動が非常に大きいことである。耐久財は耐用年数が長いため，今日どうしても買い替えなければならない財ではない。このため，耐久財への消費支出は，所得が下落した場合や販売価格が高い場合には減少する一方，所得が上昇した場合や販売価格が安くなった場合には増加する傾向にある。

実際，耐久消費財に対する支出は，1997年4月や2014年4月に消費税が引き上げられた際には，その直前に駆込み需要で大きく増加した一方，引上げ後はその反動で大きく下落した。また株価や地価が大幅に上昇したバブル期後半には大幅に上昇した一方，バブル崩壊直後や世界同時不況発生後には逆に大幅に下落した。消費動向をみるには，耐久消費財の動きを他の消費財の動きと区別して考える視点も重要である。

済するというものである。

しかし，現実にはほとんど資産をもたない個人が十分な借入を行うことは非常に難しい。というのは，仮に将来的に大きな所得が見込まれているといっても，それは多くの場合に不確実なものであり，資金の貸し手にとっては貸したお金がもどってこないという危険をともなっているからである。このため，今後所得の上昇が見込まれる場合でも，現在の所得以上に消費することは容易ではない。

制約の消費への影響

一般に，将来的に所得が見込まれている個人が借入を制約されている状況は，流動性制約と呼ばれている。現実には，とくに所得の低い階層において，この流動性制約が人々の消費パターンを大きく制限し，消費が現在の可処分所得によって決定されるという状況がしばしば発生していると考えられる。

これまでの研究でも，一定割合の人々がこのような流動性制約に直面し，その消費が現在の可処分所得によって決定されているとしている。とくに，老年世代よりも若い世代がこの流動性制約に直面する傾向にあり，この制約の結果，ライフサイクル仮説が考える消費水準より，若い世代の消費水準が小さくなっていることが指摘されている。したがって，今日では，ライフサイクル仮説や恒常所得仮説が想定するような消費の平準化は厳密には成立せず，ケインズ型の消費関数もある程度は説明力があると考えられている。

6 コロナ禍での消費行動

●感染症の大流行がもたらした消費の下落

落ち込んだ消費

2020年，新型コロナウィルス感染症の大流行（パンデミック）によって，日本経済は深刻なコロナ不況を経験した。しかし，これまでの経済停滞ではみられなかったコロナ不況での大きな特徴は，GDPの落ち込み以上に個人消費の落ち込みが顕著だったことであった。

たとえば，**図2-5**は，世界同時不況とコロナ不況という2つの深刻な不況時について，日本のGDPと家計最終消費支出がそれぞれどのように落ち込んだかを，物価の影響を取り除いた実質値の前年からの下落率で比較したものである。リーマン・ショック後の世界同時不況期（2008年第4四半期から09年第4四半期）では，GDPの下落率は消費の下落率を常に大きく上回っていた。このことは，GDPが大きな落ち込みに比べて個人消費の減少は相対的に緩やかであったことを示している。これに対して，コロナ不況（2020年第1四半期から21年第1四半期）では，消費の下落率がGDPの下落率を常に大きく上回った。

なぜ落ち込んだのか？

消費税引上げ後に，反動減で消費が一時的にGDPよりも大きく下落することはある。しかし，通常の景気後退では，仮にGDPが大きく落ち込んだ場合でも，個人消費の減少は相対的に緩やかである。これは，ライフサイクル仮説や恒常所得仮説が示すとおり，所得の落ち込みが一時的なもの（すなわち，やがては回復するもの）と判断され

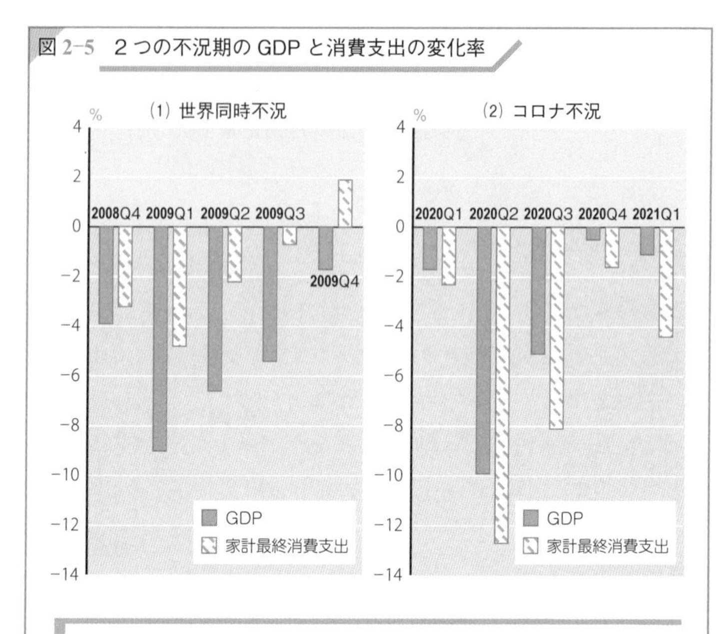

図2-5　2つの不況期のGDPと消費支出の変化率

図は，世界同時不況とコロナ不況という2つの深刻な不況時について，日本のGDPと家計最終消費支出がそれぞれどのように落ち込んだかを比較したものである。図(1)の世界同時不況期では，GDPの下落率は消費の下落率を常に大きく上回っていた。これに対して，図(2)のコロナ不況では，消費の下落率がGDPの下落率を常に大きく上回った。

（出所）内閣府『国民経済計算（GDP統計）』より作成。なお，変化率はいずれも，実質値の前年からの下落率（対前年同期比）。家計最終消費支出は，帰属家賃を除いたベースである。

れば，家計は消費をそれほど減らさないからである。しかし，コロナ不況では，このようなライフサイクル仮説や恒常所得仮説の考え方は当てはまらなかった。

なぜなら，コロナ禍で多くの人々が消費を控えたのは，恒常所得が下落したからではなく，消費などの経済活動がコロナへの感染という大きなリスクをともなったからである。その結果，感染リスクを避けるために，人々の消費支出が，従来の経済理論では考え難い大幅な下落を記録した。なかでも，飲食業や旅行業など対面サービスが必要な業態の落ち込みは深刻で，かつてない厳しい経営が続いた。

減った品目と伸びた品目

もっとも，コロナ禍における消費支出の下落率には，品目によって大きな差があった。たとえば，総務省「家計調査（2人以上の世帯）」における2020年度の消費支出（実質値）の変化率（対前年度比）は，消費全体ではマイナス4.9%であった。しかし，消費支出の変化率を品目別にみると，それらには大きなばらつきが観察された。

図2-6は，同じ「家計調査」から，2020年度の消費支出が前年度に比べて15%以上減少した品目と12.5%以上増加した品目をそれぞれピックアップし，その変化率を棒グラフで表したものである。15%以上減少した品目をみると，感染リスクが高いとされた「一般外食」「交通」「宿泊料」でいずれも深刻な消費の落ち込みがあった。また，リモートワークの普及などによる外出機会の減少を反映して，「被服および履物」「身の回り用品」「交際費」がそれぞれ20%前後下落した。さらに，コロナ禍で習い事を控えたせいか「月謝類」も25%の下落となった。これら品目に関係する業種がいかに深刻な打撃を受けたかが読み取れる。

その一方，12.5%以上増加した品目をみると，感染が拡大するなかで，「保健医療用品・器具」が18.3%と大きな伸びを示した。また，外出機会が減り，自宅で過ごす時間が増えたこと（巣ごも

図 2-6　コロナ不況で消費が減った品目と増えた品目

(1) 支出が 15%以上減少した品目

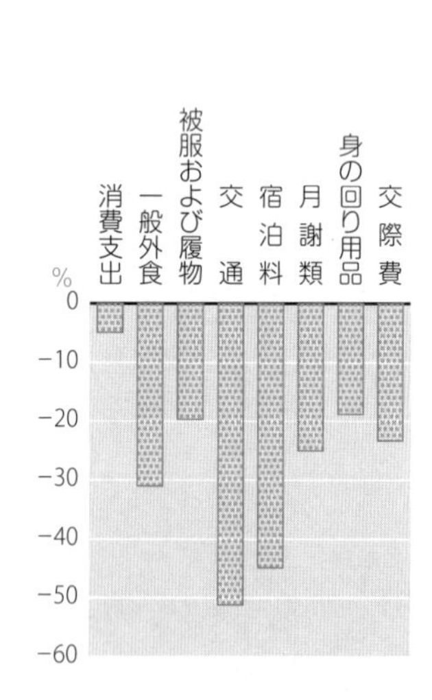

(2) 支出が 12.5%以上増加した品目

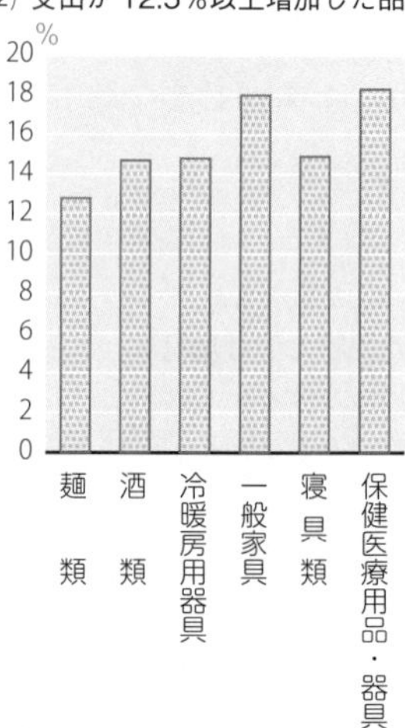

図は，コロナ不況で 2020 年度の消費支出が前年度に比べて 15%以上減少した品目と 12.5%以上増加した品目をそれぞれピックアップし，その変化率を棒グラフで表したものである。図(1)から，感染リスクが高いとされた「一般外食」「交通」「宿泊料」で，消費支出が大幅に減少したことがわかる。一方，図(2)から，「保健医療用品・器具」や巣ごもり需要を反映した品目で，消費が大きく伸びたことがわかる。

（出所）　総務省「家計調査」2020 年より作成。なお，数字は，いずれも 2020 年度の実質値の変化率（対前年度比）を表す。

り需要）を反映して，「冷暖房用器具」「一般家具」「寝具類」が 15%前後増加した。さらに，「食料」のなかでも自宅で消費する「麺類」や「酒類」が大きく増加した。新型コロナウィルス感染症が，消費に与えた影響は品目によって大きく異なっていたことがわかる。

7 日本の貯蓄率と国際比較

●日本人はどのような貯蓄行動をとってきたか？

貯蓄率の推移

貯蓄は可処分所得から消費を引いたものである。したがって，可処分所得を所与とすれば，貯蓄は消費の裏返しとして決定される。以下では，このような貯蓄の問題を，日本のデータを中心に少し踏み込んで考察してみよう。

まず，戦後の日本の貯蓄率はどのように推移してきたのであろうか。日本人の貯蓄を表す国民貯蓄は，その主体により大きく，家計貯蓄，法人貯蓄，政府貯蓄の3つに分かれる。図**2-7**は，国民経済計算による1955年以降の日本の国民貯蓄率（国民貯蓄の国民所得に対する比率）とその内訳（家計貯蓄，法人貯蓄，政府貯蓄のおのおのの国民所得に対する比率）を示したものである。1980年代までは，国民貯蓄率は多くの年で20%以上であり，とくに70年前後のピークの期間には30%以上に達した。しかし，1990年代以降，国民貯蓄率は趨勢的に低下し，2010年前後には0%近くにまで下落することもあった。

国民貯蓄を部門ごとにみると，最もウェイトが高いのは家計貯蓄である。家計貯蓄は1970年代半ばまで上昇を続け，高いときには国民所得の20%になった。しかし，家計貯蓄の国民所得に対する比率は，その後徐々に低下し，とくに，90年代後半から大きな低下がみられた。近年，家計貯蓄はやや回復する傾向がみ

図 2-7　国民貯蓄率とその内訳

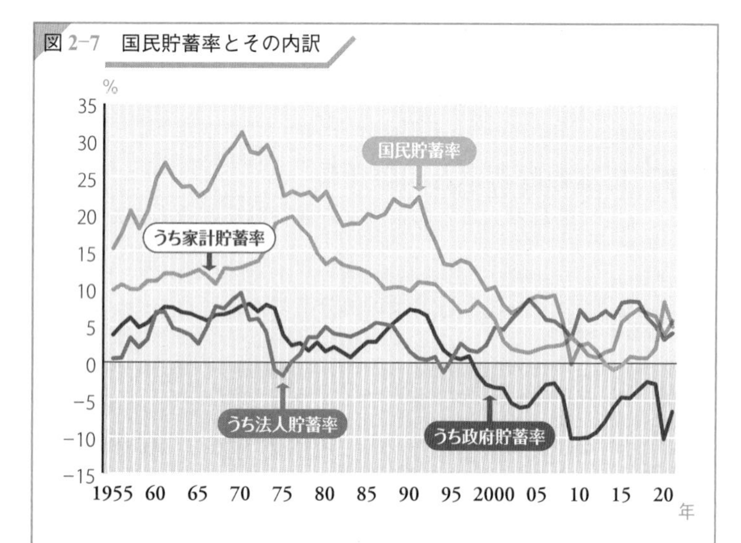

日本の戦後の国民貯蓄率は 1990 年代半ばまでは，15%以上の水準にあった。とくに，1970 年前後の約 10 年間日本の国民貯蓄率は 30%に近い水準にあった。そのなかでも家計貯蓄が高かった。

しかし，1990 年代には，国民貯蓄率は趨勢的に下落を続け，最近では 0%に近い水準になることもあった。その背景には，家計部門と政府部門の貯蓄が減少を続けていることがある。とくに，財政赤字を反映して，政府貯蓄は近年，大幅なマイナスとなっている。

（出所）　内閣府『国民経済計算（GDP 統計）』より作成。なお，図の部門別貯蓄の内訳は，国民経済計算の制度部門別所得支出勘定の各部門の貯蓄額の国民所得（市場価格表示）に対する比率として求められている（1980 年～ 93 年は 93 SNA，1994 年以降は 2008 SNA による）。

られるが，これまでの低下の流れを変えるまでに至っていない。

これに対して，法人貯蓄（企業の貯蓄）は 1960 年代末から 70 年代半ばにかけて急速に低下した後，80 年代はおおむね安定して推移してきた。しかし，80 年代末に緩やかに減少した法人貯蓄は，90年代後半からは再び増加に転じ，その後もプラスの値で推移している。これは，企業が，近年，増加した負債の削減を積極的に行う一方で，手元流動性を確保するために余裕資金を蓄えてきたことを反映していると考えられる。

一方，政府貯蓄は，1990年代前半まで，主に景気に依存した税収の増減を反映しながらプラスの値で変動してきた。しかし，90年代以降は，財政赤字の拡大によって，減少が続いた。その結果，90年代末に政府貯蓄はマイナスになり，2000年代に入ってからはマイナス幅を大幅に拡大し続けている。90年代の日本の国民貯蓄率の低下には，家計貯蓄が減少したことだけでなく，政府貯蓄が減少したことが大きく影響しているといえる。

貯蓄率の国際比較

表2-1は，先進7カ国間の貯蓄率を，国民経済計算にもとづいて比較したものである。日本の貯蓄率は，1980年代までは他の先進諸国と比較して圧倒的に高い水準を示していた。

1980年代から90年代にかけて，多くの国と同じく，日本の貯蓄率も趨勢的に低下した。ただ，90年代までは10%を超えており，他国よりはかなり高かった。

しかし，日本の貯蓄率は，2000年代に入ってから急速に下落し，最近では先進諸国の中位に位置している。もはや，日本は際立って貯蓄率の高い国ではなくなっている。**図2-7**でみたように，1990年代から2000年代にかけて起こった日本の国民貯蓄率の急落には，政府部門の貯蓄がマイナスになるまで減少したことも大きく影響している。しかし，より長期的な観点からみた国民貯蓄率低下の原因は，最も高い比重を占める家計部門の貯蓄が，70

表 2-1　先進 7 カ国の貯蓄率比較

（単位：%）

	貯蓄率						
	日本	アメリカ	カナダ	ドイツ	フランス	イタリア	イギリス
1970 - 79	22.8	10.0	8.5	14.6	12.0	14.0	6.9
1980 - 89	17.7	6.7	6.3	10.1	6.9	8.8	3.7
1990 - 99	14.5	5.2	3.1	8.7	7.6	7.5	3.1
2000 - 09	7.3	2.7	9.5	8.7	7.9	5.4	1.6
2010 - 21	4.1	3.0	4.7	12.0	4.7	2.0	−1.4

1970 年代から 90 年代にかけて，日本の貯蓄率は国際的にみて高い傾向が続いていた。しかし，2000 年代になって日本の貯蓄率の下落が続いたため，最近では日本の貯蓄率はもはや他の先進国と比べて高いとはいえなくなった。

（注）貯蓄率は，純貯蓄を国民純所得で割ったもの。フランスのみ，データは 1978 年から。
（出所）OECD, Stat より作成。

年代後半から持続的に減少を続けたことである。

そこで次に，家計部門の貯蓄行動を，家計貯蓄率 によって比較してみることにしよう。家計貯蓄率とは，家計部門の貯蓄の可処分所得に対する比率である。図 **2-8** をみると，1970 年代をピークとして，日本の家計貯蓄率はアメリカに比べてかなり高かった。しかし，80 年代以降は低下を続け，2000 年代には日本の家計貯蓄率はアメリカより低くなっている。

アメリカをはじめとして，多くの先進諸国でも 1980 年代以降に家計貯蓄率が低下する傾向にあった。しかし，日本の家計貯蓄率はかつて非常に高い時期があったため，その下落がとくに目立つこととなった。

図 2-8　日米における家計貯蓄率の推移

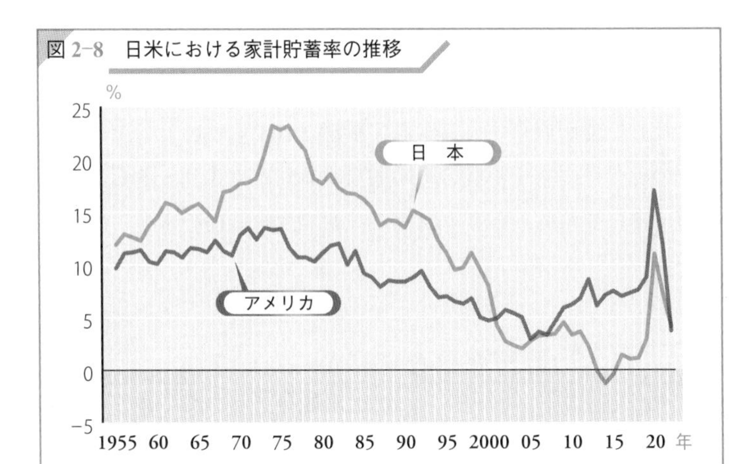

戦後の日本の家計貯蓄率をアメリカと比べると，長い間，日本が高く，とくに1970年代半ばには両者の差は10%を上回っていた。しかし，1990年代以降，日本の家計貯蓄率がより低下した結果，近年では日本の家計貯蓄率はアメリカの家計貯蓄率よりも低くなっている。なお，2020年や21年に，家計貯蓄率が日米ともに一時的に上昇したのは，コロナ不況の特殊要因によるものである。

（注）　家計貯蓄率＝家計部門の貯蓄 ÷ 可処分所得

（出所）　日本の家計貯蓄率については，内閣府『国民経済計算（GDP統計）』，アメリカの家計貯蓄率については，U.S. Department of Commerce, *Bureau of Economic Analysis* より作成。

コロナ不況の貯蓄率

なお，**図 2-8** では，日本とアメリカ両国で，貯蓄率が2020年に大きく跳ね上がっていることが読み取れる。これは，新型コロナウィルス感染症の影響で人の移動がほぼ全面的にストップし，消費が大きく落ち込んだことで，貯蓄が一時的に大きく増加したからである。

コロナ不況では，感染の拡大にともなって人の移動がほぼストップした結果，可処分所得以上に消費が大きく減少した。このため，可処分所得と消費の差である貯蓄が意図しない形で増加し，貯蓄率を高めたといえる。ただし，このような意図しない貯蓄は，感染症の影響が収束するにつれて解消されている。その結果，貯蓄率の上昇はコロナ不況の一時的な現象にとどまり，消費支出が回復するにつれて，貯蓄率は感染症が発生する前の水準に戻り始めた。

8 日本の貯蓄率はなぜ高かったか？

●並存するいくつかの学説

高かった家計貯蓄率

日本の家計貯蓄率の推移を国民経済計算でみると，**図 2-8** からもわかるように，かつてはアメリカに比べて非常に高い水準にあった。しかし，日本の家計貯蓄率は，ピークにあった 1970 年代半ばの水準からその後の 40 年間で 20％以上も低下している。現在の水準は，他の先進諸国と比較して極端に低くなったわけではない。ただ，70 年代の日本の家計貯蓄率が非常に高い水準にあったため，その後の下落が際立つことになっている。

したがって，日本の家計貯蓄率の問題を考えるためには，なぜ日本の家計貯蓄率が極端に高い時期があり，その時期に日本の家計貯蓄率を高い水準に押し上げていた要因が，その後どのように変わってきたのかを考えていく必要がある。そこでまず，日本の貯蓄率はなぜかつて高かったのかについて考えてみよう。

高成長と貯蓄率

1970 年代を中心に日本の家計貯蓄率は国際的にみて高い水準にあったため，家計の貯蓄を高める要因についてさかんに議論がなされた。そのなかの有力な説の１つが，当時の高い経済成長率が高い家計貯蓄率をもたらしたとする説である。

ライフサイクル仮説が成立するもとでは，若年層を除けば，働く世代は貯蓄する一方，退職した老年世代は過去の貯蓄を取り崩す。したがって，働く世代と老年世代の人口比が一定で，かつ勤労者の所得が世代を通じて変化しなければ，働く世代の貯蓄と老年世代の貯蓄の取り崩しは，マクロ経済全体としてバランスする。しかし，経済が成長している場合，現役世代の勤労所得は過去の世代のそれを上回るので，働く世代の貯蓄は老年世代の貯蓄の取崩しよりも大きくなり，その結果，マクロ経済全体として貯蓄率は高くなる。

とくに，高度成長期には，働く世代の可処分所得は，予想を上回って上昇した。この時期，このような予想を上回って増加した所得の多くが貯蓄にまわり，結果的に貯蓄率が高まったといえる。

高齢者の高い貯蓄率

日本の家計貯蓄率がかつてなぜ高水準にあったかに関しては，日本の高齢者の貯蓄率が高かったことも有力な要因と考えられている。たとえば，林文夫は，1980 年代のデータを検討し，日本の高齢者がおよそ 80 歳から 85 歳になるまで貯蓄を続けていたとしている。

ライフサイクル仮説によれば，家計は所得が高いときに貯蓄を行い，所得が低くなる老年期には貯蓄を取り崩すため，高齢者の貯蓄はマイナスになるはずである。これは単純なライフサイクル仮説では，家計は（予想された）死亡時には資産を使い尽くすように生涯の消費計画を立てると仮定していたためである。しかし，高齢者も貯蓄を続けるという以上のような状況は，この仮定と整合的ではない。

一般に，高齢者が保有している資産は，高齢者が死亡した場合，遺産として子供に相続される。したがって，高齢者の貯蓄率が高い日本では，遺産が多く残されていることになる。たとえば，相続税統計を利用した推計によると，日本の家計資産の少なくとも30～40％は相続された遺産だったという。

そこで以下では，なぜ日本人が高齢になるまで貯蓄を続け，その結果としてなぜ大きな遺産を残すのかを，順を追って考えていくことにしよう。

予備的貯蓄動機と意図しない遺産

第**3**節の単純なライフサイクル仮説では，家計は将来のことが確実にわかっていることが前提となっていた。しかし，実際には将来の所得や寿命などは不確実である。また，多くの家計にとっては，現存の年金や保険ではこれら将来の不確実性を十分に取り除くことができないのが現状である。

このため，人々は予想以上に長生きしたり病気にかかったりしたときなどの支出に備えて，高齢になっても資産を蓄え続けることになる。このような理由による貯蓄は，予備的動機にもとづく貯蓄といわれている。

予備的動機にもとづく貯蓄の存在を考慮すれば，ライフサイクル仮説のもとでも，高齢者が貯蓄を続ける理由を説明することができるようになる。また，この場合，高齢になるまで蓄積された資産が死亡後に残れば，遺産として子供に相続されることになる。しかし，このような遺産は，高齢者があらかじめ残すことを計画していたものではない。そこで，このような遺産は，意図しない

遺産 といわれる。

遺産動機と意図された遺産

一方，家計は当初から子供に資産を残すことを目的として，高齢になっても貯蓄を続けているという考え方もある。このようにして残される遺産は，意図された遺産 といわれる。

それでは，人々が意図的に遺産を残そうとする動機は何であろうか。これについても複数の説が存在している。

その１つは，家族内の暗黙の契約の結果として遺産が残されるとする説である。すなわち，親は子供に予想以上に長生きした場合の生活費を保障してもらう一方，早く死亡した場合には財産を残すという保険契約を暗黙裡に結ぶことで，現存の年金や保険の不十分な機能を補うと考えるのである。

これは，財産を残すことを条件に子供に老後の世話をさせるために遺産を利用するという考え方で，この遺産動機は 戦略的遺産動機 といわれている。この遺産動機にもとづく貯蓄は，親が自分の老後のことを考えて行動した結果であり，この意味で，先の予備的動機にもとづく貯蓄と同じく，ライフサイクル仮説の視点から説明できる貯蓄である。

これに対して，親が，自分の子供や孫が愛しいために，その将来の生活まで配慮して遺産を残しているという説も有力である。これは，利他主義にもとづく遺産動機 と呼ばれるもので，そこでは各個人が一生を越えた子や孫の世代までも視野に入れて消費・貯蓄計画を立てていることとなる。したがって，利他主義にもとづく遺産動機のもとでは，人々の消費・貯蓄行動は，視野が個人の一生のうちに限られるライフサイクル仮説の考え方と大きく異なっている。

9 日本の家計貯蓄率はなぜ下落したのか？

●構造要因と景気要因

人口高齢化

これまでは，日本の家計貯蓄率がかつて高かったことに対するさまざまな説明をみた。しかし，1990 年代以降に貯蓄率が大きく下落した結果，現在では，日本の家計貯蓄率は，他の先進諸国と比べて，きわだって高いものではない。

それでは，かつては 20％を超えていた家計貯蓄率が大きく下落したのはなぜだろうか。これまでみてきたように，近年の家計貯蓄率下落は一時的なものではなく，コロナ禍の 2020 年や 21 年を例外とすれば，1970 年代半ば以降の一貫した傾向であるとみることもできる。したがって，その背後には，経済や社会の構造の長期的な変化があると考えられる。

なかでも重要な要因として指摘されているのが，日本の人口の少子高齢化である。本章でライフサイクル仮説を勉強した際に，消費水準を維持するために退職後の人生では貯蓄を取り崩すことを学んだ。高齢者の大半は仕事をリタイアした退職者であるので，このことは，人口に占める高齢者の比率が高まれば，貯蓄を取り崩す人口が増えることによって，経済全体の貯蓄率が低下することを意味する。

実際，高齢化率と呼ばれる 65 歳以上の高齢者人口の総人口に占める比率は，日本では，1970 年には 7.1％にすぎなかったが，2000 年に 17.4％，2022 年には 29.0％へと急速に高まっている。

図 2-9　日本の人口ピラミッド

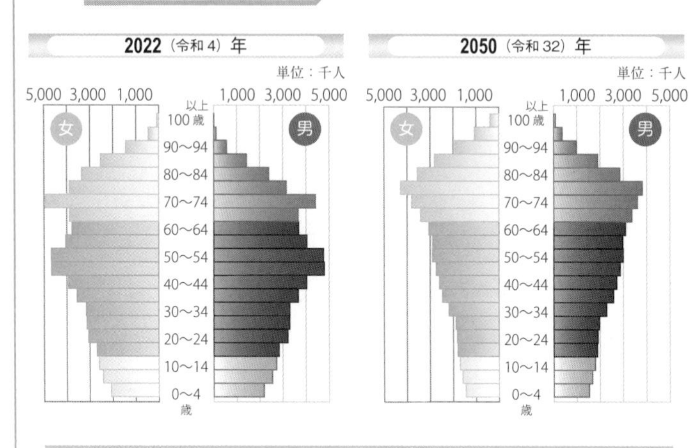

わが国では，人口の高齢化が急速に進行している。65 歳以上の高齢者人口が総人口に占める比率は，2022 年ですでに 29.0% に達しており，2050 年には約 40 % になる見通しである。ライフサイクル仮説に従えば，人口の高齢化は，貯蓄する世代の人口が減少し，貯蓄を取り崩す世代の人口が増加することを意味する。このため，日本では貯蓄率が今後より一層減少するのではないかと考えられている。

（注）2050 年の数値は，出生中位（死亡中位）推計。
（出所）総務省『人口推計年報』（2023 年 3 月 20 日公表），国立社会保障・人口問題研究所『日本の将来推計人口』（2023 年 4 月推計）。

国立社会保障・人口問題研究所によれば，高齢化率は 2050 年には約 40%になると予測されている。

図 2-9 には，その結果として発生する人口ピラミッドの変化が示されている。2022 年に比べて 2050 年には，高齢化率が大きく上昇する一方で，生産年齢人口と呼ばれる 15 歳以上 65 歳未満の人口が占める比率は大きく低下している。

ライフサイクル仮説に従えば，これからの日本では，貯蓄をする世代の人口が大きく減少する一方，貯蓄を取り崩す世代の人口が急激に増加することになる。日本の貯蓄率がこれからも減少し続けるのではないかという主張がなされることが多いが，その根拠はここにある。

社会保障制度の整備

ただし，前節で日本の高い貯蓄率の有力な説明要因とされていたように，もともと日本人はかなり高齢になるまで貯蓄を続けていたはずである。したがって，家計貯蓄率下落の説明としては，単に高齢者人口比率が高まったというだけでなく，高齢者の貯蓄行動が，あまり貯蓄をしないように変わってきたことも考えなければならない。

その理由として，1970 年代以降に，日本の年金や医療保険などの社会保障制度の整備が進んだことがあげられる。第 ***8*** 節でみたとおり，高齢者が貯蓄を続けた理由は，利他主義にもとづく遺産動機を除けば，現存の年金や保険では十分に取り除けない所得や寿命の不確実性に対処するための予備的動機にあったと考えられている。したがって，社会保障制度が発達すれば，高齢者が貯蓄によって年金や保険の機能を補う必要性は低下する。

また，利他主義にもとづく遺産動機から高齢者が貯蓄を続けていたとしても，少子化が進めば，日本の貯蓄率は減少すると考えられる。なぜなら，資産を残すべき若い世代の人口が減少すれば，そのような動機による貯蓄も減少するからである。

制度的要因

少子高齢化のほかにも，かつて日本の家計貯蓄率を高めているといわれていた経済や社会の制度的構造が変わったことも，貯蓄率下落の要因となっていると考えられる。たとえば，かつては，利子所得課税を免除する少額貯蓄優遇制度（マル優）と呼ばれる貯蓄を促進する税制があり，家計貯蓄率を高める効果があったといわれている。しかし，マル優制度は（障害者などを除いて）廃止された。

また，日本の賃金支払制度に特徴的なボーナス制度の変化も，貯蓄行動に影響を与えた可能性がある。かつて，ボーナスには，企業業績などに応じて支払われる変動所得に近い性質があった。このため，恒常所得仮説が示すように，ボーナスの消費性向が低くなり，家計貯蓄率を高める効果があることが指摘されていた。しかし，近年では，ボーナスも賃金支払に制度的に組み込まれるケースも増えており，変動所得的な性質は薄くなっている。

信用市場の発達が，家計の流動性制約を緩和したことも要因と考えられる。住宅や耐久消費財の購入資金をローンでまかなう余地が大きくなる場合，購入のためにあらかじめ貯蓄をする必要性が低下するからである。さらに，社会保障制度の充実は，高齢者のみでなく，若い世代にとっても，将来の不確実性を低下させ，老後の生活に備えての貯蓄額を減少させる要因となりうる。

成長要因

一方，1990年代からの家計貯蓄率の急落には，以上の経済・社会構造の長期的変化のみでなく，経済成長の低迷も影響していると考えられる。第1章でみたように，90年代以降の日本の経済成長率はきわめて低いものであった。それを反映して家計の可処分所得の伸びも停滞し，最近では家計可処分所得が減少した年もあった。

経済成長の低迷は，標準的な消費理論のもとで貯蓄率を低下させる。たとえば，ケインズ型の消費関数のもとでは，所得が減少すると平均消費性向が上昇する。1から平均消費性向を引いた値が平均貯蓄性向であるので，経済の低迷で所得が減少すれば貯蓄率は下がることになる。

また，ライフサイクル仮説のもとでも，経済成長の低下は，経済全体の貯蓄率を引き下げる。これは，経済成長の低下は，貯蓄を行う働く世代の所得が，老年世代が過去に働いていたときの所得と差がなくなることを意味するからである。このため，働く現役世代が行う貯蓄と退職した老年世代が取り崩す貯蓄の差がなくなり，その結果，経済全体の貯蓄率が低下することになる。

さらに，いったん形成された家計の消費習慣を即座に改めることが困難であれば，所得が減少しても消費は直ちには減少せず，貯蓄率が下落するという考え方もある。このような考え方は消費の相対所得仮説または習慣形成仮説といわれている。

1990年代末から2000年代初めにかけての家計貯蓄率の急落は，可処分所得が減少したにもかかわらず消費があまり減らなかったことに対応している。10%を切るような最近の日本の家計貯蓄率の下落には，人口高齢化などの構造要因だけでなく，経済成長の低迷という要因からの影響もあると考えられる。

練習問題

1 恒常所得仮説のもとで，ある年に以下のような所得があったとすると，そのうちの最も大きな比率がその年の消費にまわされると考えられるのはどれか。

(a) ボーナス　(b) 競馬の万馬券

(c) 定期給与の特別昇級　(d) 遺産の相続

2 日本では，1970 年代半ばの期間にはそれ以外の期間にも増して家計貯蓄率が高くなったという事実が報告されている。70 年代半ばにおいて，日本経済がそれまでの高度成長期から低成長期に移行したことに注目し，この事実を説明せよ。

3 アメリカでは，2000 年代半ばに家計貯蓄率の低下傾向が加速したという特徴が見受けられた。同時期にアメリカは，資産価格の上昇をともなう景気拡張期にあったことを考慮すると，ライフサイクル仮説の立場からこの貯蓄率低下はどのように説明できるだろうか。

4 ライフサイクル仮説では，その消費計画を決定する際に，子孫の効用を考えて行動することはない。しかし，現実には，多くの家計で遺産という形で子孫に財産が残されている。ライフサイクル仮説が成立することを前提に，その理由を簡潔に説明せよ。

（第 2 章 **練習問題の解答例** ➡ p. 429）

参考となる文献やウェブサイト

総務省統計局のホームページでは,「家計調査」に加えて,「全国家計構造調査（旧全国消費実態調査）」から消費や貯蓄に関連したさまざまなデータを入手することができる。

近年の日本の高齢者世帯の貯蓄行動については，チャールズ・ユウジ・ホリオカ，新見陽子「日本の高齢者世帯の貯蓄行動に関する実況分析」内閣府経済社会総合研究所『経済分析』第 196 号，pp. 29–47［2017］が参考になる。

第3章 設備投資と在庫投資

何のために投資をするのか？

MACRO

自動車工場の生産ライン

消費が家計による財・サービスの購入を表すのに対し，企業が建物や機械・設備といった資本ストックを購入したり，建設したりする活動が投資である。このような投資には，民間企業の設備投資のほかに，政府の公共投資，家計の住宅投資，および企業の生産と販売のギャップによって生まれる在庫投資も含まれている。

ECONOMICS

1　企業の設備投資

●設備投資とは？

資本ストックと投資

ある時点において企業が保有する建物や機械・設備は，資本ストックと呼ばれる。投資（以下，I_tと表す）とは，この資本ストックを増加させる経済活動のことをさす。したがって，t期において企業が保有する資本ストックの量をK_tとすると，t期における企業の投資は，この資本ストックの増加分として，

$$I_t = K_t - K_{t-1}$$

と表すことができる。

ただし，資本ストックというものは，時間がたてば摩耗・陳腐化するものなので，企業はこれに対応する資本減耗と呼ばれる部分を同時に補わなければならない。このため，現実に企業が行う投資は，この資本ストックの増加分に資本減耗分（dK_{t-1}）を加えたもの，すなわち，

$$\begin{aligned} I_t &= K_t - K_{t-1} + dK_{t-1} \\ &= K_t - (1-d) K_{t-1} \end{aligned}$$

となる。ここで，定数dは，資本減耗率と呼ばれるもので，1期間に資本のどれだけの割合が摩耗・陳腐化するかを表している。

以下では，このような資本減耗分を加えた投資を粗投資と呼び，資本ストックの単なる増加分（$K_t - K_{t-1}$）に等しい純投資と区別して用いることにする。粗投資，純投資，および資本減耗分の関係は，図**3-1**のように示される。

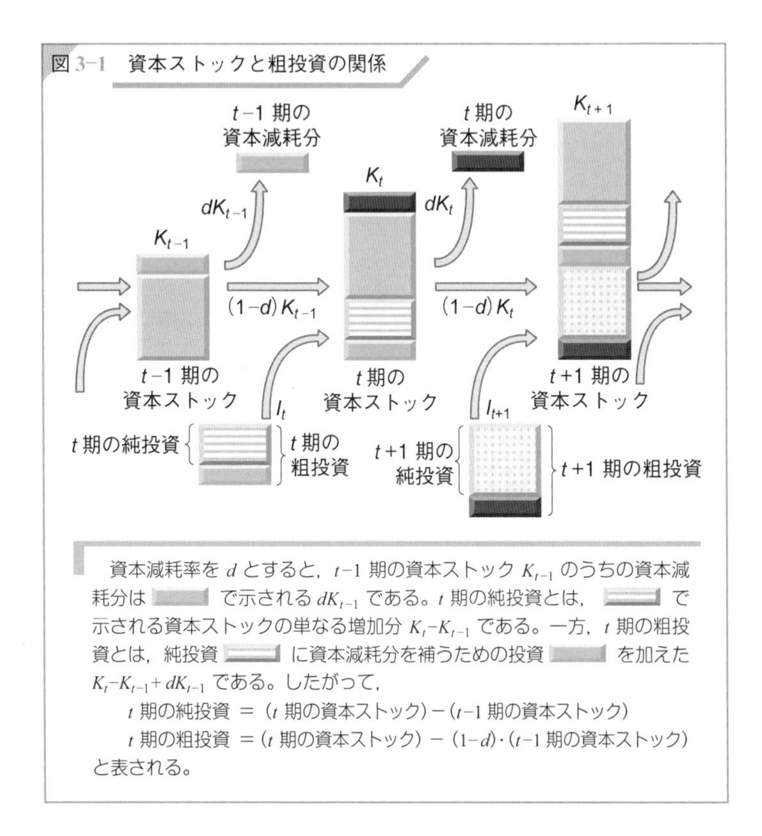

図 3-1　資本ストックと粗投資の関係

資本減耗率を d とすると，$t-1$ 期の資本ストック K_{t-1} のうちの資本減耗分は［図］で示される dK_{t-1} である。t 期の純投資とは，［図］で示される資本ストックの単なる増加分 K_t-K_{t-1} である。一方，t 期の粗投資とは，純投資［図］に資本減耗分を補うための投資［図］を加えた $K_t-K_{t-1}+dK_{t-1}$ である。したがって，

t 期の純投資 ＝ (t 期の資本ストック) − ($t-1$ 期の資本ストック)

t 期の粗投資 ＝ (t 期の資本ストック) − $(1-d)$・($t-1$ 期の資本ストック)

と表される。

日本の GDP と投資　日本の GDP の構成要素を需要面からみると，最も大きな割合を占めるのは民間最終消費支出で，GDP の 55％程度に相当する。次に大きな割合を占めるのが，資本ストックの形成を意味する総固定資本形成であり，GDP の 4 分の 1 を上回る。そして，この総固定資本形成こそ，先に述べた投資（粗投資）の概念に対応するものである。

表 3-1 は，この総固定資本形成の内訳をみたものである。それ

表 3-1　総固定資本形成の内訳

（単位：%）

	総固定資本形成に対する比率	GDPに対する比率
総固定資本形成	100.0	28.2
公的固定資本形成	24.0	6.8
民間総固定資本形成	76.0	21.4
企業設備投資	59.1	16.6
住宅投資	16.4	4.7
在庫変動	0.5	0.2

国民経済計算上で（粗）投資の概念にあたるものが，総固定資本形成である。上表はこの総固定資本形成の内訳別の比率を 1980 ～ 2022 年の平均でみたものである。この表より，総固定資本形成のなかで最も大きな比率を占めているものは企業設備投資であることがわかる。このため，経済学で投資という場合には，この企業設備投資をさすことが多い。

（出所）　内閣府『国民経済計算（GDP 統計）』より作成。

によると，投資はそれを行う主体により「民間」部分と「公的」部分に分けられるが，その約 4 分の 3 は民間によるもの（民間総固定資本形成）である。また，この民間の投資は，企業による生産のための機械・設備や建物などの資本ストックの形成への支出である 企業設備投資，家計の住宅建設のための支出である 住宅投資，および第 **9** 節で説明する 在庫変動 からなっている。

ただし，民間の投資（民間総固定資本形成）の多くは企業設備投資である。また，企業設備投資の GDP に対する比率をみると，それだけでも 15%を上回る。すなわち，企業設備投資は，消費に次いでマクロ経済の総需要の大きなウェイトを占めるのである。このため，通常，投資（粗投資）または設備投資という場合には，この企業設備投資のことをさす。

図 3-2　景気変動を増幅させる投資の変化率

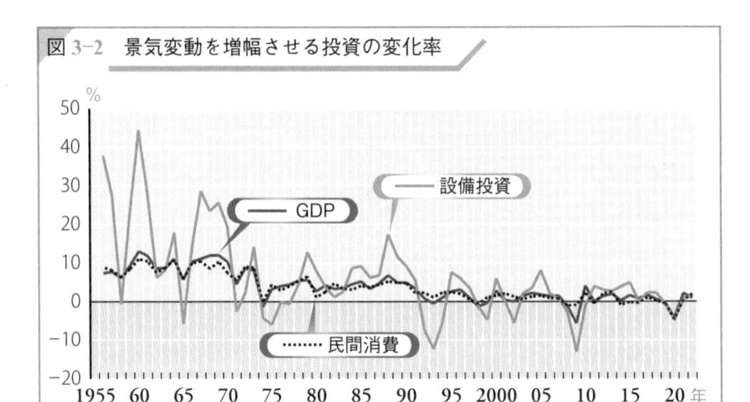

上図は，実質値でみた民間消費（民間最終消費支出），設備投資（民間企業設備投資），および GDP の増加率の推移を示したものである。この図から，設備投資は，景気循環の過程で消費に比べてはるかに大きく変動しており，GDP の変動を増幅させてきたことが確かめられる。なお，1990 年以降の動向をみると，設備投資はしばしば大幅に減少し，その増加率は大きなマイナスの値をとった。これは，1990 年代以降の GDP 増加率の低迷の大きな要因となったと考えられる。

（出所）内閣府『国民経済計算（GDP 統計）』より作成。なお，1980 年までは 1968 SNA，1981 年以降は 2008 SNA による。

設備投資と景気循環

投資の GDP に占める比率は消費に比べると小さい。しかし，その変動は消費よりも大きく，景気循環においては重要な役割を果たしている。

図 3-2 には，実質額でみた 1956 年以降の民間消費，設備投資，および GDP の増加率が示されている。図から，消費の変化率は GDP の変化率より若干小さな変動を示しているのに対して，設備投資は景気循環を増幅させる形で非常に大きく変動していることがわかる。好況・不況における GDP の増減においては，設備投資が消費以上の重要性をもっているのである。

図**3-2**によって戦後日本の設備投資の動向をみると，1950年代後半や60年代の高度成長期においてきわめて高い増加率を示したことが1つの特徴としてあげられる。とくに，60年代の投資の増加率は平均でも20％と高いだけでなく，好況期においては実に30～40％に至る大きな上昇がみられた。設備投資の活性化が，神武景気（1954～57年）や岩戸景気（1958～61年）などの長期にわたる好況の牽(けん)引力となり，「投資が投資を呼ぶ」といわれた高度成長を生み出した。

逆に，不況期においては，設備投資の増加率は大きく低下し，マイナスとなる場合もみられた。たとえば，第1次石油ショック後の不況では4年間にわたって設備投資はマイナス成長であった。また，1990年以降では，92年から94年，98年から99年，2002年，2008年から2009年，および2020年に，設備投資の減少がみられた。設備投資自体が重要な需要の構成要素であるから，設備投資が低水準にとどまれば，それは景気停滞の大きな要因となる。

2 投資の決定要因

●企業は何のために投資をするのか？

フローとストック

マクロ経済学を考えるうえで，1つの重要な概念としてフローとストックの考え方がある。フローとは「ある期間内に行われた経済活動の成果」を表すのに対し，ストックとは「ある特定の時点ですでに達成されてきた経済活動の成果の蓄積」をさす。

たとえば，ある期間内に何軒の新しい建物が建てられたかとか，何台の新しい機械が作られたかはフローの概念であるのに対し，現時点において何軒建物が建っており，何台の（利用可能な）機械が存在しているかはストックの概念である。したがって，一国で一定期間に作り出される建物や機械・設備の額を表す投資は，「フロー」を表す代表的なものである。それに対して，投資によって形成された資本ストックは，代表的な「ストック」である。

資本ストックの決定問題

資本ストックは，いずれも過去から現在にかけて行われてきた投資が蓄積されてきたものである。すなわち，今期に機械・設備の生産が行われれば，その分だけ資本ストックは増加することになる。このため，フローとしての投資を決定する問題は，その結果ストックとしての資本ストックがどのような水準に決定されるかという問題と密接に関連している。

企業の設備投資の水準を決定する理論は，まさにこのような考え方をベースに考えられてきた。そのなかでも代表的なものが，企業の利潤最大化行動によって投資が決定されるとする新古典派の投資理論である。

この投資理論では，まず，資本ストックを増加させた場合に収入の増加と費用の増加のどちらが大きいかを比べ，望ましい資本ストックの水準は収入の増加と費用の増加がバランスするように決定されるとすると考える。そして，次に，現存の資本ストックが，この望ましい資本ストックに等しくなるように，設備投資の水準が決定されると考える。以下では，この新古典派の投資理論の考え方を順を追って説明していくことにしよう。

3 資本の限界生産性

●資本ストックの増加による収入

資本の限界生産性の逓減

企業が機械などを1台新たに購入した場合，資本ストックは1単位増加する。一般に，資本ストックを追加的に1単位増加させることによって生産量が1期間にどれだけ増加するかを表す指標は，資本の限界生産性と呼ばれている。この節では，この資本の限界生産性の性質を説明することによって，企業が資本ストックを追加的に増加させると，どれだけ生産量（すなわち収入）が増加するかを明らかにしておこう。

通常，企業はさまざまな生産の可能性に直面している。したがって，企業が新たに機械・設備を購入すれば，より多くの財を生産することができるであろう。しかし，このような生産拡大の可能性は，資本ストックの投入量が小さい場合には大きいが，すでに生産に多くの資本ストックを投入している場合には相対的に小さくなると考えられる。

このため，資本ストックを1単位増加させると生産量が1期間にどれだけ増加するかを表す資本の限界生産性は，現存する資本ストックの量が小さい場合には高いが，資本ストックの量が大きくなるにつれてしだいに低くなっている。このような資本の限界生産性が資本ストックの量が大きくなるにつれて低くなっていく性質は，資本の限界生産性の逓減（ていげん）と呼ばれている。企業の投資の決定問題を考えるうえでは，この性質は非常に重要となる。

Column ④ 規模の経済性：資本の限界生産性の逓増

本章の説明では，「資本ストックの増加が生産量に与える影響は資本ストックが増加するにつれて小さくなる」とする「資本の限界生産性の逓減」を前提に議論を進めている。たしかに，多くの場合，新規に機械を導入した場合の生産性向上は，まったく機械を備えていなかった工場では大きいのに対して，すでに利用可能な機械が数多く備えつけられた工場ではさほど大きくないと考えられるので，多くの場合，この前提は妥当性をもつ。

しかしながら，読者諸君のなかには，小さな町工場よりも分業が進んだ大工場の方が生産性は高いのではないかという疑問をいだいている人も多いのではないだろうか。実際，小さな工場で機械を数台使って生産するよりも，大きな工場で機械を大規模に稼働させた方が効率的な生産が可能なことも少なくない。大きな工場では，数多くの機械を使って生産する場合でも，「分業」によって生産効率を高めることもできるかもしれない。

経済学では，このようなケースを「規模の経済性」と呼ぶ。規模の経済性が存在する場合，資本の限界生産性は逆に逓増する（資本ストックが多いほど資本の限界生産性は大きくなる）こととなる。

もっとも，規模の経済性はある程度の規模までは存在するとしても，規模をさらにどんどん大きくしていけば，やがては生産性の上昇にも限界がでてくるであろう。この場合，規模の大きな工場でもやはり資本の限界生産性は逓減することとなる。この章で考えるのはこのような状況であり，その限りにおいて，この章の「資本の限界生産性の逓減」を前提とした説明は妥当性をもつこととなる。

図 3-3　生産関数と資本の限界生産性の逓減

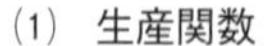

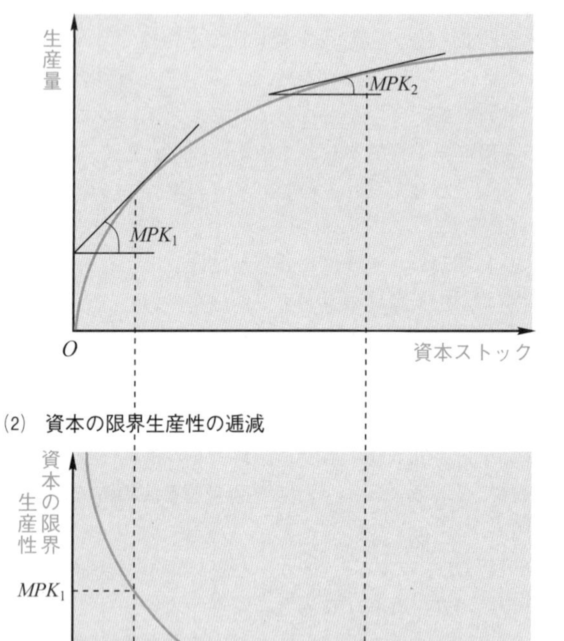

(1)に示される生産関数のもとでは，K_1 に対応する生産関数の傾き MPK_1 が，資本ストック K_1 での資本の限界生産性を示す。同様に MPK_2 が，資本ストック K_2 での資本の限界生産性を示す。K_1 より K_2 の方が大きいので，資本の限界生産性 MPK_2 は MPK_1 よりも小さい。このような性質は，資本の限界生産性の逓減と呼ばれ，その関係を図で示したものが(2)である。

資本の限界生産性の逓減の図解

図 **3-3** は，以上で述べた資本の限界生産性の性質を図示したものである。まず，図 **3-3** (1)では，他の投入物の量を一定として，各企業が生産に使用した資本ストックと生産量との関係を表す 生産関数 が描かれている。この図から，資本ストックが大きければ大きいほど生産量も大きくなることがわかる。しかし，図からはまた，この生産関数の傾きは，資本ストックの水準が大きくなればなるほど小さくなっていることもわかる。

生産関数の傾きは資本の限界生産性に等しいので，この値をグラフに表せば，図 **3-3** (2)のような右下がりの曲線を描くことができる。曲線の縦軸の値は，各資本ストックの水準に対応する資本の限界生産性を表している。曲線が右下がりであることから，資本の限界生産性が資本ストックが増加するとともに低下する性質（すなわち，資本の限界生産性の逓減）を確認することができる。

4 資本の使用者費用

●資本ストックの増加にともなう費用

資本の使用者費用の構成要素

資本の使用者費用（資本のレンタル・コスト）とは，資本ストックを1単位使用するのに必要な1期間あたりの費用のことである。このような費用は，企業が機械・設備などの資本ストックをリース（リース会社が機械設備等を購入して，企業に対してそれを賃貸する取引）している場合にはリース費用（レンタル・コスト）となる。

しかし，同様の費用は企業が生産に必要な資本ストックを自ら購入して保有する場合にも必要となる。企業が資本ストックを保有する場合，その資本の使用者費用は，企業が資本ストック1単位を購入し，1期間だけ使用した際に必要な費用に等しくなる。いま資本ストックの価格を一定とすると，このような費用としては，大きく分ければ，資本減耗の費用と利子の費用の2つが考えられる。

資本減耗の費用

資本の使用者費用に関する第1の費用は，資本減耗の費用である。これは，使用している建物や機械・設備が，時間がたつにつれて摩耗・陳腐化し，その実質の価値が下落することにともなう費用である。

たとえば，工作機械の場合，新製品であれば切れ味も優れ，効率的な生産を行うことができる。しかし，それが古いものになればなるほど，切れ味が落ちるなど，その性能は低下するので，新製品の価格は同じであっても，その価値は下落することになる。

1期間使用したときの資本ストック1単位当たりの資本減耗の費用は，資本減耗率（d）と資本ストックの価格（p_k）の積，すなわち $d \cdot p_k$ となる。したがって，資本ストック1単位当たりの資本減耗を表す資本減耗率が大きければ大きいほど，それを使用する企業にとって資本の使用者費用は大きいことになる。

利子の費用

資本の使用者費用を構成する第2の費用は，利子の費用である。これは，資本ストックを新たに購入する際に必要な資金に対して支払われる利子の費用である。

たとえば，資本を購入する企業があらかじめ資金を保有していない場合，その企業はその資金を銀行などから借り入れる必要がある。しかし，資金を1期間だけ外部から借り入れた場合，それを返済する際にはもともと借りたお金（元本）に加えて利子を支払わなければならなくなる。

1期間使用したときの資本ストック1単位当たりの利子の費用は，利子率（i）と資本ストックの価格（p_k）の積，すなわち$i \cdot p_k$となる。したがって，企業が望ましい資本ストック量を決定する場合には，資本ストック1単位当たりの利子の費用としての利子率を考慮に入れる必要がある。

機会費用

利子の費用は，仮に企業が自ら保有する資金を使って購入した場合でもかかる。これは，自らの資金で資本ストックを新たに購入した場合には実際に利子を支払う必要はないが，この場合でも，本来であればその資金を別の企業に貸し出すなどして得られるであろう利子収入を失うことになるからである。

一般に，本来は得られたであろう収入を失うことの費用は，機会費用と呼ばれている。機会費用の存在を考えれば，資本ストックの購入費用を借入によって調達したか自己資本でまかなったかにかかわらず，利子率の大きさによって資本の使用者費用は影響を受けることとなる。とりわけ，資本市場が完全で資本の借入に対する利子率と貸出に対する利子率が等しい場合，資本ストックを外部の資金で購入しようと自らの資金で購入しようと，利子の費用は同じ利子率に影響を受ける。このため，機会費用の存在を考えれば，資本の使用者費用は，資本ストックの購入を外部の資金でまかなうか自己資金でまかなうかに依存しないことになる。

5 望ましい資本ストック

●企業の利潤を最大にする資本ストック

望ましい資本ストックの決定

第3節と第4節で述べたように，資本の限界生産性とは資本を1単位増加させたときの生産の増加分である。とくに，生産物が売れ残らないとすれば，生産の増加は収入の増加を意味する。一方，資本の使用者費用とは，資本を1単位増加させたときの費用の増加分である。

このため，資本の限界生産性が資本の使用者費用よりも大きい場合，資本を追加的に1単位増加させるときの収入の増加分が費用の増加分を上回ることになる。したがって，この場合，利潤（=収入－費用）を最大化する企業にとっては，資本をもう1単位増加させることが望ましい。

一方，資本の限界生産性が資本の使用者費用よりも小さい場合，資本を1単位減少させるときの費用の減少分が収入の減少分を上回ることになる。したがって，この場合は逆に，企業は資本ストックを減少させることによって利潤を増やすことができる。

このため，企業は，資本の限界生産性と資本の使用者費用が等しくなるまで資本ストックを増減させ，それらがちょうど等しくなった資本ストックの水準において，企業の利潤は最大となる。すなわち，企業の利潤を最大化する資本ストックの水準を望ましい資本ストックと呼ぶとすれば，望ましい資本ストックは，

資本の限界生産性＝資本の使用者費用

となる点で決定されることになる。

望ましい資本ストックの決定の図解

図**3–4**は，このような望ましい資本ストックの水準の決定メカニズムを図解したものである。図では，横軸に生産に使用される資本ストックの量をとり，それに対応する資本の限界生産性と資本の使用者費用を縦軸として，それぞれ，グラフを描いている。

第**3**節の図**3–3**で示したように，図**3–4**では資本の限界生産性は右下がりの曲線として描かれる。一方，資本の使用者費用は，資本減耗率（d）と利子率（i）との合計に資本ストックの価格

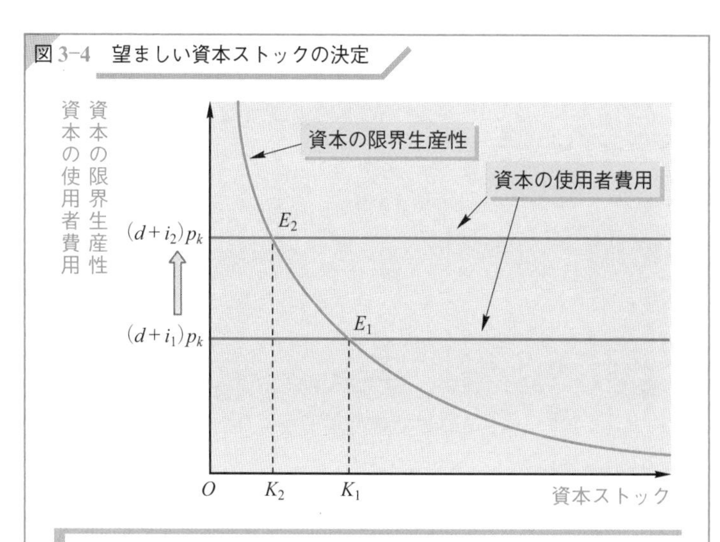

図 3–4　望ましい資本ストックの決定

上図の ―― は図**3–3**(2)に示された資本の限界生産性曲線である。一方，資本の使用者費用は資本ストック量に依存せず一定であるため，水平な直線 ―― で表される。

望ましい資本ストックは，資本の限界生産性を表す右下がりの曲線と資本の使用者費用を示す水平線の交点で決定される。図では利子率が i_1 のときの望ましい資本ストックは K_1 である。また，この利子率が上昇し i_2 になると，望ましい資本ストックは K_1 から K_2 へと下落する。

(p_k) をかけたもの，すなわち，

$$資本の使用者費用 = (d + i)\, p_k$$

であり，図では水平線として表される。

図 3-4 では2つの異なる値をとる利子率 i_1 と i_2 ($i_1 < i_2$) に対して，資本の使用者費用の大きさが2本の水平線として描かれている。このとき，各利子率に対する望ましい資本ストックの水準は，右下がりの曲線と2本の水平線の交点 (E_1 および E_2) によってそれぞれ決定される。したがって，各利子率 i_1 と i_2 に対応する望ましい資本ストックの水準は，それぞれ，図の K_1 と K_2 となる。

利子率と望ましい資本ストックとの関係

ところで，この**図 3-4** から利子率と望ましい資本ストックの水準の間には，反比例の関係（すなわち，利子率が上昇すれば資本ストックが下落する関係）があることも容易に理解することができる。

たとえば，利子率が i_1 から i_2 へ上昇した場合，それは資本の使用者費用の上昇を意味し，資本の使用者費用を表すグラフは上方へシフトする。この結果，従来の資本ストック水準 K_1 のもとでは，資本の限界生産性が資本の使用者費用を下回るため，望ましい資本ストックの水準も新しい交点 E_2 に対応する K_2 へと下落することになる。

資本の使用者費用の上昇は，企業にとって資本ストックを保有することの費用の増加を意味するので，それによって望ましい資本ストックの量も減少するという以上の結果は，直観的にも理解できるものである。次の第**6**節で説明するように，このような利

子率と望ましい資本ストックの水準との間の反比例の関係は，利子率と投資水準との間の反比例の関係を導く基礎となっている。そして，この関係は第6章で展開するようなマクロ分析において，しばしば重要な役割を果たすことになる。

資本の限界生産性が及ぼす効果

一方，望ましい資本ストックの水準は，資本の限界生産性が変化した場合にも変化する。たとえば，生産物に対する需要の増加や生産技術の進歩などによって，資本の限界生産性が上昇した場合を考えてみよう。この場合，資本ストックを増加させることによって生み出される収入も増加するので，望ましい資本ストックの水準は増加する。

図3-5はこの状況を表したものである。図では，資本の限界生産性の上昇が，右下がりの曲線が上方へシフトするという形で描かれている。このとき，資本の使用者費用を$(d+i)\,p_k$に等しい水平線で表すとすると，資本の限界生産性と資本の使用者費用が等しくなる点は，資本の限界生産性が上昇する前はE_2点，上昇した後はE_3点となる。したがって，資本の限界生産性が上昇した結果として，望ましい資本ストックの水準は図のK_2からK_3へと増加することとなる。

以上の結果は，資本の限界生産性と望ましい資本ストックの間に，正比例の関係があることを示している。次の第6節でみるように，この関係から，資本の限界生産性が上昇すれば投資も上昇するという関係が導かれることになる。

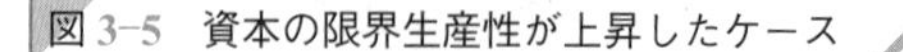
図 3-5　資本の限界生産性が上昇したケース

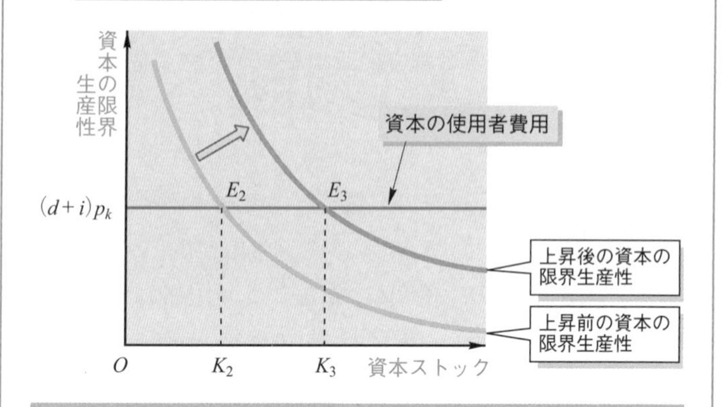

資本の限界生産性が上昇する前は，E_2 点で資本の限界生産性と資本の使用者費用は等しくなり，そのときの望ましい資本ストックの水準は K_2 である。しかし，資本の限界生産性が上昇した後は E_3 点が均衡となるため，望ましい資本ストックの水準も K_3 へと上昇する。

Column ⑤　望ましい資本ストック：数式による導出

第 **5** 節では，望ましい資本ストックの水準は，「資本の限界生産性＝資本の使用者費用」という条件を満たすように決定されることを，数式を使わずに説明した。以下では，この結果を，数式を使って導出する。

まず，他の投入物の量を一定として，各企業が使用した資本ストック K と生産量 Y との間に，

$$Y=f(K),\qquad \text{ただし，} f'(K)>0 \text{ および } f''(K)<0$$

という関係が成立する生産関数を考える。ここで，$f'(K)>0$ は資本ストックが増加すれば生産量も大きくなる性質を，また，$f''(K)<0$ は資本ストックが増加すれば資本の限界生産性が小さくなる性質（すなわち，資本の限界生産性の逓減）を示す。

企業は，期首に資金 p_kK を借り入れて価格 p_k の資本ストック K を購入し，1 期間，この生産関数で表される生産活動を行う。このとき，生産物の販売価格を 1 とすると，生産物が売れ残らない限り，期末には生産量 Y が企業が生産活動によって得る収入となる。

また，資本ストックの価格が期首と期末で変わらないとすると，生産を終えた企業は期末に使用した資本ストックを売却すれば，売却収入 $(1-d)p_kK$ を得る。ここで，d は資本減耗率である。$(1-d)<1$ であることから，売却収入は購入額 p_kK より小さい。これは，資本ストックを 1 期間使用したことによって資本減耗（すなわち、資本の摩耗・陳腐化）が発生したことで起こっている。

さらに，期末に企業は，借り入れた資金 p_kK を，利子をつけて返済する必要がある。このため，利子率を i とすると，期末の返済額は $(1+i)\,p_kK$ となり，これが企業の期末の費用となる。その結果，$Y=f(K)$ であることから，期末における企業の利益 Π は，

$$\Pi = Y+(1-d)\,p_kK-(1+i)\,p_kK=f(K)-(d+i)\,p_kK,$$

と書き表すことができる。

利潤最大化の一階の条件は，この利益 Π を K に関して微分した値がゼロ（すなわち，$d\Pi/dK=0$）となるものである。このことから，利潤最大化の条件は，

$$f'(K)=(d+i)\,p_k$$

となる。上式の左辺 $f'(K)$ は，資本の限界生産性である。また，右辺 $(d+i)\,p_k$ は，資本の使用者費用である。このため，上式は，「資本の限界生産性＝資本の使用者費用」が利潤最大化の条件であることを示しており，それが望ましい資本ストックを決定する式となる。

6 新古典派の投資理論

●望ましい資本ストックを実現する投資水準

新古典派の投資理論の考え方

仮に投資を行う企業に資本の使用者費用以外に何らの費用もかからない場合，資本ストックは瞬時に望ましい水準に調整されると考えられる。したがって，t 期における望ましい資本ストックの水準を K_t* とすると，この場合の t 期における純投資は，

$$I_t = K_t^* - K_{t-1}$$

また，資本減耗分を考慮した粗投資は，

$$I_t = K_t^* - (1-d)\,K_{t-1}$$

として決定されることになる。

これが，新古典派の投資理論の基本的な考え方である。すなわち，新古典派の投資理論では，現存の資本ストックが望ましい資本ストックの水準を下回る場合に，その差額をちょうど補うように純投資が行われるのである。

投資の変動要因

ところで，前節で示したように，望ましい資本ストック K_t* は，利子率が上昇すれば減少し，下落すれば増加するという関係がある。したがって，この新古典派の投資理論では，「利子率が上昇すれば投資は減少する（利子率が下落すれば投資は増加する）」という関係が存在することを確認することができる。

また，望ましい資本ストック K_t* は，資本の限界生産性が上昇すれば増加し，下落すれば減少するという関係もある。このため，

新古典派の投資理論では，「資本の限界生産性が上昇すれば投資も上昇する（資本の限界生産性が下落すれば投資も下落する）」という関係も成立することになる。資本の限界生産性は好況時に上昇し，不況時に下落するので，この正比例の関係は，マクロ経済全体における投資の変動（投資が，好況期に増加し，不況期に減少する現象）を考えるうえでは重要なものである。

アニマルスピリット

これまでみてきたとおり，投資に大きな影響を与える資本の限界生産性は，生産物に対する需要や生産技術に依存する。しかし，企業が投資を決定する段階では，生産物に対する需要や生産技術の進歩が今後どのように変化するのかは不確実である。このため，設備投資は，投資を決定する企業家が将来に対して抱く「主観的な期待」に依存することになる。

しかし，そのような主観的な期待は，必ずしも合理的に形成されるとは限らない。むしろ，企業家の主観的な期待は，合理性では必ずしも説明できない不確定な心理によってしばしば左右される。ケインズ（J.M. Keynes）は，このような不確定な心理によって左右される主観的な期待をアニマルスピリットと呼び，企業家の抱く「野心的意欲」のようなアニマルスピリットが投資の決定に大きな役割を果たすと説いた。

本章第**1**節でみたように，投資は景気循環とともに非常に大きく変動することが知られている。アニマルスピリットが好況と不況で大きく上下する（好況期に楽観的となり，不況期に悲観的となる）ことを考え合わせると，以上のケインズの考え方はなぜ投資の変動が大きいのかをうまく説明できることになる。

7 ジョルゲンソンの投資理論

●投資の調整速度の重要性

ジョルゲンソンの投資理論とその特徴

前節で説明した新古典派の投資理論では，企業はその資本ストックの水準を瞬時に望ましい水準に調整できるものと考えた。しかし，現実にはさまざまな理由によって資本ストックの調整には時間やコストがかかるので，資本ストックは必ずしも最適な水準と一致していないのが普通である。

そこで**ジョルゲンソン**（D. W. Jorgenson）は，今期の望ましい資本ストック K_t^* と前期末の実際の資本ストックとの差 $K_t^* - K_{t-1}$ がすべて投資（純投資）として実現されるとは考えず，その一部だけが今期に実現されるという投資理論を考えた。これが，ジョルゲンソンの投資理論である。

この投資理論のもとでは，資本減耗分を考慮しない今期の投資（すなわち純投資）を I_t としたときには，

$$I_t = \lambda(K_t^* - K_{t-1})$$

となり，資本減耗分を考慮した今期の投資（すなわち粗投資）を I_t としたときには，

$$I_t = \lambda(K_t^* - K_{t-1}) + dK_{t-1}$$

となる。

ここで，上式における係数 λ は投資の調整速度と呼ばれるものであり，$0 < \lambda < 1$ である。つまり，ジョルゲンソンの投資理論の大きな特徴は，現実の資本ストックと望ましい資本ストックとのギャップのうち，λ だけの割合が t 期中に埋められると考え

たところにある。

ジョルゲンソンの投資理論の問題点

このように，ジョルゲンソンの投資理論は，望ましい資本ストックの水準が瞬時には実現されないという点では新古典派の投資理論と異なっている。ただし，この理論は，投資が今期の望ましい資本ストックと前期末の実際の資本ストックとの差 $K_t^* - K_{t-1}$ のみに依存するという点では，新古典派の投資理論と共通している。これは，ジョルゲンソンの投資理論では，投資の調整速度 λ は一定であると仮定されていたからである。

しかし，投資の調整速度の値は，λ として先験的に一定の値として与えられるものではなく，本来であれば望ましい資本ストック K_t^* を求める際に同時に決定されるべきものである。また，望ましい資本ストックを実現するのに時間がかかるのであれば，企業が達成しようとする資本ストックは，現在時点で望ましい資本ストックの水準ではなく，将来時点で望ましいと考えられる資本ストックの水準であるはずである。

利子率や資本の限界生産性は時間を通じて変化するものなので，現在時点で望ましい資本ストックの水準が将来時点でも望ましいとは限らない。したがって，ジョルゲンソンの投資理論は，この意味で理論的な矛盾をもっていた。このため，この問題点を克服するため，投資の調整費用が一定ではなく，現在から将来にかけての利潤を時間を通じて最大化するように決定されると考える投資理論が，その後，検討されるようになった。それが，次の第 **8** 節で説明する投資の調整費用モデルである。

8 調整費用モデル

●調整費用を考慮した投資モデル

ペンローズ効果

投資の調整費用モデルは，投資の調整プロセスに理論的な根拠を与えるために，**宇沢弘文**や**ルーカス**（R. E. Lucas）らによって考案された投資理論である。このモデルの最大の特徴は，望ましい資本ストックへの調整スピードが速ければ速いほど，多くの調整費用が必要であるという考え方を明示的に取り入れて，時間を通じた企業の利潤最大化を考えたところにある。

ここで調整費用とは，投資を行う際に，資本ストックを調達する費用以外にかかる有形・無形のコストをさす。このようなコストがかかるのは，資本ストックを急激に拡大しようとすれば，それだけ企業は経営能力や組織の効率性を高めなければならないからである。また，大規模な投資であればあるほど投資計画を遂行するうえでの組織内の軋轢（あつれき）が生じやすく，それも企業にとってはコストとなるであろう。

このような調整費用と投資の調整スピードの関係は，通常ペンローズ効果と呼ばれる。一般に，このペンローズ効果のもとでは，図**3-6**で描かれているように，調整費用は投資量が多くなるにつれて逓増すると考えられている。

調整費用が存在する場合の投資決定

調整費用が存在する場合，企業が望ましい資本ストックの水準をどのようなスピードで達成すべきかは，企業の中長期

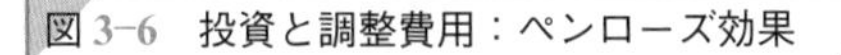
図 3-6　投資と調整費用：ペンローズ効果

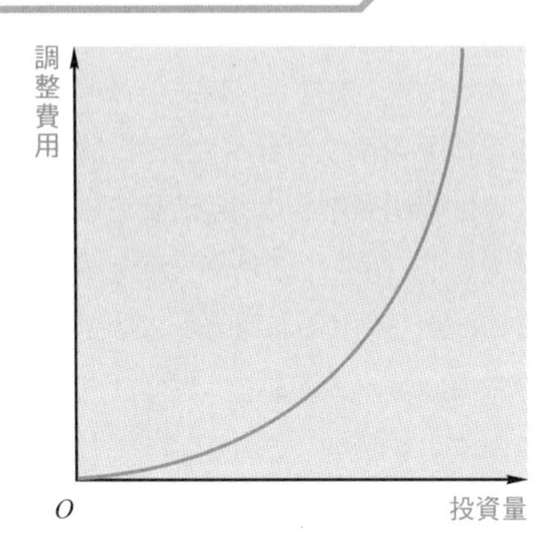

資本ストックを急速に拡大しようとすると，有形・無形のコストがかさむ。このため，より大きな投資によって調整スピードを速めようとすればするほど，調整費用は逓増する。このような調整費用と投資水準の関係は，ペンローズ効果と呼ばれる。

的な利潤最大化の観点から求めることができる。すなわち，企業にとって望ましい資本ストックをできるだけ早く達成することは，調整費用が増加しないのであれば，それ自体，現在の利潤を高めるものである。しかし，調整費用が逓増的であれば，企業が望ましい資本ストックをできるだけ早く達成しようとすると，それだけ調整費用も高くなる。

したがって，企業はこれらの便益と費用を中長期的な観点から考慮することによって，投資量やそのタイミングを決定する。すなわち，望ましい資本ストックを達成するスピードを速めることによる現在から将来にかけての利潤の増加が，それにともなう現在から将来にかけての調整費用の増加にちょうど等しくなるところで投資の決定を行うことになる。

詳しい議論は数学的に複雑なためここでは割愛するが，このようにして決定される投資の水準は，新古典派の投資関数とは異なり，現在の資本の限界生産性や資本の使用者費用ばかりでなく，将来の資本の限界生産性や資本の使用者費用に依存するものとなる。これは，調整費用が存在する場合，企業が望ましい資本ストックを達成するのはかなり先の将来であるので，現在の投資の決定を行う際にも将来における望ましい資本ストックの水準をすべて考慮する必要がでてくるからである。

したがって，調整費用が存在する場合の投資水準は，現在から将来にかけての資本の限界生産性が上昇すれば増加する一方，現在から将来にかけての資本の使用者費用が増加すれば減少するという関係があることになる。なお，投資の調整費用モデルは，第4章第**4**節で説明するトービンの q 理論とも密接な関係があることが知られている。

9 在庫投資

●在庫投資とは？

在庫投資の内訳

ある期間中に企業によって生産された製品は，最終的には販売されるが，必ずしもそのすべてが期間中に販売されるとは限らない。このため，期間中に販売されなかった製品は，新たな在庫として積み増されることになる。それが**在庫投資**である。在庫は過去からの在庫投資の結果として，各時点でストックとして保有される。

在庫には，それが製造・販売のどの段階で保有されているかに

Column ⑥ 無形固定資産という資本ストック

伝統的に経済学で資本ストックといえば，機械・設備，建物，輸送機器など有形固定資産をさすことが多かった。しかし，経済活動が多様化・高度化するにつれて，特許，商標権，ソフトウェアなど，物的な実体が存在しない「無形固定資産」の役割が重要になってきている。

企業が保有するすべての無形資産を，正確に把握することは難しい。しかし，財務省『法人企業統計調査』によれば，図 **3-7** が示すように，日本企業（金融業，保険業を除く）が保有する無形固定資産は最近，35 兆円程度に達している。これは，300 兆円近くに及ぶ有形固定資産の 8 分の 1 以下である。しかし，無形固定資産の伸びは有形固定資産の伸びを大きく上回っており，無形固定資産の増加が資本ストックを増加させる無視できない要因となってきている。

図 3-7　2 つのタイプの資本ストック

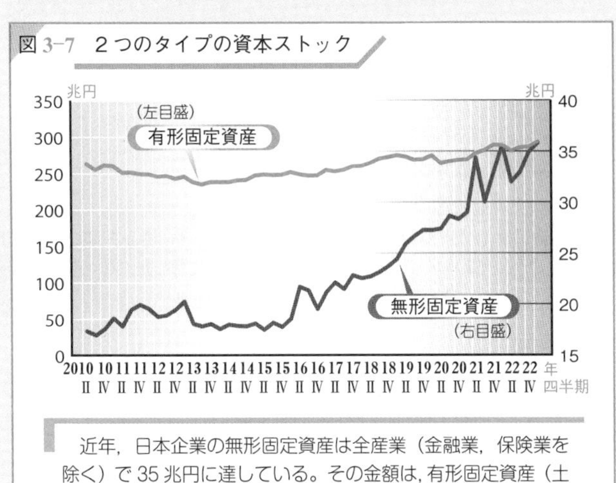

近年，日本企業の無形固定資産は全産業（金融業，保険業を除く）で 35 兆円に達している。その金額は，有形固定資産（土地を除く）の 8 分の 1 程度ではあるが，その重要性は時代とともに飛躍的に高まっている。

（出所）財務省『法人企業統計調査』。

図 3-8　在庫保有の形態

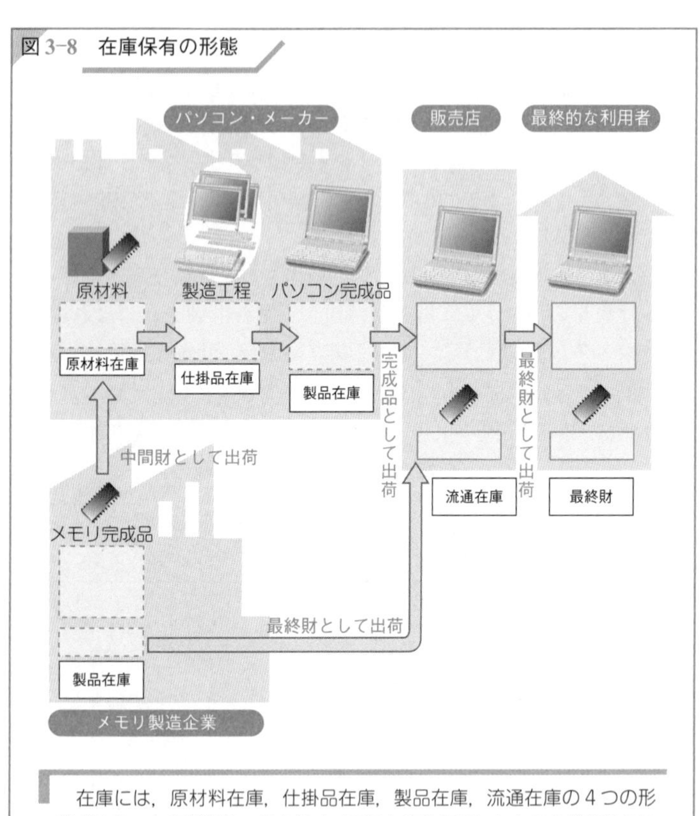

在庫には，原材料在庫，仕掛品在庫，製品在庫，流通在庫の4つの形態がある。在庫投資は，これらすべての在庫を集計したものの増加分を示している。

よって，原材料在庫，仕掛品在庫，製品在庫，流通在庫の4つの形態がある。この点を，パソコンを例にとって**図 3-8** でみてみよう。

まず，パソコン・メーカーが，将来の生産のために部品など原材料を保有しているのが，原材料在庫である。たとえば，パソコンの部品には，メモリが必要である。別の工場で製造されたメモリは，販売店に直接出荷されると同時に，パソコン製造工場に部品（中間財）として出荷される。このうち，出荷されたメモリが，パソコン製造工場で，今期は使用されず，次期以降のためにストックされる場合に，原材料在庫となる。

次に，パソコン・メーカーが製造工程の途中にある未完成品を保有している場合，それは，仕掛品在庫となる。一般に，工場で原材料が加工され，完成品ができるまでには時間が必要である。このため，工場には，ある期間中には完成に至らず，組立ての製造工程の途中にあるものがあり，それが仕掛品在庫となる。

また，工場で完成されたパソコンのなかには，販売店にまだ出荷されず，工場の倉庫に残っているものがある。このような在庫は，製品在庫と呼ばれる。同様に，別の工場で製造されたメモリが，販売店に直接出荷される前に，その工場の倉庫に残っている場合も，製品在庫となる。

一方，完成したパソコンは，販売店に出荷され，その後，消費者など最終的な利用者に販売される。完成したパソコンが最終的な利用者に販売されると，最終財となる。しかし，完成されたパソコンのなかには販売店には出荷されたものの，売れ残りなどによって最終的な利用者（消費者）には販売されずに店頭や倉庫に残っているものもある。これが，流通在庫である。

マクロ的にみた在庫投資

経済全体の在庫投資は，このようなさまざまな在庫の増加分をすべての企業について合計したものとなる。このため，マクロ的にみた在庫投資（すなわち，第**1**節でみた在庫変動）は，「ある期間中に生産された粗付加価値（生産額）のうち，最終的な利用者に販売された粗付加価値（販売額）を除いたもの」ということになる。

すなわち，マクロ経済全体では，

在庫投資＝生産額－販売額

という関係が成り立っている。この式から，生産額が販売額を上回るときには在庫投資はプラスの値をとり，逆に販売額が生産額を上回るときには在庫投資はマイナスの値をとることがわかる。

多くの場合，販売額や生産額は予期せぬ形で変動するため，部品や製品などが必要な際に不足しないように，予備的な動機からさまざまな製造工程や販売過程で在庫を保有することは企業にとって必要である。他方，過大な在庫の保有は，企業にとって大きなコストとなる。このため，在庫投資を適切に行い，適切な在庫を保有することは企業にとって大きな課題である。

在庫投資の変動と景気循環

マクロ的な視点からみると，総需要に占める在庫投資の比率は，設備投資のように大きなものではない。1980～2022年の平均でみると，設備投資のGDPに占める比率が16.6%であるのに対して，在庫投資のそれは0.2%とほぼ0%に近く，実に小さいものである。現在よりも設備投資比率が低く，在庫投資比率が高かった1960年代の平均でみても，在庫投資のGDPに占める比率は設備投資の10分の1程度でしかない。

しかし，在庫投資はきわめて大きく変動することが知られている。たとえば，**図3-9**は，GDPに対する比率でみた設備投資と在庫投資がいかに変動しているかを示している。図から，在庫投資はしばしば設備投資を上回るほど大きく変動してきたことが読

図 3-9　設備投資（対 GDP 比）と在庫投資（対 GDP 比）の変化

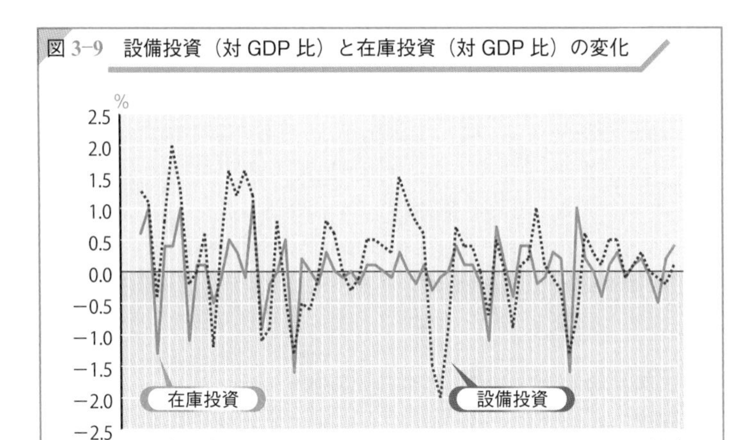

上図は，民間の設備投資（民間企業設備投資）と在庫投資（民間在庫変動）のおのおのが GDP に占める比率の前年差変化分を年ごとに示したものである。在庫投資の GDP に占める比率は，設備投資の GDP に占める比率に比べてはるかに小さいにもかかわらず，その変動はときとして設備投資に匹敵していた。このため，景気循環に果たす在庫投資の役割は，設備投資と並んで大きかったといえる。

（出所）　内閣府『国民経済計算（GDP 統計）』より作成。なお，1980 年までは 1968 SNA，1981 年以降は 2008 SNA による。

み取れる。

在庫投資の GDP に対する比率は 1% 未満と非常に小さいので，図から在庫投資の変化率がいかに大きいものかがわかるであろう。このような理由から，在庫投資は，景気循環の分析において，設備投資と同じく重要な役割を果たすものとして注目されることが多い。

Column ⑦ 形態別民間在庫品増加

在庫投資（民間在庫変動）は，短期的な変動がきわめて大きいGDPの項目の1つである。このため，最近では，在庫投資が予想外の動きをしたことで，民間エコノミストのGDPの予測が大きく外れる事態がしばしば発生した。このため，内閣府は，2015年から民間在庫品増加の4形態別（製品在庫，仕掛品在庫，原材料在庫，流通在庫）の実質季節調整系列を公表し，GDP統計を作成するうえでの在庫投資の詳細を明ら

図 3-10　形態別民間在庫品増加の推移

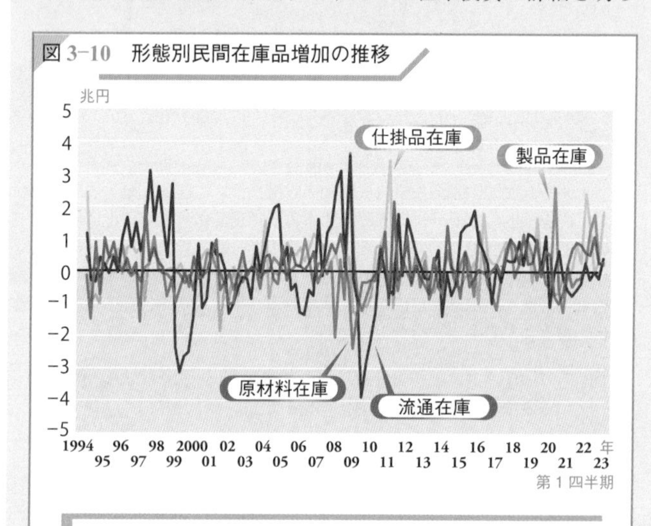

上図は，民間在庫変動の4形態別の実質季節調整系列を示したものである。4つの形態の在庫投資のなかでは，流通在庫の短期的変動が期間を通じて最も大きい傾向にあり，わが国の景気循環を増幅させていたことが読み取れる。ただ，コロナ禍の緊急事態宣言のもとで製品の売買が滞った際には，製品在庫も一時的に大きく増加した。また，東日本大震災直後やロシアのウクライナ侵攻直後など，部品の供給が滞った時期には仕掛品在庫が大きく増加した。

（注）数値は実質値を年率で表示。

かにするようになった。

図 **3-10** は，民間在庫変動の 4 形態別（製品在庫，仕掛品在庫，原材料在庫，流通在庫）の実質季節調整系列を示したものである。4 つの形態の在庫投資のなかで，短期的な変動が最も大きいのが，売れ残りなどによって販売されずに店頭や倉庫に残った金額を表す「流通在庫」の増分である。流通在庫の変動が，わが国の景気循環を増幅させていたことが読み取れる。とくに，1999 年第 2 四半期や 2009 年第 3 四半期は，流通在庫が年換算で 3 兆円以上下落することも何度かあり，GDP の値を下振れさせた。

ただし，流通在庫以外の形態の在庫投資も，時期によっては，大きく変動したこともあった。短期的な景気循環を分析するうえでは，さまざまな形態の在庫投資の動きに注意を払う必要がある。

練習問題

1 投資決定が新古典派の投資理論にもとづいて行われる場合と，ジョルゲンソンの投資理論や調整費用モデルにもとづいて行われる場合では，投資の変動はどちらが大きいと考えられるか。

2 利子率が上昇すると企業の設備投資が下落する理由を説明せよ。

3 資本減耗率 d の上昇が，粗投資 I_t に及ぼす影響を新古典派の投資理論にもとづいて説明せよ。

4 在庫投資をマクロ経済全体でみた場合，在庫投資は，生産額と販売額の差として表される。したがって，生産額が販売額を上回れば在庫投資はプラスとなる一方，下回ればマイナスとなる。ただ，このような在庫投資の変動には，意図せざる変動と意図した変動があると考えられている。このうち，意図せざる変動は，生産額や販売額が予想に反して変動した場合に発生する。それでは，意図した変動は，どのような場合に発生すると考えられるか。

（第 3 章 **練習問題の解答例** ➡ p. 430）

参考となる文献やウェブサイト

内閣府経済社会総合研究所のホームページにある国民経済計算では，本章で紹介したもの以外にも「形態別の総固定資本形成」や「四半期別固定資本ストック」の推計値をデータとして入手することができる。また，財務省・財務総合政策研究所のホームページにある「法人企業統計調査」は，設備投資をはじめとする企業活動の情報を得るうえで有益である。

第4章 金融と株価

マクロ経済における金融の役割

MACRO

日経平均株価を示すモニター

本章では，家計の貯蓄がどのような経路を通じて企業の設備投資の資金として使われるのかを，資金を媒介する金融の役割を明らかにすることによって説明する。本章ではまた，金融資産としてとくに株式を取り上げ，その価格である株価がどのように決定されるかも説明し，株価の決定理論にもとづく投資理論としてトービンの q 理論を紹介する。

ECONOMICS

1 企業の資金調達の手段

●マクロ経済における資金の流れ

3つの資金の流れ

企業が設備投資を行うには，機械・設備など資本ストックを購入するための資金を調達する必要がある。その資金源は企業の自己資金（内部資金）の場合もあるが，それで不十分な場合，銀行などから調達される外部資金が利用される。そして，その外部資金は，究極的には家計などによる貯蓄が源泉となっている。図 **4-1** で示されているように，家計の貯蓄から企業への資金の流れは，大きく分けて，銀行を通じたルート，社債市場を通じたルート，株式市場を通じたルートの3つに分類される。

家計による貯蓄の供給や企業による資金の需要は，利子率を所与として，分権的に決定されている。銀行や社債市場を通じた資金の流れは，いずれもマクロ的には，資金需要量が資金供給量を上回った場合には利子率が上昇することによって，また資金需要量が資金供給量を下回った場合には利子率が下落することによって，常に需要と供給がバランスするように調整が行われている。そして，そのような資金の流れを媒介するものとして，銀行や証券会社などの金融機関が大きな役割を果たしている。

銀行借入による資金調達

銀行からの借入は，最近そのウェイトが低下しているものの，日本の企業（とくに，中小企業）にとって最も代表的な資金の調達手段である。この資金の源泉は，家計が普通預金や定期

図 4-1　貯蓄から投資への資金の流れ

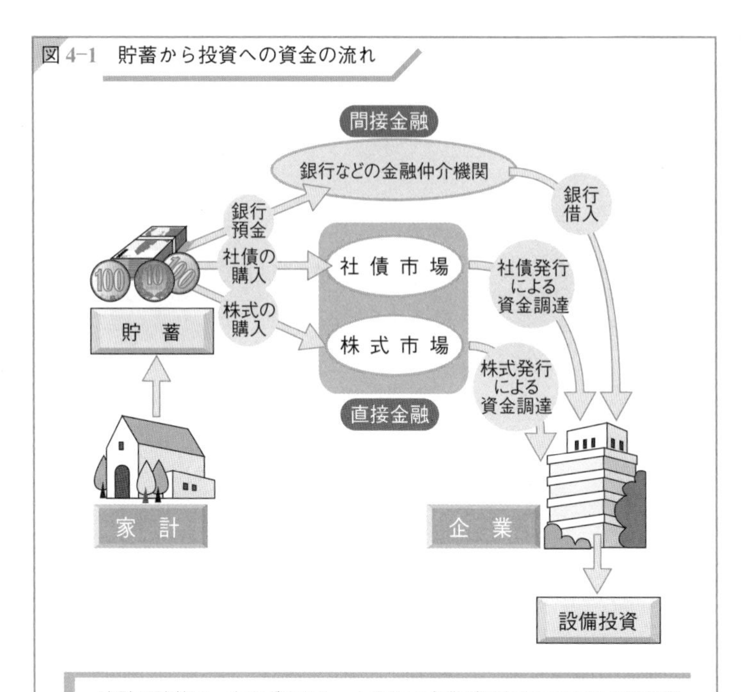

家計の貯蓄は，さまざまなルートを経て企業が投資を行うための外部資金となる。まず家計の預金は，金融仲介機関を経て企業に貸し出される。このような金融仲介機関を経た資金の供給は，間接金融と呼ばれる。一方，家計から直接に資金を調達する直接金融の手段には，企業が社債を発行して資金を借り入れる手段と，株式を発行して株主から資金の提供を受ける手段の2つがある。

預金という形で預け入れた貯蓄である。この家計の預金が銀行を通じて企業に貸し出されることによって，企業は設備投資に必要な資金を調達することになる。

銀行を媒介とした資金の流れの大きな特徴は，究極的な資金の供給者である家計が，その資金が最終的にどの企業に貸し出されたのかがわからないという点である。すなわち，銀行を仲介者とした場合，資金の貸出先を決定するのは銀行であり，家計は銀行にその役割を委託しているのである。このため，銀行のような金融機関は 金融仲介機関 と呼ばれ，それを通じた資金の流れは 間接金融 と呼ばれている。

社債による資金調達

銀行からの借入以外に企業が外部資金を調達する手段としては，企業による社債の発行と株式の発行がある。このうち，社債 は社債市場で発行される企業の借金証書で，家計は証券会社などを通じて各企業の社債を購入することにより，資金を企業に供給することになる。

戦後の日本では長い間，社債の発行が厳しく規制されていた。このため，このような社債の発行による企業の資金調達は，かつては非常に限られたものであった。しかし，1980 年代以降，社債発行の自由化が進んで，大企業を中心に社債発行による資金調達が徐々に増加した。

社債の発行による資金調達は，その資金の源泉が家計の貯蓄である。また，社債は，銀行借入と同様，返済時には借り入れた資金（すなわち，元本）に利子を加えた金額を返済しなければならない負債である。

しかし，銀行借入の場合とは異なり，社債の場合には，資金の供給者である家計はその資金がどの企業に供給されたのかを知っている。すなわち，家計が社債を購入する際には，それを発行した企業を知って資金を供給しているのである。このため，社債の発行を通じた資金の流れは，直接金融と呼ばれている。

株式による資金調達

企業による外部資金調達の第3の手段としては，株式市場で新規に株式を発行し，それを購入した人々から資金を調達する方法がある。株式市場で発行される株式は，証券会社などを通じて自由に売買されるという点では社債と共通している。しかし，株式は，その購入が企業の所有権の一部を取得することを意味するという点で，社債と大きく異なっている。すなわち，株式を購入した者は誰であろうとその企業の株主となり，その保有する株式の数に応じて株主総会で企業の経営に関する議決権を有することになる。

また，企業は，銀行借入や社債発行の場合には，一定の期間の終了後，契約時に決めた利子を元本に加えて返済しなければならないのに対して，株式発行の場合にはそのような返済を行う必要はない。そのかわり，株式を発行した企業は，各期末に利益の一部を配当として株主に支払わなければならない。配当は，利子のようにその額があらかじめ決められているわけではなく，各期ごとの企業業績に応じて変動する。しかも，企業が倒産した場合，資金返済の優先権は，銀行借入や社債より株式は劣後している(すなわち，株式の優先権は低い)。

ただし，資金調達が新規の株式の発行によってなされる場合も，この資金の源泉は最終的には家計の貯蓄である。また，資金の供給者は新規に発行された株式を購入する際に，その資金がどの企業に供給されたのかを知っている。このため，社債の発行の場合と同様に，株式の発行を通じた資金の流れも直接金融に分類されている。

2 家計の資産選択

●貯蓄をどのように運用するか?

収益性と安全性

家計の貯蓄は，究極的には企業に資金として供給される。しかし，前節でも述べたように，家計の貯蓄が供給されるルートは，銀行預金，社債の購入，株式の購入などさまざまである。家計は資産のさまざまな運用手段をもっており，貯蓄をどの資産で運用するかという 資産選択 を行う必要がある。

家計が資産選択を行う際の第1の基準は，収益性（リターン）である。すなわち，他の条件が同じであれば，家計は平均的に高い収益率をもたらす資産を保有することになる。しかし，通常，平均的に高い収益率をもたらす資産は，その収益に不確実性をともなう 危険資産 である。このため，家計が資産選択を決定する第2の基準として，安全性（リスク）が重要となる。

一般に，人々の資産選択において，すべての資産を不確実性をともなう危険資産で保有することは，危険分散という観点から最適ではない。というのは，収益が不確実な危険資産は，その価格が将来下落することによって損失（すなわち，キャピタル・ロス）を生み出す可能性があるからである。このため，収益に不確実性のない 安全資産 の保有が安全性という観点から望ましくなる。

危険資産と安全資産

家計が主として収益性という観点から保有する資産が，株式や社債である。とくに，株式はそれを発行した企業が高い収益を上げた場合には多額の配当や株式の値上がり益（すなわち，キャピタル・ゲイン）が見込まれるという点で，平均的な収益率は最も高い。しかし，逆に企業の業績が悪化した場合には大きなキャピタル・ロスが発生するばかりでなく，企業が倒産するとその価値がゼロになってしまうので，リスクの大きい危険資産である。

一方，社債は，株式に比べれば企業業績にかかわらず通常は一定の利子が保証されているという点で，収益の不確実性は低い。しかし，社債の場合も，社債を発行した企業の業績が非常に悪化したときには，企業は利子を支払うことができなくなり，その極端なケースでは元本すら返済できない場合がある。その意味で，社債も危険資産である。

これに対して，家計が主として安全性という観点から保有する資産が，国債や銀行預金である。ここで国債とは政府が発行する借金証書であり，国家が破産でもしない限り，その元本と利子は保証されている安全資産である。また，銀行預金も，ほぼ確実に預けた資金と利子が保証されているという意味で最も安全な資産である。このため，多くの家計は，平均的な収益が高い株式や社債よりも，収益に関する不確実性が小さいことを重視して，その資産を銀行に預金する傾向にある。

リスク・プレミアムと裁定条件

これまでに述べたように，安全資産は，株式のような危険資産に比べて平均的な収益率が低くても保有される資産である。このため，安全資産の利子率を r，また危険資産の平均的な収益率を R とすると，r と R との間には

$$R = r + \rho \qquad （ただし，\ \rho > 0）$$

という関係が成立する。

すなわち，危険資産の平均的な収益率は，その収益率の不確実性を反映して，ちょうどリスク・プレミアムと呼ばれる ρ の分だけ，安全資産の利子率よりも高い水準に決定されるのである。

もし $R > r + \rho$ であれば，すべての人が危険資産ばかりを購入して誰も安全資産は購入しなくなる。逆に，もし $R < r + \rho$ であれば，今度はすべての人が安全資産ばかりを購入する。このため，安全資産と危険資産の両方が購入されるためには，各資産の収益率は常に $R = r + \rho$ となるように調整される必要がある。

このように，リスク・プレミアムを考慮したもとですべての資産の収益率が等しくなるように資産が取引される行為は，裁定と呼ばれる。また，裁定によって成立する上式の関係は裁定条件と呼ばれる。効率的な金融市場では，投資家が利用可能な情報をフルに利用して裁定を行うため，常に裁定条件が成立する。裁定条件は，資産価格の決定に重要な役割を果たしている。

日本の家計の資産構成

家計など資金供給者の側からみれば，金融は資産運用の手段である。家計は，運用先として，預金・債券（国債や社債）・株式に加えて，それらを組み合わせた投資信託などさまざまな金融商品を，安全性と収益性を比較しながら，自らの判断で選択することになる。

一般に，安全性の高い資産はその分収益性は低くなる。一方，リスクの高い資産はその分高い収益性を期待できる。とくに，株式は，購入者側からみれば企業の株主になることで，その企業が成長していけば，将来，配当収入や株価上昇によるキャピタル・ゲインから大きな収益を期待できる。

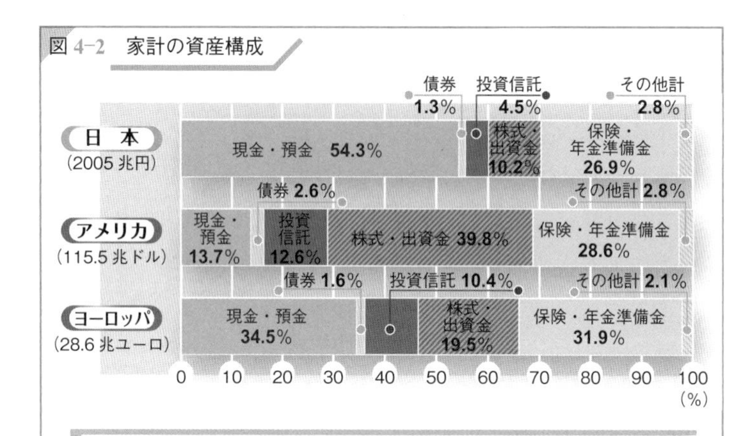

家計が保有する金融資産の構成比をみると，わが国では，現金・預金が半分以上を占め，株式・出資金や投資信託の比率は，合計しても15%程度にとどまっている。これは，アメリカとは対照的である。日本では，個人の金融資産の多くが安全資産で運用され，株式や投資信託といったリスク資産で運用される部分はごくわずかである。この傾向は，アメリカよりも株式･出資金や投資信託の比率が低いヨーロッパと比べても，顕著である。

（注） ヨーロッパは，共通通貨ユーロを採用するユーロエリア。いずれも2022年3月末現在。
（出所） 日本銀行『資金循環の日米欧比較』(2022年8月31日公表分)。

日銀が公表する「資金循環統計」は，日本国内の金融機関，企業，家計といった各経済主体の金融資産・負債の残高や増減などを，金融商品ごとに記録した統計である。この「資金循環統計」で，家計が保有する金融資産の構成をみると，わが国では，現金・預金が半分以上を占め，株式・出資金と投資信託の比率は，近年増えたものの，合計で15%程度にとどまっている（図**4-2**)。これは，アメリカでは，現金・預金の比率が15%未満にとどまる一方，株式・出資金と投資信託の比率が5割を超えるのとは対照的である。日本における現金・預金の比率の高さは，アメリカよりはリスク資産の保有比率が小さいヨーロッパ諸国と比べても際立っている。

日本には個人の金融資産は2000兆円を超えているが，その多くが安全資産で運用され，株式や投資信託といったリスク資産で運用される部分はごくわずかという状況である。個人の金融資産をいかにしてリスク・マネーに向かわせるかは，日本の大きな課題である。

3 株価の決定理論

●株価はどのように決定されるか？

株式の収益率と裁定条件

いま，t期における1株当たりの株価をp_t，またt期末に支払われる1株当たりの配当をd_tとしよう。このとき，t期から$t+1$期にかけて株式を保有することによる収益は，キャピタル・ゲインと呼ばれる株価の値上がり益（$p_{t+1}-p_t$）とインカム・ゲインと呼ばれる配当の受取額（d_t）の合計となる。すなわち，t期に価格p_tで株式を購入し，t期から$t+1$期にかけて株式を保有するときの収益率をRとすると，

$$R=\frac{p_{t+1}-p_t}{p_t}+\frac{d_t}{p_t}$$

が成立する。

したがって，安全資産の利子率をr，株式の収益率のリスク・プレミアムをρとすると，前節の最後に述べた裁定条件から，

$$\frac{p_{t+1}-p_t}{p_t}+\frac{d_t}{p_t}=r+\rho$$

という関係式を導くことができる。この式は，株式の値上がり益から得られる収益率と配当から得られる収益率の合計が，安全資産の利子率にリスク・プレミアムを加えたものに等しくなることを表している。

以下では，この裁定条件の式を前提として，理論的に株価が満たさなければならない値である株価の理論値を導くことにしよう。

株価の理論値：簡単なケース

株価の理論値を計算する最も簡単なものは，企業の配当や株価は時間を通じて変化しないことを前提としたケースである。この場合，$d_t = d$，および $p_{t+1} = p_t$ となるので，上で述べた裁定条件の式から，

$$p_t = \frac{d}{r + \rho}$$

という株価の理論値が導かれる。

上式は，株価 p_t は配当 d が大きいほど高くなる一方，リスク・プレミアム ρ や安全資産の利子率 r が高いほど低くなることを示している。これは，株式は毎期受け取ることのできる配当の支払額が大きいほど魅力的な資産である一方，その収益率にリスクが大きい場合や，他の代替的な金融資産の利子率が高い場合は，その資産としての魅力が軽減されるからである。

なお，以下でみるように，このような性質は，一般的な株価の理論値においてもほぼ成立する。したがって，上式で表される株価の理論値は，理論的には株価がどのような水準に決定されるべきかをおおよそ理解するうえで非常に有用である。

株価の理論値：一般的なケース

株価の理論値に関するより一般的なものは，112 ページの裁定条件式を変形した

$$p_t = \frac{d_t + p_{t+1}}{1+r+\rho}$$

という式から導かれる。この式は，株価の理論値が，配当 d_t，リスク・プレミアム ρ，（安全資産の）利子率 r に加えて，次期の株価 p_{t+1} にも依存していることを示している。これは，次期の株価が高くなると思われる株式はその分だけキャピタル・ゲインを生む可能性があるので，株価もそれを反映して高くなるからである。

ところで，r や ρ を一定と仮定して，上式において時間を表す t を $t+1$ に置き換えると，$p_{t+1} = (d_{t+1} + p_{t+2})/(1+r+\rho)$ という $t+1$ 期の株価の決定式が導かれる。したがって，これを上式に代入すると，$p_t = d_t/(1+r+\rho) + (d_{t+1} + p_{t+2})/(1+r+\rho)^2$ となる。さらにこの式に，$p_{t+2} = (d_{t+2} + p_{t+3})/(1+r+\rho)$ という $t+2$ 期の株価の決定式を代入するなど，同様の代入を T 回だけ繰り返すと，

$$p_t = \frac{d_t}{1+r+\rho} + \frac{d_{t+1}}{(1+r+\rho)^2} + \cdots + \frac{d_{t+T}}{(1+r+\rho)^{T+1}} + \frac{p_{t+T+1}}{(1+r+\rho)^{T+1}}$$

という式を得ることができる。ここで，T が十分に大きいとき，右辺の最後の項の分母 $(1+r+\rho)^{T+1}$ は非常に大きくなる。したがって，p_{t+T+1} の値が有限であれば T が十分大きいとき右辺の最後の項がゼロになることに注目すると，株価は次のように決まる。

$$p_t = \sum_{i=0}^{\infty} \frac{d_{t+i}}{(1+r+\rho)^{i+1}}$$

この式は，株価が現在から将来にかけての配当の割引現在価値として表されることを示している。すなわち，株価は現在か

ら将来にかけて株主が受け取る配当の加重平均として決定されるのである。加重平均のウェイトは現在の配当が最大となり，遠い将来になるにつれてそのウェイトはしだいに小さくなっている。また，ウェイトの大きさは利子率rやリスク・プレミアムρに依存し，$r+\rho$が大きければ大きいほど現在に近い配当のウェイトが高まる（すなわち，遠い将来の配当のウェイトが低まる）ようになっている。

このような株価の決定式は割引現在価値モデルと呼ばれ，これまで株価の理論値として最も幅広く分析が行われてきた。また，$d_t = d$の場合，上式は先に導いた簡単なケースの株価の理論値と一致することを確認することもできる。

株価の理論値の説明力

これまでに説明した株価の理論値は，配当や利子率などの変化が頻繁に起これば，株価は激しく変動する可能性があることを示している。しかし，これまで行われた多くの実証分析では，このような株価の理論値は，現実の激しい株価の変動を十分に説明しきれないことが指摘されている。

たとえば，**シラー**（R. J. Shiller）は，アメリカのデータを使って株価の理論値を実際の配当や利子率から計算し，それを実際の株価の動きと比較した。その結果，**図4-3**で示されているように，実際の株価の変動は配当の動きによって説明するにはあまりにも激しく変動しすぎており，その水準自体も理論値とは大きく乖離していたという結果を導いた。

このように株価がその理論値と乖離してしまう理由としては，キャピタル・ゲイン（値上がり益）のみを目的とした投機の存在

図 4-3　株価の理論値と現実の株価の動き：アメリカのケース

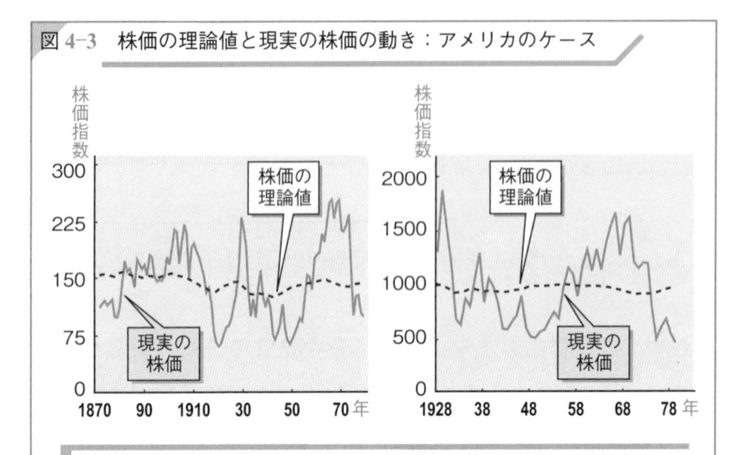

裁定条件にもとづく株価理論によれば，株価は現在から将来にかけての配当を利子率とリスク・プレミアムで割り引いた割引現在価値に等しく決まる。この考え方を検討するため，シラーはアメリカの株式市場について，現実の株価の変動が，配当や利子率の変動で説明できるかどうかを確かめた。上図は，シラーが計算した株価の理論値を現実の株価とともに示したものである。この図は，現実の株価の動きは理論値よりもはるかに変動が激しいことを示している。

（注）左図は，スタンダード＆プアーズの株価指数，右図は，ダウ・ジョーンズの株価指数にそれぞれもとづく。

（出所）R. J. Shiller, "*Do Stock Prices Move Too Much to be Justified by Subsequent Changes in Dividends?*," *American Economic Review*, June［1981］による。

があげられる。すなわち，株価がその理論値から大きく乖離して上昇しても，株価が常に安全資産の利子率に相当する収益率を確保するように上昇し続ける限り，その株式を保有することは合理的である。したがって，たとえ人々が現在の株価がその実体価値から大きく乖離していることを知っていても，将来の値上がり期待さえ存在すれば，その株式は人々に購入され続けることになる。

一般に，株価などの資産価格がその理論値から乖離して上昇する現象は，バブルと呼ばれている。株価にバブルが発生した場合，株価の動きは不安定なものとなる。というのは，高い株価水準を支えているのは人々の将来の値上がり期待のみであり，ひとたびその楽観的な期待が悲観的なものへと変わると，もはやそのような株価で株を買おうとする人はいなくなってしまい，株価が暴落するからである。このため，今日では，バブルの存在を株価などの資産価格が乱高下する1つの重要な原因と考える立場が有力になっている。

日本におけるバブル

各時点の株価に本当にバブルが発生していたかどうかを判別することは，必ずしも容易ではない。しかしながら，今日では，1980年代末の日本における株価の高騰は，バブルに起因するところが大きかったとする考え方が一般的となっている。

たとえば，**図4-4**にもとづいて日本の株価の動きをみた場合，その主要銘柄の平均値を示す日経平均や東京証券取引所第一部上場株式銘柄を対象とした東証株価指数（TOPIX）は，1980年代半ばまでは，上昇は続けていたがその上昇率は比較的緩やかなものであった。しかし，1980年代後半になって，日本の株価はものすごい勢いで急騰することになる。とりわけ，86年1月末には1万3000円程度であった日経平均株価は，多少の乱高下を繰り返しながらも，87年1月末には2万円台，89年1月末には3万1000円台，そして89年12月末には3万9000円近くにまで急上昇していくことになった。

1980年代半ばまでの株価の緩やかな上昇は，当時の経済成長率にも対応しており，おおむねその理論値を反映していたといえ

図 4-4　日本の株価の推移

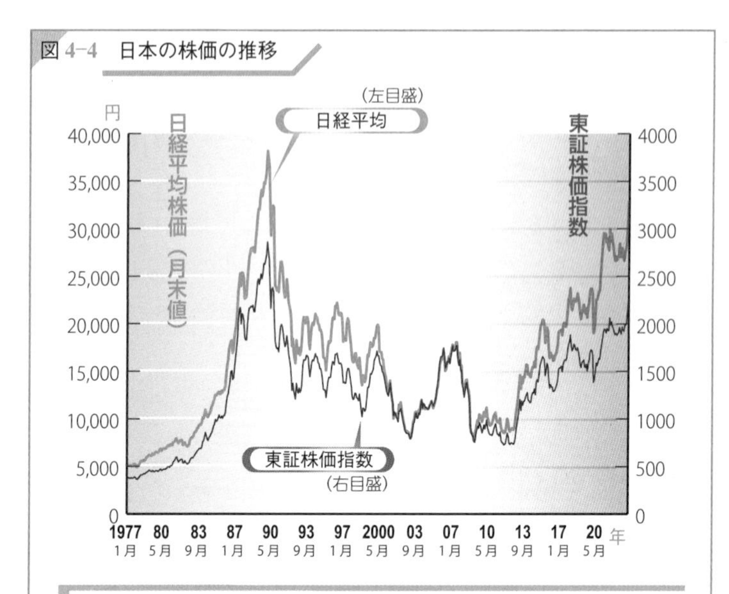

1980年代半ばまで緩やかな上昇を続けてきた日本の株価は，80年代後半，急上昇した。しかし，このような株価の急騰は長続きせず，90年代になって株価は急落，その後も長い低迷が続いてきた。ただ，アベノミクス（第2次安倍政権の経済政策）や異次元の金融緩和，それにコロナ不況からの回復期待などから，日本の株価は近年上昇傾向にあり，とくに日経平均株価は足元で1990年代初頭に近い水準にまで回復している。

（出所）NEEDS-FinancialQUEST（日本経済新聞社）。

よう。しかし，1980年代後半，とりわけ80年代末の株価の急騰は，当時の日本経済が好景気であったことを考慮したとしても異常なものであり，その理論値を上回るバブルであったといえる。

実際，1990年代に入ると日本の株価は急落し，バブルは崩壊した。90年初頭には3万8000円台であった日経平均株価は，92年6月には1万6000円台とピーク時の半額以下となるまで暴落し，その後も乱高下を繰り返しながらも低迷を続けた。この傾向

Column 8 バブルの歴史的経験

過去の歴史を振り返ってみた場合，われわれは幾度となく，株価がさまざまな意味で異常な動きをしたことを経験している。その古い例としてよく知られているのは，バブルという言葉の語源にもなった18世紀前半のイギリスにおける「南海泡沫（South Sea Bubble）事件」である。この事件では，ほとんど実体のない会社の株式が投機の対象となり，その株価が本来あるべき価格から大きく乖離して上昇し，その後急落した。株価が急騰した際には，株式が本来もつべき価値は二の次で，単に転売してキャピタル・ゲインを得るだけの目的で取引が行われたと伝えられている。

また，1929年10月24日（暗黒の木曜日）に起こったニューヨーク・ウォール街の事件は，株価の大暴落のエピソードとして最もよく知られたものである。この事件が起こる直前，ニューヨークの株式市場は未曾有の株式ブームとなり，ダウ平均株価は1921～29年の間に5倍以上にも跳ね上がった。しかし，膨れ上がった株価はあまりにも実体とは乖離し，その結果ほんのちょっとしたきっかけで株価の暴落が起こった。その影響はたちまち実体経済へと及び，アメリカでは銀行倒産が9000件となり，実質GNPも4年間で半減，失業率も25%に達した。また，その影響は全世界的に波及し，その後，大恐慌（世界恐慌）として世界経済を大混乱に陥れたことは，中学校や高校の歴史の教科書にさえ記述されていることである。

株価というのは本来は実体経済の変化を反映したシャドウ・プライス（shadow price）であり，その動きが実体経済に影響を与えることはないというのが，株価の決定理論が教えるところである。しかし，株価の変動が実体経済へ影響を及ぼすという現象は，その大きさの大小を別とすれば，古い時代から今日に至るまでわれわれがしばしば経験してきたことなのである。

⊃参考文献⊃ これらの事件に関しては，野口悠紀雄『バブルの経済学』日本経済新聞社［1992］がやさしく解説している。

は，より多くの企業の株価を反映する東証株価指数でもほぼ同様であった。

このような株価の急騰と大暴落が，それとほぼ同時に発生した地価の急騰と暴落と相まって，その後の日本経済に大きなマイナスの影響を与えた。これら1980年代末から90年代にかけての日本経済の経験は，バブルの発生と崩壊による株価や地価の変動が，単に株価や地価という資産価格の乱高下を引き起こすことだけにとどまらず，経済全体にも大きなマイナスの影響を与えるものであったことを物語っている。

アベノミクスとコロナ後の株価

バブルが崩壊して以降の日本経済では，株価は乱高下しながらも長い間低迷した。しかし，第1章第**6**節で説明したように，アベノミクス（第2次安倍内閣の経済政策）によって，日本の株価は2013年以降，徐々に回復し始めた。とくに，第7章で詳しく説明する日銀による大胆な金融緩和は，株価の上昇に寄与したと考えられる。これは，株価の理論値が示すように，株価は利子率が低ければ低いほど高くなる性質があるからである。

株価は，2020年のコロナ不況のもとで，一時的に落ち込んだ。しかし，感染症が収まり，経済がコロナ不況から回復するにつれて，株価は大きく上昇し始めた。その結果，とくに主要銘柄で構成される日経平均株価は急騰し，2021年9月には3万円台となり，その後も乱高下しながら1990年代初頭に近い水準を回復した。このような株価の急上昇は，日本経済の成長への期待を反映したものという見方もある。ただ，その一方で，急ピッチの株価の上昇に対しては，バブルではないかという懸念も示されている。

トービンの q 理論

●株価にもとづく投資理論

株価と企業価値

前節でも述べたように，株価の決定理論は現実の株価の動きを説明するうえでは十分なものではない。しかし，株価の理論モデル（割引現在価値モデル）が近似的に正しいとすれば，株価はその株式を発行している企業の価値に対する株式市場の評価を反映したものとなることはよく知られている。

たとえば，簡単なケースとして，株価の理論値が $p_t = d/(r + \rho)$ によって決定されるケースを思い出してみよう。このケースでは，リスク・プレミアムと安全資産の利子率が一定であれば，株価 p_t は配当が大きいほど高くなる。一般に，配当の支払額が大きい企業は利潤が高い優良企業であるので，このことは優良な企業ほど株価は高くなることを示している。

すなわち，株価は各企業が現在から将来にかけてどれだけ収益をあげることができるかを株式市場で評価した指標と解釈することができるのである。そして，この株式市場での評価が正しい限り，株価の高い企業は設備投資を増加させて生産を拡大すべき企業ということになるし，逆に株価の低い企業は設備投資を減らして規模を縮小すべき企業ということになる。

トービンの q とは？

トービン（J. Tobin）は以上の点に注目し，第 3 章で説明した投資理論とはまったく独立に，株式市場における企業の評価という観点から投資理論を

Column ⑨ 調整費用モデルとトービンの q 理論

第3章第8節で説明した投資の調整費用モデルとここで説明したトービンの q 理論は，もともと，まったく独立に考え出された投資理論である。しかし，その後，**エイベル**（A. B. Abel），吉川洋，林文夫らによって，これらの2つの投資理論は，実は一定の条件のもとでほぼ同じ性質をもつ理論であることが明らかにされた。

ここではこの詳細を説明する余裕はないが，議論のポイントは，トービンの q を計算する際に用いられる株式市場において評価される企業の価値は，理論的にはその企業が現存の資本ストックを使って現在から将来にかけて得ることのできる利潤の割引現在価値に等しいという点である。したがって，株式市場において評価される企業の価値をベースとして計算されたトービンの q は，一定の条件のもとで，現在から将来にかけての企業の資本の限界生産性や資本の使用者費用に依存することとなる。

一方，投資の調整費用モデルでは，投資は，現在から将来にかけての資本の限界生産性が上昇すれば増加する一方，現在から将来にかけての資本の使用者費用が増加すれば減少するという関係がある。このため，トービンの q 理論は，投資の調整費用モデルと密接な関係をもっているのである。

考察した。これが，トービンの q 理論である。数学的には，トービンの q は，

$$q = \frac{\text{株式市場で評価された企業の価値} + \text{負債総額}}{\text{資本の再取得価格}}$$

と定義される。

ここで，分子の株式市場で評価された企業の価値とは，株式

市場においてその企業が現在から将来にかけて生み出す収益がどれくらいに評価されているかを示すもので，具体的には企業が発行した株式の総額によって計算される。仮に株式市場における企業の評価が正しいものとすれば，この分子は，企業が保有する資本ストックを使用して生産を続けた場合に今後どれだけの利益が生み出されていくのかを表すことになる。

一方，分母の **資本の再取得価格** とは，企業が現在保有している資本ストックのすべてをそのときの資本財の価格で評価したものである。したがって，この分母は企業が保有している資本ストックを使用せずにすべて市場で売却した場合に，どれだけの利益が得られるかを表している。

トービンの q にもとづく投資

仮に資本の再取得価格が株式市場で評価された企業の市場価値に負債総額を加えたものよりも大きい場合，企業が保有する資本ストックを市場で売却することによる利益は，その資本ストックをその企業で使用し続けることによって生み出される利益よりも大きい。このため，この場合，企業はその保有する資本ストックを使って生産を続けるよりも，それを市場で売却する方が利益が上がることになる。すなわち，トービンの q の値が 1 よりも小さい場合には，企業はその資本ストックを減少させるようなマイナスの投資を行うことが望ましいことになる。

逆に，資本の再取得価格が株式市場で評価された企業の市場価値に負債総額を加えたものよりも小さい場合，企業が保有する資本ストックと同様のものを市場で取得する費用は，その資本をその企業が使うことによって生み出される価値よりも小さくなる。

したがって，トービンの q の値が1よりも大きい場合，企業は保有する資本ストックを増加させて生産を行う方が現在から将来にかけての利益が大きくなるので，新たな投資を行うことが望ましくなる。

すなわち，トービンの q 理論によれば，投資の意思決定要因はすべて q の値に集約されており，毎期の q の値が1よりも大きいかどうかさえみれば，企業が新たな投資を行うことが望ましいかどうかがわかるのである。このため，トービンの q 理論は，投資理論のうちで最もしっかりした理論的基礎を備えた美しい理論として，その後多くの研究が行われることになった。

5 投資理論の実証分析

●さまざまな投資理論の説明力

理論と現実との乖離

第3章第1節でみたように設備投資は総需要に大きなウェイトを占め，景気とともに大きく変動する。このため，マクロ経済学においては，設備投資に関する研究がさかんに行われてきた。とくに，どの投資理論が現実の設備投資の変動を説明するうえで有力であるかを実証的に検証する試みは，数多く行われている。

投資理論のうちで，最もしっかりした理論的基礎を備えているものがトービンの q 理論や調整費用モデルである。ところが，これらの投資関数の説明力を比べると，ジョルゲンソン型の投資関数や，投資が生産額の変化分に比例するとする加速度原理といわれる投資関数が，トービンの q 理論にもとづく投資関数よりも実証的なパフォーマンスがよいことが指摘されている。これは，

Column ⑩ トービンの q の計測に必要な調整

現実のデータからトービンの q を計測することはそれほど簡単ではなく，投資関数を推計する際には，理論モデルが現実に合うようにさまざまな調整をほどこす必要がある。

その場合の大きな問題の1つには，株式市場で評価された企業の市場価値は設備投資の結果としての資本ストックが生み出す収益に関する評価だけでなく，企業が保有している土地など他の資産に関する評価も含んでいることがあげられる。設備投資についての q の計測を行うときには，このような建物や機械・設備以外の資産に関する評価を取り除かなければならない。これは，たとえば設備投資の対象となる資本ストックに関する評価が低くても，企業が保有している土地の価値が評価されているとき，その企業の株価が高くなっていることもありうるからである。

また，もう1つの大きな問題は，現実には法人税や種々の税額控除，配当やキャピタル・ゲインへの課税などのさまざまな税制が存在することである。設備投資を行う企業や株主は，このような税金を引いた後の利益を大きくしようとして行動するわけであるから，実際の設備投資はこれらの税制を考慮した後の q に対応して起こる。したがって，このような税制を考慮した q の計測が必要となる。

アメリカのデータを用いた場合でも，日本のデータを用いた場合でもほぼ同様であることが報告されている。

加速度原理

マクロ的な設備投資の動きを説明する理論として古くから知られているものに，加速度原理がある。この投資理論では，投資 I_t が生産額の変化分

$(Y_t - Y_{t-1})$ に比例する形で，以下のように書き表される。

$$I_t = a\,(Y_t - Y_{t-1}) \qquad (a\text{ は定数})$$

この関係をマクロ的にとらえれば，GDP の増加が大きいときに投資量も増えることを意味する。GDP の増減は景気を反映し，投資も景気とともに変動することを考えあわせれば，加速度原理の投資関数が実際のデータによく当てはまることも納得できる。

もっとも，加速度原理にもとづく投資関数は，単純な想定から導かれたものであり，十分に説得的な理論的背景があるとはいいがたい。ただし，このような単純な投資関数が，より厳密な理論的基礎をもったトービンの q 理論による投資関数を，現実の投資の動きに対する説明力においてしばしば上回ることがあり，投資関数計測上の 1 つの謎となっている。

トービンの q 理論による分析結果

トービンの q を実際に計測するにあたってはいろいろな調整が必要である。このため，q の推計結果は利用するデータや推計方法に依存して，研究ごとに異なった値が報告されている。

日本においても，これまで数多くの q の推計の試みがなされてきた。しかし，q の推計値は推計方法によって大きく異なり，推計によっては q が常に 1 を下回り続けていたり，逆に常に 1 を上回り続けていたりするものもみられる。本来のトービンの q 理論によれば，q の値が 1 よりも大きいことが新たな純投資を行う条件であるから，q が一方向に偏るという結果は，実際の投資の動きとも矛盾する。

また，推計された q の値と設備投資の相関をみても，投資の増加と連動して上昇する q の推計値がいくつかみられるが，概して q による投資の変動の説明力はそれほど高くない。実際，推計された q の値のみを使ってその投資に対する説明力を統計的に調べると，パフォーマンスがあまりよくないことが多い。

6 流動性制約と投資

お金を自由に借りられない場合の投資

自己資金の重要性

これまでに説明してきたトービンの q 理論は，いずれもある意味で，企業の投資の水準は過去の利潤よりも現在から将来にかけての利潤に依存すると考えるものであった。しかしながら，現実の投資の動きをみると，投資は企業が現在保有する自己資金の量に大きく左右されることが少なくない。

その最大の理由は，企業が必要なお金をいつでも自由に借り入れることができるとは限らないからである。たとえば，将来的には大きな利益が見込まれてはいるが現在の利益は少ない企業を考えてみよう。この企業にとって最適な投資行動は，現在はお金を大量に借り入れて投資を行い，利益が出た将来時点でその借金を返済するというものである。

しかし，現実には十分な資産をもたない企業が十分な借入を行うことは非常に難しい。というのは，仮に将来的に大きな利益が見込まれているといっても，それは多くの場合に不確実なものであり，資金の貸手にとっては貸したお金が戻ってこないという危険をともなっているからである。

われわれは，第2章第5節の消費関数の説明において，家計がお金を借りたいだけ借りられない流動性制約に直面している可能性を指摘した。以上の議論は，同様の流動性制約が企業についても存在することを意味している。企業が流動性制約に直面している場合，現在の投資量を決定するうえで企業が現在どれだけ自己資金を保有しているかが重要となる。なぜなら，自己資金であれば企業は必要に応じて自由に使うことができるからである。

流動性制約の投資への影響

現実には，流動性制約によって企業の借入が大きく制限される結果，企業の投資が自己資金の量によって制約されるという状況がしばしば発生していると考えられる。したがって，最近では，投資水準を説明するうえでトービンの q 理論の考え方は厳密には成立せず，投資を行う企業がどれだけの自己資金を保有するかによって投資量が異なってくる可能性が指摘されている。

これまでの研究でも，中小企業を中心に多くの企業が流動性制約に直面し，その結果，投資が自己資金に制約されてきたことが明らかにされてきた。とくに，成熟して収益の安定した企業よりも，誕生したばかりで急速に業績を伸ばしている企業の方が，その投資が自己資金の量によって制約されている傾向にあることが知られている。

一般に，誕生したばかりの企業のなかには，将来的には大きな利益が見込まれているものが多い。しかし，仮に将来的に大きな利益が見込まれているからといっても，それは多くの場合に不確実なものである。したがって，現実には，誕生したばかりで急速に業績を伸ばしている企業の方が資金を十分に借りることができず，結果的にその投資が自己資金の量に制約される状況がしばしば発生していると考えられるのである。

日本のメイン・バンクの役割

現実の世界では，流動性制約が企業の投資を大きく制限する状況がしばしば発生している。しかしながら，今日の経済システムのなかには，この流動性制約を最小限にとどめるためのさまざまな工夫がなされていることも多い。

その代表的なものの1つが，銀行貸出の機能である。とくに日本では，銀行が貸出を行う際，最も貸出シェアの大きい銀行がメイン・バンクとして企業に継続的な貸出を行い，企業と総合的な取引関係を結んでいることが多かった。また，メイン・バンクは貸出先の企業の株主となったり，企業に役員を派遣する一方で，その企業の経営が危なくなった場合にはそれを救済するための融資を中心となって行ってきた。

メイン・バンクのように銀行が借手企業と継続的な取引関係を結んでいるもとでは，流動性制約の問題はかなり回避できる。というのは，企業と銀行が取引を何年にもわたって継続して行うもとでは，企業が借金の返済義務を怠って銀行との信頼関係を悪化させるコストは非常に大きいからである。このため，銀行が企業と密接な取引を続けている限り，借手企業が借金の返済義務を怠るといった問題は起こりにくく，その結果，メイン・バンクのような銀行は将来的に利益が見込まれる企業を貸出で積極的に支援する傾向があった。

メイン・バンク制は，日本の金融市場が過去に直面したさまざまな特殊事情によって形成されてきたものである。しかし，ある意味で偶然に形成されたメイン・バンク制は，借手企業の流動性制約を軽減することによって，投資の減少を回避するうえで非常に有効であったことが指摘されている。

金融システムの変容

もっとも，わが国でメイン・バンク制に象徴される銀行中心の金融システムがうまく機能したのは，1980年代前半頃までのことである。1980年代半ば以降，金融の自由化・国際化が進展するなか，多くの日本企業は，銀行借入への依存度を大幅に低下させた。とくに，1990年代以降，経済成長率が低迷するなか，企業の資金需要の減少とも相まって，設備投資の資金調達を，銀行借入など外部資金ではなく，内部資金でまかなう企業が増えることとなった。

内部資金による設備投資は，自己資金を使うことを意味するので，企業が投資を行う際に流動性制約に直面することはない。その一方，資金の使途に関して外部からのチェックが働きにくいため，非効率な資金の使われ方がなされるのではないかという懸念がある。最近の日本企業の設備投資を考察するうえでは，流動性制約の問題より，増え続ける内部資金をいかに有効活用するかという問題の方が重要になっている。

また，企業のイノベーション（技術革新）を促進するという観点から，銀行中心の金融システムを見直し，企業の将来性を評価してリスクを覚悟のうえで投資資金（リスク・マネー）を提供する必要性を指摘する研究も増えている。銀行貸出は，投資のリスクを少数の銀行が負担することになるため，リスクの高い投資案件には不向きである。一方，幅広い人々が参加することで投資リスクを分散することができる株式市場は，リスク・マネーが提供される格好の場である。ベンチャー・キャピタルを通じたリス

Column ⑪ 増加した内部資金による資金調達

企業の資金調達は，自己資金に相当する「内部資金」と「外部資金」からなる。また，外部資金は，銀行借入（借入金），社債，株式による資金調達（増資）からなる。表 **4-1** は，近年の資金調達の動向を示すため，日本企業の資金調達（フロー・ベース）を自己資金に相当する「内部資金」（内部留保＋減価

表 4-1 最近の日本企業の資金調達（フロー・ベース）の構成比

（単位：兆円）

年度末	調達計	外部資金	内訳 増資	内訳 社債	内訳 借入金	内部資金	内訳 内部留保	内訳 減価償却費
1987	95.33	48.47	4.88	4.27	39.32	46.87	20.82	26.05
1990	126.60	62.99	4.95	3.64	54.40	63.61	29.57	34.04
1993	44.88	11.29	2.19	2.58	6.52	33.59	−6.35	39.94
1996	54.60	2.92	3.79	−1.14	0.27	51.67	10.98	40.69
1999	45.32	−9.79	2.76	−1.13	−11.42	55.11	14.92	40.19
2002	17.71	−23.55	−4.28	−1.83	−17.44	41.26	2.24	39.02
2005	74.58	−26.48	−15.41	−1.09	−9.98	101.07	58.10	42.96
2008	37.55	12.60	−4.07	0.61	16.07	24.95	−18.80	43.75
2011	55.09	−6.46	−6.77	−2.83	3.14	61.56	23.90	37.65
2014	83.55	−3.31	−6.99	0.37	3.31	86.86	49.22	37.64
2017	112.55	11.62	−3.76	6.44	8.94	100.93	62.76	38.17
2020	138.96	41.83	−4.29	10.28	35.83	58.17	30.26	27.91
2021	114.16	9.50	−9.31	7.58	11.23	90.50	54.30	36.21

企業の資金調達は，自己資金に相当する「内部資金」と「外部資金」からなる。外部資金では，かつては「借入金」が日本企業にとって主要な資金調達の手段であったが，1990 年代前半以降，そのウェイトは大幅に低下した。他方，資金調達に占める内部資金のウェイトは，大きく増加してきた。経済が深刻な危機に陥った際には，日本企業は借入金による調達を一時的に増やす傾向がある。しかし，その変化は一時的なものである。

（注） 外部資金＝増資＋社債＋借入金，内部資金＝内部留保＋減価償却費。

（出所） 財務省『年次別法人企業統計調査』。

償却費）と「外部資金」（＝借入金＋社債＋増資）のそれぞれの金額および構成比で示したものである。

外部資金では，銀行借入を反映する「借入金」が，1990年代初頭まで日本企業にとって主要な資金調達の手段であった。しかし，日本企業の資金調達が低迷するなかで，そのウェイトは大幅に低下し，1990年代末以降はマイナスとなる年もあった。これは，日本企業の多くが負債の圧縮のために借入金の返済を進めたためである。また，社債発行や増資（新株発行）による資金調達は1980年代末から90年代初頭にかけて行われたが，1990年代後半以降，景気の低迷とも相まって伸び悩んだ。

一方，内部資金は，企業の資金調達金額が大幅に減少するなかでも，安定した水準を保ってきた。その結果，日本企業の資金調達に占める内部資金のウェイトが近年大幅に増加してきた。

もっとも，経済が深刻な危機に陥った際には，日本企業は外部資金による調達を一時的に増やす傾向がある。2008年度に借入金が増加したのは，その一例である。また，2020年度には，新型コロナウィルス感染症の拡大にともなう不確実性の増大から，多くの企業が社債や借入金による外部資金の調達を増やした。ただ，このような増加は一時的なもので，コロナ不況のもとでも2021年度には外部資金による調達は減少し始めた。

ク・マネーによるスタートアップ企業（革新的なアイディアで短期的に成長する新しく設立されたばかりの企業）の育成も，イノベーションを促進するうえでは欠かせない。経済全体の資金の流れを銀行預金などの貯蓄（安全資産）から株式市場などへの投資資金（リスク・マネー）へと転換し，資金面から日本経済におけるイノベーションを支えることは重要で，その実現のために日本の金融市場のあり方も大きく転換していかなければならない時代になっている。

練習問題

1 家計の貯蓄行動と企業の投資行動はそれぞれの経済主体が個別に決定するものであるにもかかわらず，マクロ経済全体でみた場合には，一国全体の貯蓄額と投資額はバランスしている。これは，どのような調整メカニズムが働いているからであるのか。

2 いま，現実の株価と配当の比率が $p_t/d_t = 50$ であり，安全資産の利子率は5%（すなわち，$r = 0.05$）であったとしよう。このとき，簡単なケースで説明した株価の理論値から判断すると，現実の株価は高すぎるといえるか。ただし，リスク・プレミアムは0とする。

3 企業が機械・設備と土地という2つの資産を保有している場合，マクロ経済では，設備投資についてのトービンの q はどのように求めればよいか。ただし，負債はないものとする。

4 企業が流動性制約に直面し，金融市場で必要な資金を借りられない場合には，社会的にどのような非効率が発生しているといえるか。

（第4章 **練習問題の解答例** ➡ p. 431）

参考となる文献やウェブサイト

マクロ経済の分析に利用する金融関連のデータの多くは，日本銀行のホームページの「統計」から入手可能である。また，日本銀行が毎年3月と9月に公表している『金融システムレポート』は，最近の金融システムを巡る情勢を知るうえで有益である。最近の金融論の進展については，福田慎一『金融論——市場と経済政策の有効性（新版）』有斐閣［2020］が参考になる。

第5章 貨幣の需要と供給

貨幣の役割と貨幣供給

2024年に改刷される新紙幣

「貨幣」は，今日われわれが経済活動を営むうえで欠くべからざるものである。しかしながら，貨幣がいったいどのような機能をもっているかは意外に難しい問題である。そこで本章ではまず，貨幣の経済的機能を簡単に説明する。そのうえで，貨幣がどのような要因によって需要され，供給されるかを考察する。

1 貨幣の機能

●貨幣は何のための存在か？

価値尺度

世界のほとんどの国々は，それぞれ自国の 貨幣（たとえば，日本であれば円，アメリカであればドル）をもち，その貨幣単位で財の価値を表現している。貨幣の第1の機能として知られているのは，このように各国が自国の貨幣によって客観的な単位を導入することで，価格体系を簡素化する 価値尺度 としての機能である。

一般にさまざまな財の間で交換が行われるためには，交換される財のおのおのの組合せに対して交換比率（相対価格）が決定される必要がある。しかし，現実の経済には多数の財が存在しているので，財の組合せに対して決まる相対価格の数は膨大である。そこで，貨幣によって表示される単位を1つ選び，あらゆる財の相対価格を1つの共通した尺度で表せば，その相対価格体系はかなり簡便なものとなる。これがまさに価値尺度としての貨幣の機能であり，これによって価格に関する情報のコストは大幅に減少している。

交換手段

いま，人々が自分の保有する財を渡すことによって他人の保有する財を購入する 物々交換 を考えてみよう。この物々交換において取引が成立するためには，自分が購入しようとする財と相手が売却しようとする財が一致し，かつ自分が売却しようとする財と相手が購入しようとする財が一致していることが必要である。しかしながら，このような欲望の二重の一致が満たされる可能性は非常に少なく，このため物々交換の経済で取引が成立することはまれである。

交換手段としての貨幣の機能は，まさにこのような物々交換経済の問題点を克服するところにある。貨幣には，誰にでも受け取ってもらえるという一般受容性がある。このため，仮に自分がもっている財を相手が必要としない場合であっても，貨幣をその代価として支払うことによって相手から自分が必要な財を購入することができる。すべての財と交換可能な貨幣が存在することによって，人々は交換相手を探索するコストを大幅に節約することが可能となる。

価値の保蔵手段

貨幣は他の金融資産と同様に，価値の保蔵手段としての機能をもつ。とくに，株式や社債などが収益率の不確実性をともなう危険資産であるのに対し，貨幣はいつでも使える安全資産として人々の資産選択に重要な役割を果たしている。

第4章第2節でも説明したように，人々がその資産価値を効率的に保存するための1つの条件は，保有資産の平均的な収益性（リターン）が高いことである。しかし，人々が危険回避的で収入が安定している状況を好む場合，資産を保有するもう1つの条件として，その収益率が平均的に安定していること（安全性）が重要となる。貨幣はこのような収益率の安定した資産（安全資産）の代表的なものであり，収益率が不安定な資産（危険資産）よりも平均的な収益率は低いにもかかわらず，人々の重要な価値の保蔵手段として用いられている。

加えて，貨幣は，他の金融資産に比べて，交換手段としていつでも取引に利用できるという流動性が高い。このため，不意な取引でも貨幣さえ保有していれば支払が可能で，その意味で，貨幣は予想外の支出に備えた予備的な価値の保蔵手段としての性質も持ち合わせている。

2 貨幣の概念

●何を貨幣と呼ぶか？

流動性と貨幣

前節で明らかにしたように貨幣にはさまざまな機能があり，各機能がそれぞれ異なる重要な役割を果たしている。このため，経済学において具体的に何を「貨幣」と呼ぶかは，貨幣のどの機能を重視するかによってその範囲が大きく異なっている。

まず，貨幣の範囲を狭くとらえる考え方は，価値尺度や狭義の交換手段としての機能を重視する立場で，この場合，政府や中央銀行（日本では，日本銀行）が発行する現金通貨のみが貨幣となる。ここで，現金通貨とは，1万円札，5千円札，2千円札，千円札の日本銀行券や5百円硬貨などの補助通貨をさす。したがって，われわれが通常，現金と呼んでいるものは，貨幣を最も限定的にとらえた概念である。

一方，貨幣の機能をより一般的な交換手段にまでやや広げて考えた場合，その範囲はもう少し大きくなる。というのは，われわれが日常の取引の決済に使用する手段は，現金通貨ばかりでなく，銀行振込み，口座振替，クレジット・カードなどが一般的になっているからである。このため，交換手段としての機能を重視する立場から貨幣をとらえた場合には，貨幣は現金通貨のみでな

表 5-1 さまざまな貨幣量（マネー・ストック）の指標

M1 = 現金通貨 + 預金通貨

ただし，現金通貨 = 銀行券発行高 + 貨幣流通高

預金通貨 = 要求払預金（当座，普通，貯蓄，通知，別段，納税準備）－調査対象金融機関の保有小切手・手形

M2 = 現金通貨 + 国内銀行等に預けられた預金（預金通貨・準通貨＋ CD）

M3 = M1 + 準通貨 + CD（譲渡性預金）

ただし，準通貨 = 定期預金 + 据置貯金 + 定期積金 + 外貨預金

広義流動性 = M3 + 金銭の信託 + 投資信託 + 金融債 + 銀行発行普通社債 + 金融機関発行 CP + 国債＋外債

（注） M1，M2，M3，および広義流動性の対象金融機関は，以下のとおり。

M1：全預金取扱機関 = M2 対象金融機関，ゆうちょ銀行，その他金融機関（信用組合，労働金庫，農業協同組合，漁業協同組合など）。

M2：日本銀行，国内銀行（ゆうちょ銀行を除く），外国銀行在日支店，信用中央金庫，信用金庫，農林中央金庫，商工組合中央金庫。

M3：M1 と同じ。

広義流動性：M3 対象金融機関，国内銀行信託勘定，中央政府，保険会社等，外債発行機関。

く，預金の出し入れが自由であるという意味で流動性の高い預金通貨（たとえば，普通預金など）を含めるのが一般的となる。

さらに，貨幣の範囲を最も広くとらえる考え方が，価値の保蔵手段としての機能を重視する立場である。この場合の貨幣の概念としては，いつでも取引に利用できる流動性よりも，できるだけその価値を高める収益性が重要となる。このため，貨幣として，現金通貨や普通預金に加えて，定期性預金などの準通貨を加えることになっている。

貨幣の定義

今日最も一般的に使われている貨幣の定義は，

貨幣量（マネーストック）= 現金通貨+ 預金通貨

である。しかし，貨幣の機能をどのように考えるかによって，実際に貨幣量を計算する際，さまざまな金融資産が含まれたり，含まれなかったりしている。日本銀行が**表 5-1** で示されているようなさまざまな貨幣量（マネー・ストック）の指標を公表しているのは，まさにこのような理由による。

M1 は，現金通貨や普通預金といった流動性が非常に高い貨幣のみを含むという意味で交換手段としての貨幣を代表する指標である。これに対し，M2 や M3，さらに 広義流動性 といった指標は，定期預金をはじめとする流動性の低い金融資産も含んでいるので，交換手段としての貨幣ばかりでなく，価値の保蔵手段としての貨幣を含む指標と考えられる。

ただし，最近では 金融の自由化 や高度化によって，以前は流動性が低かった定期預金なども普通預金と同様にかなり預金の出し入れが自由になってきている。このため M2 や M3 といった貨幣の指標も，価値の保蔵手段としての貨幣の指標というよりも，むしろ交換手段としての貨幣の指標という性格を強めている。

3 貨幣需要の動機

●何が貨幣需要を増やすか？

取引動機

貨幣を需要する第 1 の動機は，取引動機と呼ばれるものである。これは貨幣が交換手段として利用される際に必要となると考えるもので，人々がなぜ現金通貨や利子率の低い預金通貨（当座預金や普通預金）を需要するのかを説明している。

この取引動機にもとづく貨幣需要では，まず，取引を行うのに必要な額の貨幣が需要されることになる。これは，取引は流動性の高い金融資産で行うのが効率的である（取引コストが節約される）ため，取引の額が増加すればするほど人々は貨幣を多く所有しようとするからである。

ただし，人々が交換手段として貨幣を保有すると考えた場合，流動性の高い貨幣保有は，取引コストを節約すると同時に，貨幣以外の資産を保有していれば得られていたであろう利子収入を犠牲にするという機会費用を発生させる。というのは，現金通貨に代表される貨幣は，定期預金や国債といったほかの金融資産のように保有していても利子がつくわけではないからである。このため，交換手段のために流動性の高い貨幣を保有することは，その分だけ本来であれば得られたはずの利子収入を失うことになる。したがって，利子率の上昇は，取引動機にもとづく貨幣需要にマイナスの影響を与えることになる。

予備的な貨幣保有

今日の世の中は将来的に何が起こるのかはまったく不確実であり，いつ不意の事故によって多くの支出を余儀なくされるかわからない。第2の動機は，まさにこのような不意の事故などで余儀なくされる支出に備えて予備的な貨幣保有をしておこうというものである。

予備的動機で保有する貨幣は，取引需要の場合のようにすぐに使うものではないので，必ずしも現金通貨のような流動性は必要としないかもしれない。しかし，将来の不確実な支出に備えて，いつでもお金が使える状態にあることは必要である。その意味で予備的な貨幣保有も，普通預金のような流動性の高い貨幣に対する需要を説明するものとなっている。

予備的動機にもとづく貨幣需要は，将来の不確実性が高まれば高まるほど大きくなるという特徴をもっている。これは，将来が不確実であればあるほど，不意の支出に備えて貨幣を需要する必要があるからである。また，利子率の低い普通預金を保有した場合，定期預金や国債などを保有したならば得られたはずの利子収入を失うことになる。このため，取引動機によるケースと同様に，この場合の貨幣需要も，利子率が上昇すると減少するという関係が存在している。

資産選択としての貨幣需要

貨幣需要の第3の動機は，資産選択である。資産選択としての貨幣需要は，先の2つの動機のように貨幣を交換手段のために需要するのではなく，将来のために価値を保蔵する手段として貨幣を需要するものである。

金融資産として現金をもつ場合，物価水準が上昇すればその資産価値は下落する。これは，物価水準が上昇すれば同じ金額で買えるものが少なくなるので，貨幣を保有し続けることはそれだけ損失をともなうからである。また，貨幣を資産として保有した場合，貨幣以外の金融資産を保有したならば得られたであろう利子・配当などを失うことにもなる。したがって，貨幣はあらゆる金融資産のなかで最も収益性の低い金融資産であり，その意味では貨幣は資産としての魅力に欠ける。

しかし，物価が一定であれば，貨幣の資産価値は一定である。これに対して，債券や株式などの危険資産は，その価格が将来下落することによって損失（キャピタル・ロス）を生み出す可能性がある。このため，物価が安定しているもとでは，安全資産としての貨幣保有が危険分散という観点から望ましくなる。

一般に，このような資産選択の動機にもとづく貨幣需要は，危険資産の収益に関する不確実性が高まるにつれて大きくなる反面，他の資産の平均的収益率が高まるにつれて減少すると考えられる。このため，この場合の貨幣需要も，利子率とはマイナスの相関関係（利子率が上昇すれば，貨幣需要が減少する関係）をもつことになる。

貨幣需要関数

国民所得と利子率に依存する関数

一国全体の貨幣需要

これまでの節では，代表的な貨幣の保有動機を説明し，取引動機にもとづく貨幣需要は取引総額が増加すると増加するという性質があることを明らかにした。また，取引動機や資産選択などの観点からみた貨幣需要は，利子率が上昇すると減少するという性質をもつことを明らかにした。これらの結果を一国経済全体でみた場合，経済全体の貨幣需要は，一国における取引総額が増加すれば増加すると同時に，市場利子率が上昇すれば減少することがわかる。

一国の取引総額は，その国の国民所得と密接な関係がある。したがって，一国の貨幣需要を L と表すと，L は国民所得 Y および利子率 i の関数として，以下のように定式化される。

$$L = L(Y, i)$$

ただし，L は Y が増加すると増加する一方，i が上昇すると減少するという関係を満たしている（すなわち，L は Y の増加関数であると同時に，i の減少関数である）。

この貨幣需要に関する関係式は，貨幣需要関数と呼ばれ，今日では，幅広く受け入れられている。なお，第1章第5節で説明したように，GDP や国民所得といった変数は，価格変動の影響を取り除くか否かによって，名目 GDP と実質 GDP，名目国民所得と実質国民所得にそれぞれ区別される。したがって，上式における Y の値を，価格変動の影響を取り除いた場合の実質国民所得とすると，それに対応する貨幣需要関数は，実質貨幣需要関数となる。

貨幣数量説

これまでの説明では，貨幣需要関数が，国民所得 Y と市場利子率 i に依存して，$L = L(Y, i)$ という関数と書き表されることをみた。しかしながら，古典派経済学の人々は，貨幣需要は国民所得 Y のみに依存し，利子率には依存しないと考えていた。これが，貨幣数量説である。

貨幣数量説の代表的なものの1つが，**フィッシャー**（I. Fisher）の交換方程式である。いま，一定期間における貨幣の流通量を M，経済全体の実質取引量を T，一般物価水準を P とすれば，このフィッシャーの交換方程式は，

$$MV = PT$$

として示される。

ここで，上式の変数 V は貨幣の流通速度と呼ばれるものであり，貨幣が一定期間中に取引に何回使われたかを示す指標である。このため，MV は一定期間において貨幣を用いてどれだけの額の取引が行われたかを示すものとなる。フィッシャーの交換方程式

は，この MV が一定期間における経済全体の名目取引量 PT と等しくなることを表す式である。

一般に，貨幣数量説では，流通速度 V は短期的には一定であると考えられている。すなわち，貨幣の流通速度 V は経済の支払慣習などによって制度的に決定されるものとみなすのである。

したがって，もし経済の実質総取引量 T が名目貨幣量 M とは独立に決定されるとすれば，一般物価水準 P は貨幣量 M と同一の割合で変化することになる。言い換えれば，貨幣量 M の変化は，V や T の値には何らの影響も与えず，一般物価水準 P を同一割合で変化させるだけである。このような「貨幣は物価水準のみを決定する」という古典派の考え方は，古典派の二分法と呼ばれている。

ケンブリッジ方程式

ところで，上のフィッシャーの交換方程式における名目取引総額（PT）は，名目国民所得（PY）とかなり安定した関係をもつと考えられる。そこで，PT を PY に置き換えると，フィッシャーの交換方程式は，$MV = PY$ と書き直すことができる。ただし，ここでの V は，国民所得を使って計算し直した貨幣の流通速度である。

この流通速度の逆数（$1/V$）を k と表せば，貨幣需要量（M）が名目国民所得（PY）に比例する関係として，

$$M = kPY$$

という式を導くことができる。この式はケンブリッジ方程式と呼ばれ，右辺の定数 k はマーシャルの k と呼ばれている。

ケンブリッジ方程式は，取引動機にもとづく貨幣需要（M）を名目国民所得（PY）に比例する単純な形で表現したものである。

このケンブリッジ方程式は，フィッシャーの交換方程式と同様，貨幣数量説を代表する式としてよく知られている。貨幣数量説では，流通速度Vを一定と考えるため，ケンブリッジ方程式でも，マーシャルのkは一定と考えられている。

5 貨幣需要関数の安定性

●貨幣需要関数は安定的か？

安定した貨幣需要関数の重要性

前節では貨幣需要関数に関して説明し，一般的な貨幣需要は国民所得に加えて利子率に，また貨幣数量説にもとづく貨幣需要は国民所得に，それぞれ依存することをみた。マクロ経済学では，このような貨幣需要と国民所得および利子率との関係は安定しており，たとえば国民所得が1%増加したときの貨幣需要の増加率は時間を通じて変化しないとされてきた。

このような貨幣需要関数の安定性は，マクロ経済政策を行ううえで重要である。というのは，第6章以降で詳しくみるように，マクロ経済学では伝統的に政府・中央銀行が貨幣量をその需要に見合う形で適切に供給することが経済を安定化させるうえで必要とされてきたからである。貨幣需要が不安定であれば，政府・中央銀行にとってマクロ経済の安定化を図ることが難しくなるので，貨幣需要関数は時間を通じてあまり変わらない方が適切な経済政策を遂行するうえでは望ましいとされたのである。

このような観点から，貨幣需要関数の計測がさかんに行われた。そして，実際に1970年代半ばまでは，世界各国で貨幣需要関数は安定していることが報告されてきた。

貨幣紛失の問題

ところが，1970年代半ば以降のアメリカにおいては，貨幣需要関数はそれほど安定したものではなくなってきたという研究結果が，**ゴールドフェルド**（S. M. Goldfeld）らによって発表された。すなわち，1970年代半ば以前のデータを用いて計測された貨幣需要関数に，それ以後の実際の国民所得と利子率の値を当てはめて貨幣量の値を予測すると，予測値が実際の貨幣量の値を常に上回ってしまったのである。

もし貨幣需要関数が安定的で，貨幣需要と国民所得あるいは利子率との間にそれまでと同じ関係が成立しているのであれば，予測値と実際の値はそれほど大きく乖離しないはずである。しかし，計測された貨幣需要関数による予測が，その後の貨幣量の推移を過大に見積もってしまったことで，貨幣需要関数の安定性に大きな疑問が生まれたのである。この問題は，予測された貨幣が失われてしまったという意味で，**貨幣紛失（missing money）の問題**と呼ばれた。

貨幣需要関数は本来安定的なものであると考える研究者は，貨幣紛失の問題が起こったのは，貨幣需要関数を計測する際に用いた変数が不足していたためであると考え，貨幣需要関数の計測をさまざまに改良しようとする試みを行った。しかし，当てはまりのよい貨幣需要関数は得られず，予測値も貨幣の動きを過大に見積もったり，逆に過小に見積もったりすることが多かった。日本の貨幣需要関数についても，同様の計測が行われたが，アメリカより少し遅れた1970年代末以降に安定性が得られなくなったことが指摘された。

日本の貨幣需要関数

以下では，日本における貨幣需要関数の安定性の問題を，貨幣需要量と国民所得との間に一定の関係があることを想定するケンブリッジ方程式 $M=kPY$ を念頭において調べてみよう。**図 5-1** は，代表的な貨幣の指標である M1 および M2 の実質値を，実質 GDP とともに，それぞれ増加率で示したものである。

ケンブリッジ方程式におけるマーシャルの k の値がその理論のとおり安定的ならば，実質貨幣量（すなわち，M/P）と実質国民所得に相当する実質 GDP（すなわち，Y）は，同じように増減するはずである。実際，1970 年代前半までは，実質 GDP の増加率が高い期間には，実質貨幣量の増加率も高かった。また，それ以降の時期においても M2 の実質値に限ってみれば，実質 GDP の増加率が低くなると M2 の実質値の増加率も低くなっており，両者には弱いながらも相関関係がうかがわれた。

しかし，M1 の実質値をみれば，1970 年代後半以降は実質 GDP との相関関係はほとんどなくなっている。また，M2 の実質値も 1970 年代末以降は，少なくとも短期的には，実質 GDP の増加率と必ずしも明確な関係をもって動いているとはいえなくなった。とくに，1990 年代後半からは，実質貨幣量と実質 GDP はまったく異なった動きをするようになっている。したがって，日本のデータをみても，最近では，マーシャルの k は一定とはいえず，ケンブリッジ方程式という貨幣需要関数の安定性は成立しなくなってしまったことが読み取れる。

図 5-1 実質 GDP と M1，M2 の増加率の推移

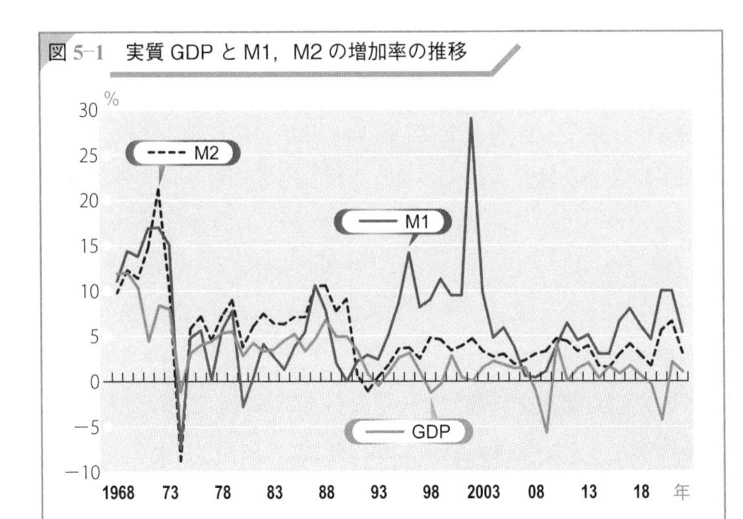

マーシャルの k が安定的であるならば，貨幣残高と国民所得に相当するGDP は同じように動くはずである。しかし，実質貨幣量と実質 GDP の伸び率を比較した上図をみると，近年，両者は少なくとも短期的には明確な関係を示していない。とくに，1990 年代後半からは，実質貨幣量と実質 GDP の増加率の長期的な水準も乖離している。この事実は，貨幣需要関数の不安定性の一端を示すものである。

（注） M1 および M2 はいずれも GDP デフレーターで実質化。

（出所）日本銀行『マネーサプライ統計』および『マネーストック統計』，内閣府『国民経済計算（GDP 統計）』より作成。2003 年まではマネーサプライ統計の M1 および M2＋CD，2004 年以降はマネーストック統計の M1 および M2（いずれも平均残高）を用いた。

貨幣需要関数が不安定となった理由

このように，各国で貨幣需要関数が安定的でなくなった最大の理由は，金融自由化が進展するなかで新しい金融商品が生まれたことにあったと考えられている。すなわち，1970 年代半ば以降，アメリカを中心に先進国では，金融機関によってこれまでにない新しい金融商品が次々と開発され，流動性が低かった

定期預金といった金融商品も比較的自由に引出ができるようになった（すなわち，流動性が高くなった）。とくに，クレジット・カードや電子マネーなど現金を使わない支払手段の普及により，日常の取引に必要な貨幣も従来のような現金通貨や普通預金である必要がなくなった。その結果，取引需要としての貨幣は，従来のM1からM2へ，さらにはM3へと急速に変化していった。

取引需要は最も重要な貨幣需要の動機であり，このような取引に使用される貨幣の概念の変化は，これまでの取引額と貨幣との間の安定した関係を大幅に変えることとなった。このため，これまでは安定していた国民所得とM1やM2の関係は，1970年代半ば以降は貨幣需要関数を計測してももはや得られなくなった。それが貨幣紛失の問題と呼ばれた貨幣需要関数の不安定化となって表れたと考えられる。

なお，日本では，1990年代後半以降，貨幣需要関数がさらに不安定となったことも観察される。これには，日銀による非伝統的な金融政策が密接に関係している。この点に関しては，第7章であらためて説明することにする。

6 マネタリーベースと貨幣の供給

●貨幣供給に関する標準的な考え方

マネタリーベース

前節までは貨幣がどのような要因によって需要されるかをみてきたが，以下の節では見方を変えて，貨幣がどのようにして供給されるかをみてみよう。多くの国では貨幣を供給するのは中央銀行の役割であり，日本では日本銀行（略して，日銀）が日本の中央銀行として貨幣

Column ⑫ 日本銀行の目的と機能

日本銀行は，日本の中央銀行として1882（明治15）年10月より営業を開始し，1998（平成10）年4月に現行の日本銀行法が施行された。この日本銀行法（第1条と第2条）に定められている日本銀行の目的や理念を今日的に理解すると，日本銀行は日本経済の安定的な発展と金融の円滑化を図るため，「物価の安定」と「信用秩序の維持」という2つの目的をもっていると考えることができる。

日本銀行は，この2つの目的を達成するため，本文中で説明した貨幣量のコントロールに加えて，さまざまな業務を行っている。このような日本銀行の機能は通常，以下の3つに代表されて整理されている。

まず第1の機能は，「発券銀行」としての機能である。日本銀行は，日本で唯一の発券銀行として，1万円札，5千円札，2千円札，および千円札の4種類の日本銀行券を発行している。この機能によって，われわれが日頃手にする現金通貨の発行高が管理されている。

第2の機能は，「銀行の銀行」としての機能である。日本銀行は，一般の個人や企業とは直接取引を行うことはないが，銀行などの金融機関とは取引を行っている。それらの機関から預金（当座預金）を受け入れ，債券の売買や貸出を行うことを通じて，金融市場全体の資金の過不足を調整すると同時に，金融市場の円滑化と信用秩序の維持に努めている。

第3の機能は，「政府の銀行」としての機能である。政府の円での預金はすべて日本銀行に預けられており，政府の経済活動に関する資金の決済は，いずれも日本銀行の預金勘定を通じて行われている。それに加えて，日本銀行は，国庫や国債，外国為替に関連した事務を行っている。このため，日本銀行は政府の銀行としての機能を有するといわれている。

を供給している。

中央銀行が貨幣量をどのようにコントロールしているかを理解するうえで重要となるのが，マネタリーベースである。マネタリーベースは，ハイパワードマネーまたはベースマネーと呼ばれることもある。

まず，このマネタリーベースを定義し，このマネタリーベースが貨幣量（マネーストック）とどのような関係にあるかをみておこう。

一般に，マネタリーベース（以下，Bと表す）は，

マネタリーベース（B）
　＝現金通貨（C）＋銀行の預金準備（R）

と定義される。すなわち，マネタリーベースは，人々が保有する1万円札などの現金通貨（以下，Cと表す）と，銀行が預金の引出に備えて中央銀行に預けておく預金準備（以下，Rと表す）の合計として定義される。

貨幣乗数

本章第**2**節で説明したように，貨幣量（マネーストック）は，

貨幣量＝現金通貨＋預金通貨

と定義されるので，マネタリーベース（B）と貨幣量（以下，Mと表す）は，ともに現金通貨（C）を含んでいる点では共通している。しかし，もう1つの構成要因が，マネタリーベースでは預金準備（R）であるのに対し，貨幣量では預金通貨（以下，Dと表す）であるという点で，両者は異なっている。

一般に，マネタリーベース（B）と貨幣量（M）との間には，

$$\frac{M}{B}=\frac{C+D}{C+R}=\frac{(C/D)+1}{(C/D)+(R/D)}$$

という関係が存在する。すなわち，B と M の関係は，民間の現金・預金保有比率（C/D）と銀行の預金準備率（R/D）に依存して決定されるのである。

上式の右辺は，**貨幣乗数**と呼ばれている。通常，現金・預金保有比率（C/D）や預金準備率（R/D）は，制度的要因によって決まっていて，時間を通じてあまり変化しないと考えられることが多い。この場合，貨幣乗数は一定となるので，貨幣量（M）はマネタリーベース（B）に一定の貨幣乗数（m）を掛け合わせたものとして，

$$M=mB$$

と書き表される。

上の関係式は，もし中央銀行がマネタリーベースを増加させることができれば，貨幣量もその貨幣乗数倍だけ増加させることができることを示している。ただし，仮にマネタリーベースが一定でも，たとえば預金準備率（R/D）が下落すれば貨幣乗数（m）は上昇するので，貨幣量は増加することになる。

貨幣乗数の推移

貨幣乗数が安定していれば，マネタリーベースのコントロールを通じてマネーストックをコントロールすることができる。したがって，貨幣乗数がどれだけ安定しているかは，中央銀行がマネーストックをコントロールするうえで非常に重要な要因の1つである。

図5-2には，1970年以降における日本の貨幣乗数の推移を，マネーストックとしてM1を用いた場合とM2を用いた場合のそ

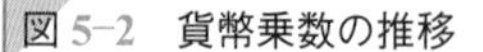
図 5-2　貨幣乗数の推移

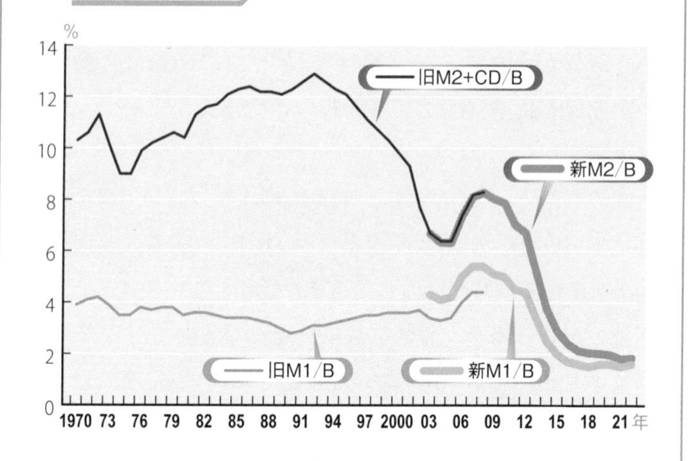

マネーストック（あるいはマネーサプライ）(M) をマネタリー・ベース (B) で割ったものが，貨幣乗数 m である。上図をみると，マネーストックとして M1 を用いた場合，貨幣乗数は 2000 年初頭までは比較的安定していた。しかし，2000 年代になって不安定化し，近年では減少している。一方，GDP とより密接な関係があるといわれている M2 を用いた場合，貨幣乗数はゼロ金利政策が開始された 1990 年代末以降大きく下落し，2006～08 年に一時的に回復したものの，その後はさらに下落が加速している。

（注）現在の「マネーストック統計」は過去に遡及されていないため，2008 年までのデータはかつての「マネーサプライ統計」を用いて描いている。このため，旧 M2 は M2 + CD である。また，旧 M1 と新 M1 の統計は接続していないため，大きな段差がある。

れぞれについて示したものである。まず，マネーストックとして M1 を用いた場合，貨幣乗数は，2000 年代初頭までは，おおむね時間を通じて比較的安定した動きを示していた。これに対して，GDP とより密接な関係があるといわれている M2 を用いた場合，貨幣乗数は 1970 年代から 80 年代にかけて緩やかに上昇した後，90 年代に入ってから大きく下落し，最近でも不安定な動きを示している。

一般に，貨幣乗数を変化させる要因としては，現金・預金保有比率（C/D）や預金準備率（R/D）の変化がある。M1を用いた場合の貨幣乗数がかつて安定していたのは，現金・預金保有比率や預金準備率が，普通預金など流動性の高い預金通貨に限定した場合には，比較的安定していたからである。これに対して，定期預金など準通貨を含めた場合には，現金・預金保有比率や預金準備率は不安定となり，それがM2を用いた場合の貨幣乗数をかなり以前から不安定にしたと解釈できる。

とくに，定期預金など準通貨を含めた預金に関しては，1990年代に入ってから現金・預金保有比率と預金準備率がともに大きく上昇し，それがM2を用いた場合の貨幣乗数を大きく低下させる要因となった。

もっとも，貨幣乗数が大きく下落する傾向は，2000年代に入って日銀による超金融緩和政策が開始されて以降，より顕著となった。すなわち，量的緩和政策によってマネタリーベースが大幅に増加したにもかかわらず，貨幣乗数は大きく下落した結果，M2だけでなく，M1も伸び悩んだ（この点に関しては，第7章であらためて説明する）。

7 貨幣量のコントロール方法

●代表的な3つの手段

貨幣量のコントロール

貨幣量をどのようにコントロールするか（あるいは，コントロールできるか）に関しては，日本銀行関係者と研究者との間に意見の食い違いがあり，現在でも相異なった考え方が併存している。しかし，伝統的な経済学では，前節で説明したマネタリーベースと貨幣量との関係をベースに，中央銀行が貨幣量をコントロールできると考えている。

それによれば，貨幣量をコントロールする方法は，主として，①公開市場操作，②公定歩合政策，③法定準備率操作，という3つの手段である。以下では，この3つの代表的な手段を順を追って説明することにする。

公開市場操作

公開市場操作は，中央銀行が民間銀行と国債などの債券を売買することによって，マネタリーベースを変化させ，その結果として貨幣量をコントロールする政策である。

たとえば，中央銀行が買いオペレーション（略して，買いオペ）と呼ばれる債券の買い操作を行ったとすれば，中央銀行が債券の売手にお金を支払うことになる。その支払は，現金通貨の発行による場合もあるが，通常は，債券の売手である民間銀行の預金準備の増加という形で行われる。その結果，中央銀行が債券を購入した額だけ現金通貨や預金準備が増大し，それに見合ったマネタリーベースが増大する。

一方，中央銀行が売りオペレーション（略して，売りオペ）と呼ばれる売り操作を行った場合には，逆に買手から中央銀行にお金が払い込まれることになる。このため，今度は現金通貨や民間銀行の預金準備が同額だけ減少し，その結果として中央銀行の債券の売却額にちょうど相当するマネタリーベースが減少する。

貨幣乗数が一定である限り，以上のようなマネタリーベースの変化は，それに比例する貨幣量（マネー・ストック）の変化をと

図 5-3　公開市場操作の図解

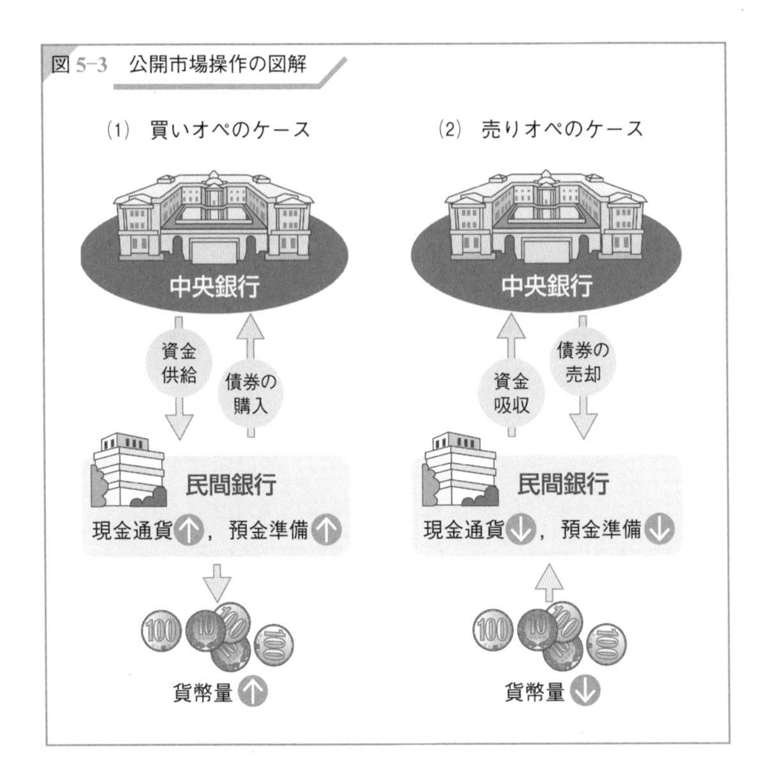

もなう。したがって，中央銀行は公開市場操作によって，マネタリーベースの貨幣乗数倍だけの貨幣量をコントロールすることができることになる。今日，公開市場操作は，ほとんどの先進国において，主たる金融政策の手段となっている。

公定歩合政策

中央銀行が民間銀行に貸出を行う際の利子率は，公定歩合と呼ばれている。公定歩合政策は，この公定歩合を変更させることによって，マネタリーベースを変化させ，その結果として貨幣量をコントロールする政策である。

たとえば，公定歩合が引き下げられた結果，民間の銀行がいままでよりも安いコストで資金を中央銀行から調達できるようになったケースを考えてみよう。この場合，民間銀行はより多くの資金を中央銀行から借り入れることで，自らの預金準備を増加させたり，市場に流通する現金通貨を増加させたりする。したがって，公定歩合の引下げは結果として，マネタリーベースを増加させることになる。

一方，公定歩合が引き上げられた場合には，民間の銀行にとって借入コストは上昇することになるので，中央銀行からの借入は減少する。このため，今度は，預金準備や現金通貨は減少し，その結果マネタリーベースも減少することになる。

貨幣乗数が一定である限り，以上のようなマネタリーベースの変化は，それに比例する貨幣量の変化をともなう。したがって，中央銀行は以上のような公定歩合政策によってマネタリーベースをコントロールすることで，その貨幣乗数倍だけの貨幣量をコントロールできることになる。

なお，公定歩合政策は，かつては日銀でも，主要な金融政策の手段であった。しかし，現在は，公定歩合政策は金融政策の手段ではなくなっている。このため，日銀の公式文書では，「公定歩合」という名称は使われなくなり，日銀が民間銀行に貸出を行う場合の利子率には「基準割引率および基準貸付利率」という名称が使われるようになっている。

法定準備率操作

以上の２つの政策が，マネタリーベースのコントロールを通じて貨幣量をコントロールする政策であったのに対して，法定準備率操作は中央銀行が法定準備率を変更することで，貨幣乗数に影響を与え，それによって貨幣量をコントロールする方法である。

ここで法定準備率とは，中央銀行が定めた必要最低限の預金準備率のことである。通常，預金準備の利子率はゼロである。このため，貸出利子率がプラスである限り，法定準備率を超える預金準備を保有することは民間銀行にとって無駄なので，預金準備率（R/D）はこの法定準備率に等しくなる。したがって，中央銀行はR/Dと密接な関係のある法定準備率をコントロールすることによって，貨幣乗数を変化させることができることになる。

貨幣乗数は，預金準備率R/Dが増加すれば小さくなり，R/Dが減少すれば大きくなるという関係がある。このため，中央銀行は法定準備率を増減させることによって，マネタリーベースを変化させることなく，貨幣量をコントロールすることができる。

ただし，預金準備率の変化は，わずかなものであっても貨幣乗数を大きく変化させる可能性がある。したがって，預金準備率が法定準備率に等しい場合であっても，法定準備率を変化させることによる貨幣量のコントロールは，実際の政策としては通常行われることはない。

また，極端な金融緩和政策によって貸出利子率がゼロに近くなる状況では，民間銀行が法定準備率を超えて預金準備を保有することのコストはほぼゼロなる。この場合，大半の民間銀行が法定準備率を超えて預金準備を保有する結果，法定準備率を操作しても預金準備率（R/D）には影響を与えることができない。このため，極端な金融緩和政策が行われているとき，法定準備率操作は貨幣量をコントロールするうえで無効となる。

8 利子率の決定理論

●貨幣供給による利子率のコントロール

利子率の決定

本章第**4**節でみたように，一国の貨幣需要は利子率が上昇すれば減少する一方，国民所得が増加すれば増加するという関係があった。したがって，国民所得を一定として，縦軸に利子率を，また横軸に貨幣量をそれぞれとった場合，貨幣需要関数 L は図**5-4**の右下がりの曲線として書き表される。

一方，貨幣供給に関しては，第**7**節で述べたように，中央銀行がさまざまな手段を用いて，貨幣量をコントロールすることができる。このため，物価の影響を取り除いた実質貨幣量を M/P とすると，物価水準 P が一定のもとでは，M/P は利子率の値とは独立に決定され，それを図**5-4**に描くと M_0/P や M_1/P のように垂直な直線となる。

貨幣市場の均衡においては，貨幣需要量は中央銀行によって供給された貨幣量に等しくなければならない（すなわち，$L = M/P$)。したがって，右下がりの貨幣需要曲線および貨幣量が与えられるならば，貨幣市場を均衡させる利子率 i はその交点として決定される。

たとえば，実質貨幣量が M_0/P のときには，図**5-4**の交点 E_0 によって示される i_0 が均衡の利子率となる。また，実質貨幣量が M_1/P へと増加した場合には，図**5-4**の交点 E_1 によって示される i_1 に利子率は決定される。すなわち，貨幣量が増加した場合には利子率は下落する一方，貨幣量が減少した場合には利子率

図 5-4　貨幣量と利子率の関係

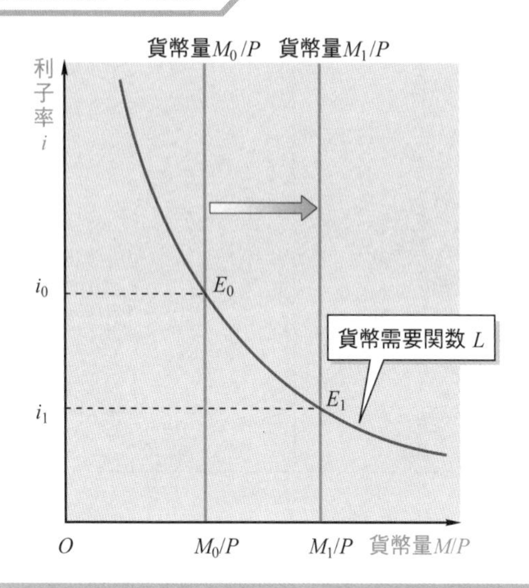

貨幣需要関数は，ある一定の国民所得水準のもとでは，——のような右下がりの曲線として表される。一方，貨幣量は中央銀行により利子率とは独立にコントロールされるため，——のように垂直な直線となる。
　貨幣市場を均衡させる利子率は，これら右下がりの曲線と垂直線の交点で決定される。したがって，いま貨幣量を M_0/P から M_1/P に増加させた場合には，利子率は i_0 から下落して i_1 となる。

は上昇するという関係が成立するのである。したがって，中央銀行は貨幣量をコントロールすれば，同時に利子率もコントロールすることができることになる。

貨幣供給コントロールの問題点

これまで，貨幣量をコントロールすることによって利子率がコントロールされるメカニズムをみてきた。しかしながら，このような貨幣供給による利子率のコントロールは，貨幣需要関

図 5-5　不安定な貨幣需要関数と利子率の乱高下

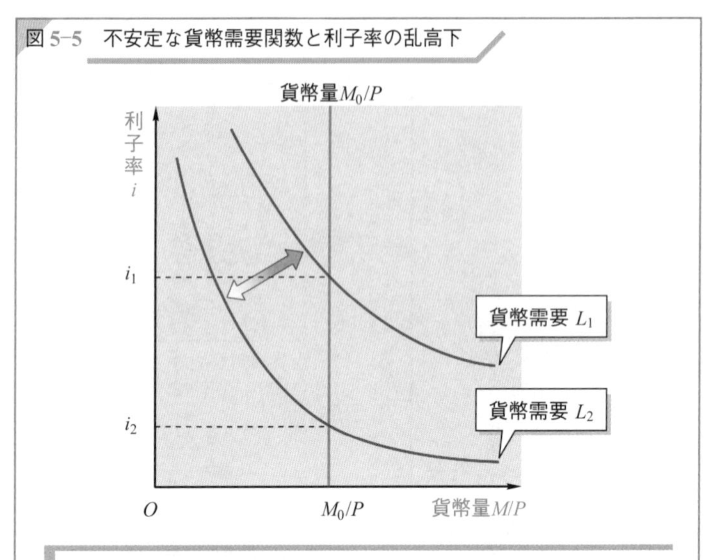

貨幣需要関数が非常に不安定で L_1 と L_2 の間を不規則に変動している場合，日本銀行が貨幣量が常に M_0/P に等しいようにコントロールしても，利子率は i_1 と i_2 の間を乱高下することとなる。

数が不安定な場合に，しばしば利子率の乱高下を招く恐れがあることが知られている。

図 5-5 は，この様子を図示したものである。図では，実質貨幣量が常に M_0/P に等しいようにコントロールされている。しかしながら，右下がりの曲線で表される貨幣需要関数は不安定で，L_1 と L_2 の間を不規則に変動している。この場合，貨幣量と貨幣需要量を等しくする均衡の利子率 i は，貨幣需要関数の位置に依存して決定されることになるので，その値は i_1 と i_2 の間を乱高下することとなる。

以上の結果は，貨幣需要関数が不安定な場合，中央銀行は貨幣量をコントロールしても利子率を十分にコントロールできず，場合によっては利子率の乱高下を招いてしまうことを示している。

実際の貨幣需要関数は，短期的には非常に不安定であることが知られている。このため，伝統的に日本銀行は，少なくとも短期的には，貨幣量をコントロールすることよりも，利子率の動きを安定化することを重視して金融政策を運営してきた。

もっとも，貨幣需要関数は，短期的には不安定であっても，中長期的には比較的安定しており，変動する場合でもその動きはある程度予想可能な場合が多い。このため，貨幣量をコントロールすることによって利子率をコントロールするという考え方は，短期的には利子率の乱高下を招くという問題があるとしても，中長期的には依然として重要な考え方である。

9 テイラー・ルール

●利子率を操作する金融政策の考え方

短期金利のコントロール

これまでの節でみたように，伝統的な経済学の教科書では，中央銀行がマネタリーベースや貨幣量（マネー・ストック）をコントロールすることを通じて，利子率に影響を及ぼすと考えるのが一般的であった。しかし，多くの中央銀行は，少なくとも短期的には，貨幣量よりも短期の利子率の動きを制御することを重視し，それを達成すべく日々の金融政策を運営している。

たとえば，日銀は，コールレートと呼ばれる短期の利子率を目標レートとして金融調節を行っている。コールレートは，金融機関の間で短期資金を貸し借りする際の利子率で，その調節を通じて日々の金融市場の安定が保たれている。

前節でみたとおり，貨幣需要関数が不安定な場合，中央銀行が貨幣量をコントロールすると，利子率が短期的に乱高下してしまう。このため近年では，中央銀行が短期の利子率を操作することで，金融政策を運営するという考え方が，中央銀行当局者だけでなく，マクロ経済学でも有力な考え方になっている。その代表的なものが，**テイラー**（J.B. Taylor）によって提案されたテイラー・ルールである。

テイラー・ルールとは？

テイラーは，アメリカの中央銀行である連邦準備制度が，短期の利子率をどのように決定してきたかを検証した。その結果，アメリカの短期の利子率が，景気動向を示す実質国民所得と物価の動向を示すインフレ率に規則的に反応する形で決定されていることを明らかにした。

具体的には，テイラーは，アメリカの短期の利子率が，実質GDPなど実質国民所得（Y）のトレンド（実質国民所得の長期的な趨勢）からの乖離と，消費者物価上昇率などインフレ率（π）の目標値からの乖離の2つに規則的に反応していると考えた。そのうえで，短期の利子率を i，インフレ率の目標値からの乖離を $\pi-\pi^*$，実質国民所得のトレンドからの乖離率（GDPギャップ）を $(Y-Y^*)/Y^*$ として，

$$i = \text{定数項} + \pi + 0.5(\pi-\pi^*) + 0.5(Y-Y^*)/Y^*$$

という式が成立すると主張した。ただし，Y^* は実質国民所得のトレンド部分，π^* は目標インフレ率である。この式に従った短期の利子率の決定ルールが，テイラー・ルールである。

テイラー・ルールの意味

テイラー・ルールでは，インフレ率が目標値を上回る場合や，実質国民所得がそのトレンドを上回って上昇する場合に，中央銀行は，短期の利子率を引き上げて金融を引き締める。その一方，インフレ率が目標値を下回る場合や，実質国民所得がそのトレンドを下回る場合に，中央銀行は，短期の利子率を引き下げて金融を緩和する。

ウッドフォード（M. Woodford）は，このようなテイラー・ルールに従って短期の利子率を決定することが社会的に望ましい金融政策であることを理論的に明らかにしている。また，クラリダ（R. Clarida），ガリ（J. Gali），ガートラー（M. Gertler）の3人による研究では，アメリカだけでなく先進主要国の中央銀行のほとんどが，これまでテイラー・ルールに従って金融政策を運営してきたことが示されている。中央銀行が行う金融政策が，マネタリーベースや貨幣量のコントロールではなく，テイラー・ルールに従った短期の利子率のコントロールによるという考え方は，最近のマクロ経済学では徐々に受け入れられてきている。

練習問題

1 ユーロ導入以前のヨーロッパでは，その域内の取引にECUという通貨の単位がしばしば使われていた。しかし，そのようなECUという通貨は実在せず，実際の支払の際にはECUの単位を各国通貨単位に換算し，マルクやフランといった当時各国で流通していた通貨で支払を行っていた。それでは，このECUという実在しない通貨はどのような機能を果たしていたといえるか。

2 アメリカで貨幣紛失の問題が起こったのが1970年代半ば以降であるのに対し，日本ではそれよりも少し遅れて70年代末以降であるという結果が報告されている。これは，どのような理由によるものと考えられるか。

3 仮にケンブリッジ方程式$M = kPY$が現実の経済で成立している場合に，名目貨幣量（M）の変化率と実質国民所得（Y）の変化率の差は，一般物価水準（P）にどのような影響を与えるか。

4 銀行が預金の10%を預金準備として手元に保有し，人々がその資産を1対2の割合で現金と預金に分けて保有しているものとしよう。このとき，貨幣量はマネタリーベースの何倍となるか。

（第5章 **練習問題の解答例** ➡ p. 431）

参考となる文献やウェブサイト

貨幣に関するデータは，日本銀行ホームページにある時系列統計データ検索サイトがさまざまな情報を提供してくれているので必見である。

日本銀行を中心とした日本の金融政策に関する全般的な解説は，白塚重典『金融政策――理論と実践』慶應義塾大学出版会［2023］がわかりやすい。また，日本銀行の機能と業務に関しては，やや古い本であるが，日本銀行金融研究所編『日本銀行の機能と業務』有斐閣［2011］が詳しい。

第6章　乗数理論と IS–LM 分析

総需要に注目した経済分析

国会議事堂の外観

われわれは，第１章において国民経済計算の諸概念を勉強し，第２章と第３章ではそれぞれ国内総支出（総需要）の構成要因である「消費」と「投資」の決定要因を学んだ。本章では，これらの説明を踏まえて，総需要の構成要因の変化がマクロ経済全体として国民所得にどのような影響を与えるかを解説する。

1 ケインズ経済学の登場

●古典派経済学に代わるマクロ経済学の考え方

『一般理論』が生まれた背景

総需要に注目したマクロ経済分析は，**ケインズ**（J. M. Keynes）の『雇用・利子および貨幣の一般理論』（通常，略して『一般理論』と呼ばれる）によって始められた。この『一般理論』が生まれた1つの大きな背景としては，1920年代末から30年代にかけて発生した世界的な大不況（世界不況）をあげることができる。

すなわち，1929年10月24日（「暗黒の木曜日」）のニューヨーク・ウォール街における株価の大暴落をきっかけに，アメリカで深刻化した不況は，たちまち全世界へと広がった。とくに，30年代前半には世界的な不況がいっそう深刻化し，街には職を失った多くの人々があふれ，多くの機械・設備も使われないまま放置されることとなった。

このような失業や遊休設備の存在は，ケインズ以前のマクロ経済学である古典派経済学ではうまく説明できるものではなかった。というのは，古典派経済学は，価格の需給調整メカニズムが機能することによって，失業や遊休設備はすぐに解消されると考えていたからである。したがって，世界的な不況を説明するためには，労働力や機械・設備といった資源が十分に利用されない状況を対象とする新しい経済理論が必要となった。ケインズにその源を発するマクロ経済学の発想の出発点は，まさにそのようなところにあった。

ケインズ経済学の発展

ケインズ登場以前の古典派経済学では，一国の総生産量はその国の供給能力によって決定されるため，実質国民所得は経済の総供給のみによって決定されると考えていた（これは，セイの法則と呼ばれる）。そして，古典派経済学では総需要の変化は価格を変動させるだけで，実質国民所得には影響を与えることはないとされてきた。

これに対してケインズは，国民所得が低迷したり，高い失業率が発生するのは，総需要の不足が原因であるとした。とくに，ケインズは総需要を有効需要と呼び，有効需要を増加させることが失業や遊休設備の解消に役立つと主張した。これが，ケインズの有効需要の原理である。

このようなケインズの考えに対しては，今日でも多くの異なった解釈が存在していることは事実である。しかしながら，その後のマクロ経済学では，ケインズの主張を価格が硬直的な短期の現象を説明するものとしてとらえる考え方が主流となっていった。その代表的なものが，乗数理論や*IS–LM*分析である。

財政政策と金融政策の重要性

一般に，政府がそのときの判断に応じて政府支出や租税を裁量的に変化させることによって国民所得に影響を与える政策は，財政政策と呼ばれている。また，中央銀行が貨幣量や利子率を変化させることによって景気の変動を安定させる政策は，金融政策と呼ばれている。ケインズの有効需要の原理の大きな特徴は，このような財政政策や金融政策によって有効需要を増加させることが失業や遊休設備の解消に役立つと主張した点にある。

ケインズ以前の古典派経済学では，市場の価格メカニズムがうまく機能し，政府・中央銀行が介入しなくともマクロ的に望ましい資源配分が達成されると考えられてきた。とくに，古典派経済学の人々は，政府の活動は軍事や警察といった必要最小限のものに限られるべきであるとして，このような財政政策や金融政策の有効性を否定してきた。

これに対し，ケインズ経済学は市場の調整メカニズムの限界に注目し，政府・中央銀行の介入の重要性を指摘した。このケインズ経済学の考え方は，今日の経済政策を行ううえでの基本となっており，経済が不況になった際には財政政策や金融政策が必要となることは多くの人々によって理解されるようになってきている。

2 有効需要の原理

●需要によって決定される国民所得

政府支出が存在する財市場の有効需要

以下では，政府の活動が存在する場合の財市場を考える。政府の具体的な経済活動に関しては第7章で説明するので，とりあえず，政府が行う支出をすべて一括して政府支出とし，それを G と表すことにしよう。

このとき，海外との取引が存在しないとすると，財市場の総需要 D は，（民間の）消費 C，（民間の）投資 I，政府支出 G の合計として，

$$D = C + I + G$$

と表される。すなわち，一国の財・サービスに対する総需要を表す有効需要は，家計の消費支出，企業の設備投資などの投資，あ

るいは政府支出（政府の消費支出および投資）のいずれかによって発生するのである。

可処分所得とケインズ型消費関数

国民所得 Y から租税 T を引いたものが，可処分所得である。第2章第**1**節でも説明したように，ケインズ型の消費関数では，民間の消費 C はこの可処分所得に依存して次のように決定される。

$$C = A + c(Y - T) \qquad （ただし，0 < c < 1）$$

第2章第**2**節で説明したように，ケインズ型の消費関数は短期的には当てはまりがよいが，長期的には必ずしも現実の消費行動を説明するのに十分なものではない。しかし，以下では議論を簡単にするために，この消費関数を用いて議論を進めていくことにする。

このとき，上のケインズ型の消費関数を，財市場の総需要 $D = C + I + G$ に代入すると，財市場の有効需要は，

$$D = A + c(Y - T) + I + G$$

となる。

均衡国民所得

ケインズの有効需要の原理のもとでは，総需要が総生産を決定することが仮定されているので，実際の総生産 Y は常に有効需要に等しくなる。したがって，総生産に等しい国民所得 Y は，

$$Y = A + c(Y - T) + I + G$$

を満たすように決定される。一般に，上式を満たす国民所得の水準は，均衡国民所得と呼ばれる。これは，上式が成立する限り，

財市場で総生産と総需要が均衡しているからである。

なお，このような財市場の均衡式は，第1章第2節の国民経済計算を説明する際に述べた総生産=総需要という関係式とは意味が違うことには注意をする必要がある。これは，国民経済計算では総需要のなかに財が売れ残った際に発生する在庫の増加が含まれているため，総生産=総需要という関係が財市場の均衡とは無関係に恒等式として成立するからである。一方，均衡国民所得のもとでは，財市場で売れ残りといったことは発生していない。

ところで，財市場を均衡させる均衡国民所得をY_0とすると，Y_0は，数学的には，上式をYに関して解くことによって，以下のように求められる。

$$Y_0 = \frac{-cT + A + I + G}{1 - c}$$

上式は，均衡国民所得が投資Iや政府支出Gなどの総需要の構成要因に依存していることを示している。すなわち，均衡国民所得は，総需要が増加すればするほど大きくなるという性質がある。

均衡国民所得の図解

図6-1は，このような均衡国民所得の決定メカニズムを図解したものである。図では，横軸に国民所得Yをとり，45°線でそのYに対応する実際の総生産を表してある。

消費Cと国民所得Yとの間には右上がりの関係があることから，有効需要を表す$C + I + G$とYとの関係は，図のように傾きが45°より小さい右上がりのものとして描かれている。均衡国民所得は，$Y = C + I + G$が成立するYの水準で決定される。し

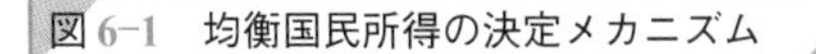
図 6-1　均衡国民所得の決定メカニズム

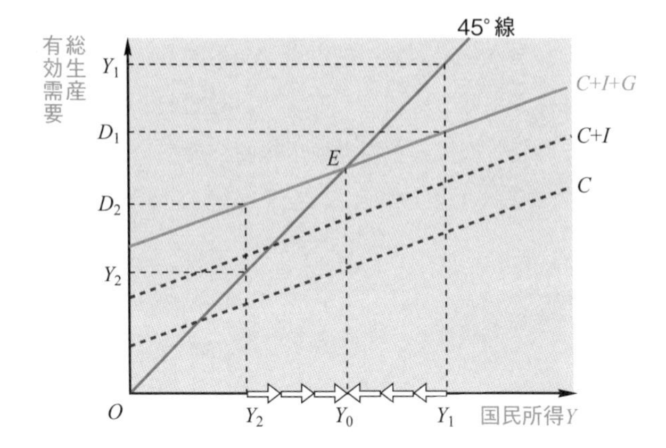

上図において，有効需要 D は，右上がりの直線 $C+I+G$ で示される。一方，総生産は分配面からみれば国民所得に等しいため 45°線で示される。これらの交点 E で財市場は均衡し，国民所得水準 Y_0 が決定される。

仮に国民所得が Y_1 であったとすると，それに対応する有効需要 D_1 は総生産 Y_1 よりも少なくなるため超過供給が発生し，生産量は減少する。また逆に，国民所得が Y_2 であったとすると，それに対応する有効需要 D_2 は総生産 Y_2 よりも多くなるため超過需要が発生し，生産量は増加する。

たがって，図では 45°線と $C+I+G$ の交点 E で財市場が均衡し，これに対応する国民所得の水準 Y_0 が均衡国民所得となる。

仮に Y_1 のように国民所得の水準がこの均衡国民所得の水準を上回っている場合，有効需要は D_1 となって実際の総生産量 Y_1 より少なくなり，企業が生産したものの一部が売れ残る超過供給が発生する。したがって，意図せざる在庫が必要以上に積み増されることを嫌う企業は，労働者の一部を解雇したり，機械・設備の使用を削減したりして，総生産量が Y_0 になるまで生産量を減少させる。

逆に，仮に国民所得の水準が Y_2 のように均衡国民所得を下回っている場合，有効需要は D_2 となって今度は実際の総生産量より多くなってしまう超過需要が財市場で発生する。この場合，企業は需要に見合う生産を増加させることが必要となり，労働者を新たに雇用したり，機械・設備の使用頻度を増やしたりして，総生産量を Y_0 になるまで増加させることになる。

有効需要が総生産量を決定する理由

それではなぜ，これまで説明してきたケインズ経済学では，総生産量が有効需要と呼ばれる総需要に応じて決定されるのであろうか。その理由は，ケインズ経済学では **価格調整メカニズム** が十分には働かず，数量の変化で財市場の不均衡が調整されると考えるからである。

価格調整メカニズムがスムーズに働いている場合，たとえば，財市場において超過供給が発生すれば総需要を増加させるように財の価格が自動的に下落し，超過供給が解消される。また，財市場において超過需要が発生すれば今度は価格が上昇し，超過需要が解消される。したがって，価格調整メカニズムがスムーズに働いている限り，企業は需要の不足や超過に応じて働く意欲のある労働者を解雇したり再雇用したりする必要はない。

これに対して，価格が硬直的で財市場に超過需要や超過供給が発生しても価格が変化しない場合，そのような価格調整メカニズムは働かない。したがって，企業はその生産量を調整する **数量調整** を行うことが必要になり，その結果，働く意欲のある労働者を解雇したり再雇用したりするといった事態が発生するのである。

3 乗数理論

●有効需要を増加させたときの効果

乗数効果

本章第**2**節では，価格調整メカニズムが働かない経済では，均衡国民所得が有効需要に等しくなるように決定されることを説明した。このことは，価格が変化しない限りにおいて，有効需要が増加すればそれだけ均衡国民所得が増加することを意味している。

図6-2は，このような効果の存在を，政府支出がΔGだけ増加したケースについて示したものである。まず，政府支出の増加は，有効需要を表す$C+I+G$の直線をΔGだけ上方へシフトさせる。このため，45°線と$C+I+G$線の交点で示される財市場の均衡はE_0からE_1へと変化し，その結果，均衡国民所得はY_0からY_1へと上昇する。

ここで注意すべき点は，この均衡国民所得の上昇分をΔYとした場合，ΔYは政府支出の増加分ΔGよりも大きいということである。これは，政府支出の増加はそれ自体が有効需要を増加させるばかりでなく，それによって上昇した国民所得が消費を誘発することによって，間接的に有効需要を増加させる効果があるからである。

一般に，政府支出の増加によってその何倍の国民所得の増加がもたらされるかを示す$\Delta Y/\Delta G$は，**政府支出乗数**と呼ばれている。以上の結果は，この政府支出乗数が1よりも大きく，政府支出が増加したときにはそれを上回る額の国民所得の増加が起こることを表している。

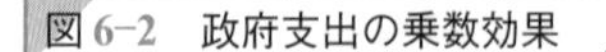
図 6-2　政府支出の乗数効果

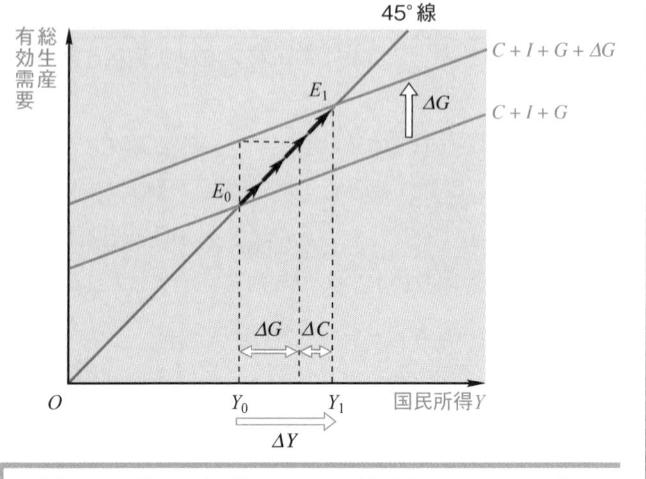

政府支出 G が ΔG だけ増加すると，有効需要 $C+I+G$ は政府支出の増加分 ΔG だけ上方にシフトして $C+I+G+\Delta G$ となる。よって，財市場の均衡点は E_0 から E_1 へと移り，均衡国民所得は Y_0 から Y_1 へと増加する。この均衡国民所得の増加分 ΔY は政府支出の増加分 ΔG よりも大きい。これは消費を誘発する乗数効果が働くためである。

政府支出乗数の大きさ

図 **6-3** は，政府支出が ΔG だけ増加したときに，どれだけの消費が誘発され，その結果どれだけの有効需要が増加するかを各段階に分けて図解したものである。まず，ΔG の増加は第 1 ラウンドとして，ΔG だけの有効需要の増加をもたらす。しかし，その有効需要の増加分 ΔG はそれに相当する国民所得の増加をもたらすため，第 2 ラウンドとして ΔG に限界消費性向 c を掛け合わせた $c\Delta G$ の消費の増加をもたらす。さらに，この $c\Delta G$ だけの有効需要の増加は新たに国民所得を増加させることで，第 3 ラウンドとして $c^2\Delta G$ の

図 6-3　政府支出増加による消費の誘発効果

第1ラウンド　ΔG だけの政府支出の増加 ➡ ΔG だけの国民所得の増加
➡ 第2ラウンド　$c\Delta G$ だけの消費の増加 ➡ $c\Delta G$ だけの国民所得の増加
➡ 第3ラウンド　$c^2\Delta G$ だけの消費の増加 ➡ $c^2\Delta G$ だけの国民所得の増加
➡ 第4ラウンド　$c^3\Delta G$ だけの消費の増加 ➡ $c^3\Delta G$ だけの国民所得の増加
➡ 第5ラウンド　$c^4\Delta G$ だけの消費の増加 ➡ $c^4\Delta G$ だけの国民所得の増加
➡ ……………………………………………

政府支出 G が ΔG だけ増加すると，まず有効需要が増えたことにより国民所得は ΔG だけ増加する（第1ラウンド）。この国民所得の増加は消費を $c\Delta G$ だけ増加させる。この消費の増加は新たな有効需要の増加となり国民所得は $c\Delta G$ だけ増加する（第2ラウンド）。このような消費の増加と国民所得の増加のフィードバック（第3ラウンド，第4ラウンド，……）は，その後も繰り返し行われ，最終的に，

$$\Delta Y = \Delta G + c\Delta G + c^2\Delta G + c^3\Delta G + c^4\Delta G + \cdots = \frac{1}{1-c}\Delta G$$

だけの国民所得の増加をもたらす。

消費の増加をもたらす。

このような消費の増加と国民所得の増加のフィードバックは，その後も何回も繰り返し行われる。しかし，その大きさは c が1よりも小さいため徐々に小さくなり，やがて無視できるほどの大きさとなっていく。したがって，政府支出が ΔG だけ増加したときに，最終的に増加する有効需要の額は，

$$\Delta G + c\Delta G + c^2\Delta G + c^3\Delta G + \cdots = \frac{1}{1-c}\Delta G$$

となる。すなわち，政府支出が ΔG だけ増加した結果，最終的に

はその $1/(1-c)$ 倍だけの有効需要が増加するのである。そして，この $1/(1-c)$ が政府支出乗数である。

投資乗数

政府支出乗数とまったく同様の効果は，投資 I が増加した場合にも発生する。すなわち，投資 I が ΔI だけ増加した場合，図 **6-4** において有効需要を表す $C+I+G$ の直線は ΔI だけ上方へシフトする。したがって，政府支出が増加した場合とまったく同様に，45°線と $C+I+G$ 線の交点で示される財市場の均衡は E_0 から E_2 へと変化し，その結果，均衡国民所得は Y_0 から Y_2 へと増加する。

図 6-4　投資の乗数効果

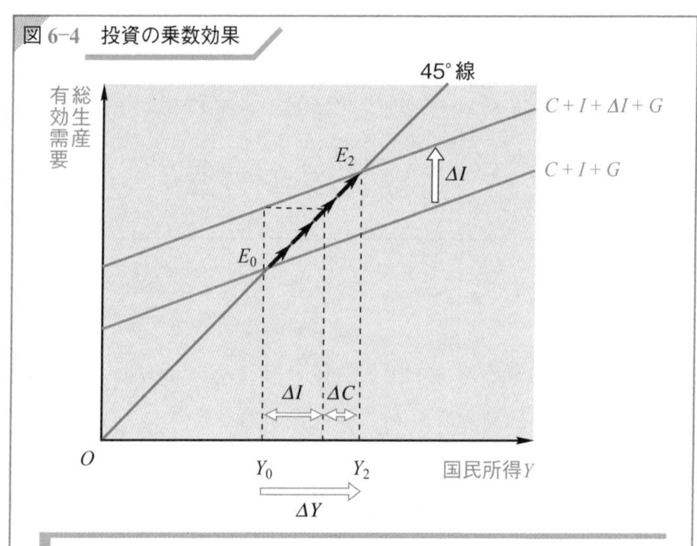

投資 I が ΔI だけ増加すると，有効需要 $C+I+G$ はちょうど投資の増加分 ΔI だけ上方にシフトして $C+I+\Delta I+G$ となる。よって，財市場の均衡点は E_0 から E_2 へと移り，均衡国民所得は Y_0 から Y_2 へと増加する。乗数効果により，この均衡国民所得の増加分 ΔY は投資の増加分 ΔI よりも大きくなり，最終的な国民所得の増加は $\Delta Y=[1/(1-c)]\Delta I$ となる。

政府支出乗数の場合と同様，この均衡国民所得の増加分をΔYとした場合，

$$\Delta Y = \frac{1}{1-c}\Delta I$$

という関係が成立する。すなわち，投資の増加はそれ自体が有効需要を増加させるばかりでなく，それによって増加した国民所得が新たな消費を誘発し，結果的にその$1/(1-c)$倍の国民所得の増加をもたらすのである。このような投資の増加によってその何倍の国民所得の増加がもたらされるかを示す$\Delta Y/\Delta I = 1/(1-c)$は，投資乗数と呼ばれている。

租税乗数

租税Tが増加した場合，家計の可処分所得$Y-T$が減少するので消費は減少する。このため，租税の増加は有効需要を減少させることで，均衡国民所得を減少させる効果がある。

図6-5は，租税がΔTだけ増加した場合についてこのことを図示したものである。租税のΔTの増加は，$C+I+G$線を$c\Delta T$だけ下方へシフトさせる。このため，財市場の均衡はE_0からE_3へと変化し，均衡国民所得は図のY_0からY_3へと下落する。

租税がΔTだけ増加したときに，どれだけの消費が減少し，その結果どれだけの有効需要が減少するかは，政府支出乗数のケースと同様に，消費の減少と国民所得の減少のフィードバックが何回も繰り返す形で行われることによって決まる。

まず，ΔTの増加は第1ラウンドとして，ΔTだけの可処分所得の減少を通じ，$c\Delta T$だけの消費の減少をもたらす。しかし，この消費の減少は有効需要の減少を意味するので，それに相当する国

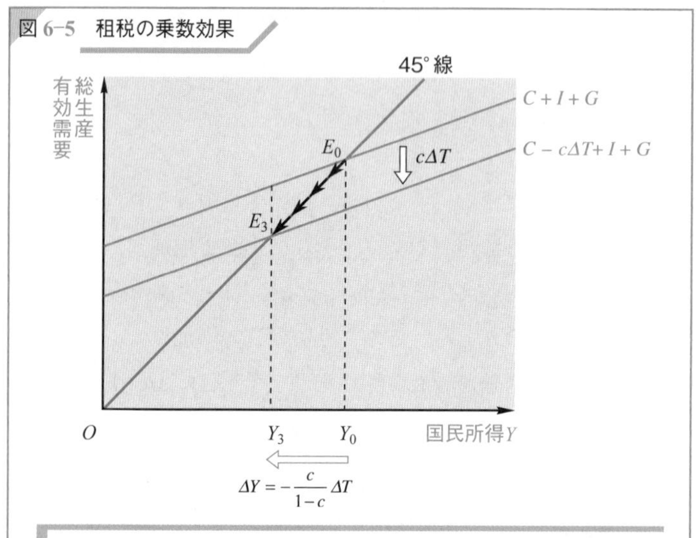

図 6-5　租税の乗数効果

租税 T が租税 ΔT だけ増加すると，有効需要 $C+I+G$ は，消費の減少分 $c\Delta T$ だけ下方にシフトして $C-c\Delta T+I+G$ となる。よって，財市場の均衡点は E_0 から E_3 へと移り，均衡国民所得は Y_0 から Y_3 へと減少する。消費の減少の乗数効果により，この均衡国民所得の減少分 ΔY ははじめの消費の減少分 $c\Delta T$ よりも大きくなり，最終的に国民所得の変化は $\Delta Y=[-c/(1-c)]\Delta T$ となる。

民所得が下落する。このため，第 2 ラウンドとして，$c^2\Delta T$ の消費の減少が新たにもたらされる。さらに，この $c^2\Delta T$ だけの有効需要の減少は新たに国民所得を下落させることで，第 3 ラウンドとして，$c^3\Delta T$ の消費の減少をもたらす。

このような消費の減少と国民所得の減少のフィードバックは，その後も何回も繰り返し行われ，結果的に租税が ΔT だけ増加したときにトータルとして減少する有効需要の額は，

$$c\Delta T+c^2\Delta T+c^3\Delta T+\cdots=\frac{c}{1-c}\Delta T$$

となる。すなわち，租税がΔTだけ増加した結果，最終的にはその$c/(1-c)$倍だけの国民所得が減少するのである。また，その際の減少率を表す$-c/(1-c)$の値は，租税乗数と呼ばれている。

均衡予算乗数の定理

租税Tは政府支出Gをまかなうために徴収されるものなので，政府の予算が常に均衡している場合，$G=T$が成立する。しかしながら，$0<c<1$であることから$1/(1-c)>c/(1-c)$が成立するので，政府支出乗数は常に，租税乗数にマイナスを掛けたものよりも大きい。

したがって，政府支出の増加は，その財源をすべて租税の増加でまかなった場合にも，依然として均衡国民所得を増加させる作用をもつことになる。すなわち，$\Delta G=\Delta T$のとき，

$$\Delta Y=\frac{1}{1-c}\Delta G-\frac{c}{1-c}\Delta T=\Delta G$$

あるいは

$$\frac{\Delta Y}{\Delta G}=1$$

となるのである。

以上の結果は，政府支出の財源をすべて租税でまかなう均衡予算の場合，政府支出の増加はちょうどその増加分に等しいだけ有効需要を高めることになることを示している。これが，均衡予算乗数の定理である。

均衡予算乗数の定理が成立するのは，政府支援の増加が直接有効需要を増加させるのに対して，租税の増加は消費の減少を通じて間接的に有効需要を減少させるにすぎないからである。均衡予算乗数の定理は，政府が財政赤字を出さなくとも政府支出の増加

Column ⑬ ビルトイン・スタビライザー

本文で述べたように，乗数理論が成立するもとでは，政府はそのときの判断に応じて政府支出 G や租税 T を変化させることによって国民所得の水準を調整することができる。このような政府の政策は，裁量的財政政策と呼ばれる。しかし，財政の機能のなかには，政府が状況に応じて政府支出や租税を変化させなくても，景気の安定化を自動的に行う仕組みも存在している。ビルトイン・スタビライザー（自動安定装置）の機能がそれである。

たとえば，今日の税制では，お金持ちほどたくさんの税金を払わなければならないという累進課税の制度が定着している。そのような税制が存在するもとでは，租税 T は国民所得 Y が多くなればなるほど大きくなるという関係がある。このため，景気がよくなっていくにつれて，租税は自動的に増加し，消費支出 C の伸びを自動的に抑制することなる。すなわち，景気が必要以上に拡大した場合，増加した租税の乗数効果（租税乗数）が自動的に働き，それによって景気の拡大にブレーキをかけることができるのである。

逆に，景気の後退局面では，租税が自動的に減少し，その乗数効果によって有効需要の減少は抑制される。また，不況によって職を失う人がでると，その人たちに失業保険や生活保護という形での補助金が支給されることも多い。したがって，この場合には，租税の自動的な減少や補助金の増加によって可処分所得が増加し，景気の後退にブレーキをかけることができることになる。

このように，今日の税制や補助金には，景気の上昇および下落のいずれの局面においても景気変動を自動的に安定化させるメカニズムが内在しており，それがビルトイン・スタビライザーの役割を果たしているわけである。

によって国民所得を高めることができるという意味で，政府の財政政策の重要性を示唆するものである。

4 財市場と *IS* 曲線

●利子率に依存した財市場の均衡

利子率と投資

これまでの節では，投資 I の水準は他の変数とは独立に決定されるものとして，財市場を考察してきた。とくに第**3**節では，独立に決定される投資の水準が増加すると，それ自体が総需要を増加させるばかりでなく，それによって上昇した国民所得が消費を誘発し，結果的にその $1/(1-c)$ 倍の国民所得の増加がもたらされることをみた。

しかし，第3章でみたように，投資の水準はさまざまな変数

図 6-6 利子率と投資の関係

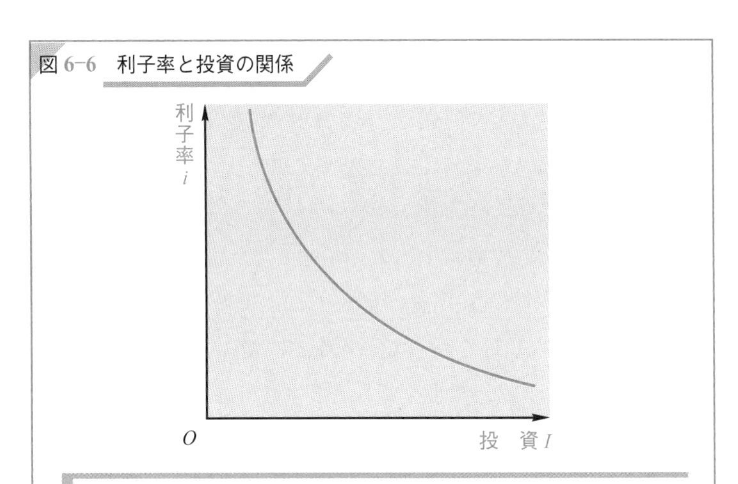

利子率 i の上昇は資本の使用者費用を増加させるため，投資 I を減少させる。この関係を，利子率 i を縦軸，投資 I を横軸にとったグラフにより示すと，上図のような右下がりの曲線となる。

に依存して決定される。とくに，新古典派の投資理論では，**図 6–6** で表されるように，利子率 i が上昇したときに投資 I は減少する関係があることが知られている。これは，利子率の上昇は投資に必要な資金を調達する際のコスト（資本の使用者費用）の増大を意味するからである。そこで以下では，利子率が上昇したときに投資が減少するという関係が存在する場合について，財市場の均衡を考察していくことにする。

IS 曲線

投資の水準が利子率に依存する場合，利子率の上昇は投資の減少を通じて均衡国民所得に影響を与える。すなわち，利子率 i が上昇した結果として投資 I が減少すると，乗数効果によって国民所得はその投資乗数の倍数だけ減少することになるのである。

したがって，このような利子率 i と国民所得 Y の関係をグラフに表すと，**図 6–7** のような右下がりの曲線を描くことができる。この曲線は *IS* 曲線と呼ばれており，財市場において総需要（有効需要）と総供給が一致するような利子率と国民所得の組合せを表す曲線である。

なお，財市場は *IS* 曲線上のみで均衡しているので，*IS* 曲線からはずれた利子率と国民所得の組合せは財市場の需要と供給が一致しない不均衡な状態を示していることになる。すなわち，図で示されているように，*IS* 曲線の右上の領域では Y が $C + I + G$ を上回って財市場は超過供給となっている一方，*IS* 曲線の左下の領域では逆に Y が $C + I + G$ より小さくなり財市場は超過需要となっている。

図 6-7　*IS* 曲線

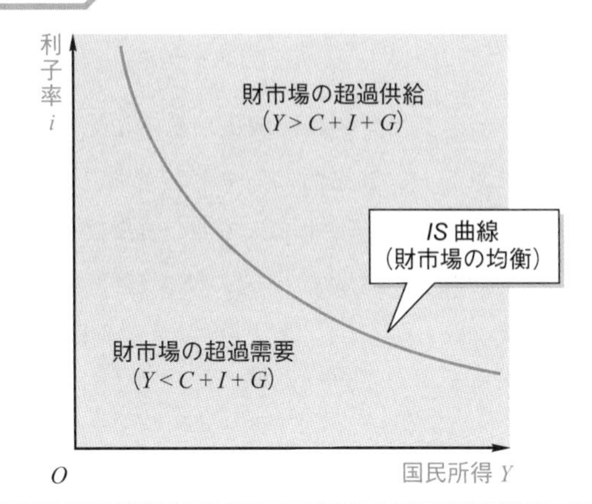

財市場を均衡させる利子率 i と国民所得 Y の関係を，縦軸に利子率 i，横軸に国民所得 Y をとったグラフで示すと，上図のような右下がりの曲線となる。この曲線は *IS* 曲線と呼ばれる。

IS 曲線上では財市場の需給は均衡し，$Y=C+I+G$ が成立している。一方，*IS* 曲線の右上の領域では $Y>C+I+G$ となり財市場は超過供給に，左下の領域では $Y<C+I+G$ となり財市場は超過需要になっている。

数式でみた *IS* 曲線

以上のような右下がりの *IS* 曲線は，数式を使っても導出することができる。まず，投資関数は，利子率 i の減少関数として

$$I=I_0-v\cdot i \qquad (ただし，I_0>0,\ v>0)$$

と表されるものとしてみよう。このとき，この投資関数を，ケインズ型の消費関数とともに，財市場の均衡条件 $Y=C+I+G$ に代入すると

$$Y=(A+cY-cT)+(I_0-v\cdot i)+G$$

となる。この式を i について解くと，

$$i = \frac{A - cT + I_0 + G}{v} - \frac{1 - c}{v} Y$$

となる。

上式は i と Y との間に負の相関関係があることを示している。したがって，これを (Y, i) 平面に描くと右下がりの直線となり，**図 6-7** のような IS 曲線が導かれる。なお，上式から IS 曲線の傾きは $-(1-c)/v$ となるので，IS 曲線の傾きは投資の利子率に対する反応度が大きい（すなわち，v の値が大きい）ほど緩やかとなるという性質がある。

政府支出や租税の増加と *IS* 曲線のシフト

これまでは，政府支出 G や租税 T は一定であるものとして IS 曲線を説明してきた。しかしながら，乗数理論において説明したように，政府支出の増加はその乗数倍の国民所得を増大させる一方，租税の増加はその乗数倍の国民所得の減少をもたらす。したがって，政府支出や租税が増加した場合，IS 曲線は右方や左方へシフトすることになる。

たとえば，利子率が $i = i^*$ と一定で投資が変化しないとき，政府支出 G が ΔG だけ増加した場合，国民所得は $[1/(1-c)]\,\Delta G$ だけ増加する。このため，政府支出が増加した場合，**図 6-8** で表されているように，IS 曲線はその乗数倍，すなわち，$[1/(1-c)]\,\Delta G$ だけ右方へシフトすることになる。

一方，乗数理論によれば，利子率が $i = i^*$ と一定のもとで租税 T が ΔT だけ増加した場合，国民所得は $[c/(1-c)]\,\Delta T$ だけ減少する。このため，租税が ΔT だけ増加した場合，**図 6-9** で表されているように，IS 曲線は $[c/(1-c)]\,\Delta T$ だけ左方へシフトすること

図 6-8　政府支出 G の増加が IS 曲線に与える影響

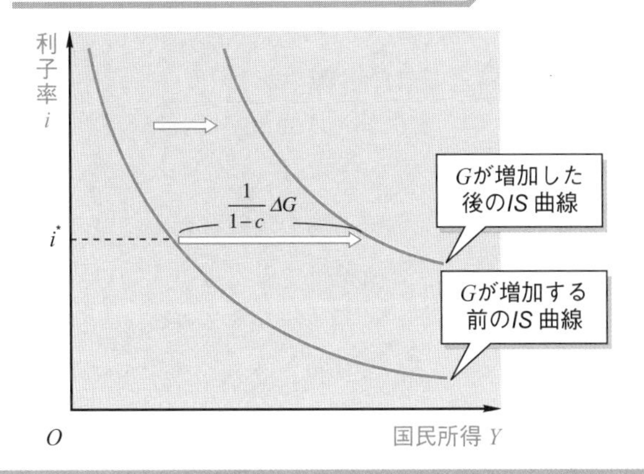

利子率が i^* で一定のもとで，政府支出 G が ΔG だけ増加すると，国民所得は $[1/(1-c)]\Delta G$ だけ増加する。したがって，IS 曲線は右方へ $[1/(1-c)]\Delta G$ だけシフトする。

図 6-9　租税 T の増加が IS 曲線に与える影響

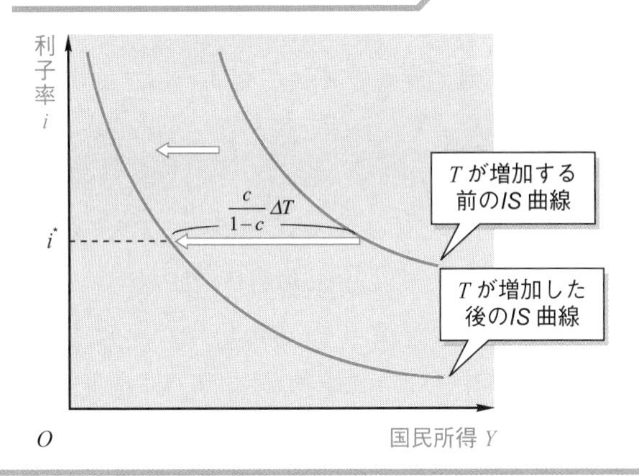

利子率 i^* が一定のもとで，租税 T が ΔT だけ増加すると国民所得は $[c/(1-c)]\Delta T$ だけ減少する。したがって，IS 曲線は，左方へ $[c/(1-c)]\Delta T$ だけシフトする。

になる。

5 貨幣市場と *LM* 曲線

●ケインズ経済学における利子率の理論

流動性選好理論と *LM* 曲線

貨幣市場の均衡においては，貨幣需要量と貨幣供給量は等しくなければならない。したがって，第 5 章第 **8** 節においてみたように，国民所得が一定である場合，利子率 i は貨幣市場を均衡させるように一意に決定される。

たとえば，国民所得 Y の水準が一定の値である Y_0 に等しく，そのときの貨幣需要が $L(Y_0, i)$ と表されるものとしよう。このとき，$L(Y_0, i)$ は i が上昇すると減少する。したがって，中央銀行が実質貨幣量を M_0/P にコントロールするものとすると，**図 6–10** において表されているように，均衡利子率は右下がりの貨幣需要曲線と垂直な貨幣量との交点 E_0 によって示される i_0 となる。これが，ケインズ経済学における利子率の決定理論であり，とくに 流動性選好理論 と呼ばれている。

しかし，第 5 章第 **4** 節においてみたように，貨幣需要は利子率が上昇すれば減少する一方，国民所得が増加すれば増加するという関係がある。したがって，国民所得が Y_0 から Y_1 へと増加した場合，**図 6–10** における貨幣需要曲線は，$L(Y_0, i)$ から $L(Y_1, i)$ へと右方にシフトすることになる。

図 6–10 から明らかなように，貨幣需要曲線が右方へシフトした場合，貨幣需要曲線と垂直な貨幣量との交点は E_0 から E_1 へと移動するため，貨幣市場を均衡させる利子率は i_0 から i_1 へと上

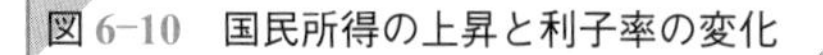
図 6-10　国民所得の上昇と利子率の変化

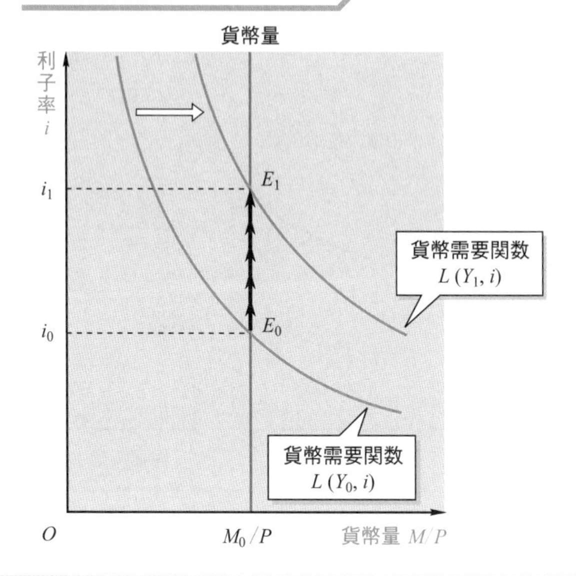

国民所得の水準を所与として，貨幣需要 L と利子率 i との関係をグラフで示すと，上図のように右下がりの貨幣需要曲線として示される。一方，貨幣量 M_0/P は垂直な直線となる。したがって，貨幣市場の均衡は，国民所得 Y_0 のもとでは，貨幣需要曲線 $L(Y_0, i)$ と貨幣量 M_0/P の交点 E_0 で達成され，貨幣市場の需給を均衡させる利子率は i_0 に決まる。

一方，国民所得が Y_0 から Y_1 に増加したときには，貨幣需要曲線は上図のように $L(Y_0, i)$ から $L(Y_1, i)$ へと右方へシフトする。このとき，均衡利子率は i_0 から i_1 へと上昇する。

昇する。すなわち，国民所得が増加した場合，貨幣市場を均衡させる利子率は上昇することになるのである。

図 6-11 は，このような国民所得と利子率の関係をグラフにしたものである。この曲線は *LM* 曲線 と呼ばれ，貨幣市場の均衡を表す国民所得と利子率との間には，図のように右上がりの関係

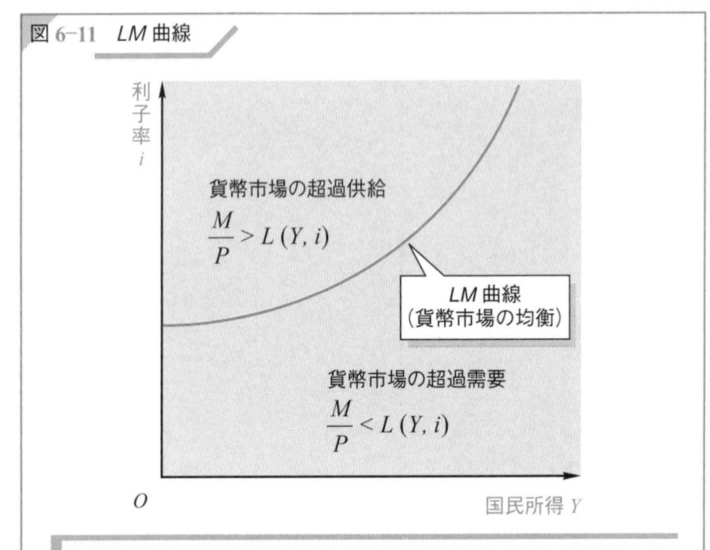

図 6-11　*LM* 曲線

貨幣市場を均衡させる利子率と国民所得の関係を，縦軸に利子率 i，横軸に国民所得 Y をとったグラフで示すと，上図のような右上がりの曲線となる。この曲線は *LM* 曲線と呼ばれる。

LM 曲線上では貨幣市場の需給は均衡し，$M/P = L(Y, i)$ が成立している。一方，*LM* 曲線の左上の領域では $M/P > L(Y, i)$ となり貨幣市場は超過供給状態に，右下の領域では $M/P < L(Y, i)$ となり貨幣市場は超過需要状態になっている。

があることを示している。

この *LM* 曲線上にある利子率と国民所得との組合せのもとでは，貨幣市場は常に均衡している。しかし，*LM* 曲線からはずれた利子率と国民所得の組合せでは，貨幣市場の需要と供給が一致していない。すなわち，図で示されているように，*LM* 曲線の左上の領域では $L(Y, i)$ が過小となり貨幣市場に超過供給が発生する一方，右下の領域では逆に $L(Y, i)$ が過大となって貨幣市場は超過需要となっている。

数式でみたLM曲線

LM 曲線は，数式を使っても導くことができる。たとえば，貨幣需要関数が，

$$L(Y, i) = L_0 + kY - l \cdot i \qquad （ただし，L_0 > 0,\ k > 0,\ l > 0）$$

と表されるとしよう。このとき，貨幣市場の均衡は，

$$\frac{M}{P} = kY + L_0 - l \cdot i$$

と書き表すことができる。

したがって，この式を i について解くと，

$$i = \frac{k}{l}Y + \frac{L_0 - M/P}{l}$$

という Y と i との間の右上がりの直線を導くことができる。これが図 **6-11** で示した LM 曲線に対応するものであり，この曲線上において貨幣市場は常に均衡している。

上式からわかるように，この LM 曲線の傾きは k/l に等しい。したがって，LM 曲線は，所得 Y の上昇にともなう貨幣需要量の増加が大きければ大きいほど，また利子率の上昇にともなう貨幣需要量の減少が小さければ小さいほど，その傾きが急となる。

貨幣量の増加とLM曲線の右方シフト

これまでは，貨幣量 M/P は一定であるものとして LM 曲線を説明してきた。しかしながら，第 **5** 章第 **8** 節において説明したように，国民所得が一定の場合，貨幣量の増加は利子率を下落させる。したがって，図 **6-12** で表されているように，貨幣量が増加した場合，国民所得が $Y = Y^*$ と一定のもとで利子率が i_0 から i_2 へ下落する結果，LM 曲線は右下方へシフトすることになる。

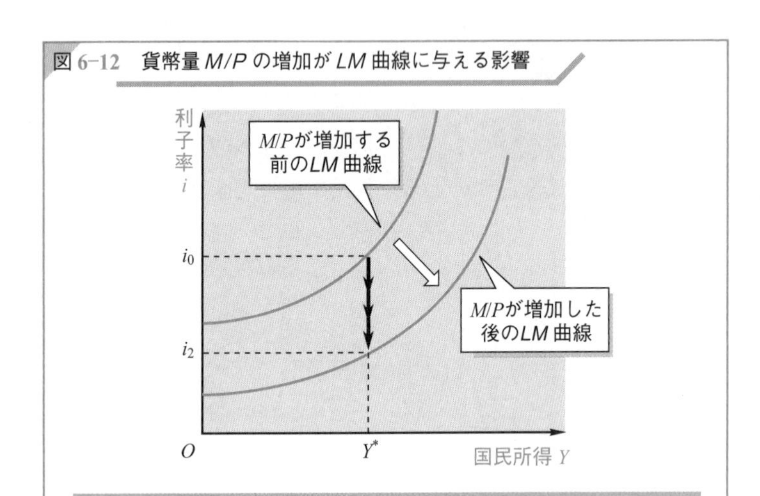

図 6-12　貨幣量 M/P の増加が LM 曲線に与える影響

一定の国民所得 Y^* のもとでは，貨幣量 M/P の増加は利子率 i を i_0 から i_2 へ下落させる。したがって，貨幣量が増加すると，LM 曲線は上図に示されるように右下方へシフトする。

すなわち，貨幣量が増加すると，貨幣市場を均衡させる利子率と国民所得の組合せは，LM 曲線のシフトによって右下方へ変化するのである。このため，後述するように，貨幣量の増加による LM 曲線のシフトを通じて，金融政策が国民所得や利子率にどのような影響を与えるかをみることができる。

6 IS-LM 分析

●有効需要の原理と利子の理論の統合

財市場と貨幣市場の統合

本章第 **4** 節では財市場において有効需要に国民所得が等しくなるように，また第 **5** 節では貨幣市場の需給が一致するように，国民所得と利子率の組合せが決定されることを説明した。しかし現実には，財市場は貨幣市場の需給によって影響されるであろうし，また貨幣市場も財市場の需給に依存するであろう。したがって，より現実に沿った経済分析を行うためには，財市場の理論と貨幣市場の理論を統合し，両市場の相互依存関係を分析する必要がある。

これまでに説明した *IS* 曲線と *LM* 曲線を同一のグラフ平面上で考察する *IS–LM* 分析は，こうした必要性を満たす分析手法であり，マクロ経済を分析するうえで長い間ケインズ経済学の中核をなすものであった。この *IS–LM* 分析の最大の特徴は，財市場と貨幣市場を同時に均衡させる国民所得と利子率の値を図を使って求めることができる点にある。

IS–LM 分析の図解

IS 曲線は第 **4** 節でみたように財市場の均衡を表し，*LM* 曲線は第 **5** 節でみたように貨幣市場の均衡を表している。このため，*IS* 曲線と *LM* 曲線を図 **6–13** のように同一平面上に描いた場合，両曲線の交点 *E* によって決定される国民所得と利子率は，それぞれ，財市場と貨幣市場を同時に均衡させる国民所得と利子率となる。このように，*IS* 曲線と *LM* 曲線の交点をみることで，財市場と貨幣市場を同時に均衡させる国民所得と利子率の値を図を使って求める方法が，*IS–LM* 分析である。

なお，図 **6–13** の (Y, i) 平面上では，*IS* 曲線と *LM* 曲線の交点 *E* 以外はすべて，少なくとも財市場と貨幣市場のどちらかは均衡していない。たとえば，図の *A* 点では財市場は均衡しているが，貨幣市場は超過需要の状態にある。また，図の *B* 点では，財市

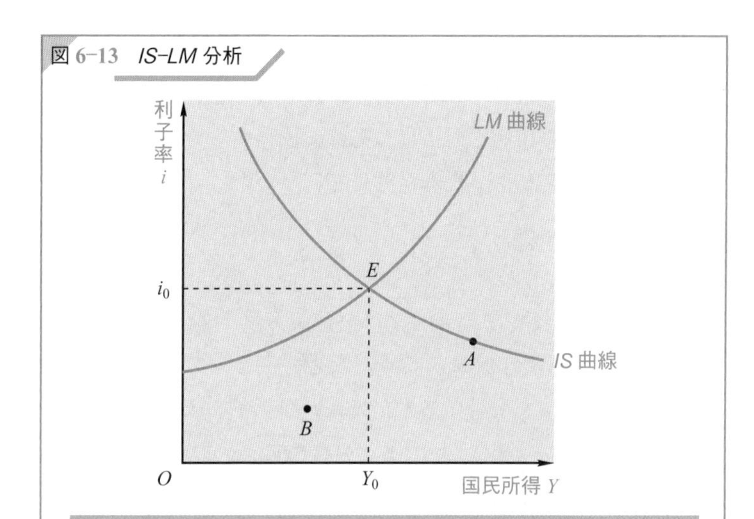

図 6-13　IS-LM 分析

上図は，財市場の均衡を示す IS 曲線と貨幣市場の均衡を示す LM 曲線を同時に示したものである。両曲線の交点 E で財市場と貨幣市場の需給を同時に均衡させる国民所得と利子率の組合せ $(Y_0,\ i_0)$ が決まる。

図の E 点以外では，財市場と貨幣市場の少なくとも一方の需給は均衡していない。たとえば，A 点では貨幣市場が超過需要である一方，B 点では財市場，貨幣市場ともに超過需要の状態にある。

場と貨幣市場のいずれもが超過需要の状態にある。したがって，各市場が均衡するように i や Y が調整される限り，A 点や B 点の状態は長続きせず，E 点のみが実現されることになる。

数式による説明

IS-LM 分析は，数式を使っても行うことができる。まず，これまでに説明した IS 曲線と LM 曲線をそれぞれ，数式で，

$$i=\frac{A-cT+I_0+G}{v}-\frac{1-c}{v}Y \qquad (IS\ 曲線)$$

$$i=\frac{k}{l}Y+\frac{L_0-M/P}{l} \qquad (LM\text{曲線})$$

と書き表そう。すると，この2つの式を連立させて解くことによって，財市場と貨幣市場を同時に均衡させる国民所得 Y_0 および利子率 i_0 は

$$Y_0=\frac{l\,(A-cT+I_0+G)-v\,(L_0-M/P)}{l\,(1-c)+kv}$$

$$i_0=\frac{k\,(A-cT+I_0+G)+(1-c)\,(L_0-M/P)}{l\,(1-c)+kv}$$

として計算される。

すなわち，財市場と貨幣市場を同時に均衡させる国民所得と利子率の組合せは，*IS* 曲線を表す式と *LM* 曲線を表す式を連立方程式として解くことによって，上式のように求めることができるのである。上式から，均衡国民所得は，財政支出 G や貨幣量 M が増加するにつれて大きくなることがわかる。財政支出や貨幣量は政策当局が直接コントロールすることができる変数であるので，以下でみるように，この結果は国民所得の水準に政府や中央銀行が影響を与えることができることを示唆している。

7 *IS–LM* 分析と財政・金融政策

●国民所得を増加させる経済政策

財政政策

政府がそのときの判断に応じて政府支出や租税の水準を変化させる政策は，**財政政策** と呼ばれている。第**6**節で説明した *IS–LM* 分析の枠組みのもとでは，この財政政策は一般には有効であり，政府は G や T

図 6–14　*IS–LM* 分析における財政政策の効果

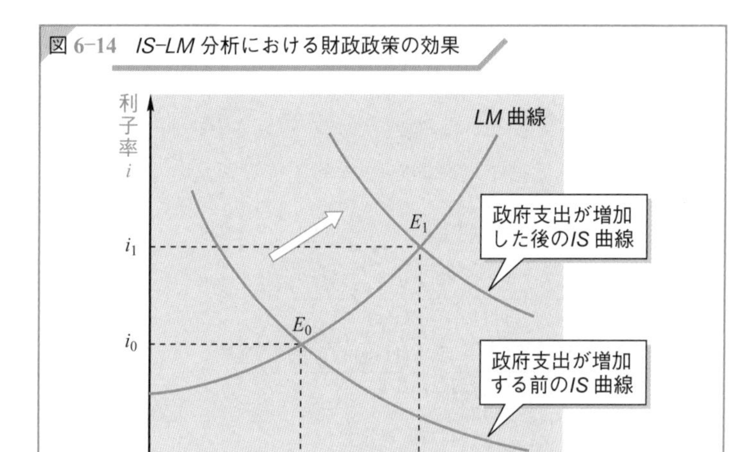

政府支出 G が ΔG だけ増加すると，IS 曲線は乗数倍の $[1/(1-c)]\,\Delta G$ だけ右方へ平行移動する。したがって，均衡は E_0 から新しい IS 曲線と LM 曲線の交点 E_1 へと移動し，均衡国民所得は Y_0 から Y_1 へ増加，均衡利子率も i_0 から i_1 へ上昇する。

を直接コントロールすることによって，国民所得の水準を変化させることができる。

図 6–14 は，このことを図解したものである。政府支出 G が ΔG だけ増加した場合，IS 曲線はその乗数倍 $[1/(1-c)]\,\Delta G$ だけ右方に平行移動するため，それまでの均衡 E_0 では財市場の超過需要が生じてしまう。このため，均衡は E_0 点から新しい IS 曲線と LM 曲線の交点 E_1 へと変化し，その結果，均衡国民所得は Y_0 から Y_1 へ，また均衡利子率も i_0 から i_1 へ，それぞれ上昇することになる。

一方，租税 T の増加は，IS 曲線を左方にシフトさせることによって逆に均衡国民所得を減少させる。ただし，租税が ΔT だけ増加した場合の *IS* 曲線の左方へのシフト幅は $[c/(1-c)]\,\Delta T$ であり，その幅は同額の政府支出が増加したときよりも小さい。したがって，政府支出の増加をそれと同額の増税によってまかなう均衡予算の場合であっても，政府支出の増加は依然として国民所得を増加させることになる。

金融政策

財政政策は政府が政府支出や租税を変化させる政策であるのに対し，金融政策

図 6-15　*IS–LM* 分析における金融政策の効果

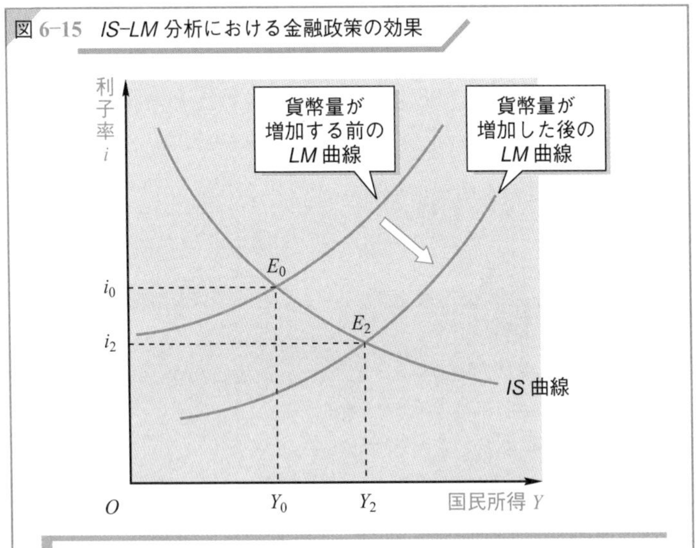

一般物価水準 P が一定であるとすると，名目貨幣量 M の増加は実質貨幣量 M/P を増加させ，*LM* 曲線を右下方へシフトさせる。このとき，以前の均衡点 E_0 では貨幣市場に超過供給が生じることになる。したがって，均衡は E_0 点から E_2 点へと移動し，均衡国民所得は Y_0 から Y_2 へ増加する一方，均衡利子率は i_0 から i_2 へ下落する。

は中央銀行が貨幣量や利子率などを操作することを通じて経済変数に影響を及ぼす政策である。日本では，中央銀行である日本銀行が公開市場操作といった手段を用いて貨幣量をコントロールし，この金融政策を実行している。

IS–LM 分析の枠組みのもとで，金融政策がどのように国民所得を増加させるかをみるために，まず，一般物価水準 P を一定として，名目貨幣量 M を増加させた場合，実質貨幣量 M/P が増加するので，*LM* 曲線が右下方へシフトすることを本章第 **5** 節をもう一度読んで再確認してほしい。

LM 曲線が右下方へシフトした場合，**図 6–15** で表されているように，*IS* 曲線と *LM* 曲線の交点は E_0 点から E_2 点へと変化することになる。したがって，貨幣量 M/P が増加した場合には，利子率は i_0 から i_2 へ下落する一方，国民所得は Y_0 から Y_2 へ増加する。すなわち，中央銀行は，貨幣量を増加させる金融政策によって，国民所得の水準を増加させることができることがわかる。

練習問題

1 限界消費性向を 0.9 とした場合，政府支出が 100 億円増加したとき国民所得はどれだけ増加するか。ただし，このときの利子率は一定であるものとする。

2 ケンブリッジ方程式は，貨幣需要量（M）が名目国民所得（PY）に比例する $M = kPY$ という式で表され，マーシャルの k と呼ばれている右辺の係数 k は一定とされている。このようなケンブリッジ方程式が成立する場合，*LM* 曲線はどのような形をしているか。

3 政府支出の増加 ΔG をすべて租税の増加 ΔT でまかなった場

合（$\Delta G = \Delta T$）に，政府支出の増加ΔGにちょうど等しいだけの国民所得の増加が誘発されることを，図**6-3**にならって説明せよ。

4 以下の２つの所得税の課税方式のケースを考える。

(a) 所得の一定の比率tを所得税として徴税する。

(b) 所得にかかわらず経済全体で一定額Tだけの所得税を徴税する。

このとき，投資乗数はそれぞれどのような値になるか。また，投資Iが変動することにより景気循環が生じる場合に，どちらの課税方式が景気をより安定化させるか。

（第６章 **練習問題の解答例**  p. 432）

参考となる文献やウェブサイト

ケインズ経済学の本質を知るためには，かなり難しい本ではあるが古典として，J. M. Keynes, *The General Theory of Employment, Interest and Money*, Macmillan, 1936（間宮陽介訳『雇用・利子および貨幣の一般理論』上・下，岩波文庫［2008］）をとりあえずみてみることがよいであろう。

また，ケインズ的な考え方を引き継ぐニュー・ケインジアンの経済学を，新しい古典派の経済学とともにバランスよく解説した中級の教科書として，齊藤誠・岩本康志・太田聰一・柴田章久『マクロ経済学（新版）』有斐閣［2016］がある。

第7章　経済政策はなぜ必要か？

経済政策の有効性

MACRO

霞ケ関の官庁街

本章では，第6章で説明した財政政策や金融政策にどのような限界があるのかを概観する。とくに，本章では，ケインズ経済学に対して批判的な立場の理論を取り上げると同時に，最近の金融政策について説明し，その是非に関する議論を簡単にまとめる。

ECONOMICS

1 景気循環と経済政策

●経済政策はなぜ必要か？

伝統的な景気循環の理論

さまざまなマクロ経済変数は互いに影響し合いながら変動している。このマクロ経済活動水準の変動が 景気循環 である。第 1 章第 **6** 節でみたように，実質 GDP の変動は景気循環の代表的な指標である。とくに，伝統的な景気循環の理論では，実質 GDP には長期間にわたって安定した率で成長する トレンド が存在し，経済に加わるさまざまなショックによって，実質 GDP がこのトレンドのまわりを短期的に変動しているとされた。

ここで，トレンドとは，経済にショックが加わらなければ実質 GDP が達成可能である潜在的な成長経路であると解釈できる。したがって，景気循環の局面は，実質 GDP の水準がその潜在的成長経路を上回る 好況期 と，逆にそれを下回る 不況期 に区分される。

ケインズ経済学 では，このうちの不況期に経済政策を行う必要性があると主張される。これは，ケインズ経済学では，不況期に失業や機械・設備の不完全利用が発生し，それを解消するためには財政政策や金融政策によって有効需要を増加させることが必要であると考えられてきたからである。

景気循環の原因

もっとも，今日のマクロ経済学では，景気循環がなぜ起こるかについてさまざまな見方が存在し，経済政策のあり方についての見解も異なる。その見方は，市場で価格調整メカニズムが十分に働いているか否か，ショックの主要因が実物的要因であるか貨幣的要因であるか，により大きく分けることができる。

第 **6** 章でみたように，ケインズ経済学においては，価格調整メカニズムが十分に働かないため，有効需要が経済活動水準を決定するとされている。とくに，投資は将来の企業収益（資本の限界生産性）の予想に依存して大きく変動するため，投資に加わるショックが有効需要を変動させることによって景気循環の主要因となると考えられている。

これに対して，景気循環の要因として貨幣量のショックを重視するのが，後に説明する マネタリズム である。マネタリズムは，古典派経済学と同じく，価格調整メカニズムは十分機能していると考える。ただし，後述の第 **10** 章第 ***3*** 節でみるように，貨幣量のショックが物価の変動を通じて人々の貨幣錯覚を起こさせる結果，景気循環が発生していると主張する。

経済政策の必要性

ケインズ経済学とマネタリズムは，価格が硬直的か伸縮的か，景気循環の原因が実物的要因か貨幣的要因かという点で大きく異なるが，景気循環の変動が小さくなること（すなわち，経済変動が安定化すること）が望ましいと考える点では共通している。なぜならば，どちらの立場においても，景気循環の存在は，経済が望ましい資源配分が達成されている状態から一時的に離れることを意味しているからである。

ただし，経済安定化のための経済政策の役割についての見解はまったく異なる。すなわち，ケインズ経済学では，裁量的な財

Column ⑭ 戦前と戦後の景気循環比較

第2次大戦以前と以後を比較すると，多くの先進諸国において戦前の景気循環の方が戦後の景気循環よりも変動が激しいことが知られている。不況も，戦前の方が，過剰生産によって，価格暴落，破産，失業などが大規模に起こる「恐慌」がしばしば発生するなど，はるかに深刻なことが多かった。

たとえば，日本では，戦前の1886～1936年の各年の実質GDPの増加率は，最低－7.4％から最高19％の間の26.4％の幅をもって変動していた。これに対して，戦後の各年の実質GDPの増加率は，1955～73年では最低4.4％から最高13.3％の間の8.9％の変動幅で，1974～99年では最低－2.5％から最高6.2％の間の8.7％の変動幅にとどまっていた。

戦後の経済が安定化した原因については，さまざまな可能性が考えられる。たとえば，経済構造の変化によって，ショックやそれに対する反応が小さくなったことが原因と考えることもできる。また，裁量的な政策による景気対策が効果的に行われ，貨幣が安定して供給されたことが原因とも考えられる。いずれにしても，何が原因かについては，景気循環の原因が何であると考えるかに依存して異なってくる。

なお，2000～22年の各年の実質GDPの増加率は，最低－5.7％最高4.1％であった。変動幅は，戦後の他の期間より若干大きいものの，大差がない。しかし，増加率の最低と最高の値は，いずれもそれ以前の値を大きく下回るものであった。これは，日本経済の停滞によって2000年以降の成長率が低下したことを反映したものである。その結果，2000年以降，景気は低い成長率のまわりを変動し，好況期であっても経済成長率は高いものではなくなった。とくに2008～09年の世界同時不況と2020年のコロナ不況という二度の深刻な経済危機によって，増加率の最低の値は大きく低下した。

政・金融政策により経済を安定化させることが望ましいとされている。これに対して，マネタリズムは，ケインズ経済学の裁量的な政策を批判し，第**5**節でみるように，一定のルールにもとづいて安定的な貨幣供給を行うことが経済の安定化をもたらすと主張している。

実物的景気循環理論

一方，最近では，市場の需給均衡状態が変動することが景気循環であるとする実物的景気循環（リアル・ビジネス・サイクル）理論の考え方も登場している。この実物的景気循環理論のもとでは，価格調整メカニズムが機能し，かつ貨幣錯覚も存在しない。しかし，技術進歩やエネルギー価格などの生産費用の変動という供給面の実物的要因（生産性ショック）に対して家計や企業が最適に反応することが，景気循環の主要因となる。

これまでにも，供給面の要因が潜在的な生産量を変動させ，景気循環を引き起こすという考え方はなかったわけではない。しかし，**キッドランド**（F. E. Kydland）と**プレスコット**（E. C. Prescott）によって考案された実物的景気循環理論は，家計や企業が時間を通じて最適な意思決定を行う動学分析の枠組みを用いて，生産性のショックが供給サイドからさまざまなルートを通じて経済変動を引き起こすメカニズムを解明した。とくに，現実に近いショックやパラメータの値を理論モデルに当てはめたとき，実物的景気循環理論が実際の景気循環ときわめて類似した経済変動を再現できることを明らかにした。

経済変動が，需要と供給が一致する均衡状態で発生するという実物的景気循環理論の考え方は，不均衡を重視する伝統的なケインズ経済学とはまったく相容れないものである。失業が発生する理由も，家計が合理的に労働供給行動を選択した結果にあると考えられている。

実物的景気循環理論では，景気循環は価格調整メカニズムによって望ましい資源配分が達成されている経済の状態が変動していることを意味する。したがって，この理論では安定化のための経済政策はとくに必要がないとみなされている。この考え方は，ケインズ経済学だけでなく，マネタリストとも大きく異なるものであり，その妥当性については賛否両論がある。

2 トレンドの変動

●潜在的な成長経路の変化

トレンド自体の変動

伝統的な景気循環理論では，各経済変数は，トレンドと呼ばれる潜在的な成長経路をもち，短期的にはそのまわりを変動するという考え方が支配的であった。

図 7-1 におけるケース 1 はこの考え方を単純化して図示したものであり，そこでは生産量が一定の成長率をもつトレンドのまわりを循環的に変動している。この状況のもとでは，生産量のアップダウンによって引き起こされる好況や不況は一時的な現象であり，長期的な経済成長（すなわち，トレンド）は景気変動と無関係に決まることとなる。

これに対して，1982 年に発表された論文で**ネルソン**（C. R. Nelson）と**プロッサー**（C. I. Plosser）は，アメリカの経済データを統計的に検証すると，ほとんどの経済変数においてトレンド自体

図 7-1　トレンドのまわりの変動とトレンド自体の変動

ケース 1　トレンドのまわりの変動

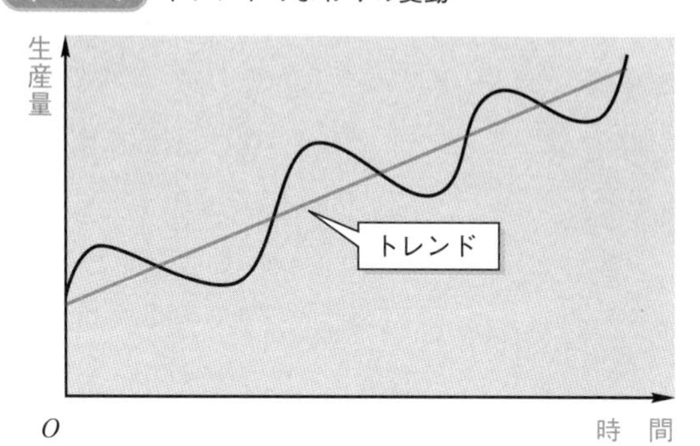

ケース 2　トレンド自体の変動

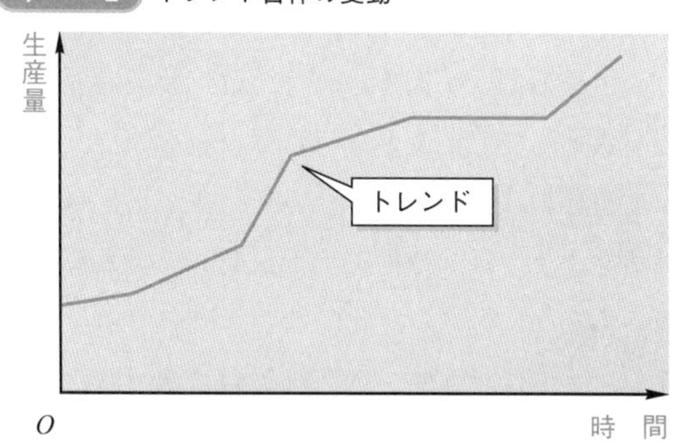

伝統的な景気循環理論では，ケース 1 で示されているように，生産量が一定の成長率をもつトレンドのまわりを循環的に変動することで好況と不況が発生すると考えていた。しかし，最近の研究では，ケース 2 で示されているように，生産量のトレンド自体が変動する可能性も指摘されている。どちらのケースを重視するかによって，望ましい経済政策のあり方は異なってくる。

が短期間に変動しているという結論を報告した。

図 7-1 におけるケース2はこの様子を図で表したものであり，そこでは潜在成長経路自体が短期的に変動している。したがって，ケース2のような状況下では，生産量のアップダウンは一時的な現象とはいえず，好況や不況も経済の長期的な成長と密接な関係にあることとなる。

トレンドが変化することは重要か？

経済変数の変動がトレンド自体の変動を含むとしても，それが一時的な循環的変動部分に比べて小さなものであれば，従来の景気循環の見方（景気循環はトレンドのまわりの変動という見方）はそれほど的外れなものではない。しかし，トレンド自体の変動部分の占める割合が大きければ，景気循環はトレンド自体が変化した現象として考え直さなければならない。

トレンド自体の変化が大きいという見方が正しい場合，経済を変動させるショックは，技術進歩や長期的なエネルギー供給といった経済の供給面に対する実物的なショックである可能性が高いことになる。とくに，トレンドが経済の需給が均衡する場合に達成される成長経路とすれば，このような景気循環の考え方は，前節で述べた実物的景気循環理論と整合的となる。

もっとも，ネルソンとプロッサーに続く多くの研究で，統計手法や分析の対象期間によって結論が異なることが指摘されている。このため，経済変数の変動のなかでトレンド自体の変動がどれだけ大きいかに関する統計的研究は，景気循環理論と密接に関係しながら現在も進展中である。

構造改革か景気対策か？

これまでにみてきたように，景気変動がトレンド自体の変動によって生み出されている経済では，総生産量の増減は潜在的な成長力自体の変動が原因となっているということになる。このため，このような経済では，仮に失業や遊休設備が存在していたとしても，それは構造的な要因によるものであり，総需要を増加させるケインズ的な政策は有効でないと考えられる。

たとえば，衰退産業に大量の失業者や遊休設備が存在するケースを考えてみよう。このようなケースは，本来であれば成長産業へ移動すべき労働者や機械設備が何らかの理由で移動できなかったことによって，失業や遊休設備が発生していると考えられる。したがって，経済活動を活性化し，潜在的な成長力を高めるためには，労働者や資本ストックを衰退産業から成長産業へ移動させる新陳代謝を促進することが重要であり，経済政策もそれを実現する構造改革が最優先課題となる。

これに対して，好況・不況がトレンドから一時的に乖離することによって起こっている経済では，総需要を増加させる財政政策や金融政策によって景気の変動を取り除くことができる。なぜなら，そのような経済では，潜在的な成長経路に到達するまで，総需要の変化に見合った総供給の変化が期待できるからである。とくに，不況期には，職を失った失業者や遊休設備がマクロ経済全体として存在するので，ケインズ的な経済政策はそれらを減らすことによって生産量をその潜在的な水準に高める余地が高いといえる。

以上の結果は，ケインズ的な経済政策が，トレンドのまわりの景気変動が支配的で，好況・不況がトレンドからの乖離によって発生する経済でより重要となることを示している。このため，ケインズ的な経済政策を実行すべきかどうかは，景気変動がトレンドのまわりの変動によるものなのか，それともトレンド自体の変動をともなう構造的なものなのかを見極めて判断すべき問題といえる。

3　*IS–LM* 分析における経済政策の有効性

●財政政策と金融政策のどちらが有効か？

財政政策とクラウディング・アウト

前節では，景気循環がトレンドからの乖離によって発生している場合に，ケインズ的な考え方がより妥当性をもつことをみた。このことは，第**6**章で説明した *IS–LM* 分析が，経済がトレンドから下方に乖離した不況期に，より有効な分析手法となることを示している。しかしながら，*IS–LM* 分析でも，不況期に財政政策や金融政策がどれだけ国民所得を増加させるかは，一般に *IS* 曲線や *LM* 曲線の傾きに依存することが知られている。

たとえば，同じ額の政府支出の増加であっても，それがどれだけ国民所得を増加させるかは，一般に *IS* 曲線や *LM* 曲線の傾きに依存する。**図 7–2** は，*LM* 曲線の傾きが急なケースと緩やかなケースの２つの場合について，このことを示したものである。いずれのケースも，政府支出の増加は *IS* 曲線を右方へシフトさせるため，その結果として国民所得は増加する。しかし，図から明らかなように，国民所得の増加は *LM* 曲線の傾きが急なケースでは Y_1' までにとどまるのに対し，*LM* 曲線の傾きが緩やかなケースでは Y_1 まで上昇している。

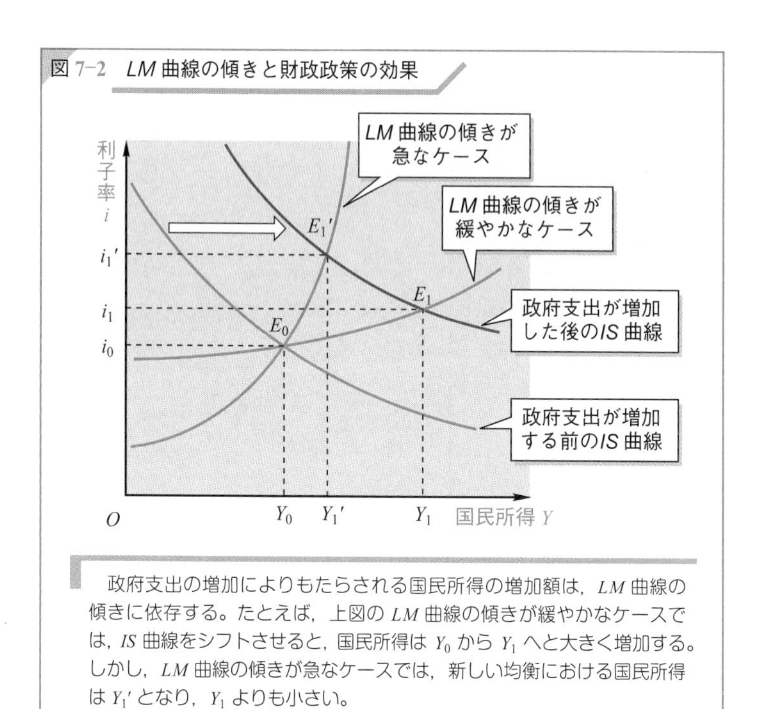

図 7-2　*LM* 曲線の傾きと財政政策の効果

政府支出の増加によりもたらされる国民所得の増加額は，*LM* 曲線の傾きに依存する。たとえば，上図の *LM* 曲線の傾きが緩やかなケースでは，*IS* 曲線をシフトさせると，国民所得は Y_0 から Y_1 へと大きく増加する。しかし，*LM* 曲線の傾きが急なケースでは，新しい均衡における国民所得は Y_1' となり，Y_1 よりも小さい。

これは，*LM* 曲線の傾きが急である場合，利子率が大きく上昇するために，民間投資も大きく減少してしまうことによるものである。このように，政府支出が増加した際に利子率が上昇し，それによって民間投資が減少してしまう現象は，クラウディング・アウトと呼ばれている。**図 7-2** は，このクラウディング・アウトが，貨幣需要の利子率に対する反応度が相対的に小さく，*LM* 曲線の傾きが急になればなるほど大きいことを示している。

とくに，ケンブリッジ方程式のように貨幣需要が利子率に影響を受けないケースでは，*LM* 曲線は垂直となる。したがって，ケンブリッジ方程式のような貨幣数量説が成立する場合には，図

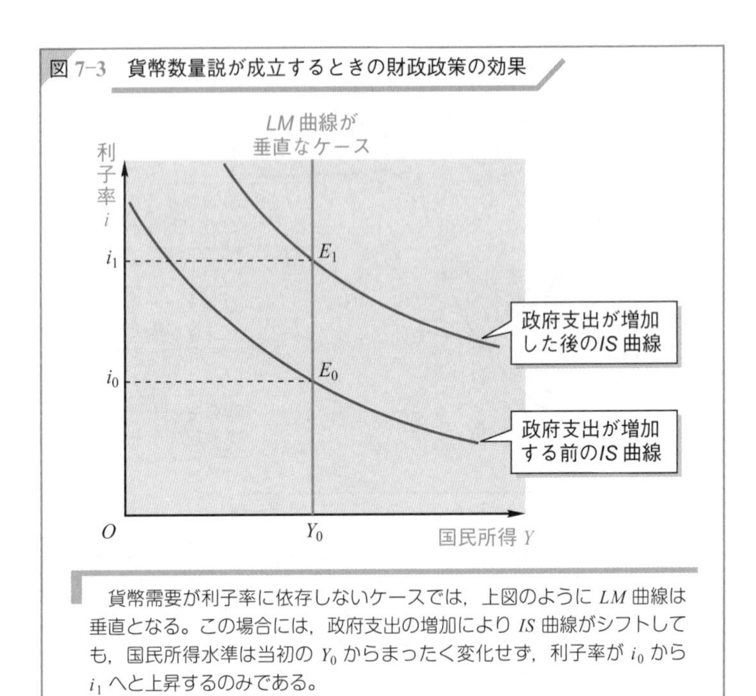

貨幣需要が利子率に依存しないケースでは，上図のように *LM* 曲線は垂直となる。この場合には，政府支出の増加により *IS* 曲線がシフトしても，国民所得水準は当初の Y_0 からまったく変化せず，利子率が i_0 から i_1 へと上昇するのみである。

7-3 で示されているように，政府支出の増加は利子率を上昇させるのみで，国民所得にまったく影響を与えない 100％クラウディング・アウトが起こることになる。

金融政策の有効性

財政政策の場合と同様に金融政策においても，同じ額の貨幣量の増加がどれだけ国民所得を増加させるかは，一般に *IS* 曲線や *LM* 曲線の傾きに依存する。たとえば，貨幣量を増加させて *LM* 曲線を右方へシフトさせた場合の国民所得への効果は，**図 7-4** で示されているように，*IS* 曲線の傾きが急なケース ($Y_0 \to Y_2$) よりも緩やかなケース

図 7-4　*IS* 曲線の傾きと金融政策の効果

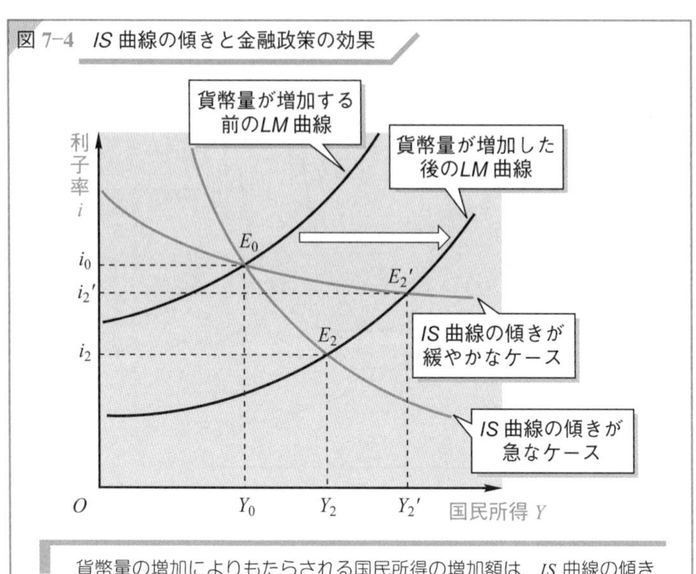

貨幣量の増加によりもたらされる国民所得の増加額は，*IS* 曲線の傾きに依存する。たとえば，上図の *IS* 曲線の傾きが急なケースでは，貨幣量の増加が *LM* 曲線をシフトさせると，国民所得は Y_0 から Y_2 へと増加する。しかし，*IS* 曲線の傾きが緩やかなケースでは，国民所得は Y_2' となり，Y_2 よりも大きくなる。

$(Y_0 \rightarrow Y_2')$ の方が大きい。これは，*IS* 曲線の傾きが急な場合には民間投資の利子率に対する反応度は小さいので，貨幣量の増加によって利子率が下落しても，それによって刺激される民間投資の増加はわずかとなるためである。

また，貨幣量を変化させたときの効果は，*LM* 曲線が水平な場合，**図 7-5** で示されているように，まったく無効になることも知られている。これは，*LM* 曲線が水平な場合，貨幣量を変化させても利子率が変化することはないからである。*LM* 曲線が水平に近くなるケースは，貨幣需要の利子率に対する反応度が非常に大

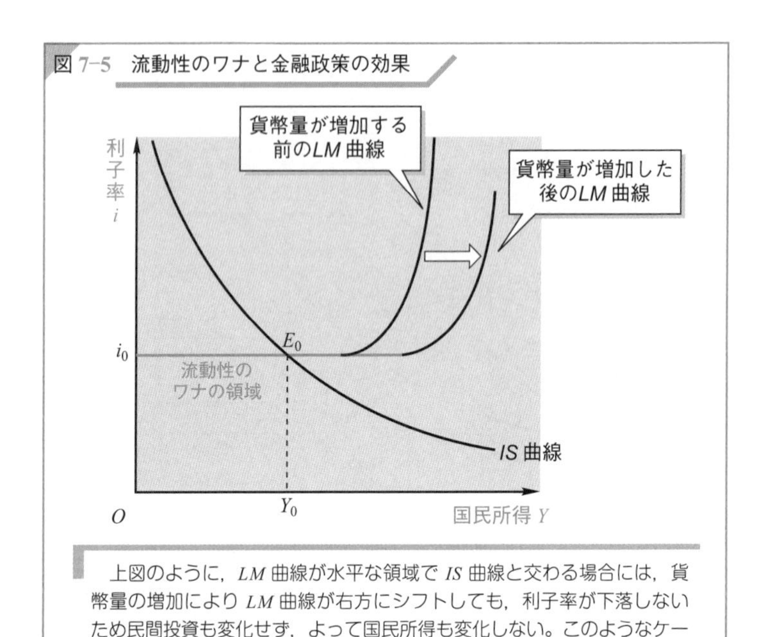

図 7-5　流動性のワナと金融政策の効果

上図のように，*LM* 曲線が水平な領域で *IS* 曲線と交わる場合には，貨幣量の増加により *LM* 曲線が右方にシフトしても，利子率が下落しないため民間投資も変化せず，よって国民所得も変化しない。このようなケースは流動性のワナと呼ばれる。

きい場合であり，ケインズはこのようなケースを 流動性のワナ と呼んだ。

4 マクロ計量モデルの役割

●その重要性と問題点

マクロ計量モデル

前節でみたように，*IS-LM* 分析のようなケインズ経済学の枠組みにおいても，財政政策や金融政策がどれだけ国民所得を増加させるかは，一般に *IS* 曲線や *LM* 曲線の傾きに依存する。したがって，政策当局が財政・金融政策を決定するときには，マクロ経済の構造がどのようなものであるかを事前に知っておく必要がある。マクロ計量モデルは，このような観点から，マクロ経済の構造を，消費関数，投資関数，貨幣需要関数といった主要なマクロ経済変数の決定メカニズムを推計し，モデル化したものである。

マクロ計量モデルでは，まず，モデルを構成するいろいろな関数のパラメータ（たとえば，投資や貨幣需要の利子率に対する反応度や限界消費性向など）の値を，過去に観測された実際のデータによって統計的に推計する。これらの推計されたパラメータは，経済の構造を決める一定の要因という意味で，構造パラメータと呼ばれる。マクロ計量モデルでは，構造パラメータは変わらないものと想定される。

マクロ計量モデルは，次に，推定された構造パラメータを不変としたうえで，政府支出や租税，貨幣量などの政策変数を変化させたときに，経済構造内で決まるGDPや消費，投資などの諸変数が，どのように変化していくかを予測する。簡単なモデルでは，第**6**章で説明したような*IS–LM*分析のモデルが，マクロ計量モデルにおける経済構造となる。マクロ計量モデルによる政策評価は，そのもとで，データによって推計した各関数の構造パラメータの値から*IS*曲線や*LM*曲線の傾きを計算し，財政・金融政策の効果を数量的に求めようとする方法である。

マクロ計量モデルの大型化

もちろん，*IS–LM*分析のような経済理論は，具体的な政策評価を行うためには単純すぎる。たとえば，利子率と一口にいっても，現実にはさまざまな預金，債券，貸出についての利子率がある。また，国際化した経済のもとでは，一国のみのモデルにもとづいて予測をすることはできないであろう。そこで，多くの現実的要素を取り込むことで予測の精度を高められるとの観点から，マクロ計量モデルは大型化していった。

日本における大型マクロ計量モデルとしては，1979年に開発が始まった経済企画庁（現在の内閣府）の「世界経済モデル」が代表的なものである。このモデルは数次にわたる改訂を経て，経済政策の評価に用いられた。そして最後につくられたモデルでは，多くの国と地域を含む，実に1234個の方程式体系からなる大型モデルとなった。

ルーカス批判

皮肉にも，日本でマクロ計量モデルによる予測が本格化するのとほぼ同じくして，1976年に**ルーカス**（R. E. Lucas）が，マクロ計量モデルによる政策評価について厳しい批判を加える有名な論文を発表した。これが，ルーカス批判といわれるものである。その論文でルーカスは，マクロ計量モデルが変化しないものと考えてきた構造パラメータは，実は政策の変更に応じて変化すると指摘した。

たとえば，現実の企業の投資は，その投資が今後どれだけの収益をもたらすかという予想にもとづき行われる。したがって，仮に減税という政策変更があったとすると，企業はその政策変更が今後の収益を変化させると予想したうえで，投資行動をこれまでとは異なったものとする。このとき，過去10年間のデータを用いて推計した投資関数の構造パラメータが，今後も当てはまり続けると考えて政策変更の効果の予測を行うことは適切ではない。というのは，現実には企業が過去10年間とは異なる税率と認識して投資行動を変化させているのに，企業がこれまでと同じ投資行動をとり続けると想定して予測を行うことは適切でないからである。

つまり，ルーカス批判とは，「マクロ計量モデルで一定とされている構造パラメータは政策が変更されればその値を変えてしまうので，構造パラメータの値が変わらないという仮定にもとづいて政策効果を予測することは正当化されない」というものである。

このルーカス批判は，マクロ計量モデルの構造パラメータが，将来の予想の形成まで含む家計や企業の真の行動様式をとらえていないという問題点があることを指摘したことで，大きな注目を浴びた。

マクロ計量モデルによる予測は，期待が変化しないような短期的な経済予測を行ううえでは有用かもしれない。しかし，この批判が正しい限りにおいて，基本的なルールを変更するといった大きな政策変更の効果を評価する場合には，マクロ計量モデルは無視できない問題をもっていることとなる。

ルーカス批判の影響

ルーカス批判は，その後のマクロ計量経済学の分野に大きな影響を及ぼした。その結果，1980年代に入ると，従来の大型マクロ計量モデルに対するさまざまな批判が登場した。また，従来のマクロ計量モデルに代わる新しい経済予測モデルを構築しようとする流れも生み出されている。

マクロ計量モデルに予想形成のメカニズムを明示的に取り入れることによって，家計や企業の最適な行動パターンの変化をモデルに取り込もうとする試みは，その代表的なもので，近年，動学的確率的一般均衡（DSGE：Dynamic Stochastic General Equilibrium）モデルとして理論的に大きな発展をみせている。また，経済モデルとは無関係に，過去のデータの動きだけから将来を予測する多変量時系列分析（VAR モデル）も，数多く試みられた。ただし，このような新しいアプローチもそれぞれ問題点があり，従来のマクロ計量モデルに取って代わっているわけではない。

5 マネタリズムの批判

●ルール vs. 裁量

マネタリズムとは？

マクロ経済学において伝統的にケインズ経済学に対抗する考え方として影響力のあった学派として，マネタリズム をあげることができる。このマネタリズムは，景気循環の原因を貨幣量の変動に求めるという点でケインズ経済学と異なるばかりでなく，長い間，ケインズ経済学が主張する有効需要政策の有効性を批判してきた。

このマネタリズムの指導的立場にあったのが，**ミルトン・フリードマン**（M. Friedman）である。フリードマンは，政府が状況に応じて政策を変更する 裁量的な政策 よりも，あらかじめ定められたルールにもとづいた政策を運営する方が望ましいと主張した。とくに，貨幣の供給は「あらかじめ定められた一定の増加率に従って行うべし」という *k* パーセント・ルール を提案した。そこで，以下では，フリードマンを中心としたマネタリズムの主張に焦点を当てることによって，マネタリズムの経済学的性格を明らかにしていこう。

政策のタイミング

有効需要政策に対するマネタリズムの批判の１つは，**政策のタイミング**の問題である。一般に，政策を必要とする情勢が発生してから，失業率や一般物価水準の上昇といった経済指標の変化が確認されるまでには**認知のラグ**が存在する。また，経済指標の変化が認識されてからも，それに対応した政策を決定するまでには**決定のラグ**が生じるし，政策決定からそれが実施される間にも**実施のラグ**が存在する。さらに，政策が実施されてから，それが効果を現してくるまでの**波及のラグ**も考慮しなければならない。

したがって，もしこれらのラグが長く，そのうえ政策の効果が何期間にもわたって持続することになれば，ある特定の政策はすでにそれが必要でないときに効果が生まれてしまうという危険性がある。そればかりか，もし不況対策として実施された政策が，景気が回復した後に効果が現れるとすれば，裁量的な政策は経済を安定化できないばかりでなく，結果として無用に経済を攪乱する可能性すらある。フリードマンはこのような視点から，政策はそのときの状況に応じて裁量的に運営するよりも，一定の「ルール」にもとづいて行う方が望ましいと主張した。

名目利子率と実質利子率

伝統的なケインズ経済学において金融政策が有効となるのは，貨幣量の増大によって利子率が下がると，投資が刺激されて国民所得が増大するからである。したがって，ケインズ経済学では，金融政策の運営目標として，利子率を望ましい水準に導くように貨幣量を操作すべきであるという主張がなされた。

これに対して，マネタリズムは，フィッシャー方程式を使って，

Column ⑮ 財政政策と金融政策ではどちらのラグが長いか？

本章では，経済政策全般のタイミングの問題を説明した。しかし，政策の必要性が認知されてから実施され，その効果が経済全体に波及していくまでのラグの長さは，財政政策と金融政策とでは大きく異なる。

まず，政策の必要性が認知されてから決定・実施されるまでのラグが短いのは金融政策の方である。これは，金融政策では中央銀行がその必要性を認知さえすればすぐにでも実行に移される傾向があるからである。これに対して，財政政策では政府支出を増加させたり，減税を実施するには，通常そのための予算を国会で決定しなければならない。このため，財政政策は，決定のラグや実施のラグが長くなる傾向が強い。

一方，実施された政策が実際に効果をあげ，その影響が経済全体に波及していくまでのラグが短いのは，財政政策の方である。これは，政府支出の増加は有効需要を直接増加させるため，総需要の刺激に即効性があるからである。これに対して，金融緩和政策が効果をあげるためには，低下した利子率が企業の設備投資を刺激しなければならないので，それまでの波及のラグが長くなりがちである。このため，実際の景気対策として財政政策と金融政策のどちらが望ましいかという問題は，政策のラグという観点からも，一長一短の面がある。

このようなケインズ経済学の考え方を批判した。ここで，フィッシャー方程式とは，

実質利子率 = 名目利子率 − 物価上昇率の予想値

という関係のことである。

一般に物価が上昇すると，名目上は同じ金額のままでも，預金や借入金の実質価値は下落するので，利子率もその点を考慮した

実質利子率で考える必要が生まれてくる。フィッシャー方程式は，このような観点から，実際の支払に使われる名目利子率から物価上昇率の予想値を引いたものを実質利子率とし，利子率の実質値を明らかにした。

この関係が成立しているもとでも，物価上昇率の予想が変化しない短期には，政府は貨幣量を増加させることによって名目利子率や実質利子率を下げることができるかもしれない。しかし，長期的には，貨幣量の増加は，物価上昇率の予想値を上昇させることによって名目利子率の上昇を生み出すだけで，実質利子率には影響を与えないと考えられる。この場合，フィッシャー方程式が成立する限り，政府は貨幣量を増やしても，長期的には，名目利子率や実質利子率を望ましい水準に下げることはできないことになる。

日本における名目利子率と実質利子率

企業が設備投資を行う際の資本の使用者費用は物価の変動の影響を取り除いた実質値なので，投資に影響を与える利子率は名目利子率ではなく実質利子率となる。このような観点から，日本の利子率の推移をみてみた場合，必ずしも名目利子率が高い時期と実質利子率が高い時期は一致していないことがわかる。

たとえば，**図 7-6** は 1970 年代前半以降，日本における名目利子率と実質利子率がどのように推移してきたかをグラフに表したものである。この図から，名目利子率の動きと実質利子率の動きがしばしば逆の動きをしていることが容易に読み取れる。

たとえば，石油ショックのあった 1970 年代半ばや 80 年代初頭には，日本の名目利子率は 10％を超える高い水準にあった。

図 7-6 名目利子率と実質利子率

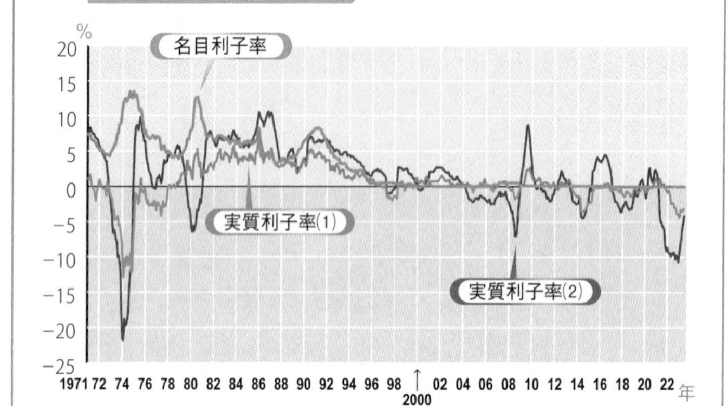

名目利子率と実質利子率は，しばしば異なった値をとる。これは，時期によって，物価上昇率が高かったり低かったりしたことによるものである。日本の名目利子率と実質利子率の推移を比較すると，物価の上昇が顕著であった1970年代前半や80年代初めは，名目利子率が大きく上昇する一方で，実質利子率は下落した。これに対して，名目利子率がほぼゼロとなった1990年代後半以降は，名目利子率がほぼゼロで推移した一方で，物価の変動を反映して，実質利子率はしばしばゼロから大きく乖離した。とくに，2022年4月以降は物価の上昇にともなって，名目利子率がほぼゼロに対して，実質利子率は大きなマイナスの値をとった。

（注） 名目利子率＝コールレート・翌日物（月平均），実質利子率(1)＝名目利子率－消費者物価上昇率（対前年比），実質利子率(2)＝名目利子率－国内企業物価上昇率（対前年比）。なお，コールレートは，1985年6月までは有担保レート，85年7月以降は無担保レート。

（出所） コールレートと企業物価指数は，日本銀行。消費者物価指数は，総務省「消費者物価指数」。

しかし，その時期の物価上昇率も10%を超える高水準であったため，結果的に実質利子率は大きなマイナスの値となった。

これに対して，1990年代末以降は，日本銀行のゼロ金利政策によって，名目利子率はほぼゼロに近い水準で推移した。しかし，この時期，物価は変動したため，実質利子率は有意にゼロと異なる値をとることが多かった。とくに，2022年4月以降，物価が大きく上昇したことで，名目利子率がほぼゼロだったのに対して，実質利子率は大きなマイナスの値となった。

これらの結果により，実際にわれわれが受け取ったり，支払ったりしている利子率が高いか低いかを判断するためには，名目利子率をみるだけでは不十分であることがわかる。利子率がマクロ経済に及ぼす影響をより注意深く判断するには，名目利子率ではなく，物価の変動の影響を取り除いた実質利子率により注目する必要がある。

6 非伝統的金融政策

●金融政策のフロンティア

ゼロ金利と流動性のワナ

一般に貨幣需要の利子率に対する反応度は大きくないので，マクロ経済学では長い間，第**3**節で説明した流動性のワナ（*LM*曲線が水平のケース）はそれほど現実的な問題と考えられてこなかった。しかし，総需要が大きく落ち込み，*IS*曲線が大きく左方へシフトした場合，流動性のワナがケインズが考えていたのとは異なるメカニズムによって発生することが最近知られるようになった。

図**7-7**は，この状況を名目利子率を縦軸として簡単に図示したもので，そこでは*LM*曲線が横軸と所得Y^*で交わっている。このY^*は，名目利子率がゼロのときに貨幣の需要と供給を均衡させる所得水準である。

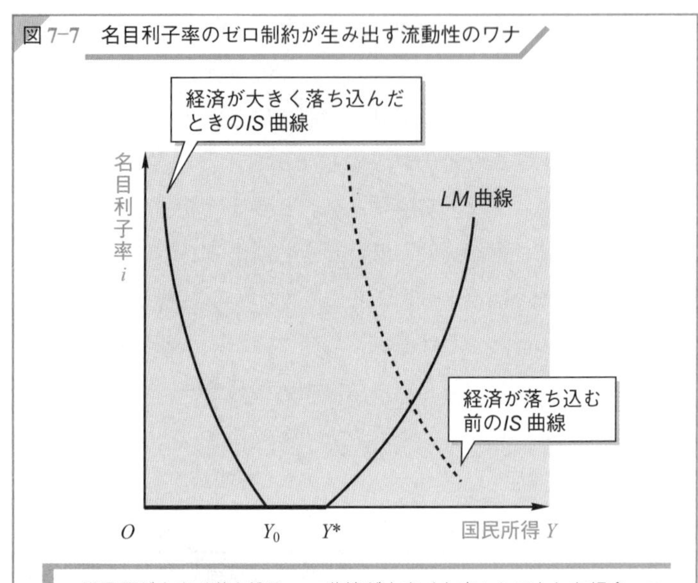

図 7-7　名目利子率のゼロ制約が生み出す流動性のワナ

総需要が大きく落ち込み，*IS* 曲線が大きく左方へシフトした場合，*IS* 曲線はもはや *LM* 曲線と名目利子率がプラスの領域で交わらなくなる。この場合，金融政策によって *LM* 曲線をシフトさせても，財市場には影響を与えることができず，ケインズの流動性のワナと類似した状況が発生する。

仮に総需要の落ち込みが大きくなければ，点線で示される *IS* 曲線は *LM* 曲線と名目利子率がプラスとなる領域で交わるため，均衡国民所得は Y^* よりも大きくなる。この場合，通常の *IS*–*LM* 分析が図 **7-7** でもそのまま適用可能となる。

しかしながら，経済が大きく落ち込み，*IS* 曲線が大きく左方へシフトした場合，図 **7-7** で示されているように，*IS* 曲線はもはや *LM* 曲線と名目利子率がプラスの領域で交わらなくなる。

一般に名目利子率をゼロ以下に低下させることは難しいので，この場合，金融政策によって *LM* 曲線を右方にシフトさせたとしても，財市場には影響を与えることができない。なぜなら，名目利子率がその下限の水準であるゼロにまで低下した場合，中央銀行がいくら金融を緩和しようとしても利子率をそれ以上低下させることができず，したがって設備投資を刺激することもできないからである。

この状況は，第**3**節で説明したケインズの流動性のワナとは，経済的なメカニズムとしては異なるものである。しかしながら，*LM* 曲線を右方にシフトさせる金融政策がまったく無効となるという点では，このような名目利子率のゼロ制約が問題となる状況も，ケインズの流動性のワナと共通の特徴をもつ。その一方，*IS*–*LM* 分析の前提条件が満たされる場合，*IS* 曲線を右方へシフトさせる財政政策がきわめて有効となる。これは，名目利子率がゼロのもとで *IS* 曲線を右方にシフトさせると，クラウディング・アウトを起こさず総需要を増やすことができるからである。

名目利子率のゼロ制約

利子率は，本来，貸手が借手にお金を貸し出した際に得ることができる報酬である。しかし，名目利子率がマイナスのもとで貸出を行った場合，貸手は借手に報酬を支払ってお金を借りてもらうことになってしまう。貸手にとっては，このような貸出は望ましいものではない。なぜなら，現金通貨の名目利子率はゼロなので，資金を貸し出さずに手元に現金通貨で保蔵することが最適となるからである。したがって，理論上，マイナスの名目利子率では，資金が余っていても貸出は行われず，その結果，名目利子率はマイナスになることはない。

名目利子率がゼロより下落することがないという性質は，名目

Column ⑯ ゼロ金利下での財政政策の有効性

本文で見たとおり，名目利子率がゼロのもとでは，*LM* 曲線が水平となるため，*IS–LM* 分析の前提条件が満たされる限り，*IS* 曲線を右方へシフトさせる財政政策が非常に有効となる。しかし，第 8 章でみるように，わが国では財政赤字の累積がきわめて深刻である。このため，わが国では，ゼロ金利下で *LM* 曲線が水平となっていたとしても，財政政策はそれほど有効ではないのではないかという見方が有力である。

その理由は，財政赤字の累積が深刻な場合，ケインズ型の消費関数が妥当性をもたなくなるからである。ケインズ型の消費関数には，消費が現在の可処分所得が増加すれば増えるという性質がある。この性質は，将来の可処分所得が低くても，現在の可処分所得さえ高ければ消費が多くなることを意味する。しかし，第 2 章でみたライフサイクル仮説や恒常所得仮説が正しければ，そのような消費行動は適切でない。

ライフサイクル仮説では，消費を決定するのは，平均生涯所得である。また，恒常所得仮説では，消費を決定するのは，所得の一時的な変動要因を取り去った恒常所得である。このため，これら仮説が正しければ，仮に現在の所得が一時的に増えても，将来の所得が増えないことが予想されれば，人々は貯蓄を増やし，消費を増やさないことになる。

第 8 章で詳しくみるように，財政赤字は政府の借金を意味するため，その累積がきわめて深刻な場合，将来，その返済のために大規模な増税や政府支出の削減が不可避となる。また，極端なケースでは，将来，政府が借金を返済できなくなり，経済危機に発展するリスクもある。したがって，人々がこれら状況を合理的に予想する限り，巨額な累積財政赤字をさらに拡大させるような政府支出の拡大や減税は，人々の消費行動を慎重にさせる結果，*IS–LM* 分析が示すほど有効な政策ではなくなる可能性がある。

利子率のゼロ制約 と呼ばれる。名目利子率のゼロ制約のもとでは，貨幣市場が超過供給の状態にあっても名目利子率はゼロ未満には下落せず，**図 7-7** で示されているように，経済で流動性のワナと本質的に同じ状況が発生する。

実際，1990 年代以降の日本経済は，長引く不況の結果，総需要が大きく落ち込み，*IS* 曲線は左方へ大きくシフトした。その結果，日本銀行が金融緩和政策を実施して景気を刺激しようとしても，短期の名目利子率がその下限であるゼロにまで低下してしまい，従来の利子率をコントロールする政策では景気を刺激することができなくなってしまった。これが，1999 年 2 月に実施された日銀の ゼロ金利政策 が始まった経緯である。

同様の名目利子率のゼロ制約は，2008 年秋のリーマン・ショックによって深刻な世界同時不況が起こってからは，アメリカやヨーロッパ諸国でも発生した。名目利子率のゼロ制約による流動性のワナは，世界的に総需要が大きく落ち込んだ当時，多くの先進国で共通の問題となった。

非伝統的な金融政策

利子率のゼロ制約が発生した状況では，流動性のワナとなり，伝統的な金融政策はもはや有効でなくなる。しかし，短期の利子率がほぼゼロとなったもとでも，一段の金融緩和を行うための 非伝統的な金融政策 がいくつか提案されている。そのような金融政策としては，①将来の金融政策についての予想のコントロール，②中央銀行のバランスシートの拡張，③特定資産の購入，④マイナス金利政策，の 4 つが実施されてきた。

①の予想のコントロールは，中央銀行が将来の金融政策につい

て方針を前もって表明することによって行われるもので，フォワード・ガイダンスともいわれる。中央銀行が将来の金融政策についてのコミットメント（公約）することによって，そうでない場合とは異なった水準に将来の物価水準や短期利子率の予想値を誘導し，その結果，現在のインフレ率や中長期の利子率を誘導するという政策である。

予想をコントロールする政策のうち，将来の物価水準の予想値を誘導する政策の有効性は，**クルーグマン**（P. Krugman）らによって主張された。クルーグマンは，中央銀行が将来のインフレ率（物価上昇率）に目標値（インフレ目標）を設定することで，予想インフレ率を高め，実質利子率を下落させることで，金融政策は有効となると主張した。フィッシャー方程式が示すように，「実質利子率＝名目利子率－物価上昇率の予想値」という関係がある。また，設備投資は，実質利子率が下落すると増加し，*IS* 曲線を右方へシフトさせる性質がある。このため，名目利子率を縦軸とした *IS*－*LM* 分析では，予想インフレ率が上昇すると，*IS* 曲線が右方へシフトし，その結果，国民所得は増加する効果が期待できる。

また，将来の金利へのコミットメント（公約）によって，将来の短期利子率の予想値を誘導し，現在の中長期の利子率を誘導するという政策も，予想をコントロールする非伝統的な金融政策である。満期までの期間が中長期の利子率は，現在から将来にかけての短期利子率の予想値が下落すれば低下するという性質がある。このため，中央銀行が現在の短期金利だけでなく，将来の短期金利についてもゼロにすることをコミットメントする場合，中長期の利子率は大きく下落することになる。通常，設備投資は，その成果が表れるまで時間を必要とするので，短期の利子率ではなく，中長期の利子率に影響を受ける。このため，中央銀行が将来の短期利子率にコミットメントすることで中期・長期の利子率を押し下げることは設備投資を刺激するうえで有効であり，それが *IS* 曲線を右方へシフトさせることで，国民所得を増加させる効果が期待できる。なお，中央銀行が将来の短期金利にコミットメントすることによって中長期の利子率を押し下げる効果は，時間軸効果と呼ばれている。

量的緩和と信用緩和

②のバランスシートの拡張は，短期利子率がゼロとなって以降も大量の資金をマーケットに中央銀行が供給し続ける政策である。この政策は，中央銀行が大量のマネタリーベース（現金通貨＋銀行の預金準備）を供給した際に，民間銀行が増加した預金準備の一部を貸出など他の資産で代替するポートフォリオ・リバランス効果を目指したものである。仮に大量のマネタリーベースの供給によって民間銀行の貸出が増加すれば，国民所得を増加させる効果が期待できる。また，バランスシートの拡張には，中央銀行の本気度を示すことによって，①の予想のコントロールをより容易にするというシグナリング効果も期待されている。

③の特定資産の購入は，短期国債以外の資産を購入することで，それら資産の価格を引き上げ，金融システムの安定化を図る信用緩和政策である。短期の利子率がゼロになってしまった後でも，リスクが存在するために利子率や期待収益率がプラスの資産は数多く存在する。こうした資産を中央銀行が購入することで，これら資産のリスク・プレミアムを引き下げ，それによって国民所得

を増加させようとする政策である。

金融システムの安定は中央銀行の重要な目的の1つであり，決済システムの円滑かつ安定的な運行の確保を通じて金融システムの安定に寄与することが中央銀行に求められる重要な役割である。このため，信用緩和政策は，金融危機が深刻となり，金融市場が大きく混乱する状況では，過度のリスク・プレミアムを引き下げることになるため，中央銀行の目的にかなったものといえる。

マイナス金利政策

第**6**節で説明したとおり，名目利子率にはゼロ制約があり，余った資金を現金通貨で保蔵できる限り，名目利子率はゼロ未満には下落しない。しかし，実際には，手元で多額の現金通貨を保蔵することは，セキュリティや管理コストなどの理由から難しい。このため，多くの銀行は，通常，預金準備として中央銀行へ預けることで，余った資金を保蔵する。マイナス金利政策は，この点に注目し，銀行の預金準備にマイナスの金利を適用することによって，名目利子率をマイナスに誘導する政策である。

マイナス金利政策は，利子率の低下によって設備投資を刺激することで，総需要を増やすことを目的としたものである。しかし，中央銀行が手法を工夫することで名目利子率をマイナスに誘導できる場合でも，すべての利子率が同じようにマイナスになるわけではない。とくに，預金金利はマイナス金利のもとでもマイナスにならないため，銀行の収益を圧迫した。その結果，マイナス金利政策には，資源配分を歪める副作用が懸念されており，それが経済にどのような影響を与えるのかは，まだ十分にわかっていない。強力な非伝統的な金融政策は，マクロ経済にさまざまな影響をもたらしており，その功罪は今後も注意深く見極めていく必要がある。

7 わが国の非伝統的金融政策

●世界に先駆けた超金融緩和政策

2000年代の日本経済

1999年2月のゼロ金利政策の開始以降，日銀は世界に先駆けて非伝統的金融政策を実施してきた。その概要は，**表7-1**にまとめられている。まず，2000年代初頭，ゼロ金利政策に次いで開始された非伝統的金融政策が，量的緩和政策である。

量的緩和政策は，短期の利子率がゼロとなった「流動性のワナ」のもとでも，日銀のバランスシートを拡大させることで，前節で説明したポートフォリオ・リバランス効果やシグナリング効果を期待したものであった。また，消費者物価指数の上昇率（インフレ率）が安定的に0%以上になるまで量的緩和を続けることを表明することで，将来の金融政策についての予想をコントロールし，中長期の利子率を引き下げる時間軸効果を発揮した。

量的緩和政策は，その後の景気回復もあり2006年3月に終了した。しかし，2008年9月のリーマン・ショックによって世界同時不況が発生すると，日銀は再び利子率を引き下げ，2008年12月には事実上のゼロ金利政策を復活させた。

アベノミクス下の異次元緩和

もっとも，世界同時不況以降，日銀が再び非伝統的金融政策を採用するなかでも，物価が下落するデフレ現象は改善しなか

表 7-1　最近の日銀の政策運営

実施年月日	政策運営の変更
[1998年　3月20日	速水優総裁就任]
[1998年　4月 1日	新日本銀行法施行]
1999年　2月12日	ゼロ金利政策の開始（日本経済が「流動性のワナ」に）
1999年　4月13日	「デフレ懸念が払拭されるまで」ゼロ金利政策の継続を表明
2000年　8月11日	ゼロ金利政策の一時的な解除
2001年　3月19日	量的緩和政策の開始（金融市場調節の操作目標を無担保コールレートから当座預金残高（＝預金準備）に変更，消費者物価指数の前年比上昇率が安定的にゼロ%以上となるまで量的緩和政策を継続）
[2003年　3月20日	福井俊彦総裁就任]
2006年　3月 9日	量的緩和政策の解除（金融市場調節の操作目標を当座預金残高から無担保コールレートに変更）
2006年　7月14日	ゼロ金利政策の解除（無担保コールレートを0.25%へ引上げ）
[2008年　4月 9日	白川方明総裁就任]
[2008年　9月15日	リーマン・ショック]
2008年 10月31日	無担保コールレートの引下げ（0.5%→0.3%）
12月19日	無担保コールレートの引下げ（0.3%→0.1%）
2010年 10月 5日	「包括的な金融緩和政策」の実施（無担保コールレートを0～0.1%程度に誘導，「中長期的な物価安定の理解」にもとづく時間軸の明確化，資産買入れ等の基金の創設）
[2012年12月26日	第2次安倍内閣誕生（アベノミクスの開始）]
2013年　1月22日	「物価安定の目標」の導入（2%のインフレ目標）
[2013年　3月20日	黒田東彦総裁就任]
2013年　4月 4日	「量的・質的金融緩和」の導入（マネタリーベースのコントロール，長期国債買入れの拡大と年限長期化，リスク資産の買入れの拡大）
2014年 10月31日	「量的・質的金融緩和」の拡大
2016年　1月29日	「マイナス金利付き量的・質的金融緩和（マイナス金利政策）」の導入
2016年　9月 1日	「長短金利操作付き量的・質的金融緩和（YCC）」の導入
[2023年　4月 9日	植田和男総裁就任]

った。そうしたなかで，2012年12月に誕生した第2次安倍内閣が行った大胆な経済政策が，アベノミクスである。アベノミクスは，長引くデフレ経済から脱却することを目標に，金融政策でもこれまで以上の異次元緩和を実施した。

その代表的なものが，日銀が2013年4月に開始した量的・質的金融緩和である。その大きな特徴は，日銀が供給するマネタリーベースをかつてない規模に拡大することで，2%のインフレ目標を目指したことである。これまでとは違う政策であるという「レジームチェンジ」を印象づけることで，将来の金融政策についての予想を強力にコントロールし，人々のインフレ予想に働きかけようとしたものであった。

量的・質的金融緩和の効果で，金融市場では，株価が大幅に上昇し，為替レートは急速に円安となった。ただ，消費者物価はある程度は上昇したものの，2年間で2%のインフレ目標は実現できなかった。

マイナス金利からYCCへ

量的・質的金融緩和政策によって異次元の金融緩和が行われたもとでも，日銀は2%のインフレ目標を達成することができなかった。そこで，日銀はさらなる金融緩和を推し進めるため，2016年1月末にそれまでの政策にマイナス金利を追加した「マイナス金利付き量的・質的金融緩和」を導入し，預金準備にマイナスの金利を適用した。その結果，短期金利（コールレート）だけでなく，中長期の金利（国債金利）でも，その水準がゼロを下回る現象が広がった。しかし，日銀が名目利子率をマイナスに誘導できる場合でも，すべての利子率が同じようにマイナスになるわけではなかったため，このマイナス金利政策には資源配分を歪める副作用が懸念された。

そこで日銀は，2016 年 9 月，「長短金利操作付き量的・質的金融緩和」を導入し，金融市場調節によって短期金利と長期金利（長短金利）を一定の範囲内に誘導する「イールドカーブ・コントロール（YCC）」を実施した。とくに，短期金利にはマイナス金利を適用するとともに，長期金利については，10 年物国債金利がおおむねゼロ％程度で推移するよう，長期国債を買い入れた。しかし，これらいっそうの金融緩和のもとでも，2％のインフレ目標は 2022 年まで実現されなかった。このため，いかなる非伝統的金融政策が有効かは，現在もさかんに研究が行われている。

貨幣供給への影響

非伝統的な金融政策のもとでは，第 **5** 章で説明したような，通常の教科書で前提とするさまざまな状況が成立しなくなる。たとえば，2000 年代以降，わが国では非伝統的な金融政策のもとでマネタリーベースが大幅に増加した。しかし，マネーストックは，マネタリーベースが増加したほどには増加しなかった。その結果，第 **5** 章の図 **5-2** で示したように，非伝統的な金融政策のもとで，マネタリーベースに対するマネーストックの比率を示す貨幣乗数は大幅に下落した。

非伝統的金融政策のもとで貨幣乗数が大幅に下落したのは，現金・預金保有比率（C/D）と銀行の預金準備率（R/D）のいずれもが増加したことによる。第 **5** 章でみたように，貨幣乗数 m は，現金・預金保有比率（C/D）と銀行の預金準備率（R/D）を使って，

$$m = \frac{(C/D)+1}{(C/D)+(R/D)}$$

と書き表される。簡単な計算から，現金・預金保有比率（C/D）や銀行の預金準備率（R/D）が増加すれば，貨幣乗数 m は下落することを確認することができる。

非伝統的金融政策のもとでは，名目利子率がゼロとなった結果，現金（C）や預金準備（R）を保有することの機会費用が事実上ゼロとなった。その結果，現金・預金保有比率と銀行の預金準備率のいずれもが大きく上昇したと考えられる。とくに，量的緩和政策のもとでは，銀行の預金準備率の増加が顕著であった。

第5章でみたように，名目利子率がプラスの通常時には，銀行の預金準備率は，法定準備率（日銀が定める必要最低限の準備率）に等しいという性質がある。これは，名目利子率がプラスのときには，利子の付かない預金準備を法定準備率を超えて保有することは民間銀行にとって無駄だからである。しかし，名目利子率がゼロとなった場合，預金準備を法定準備率を超えて保有しても，民間銀行には無駄が発生しない。このため，非伝統的金融政策のもとでは，民間銀行が預金準備を法定準備率で必要とされる金額を超えて保有する**超過準備**が大幅に増加した。

貨幣需要への影響

非伝統的な金融政策のもとでは，通常，貨幣需要の不安定化も顕著となっている。たとえば，古典派の貨幣数量説の一種であるケンブリッジ方程式では，貨幣需要量（M）が名目国民所得（PY）に比例するものとして，

$$M = kPY$$

図 7-8　非伝統的金融政策とマーシャルの k

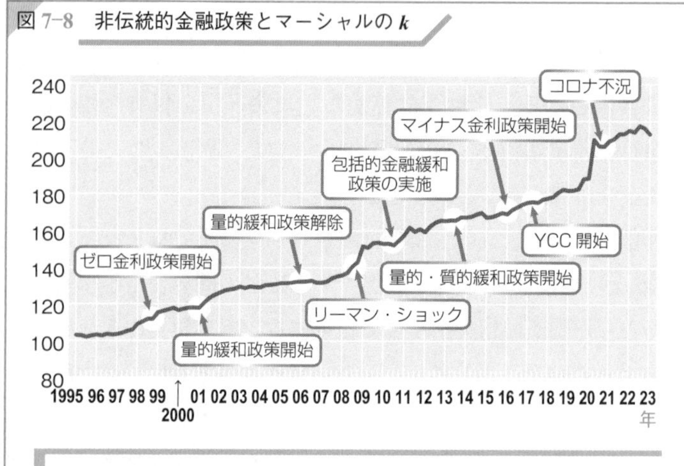

マーシャルの k は，1990 年代以降，大胆な金融緩和が行われてきた下で上昇を続けている。とくに，2008 年秋のリーマン・ショック前後，2013 年 4 月に量的質的金融緩和の実施以降，コロナ不況以降は，それぞれマーシャルの k の上昇が加速している。その結果，1990 年代半ばには 106 程度であったマーシャルの k は，2020 年には 200 を上回った。このことは，近年，貨幣の流通速度が大幅に低下したことを示している。今日，日銀がマネーストックを増加させても，名目 GDP はそれほど増えない状況が続いている。

（注）　マーシャルの $k = \dfrac{\text{M2}}{\text{名目 GDP}}$

と書き表され，マーシャルの k と呼ばれる右辺の係数 k は一定と考えてきた。

しかし，**図 7-8** で示されているように，非伝統的な金融政策が行われた 2000 年代以降，マーシャルの k は大幅に上昇している。マーシャルの k は，1990 年代半ばには 100 を少し超える程度であったが，2020 年には 200 を上回った。

貨幣の流通速度を V とすると，マーシャルの $k = 1/V$ という関係が成立するので，このことは非伝統的な金融政策のもとでは，貨幣の流通速度が大幅に低下し，その結果，貨幣需要が大きく不安定化していることを示している。

わが国では非伝統的な金融政策のもとで，市場に供給される貨幣量は大幅に増加した。しかし，貨幣の流通速度が大幅に低下した結果，名目国民所得は伸び悩み，増加した貨幣は十分に市場の取引に活用されていないのが実情であった。

インフレ下の植田日銀

量的・質的金融緩和政策によって異次元の金融緩和が行われたもとでも，日銀は長い間，2%のインフレ目標を達成することができなかった。しかし，2022年に入り，ロシアのウクライナ侵攻などの影響によって世界的な資源高や食品価格の上昇が発生した結果，日本の消費者物価も，日銀が目標とする2%を超えて上昇した。そうしたなか，2023年4月には，10年ぶりに日銀総裁が交代し，植田和男（東京大学名誉教授）が日本では初めて学者出身の総裁として就任した。

植田総裁のもとでの課題は，インフレが少しずつ顕在化するなかで，これまでの異次元の金融緩和をどのように見直すかである。金融緩和にはインフレ率を高める性質があるので，持続的なインフレが発生すれば金融を引き締める必要がある。

ただ，日本では，物価が上昇しつつあるとはいえ，他の先進主要国に比べると，インフレ率はそれほど高くなかった。このため，これまでの金融緩和政策を全面的に見直すことは難しい面がある。その一方で，異次元の金融緩和が日本経済にさまざまな副作用をもたらしうることを勘案すれば，長年続いてきた超金融緩和政策の見直しは必要である。日銀は，イールドカーブ・コントロール

（YCC）の上限を引き上げることで，10年物国債の金利が上昇することを許容し始めている。さらなる政策の見直しが行われる日はそれほど遠くないかもしれない。

練習問題

1 実質GDPが安定したトレンドのまわりを変動するケースと，実質GDPのトレンド自体が変動するケースでは，経済変動を安定化させる経済政策がもつ意味合いはどのように異なるか。

2 しばしば，同じ経済政策でもその効果は1回目の方が2回目以降よりも大きいことが指摘されている。この指摘の意味を，ルーカス批判の立場から説明せよ。

3 名目利子率は常に5％であったが，すべての価格が上昇し，それまで1％であった物価上昇率が4％まで上昇した。このとき，実質利子率は何％から何％に変化したといえるか。また，その変化によって，お金を借りていた企業の負担はどうなると考えられるか。

4 財政政策が国民所得に与える効果は，*IS*曲線や*LM*曲線の傾きなど，マクロ経済の構造に依存する。このため，国民所得を一定額増加させるために必要な政府支出は，マクロ経済の構造が異なれば違ってくる。以下で記述するケースのうち，国民所得を一定額増加させるために，通常より多くの政府支出が必要となると考えられるものはどれか。記号で答えよ。

(1) 貨幣需要が利子率にほとんど反応しない。
(2) 流動性のワナの状況にある。
(3) 投資が利子率にほとんど反応しない。
(4) 限界消費性向が1に近い。
(5) 減税が同時に実施される。

（第7章 **練習問題の解答例** ➡ p. 434）

参考となる文献やウェブサイト

最近の金融政策の動向については，日本銀行のホームページの「金融政策」のサイトから詳細を知ることができる。

また，政府から公表されている景気に関するさまざまな統計に関しては，内閣府の「景気統計」のページから入手可能である。

非伝統的な金融政策をはじめ最近の日本の金融政策を取り扱った書籍としては，白川方明『中央銀行―セントラルバンカーの経験した39年』東洋経済新報社［2018］などがある。

第8章 財政赤字と国債

政府支出拡大のマイナス面

個人向け国債を募集するポスター

政府支出の増加は，有効需要を増加させたり，社会資本を増加させたりすることによって，経済全体にプラスの効果をもたらす。しかし，これらプラスの効果が，コストもなく生み出されるわけではない。なぜなら，政府といえども，その資金を何らかの手段で調達しなければならないからである。本章では，財政赤字の問題を中心に，政府支出の拡大がもたらすマイナスの側面を考察する。

1 財政政策の再考

●政府支出の拡大がもたらすもの

政府支出拡大の便益

第6章でみたように，ケインズ経済学では，政府支出の増大や減税は，乗数効果を通じて一国の総需要を増加させる。とりわけ，増税をともなわない政府支出の拡大は，その乗数効果が大きいことが知られており，その意味で国民所得を増加させるプラスの効果は大きいことになる。

加えて，政府支出の増加には，一国の総供給能力を拡大するというプラスの効果も期待できる。たとえば，政府支出が，道路・橋・港湾の建設といった公共事業に対してなされたケースを考えてみよう。この場合，公共事業費の増加は，有効需要を増加させるばかりでなく，道路・橋・港湾の建設をもたらし，それが有効利用される限り，社会共通の資本ストックとして社会のために役立つこととなる。

一般に，公共事業によって建設された資本ストックは，**社会資本** と呼ばれている。社会資本には，公園や美術館などのように，生活に関連したものも含まれる。しかし，社会資本のなかで大きなウェイトを占めるのは，道路・橋・港湾など生産活動に寄与するものである。このため，生産に関連した社会資本が有効に利用されれば，経済全体の生産性も高まり，一国の総供給能力も向上することになる。これが，政府支出拡大による **社会資本の生産力効果** と呼ばれるものである。

政府支出拡大のコスト　もっとも，政府支出の拡大がもたらすこれらプラスの効果が，何らのコストもなく生み出されるわけではない。なぜなら，政府といえども，その資金を何らかのコストをともなって調達しなければならないからである。

一般に，政府支出をまかなう手段の代表的なものは，税金（租税）と国債である。ここで，国債とは，国が発行する債券であり，それは国が民間の人々から借金をすることを意味する。

したがって，政府が国債を発行してその財源を調達した場合，国の借金は増加し，それが財政赤字となる。国債の発行は，租税の徴収とともに，今日では政府がその支出の財源を調達する主な方法となっており，国債なくしては今日の財政運営を語ることができないまでになっている。

国債の種類　国債にはいくつかの種類があるが，その大部分は建設国債と赤字国債である。建設国債は，道路や橋の建設などの社会資本の蓄積になる支出にあてるためのものであり，その効果が長年にわたることから，発行が財政法により認められている。

これに対して，赤字国債は，毎年の経常的な経費にあてるために発行される国債であり，日本では原則として発行が禁止されている（財政法第4条）。これは，人件費など政府の経常的支出まで借金でまかなうようになると，政府の財政に規律が働かなくなるという発想にもとづくものである。ただし，実際には，1975年以降，赤字国債は特例としてほぼ毎年発行されている。このため，赤字国債は特例国債ともいわれる。

日本の財政赤字の現状

日本がこれまで財政赤字をどれくらい累積してきたかを他の先進国と比較してみた場合，日本の現状はかなり深刻であることがわかる。たとえば，**図 8-1** は，1990 年以降に主要先進国の国・地方政府がどれくらいの債務を累積してきたかを，債務残高の対 GDP 比によって示したものである。

日本の財政赤字の累積は，1990 年時点では他の主要先進国と比べて際立って大きいものではなかった。しかし，1990 年代半ば以降の動きをみると，他の先進国の多くが債務残高の増加を抑制することに成功しているのに対して，日本だけが突出して債務残高を増加させている。これは，この時期，不況で税収が落ち込むなかで，景気を刺激するために減税が行われたことも一因である。しかし，近年では，高齢化による社会保障関係費の増加によって，財政赤字が累積の一途をたどっている。その結果，日本の対 GDP 比でみた債務残高は，先進国中でも突出することになってしまった。

他の先進国でも，深刻な経済危機が発生した際に政府債務残高が増加する傾向はある。とくに，2008 年秋のリーマン・ショック以降，世界同時不況のもとで他の先進国でも政府債務残高の対 GDP 比は上昇した。また，新型コロナウィルス感染症が発生した 2020 年には，すべての先進国で政府債務残高は大きく増加した。しかし，そのなかでも日本の政府債務残高は，リーマン・ショック以降でも，他の先進国のそれをはるかに上回るスピードで拡大した。また，コロナ禍では，多くの先進国が，2021 年以降，政府債務残高の対 GDP 比を減らしたのに対し，日本の政府債務残高の対 GDP 比は拡大を続け，その大きさがさらに際立つこと

図 8-1　主要先進国の国および地方の債務残高（グロス，GDP 比）

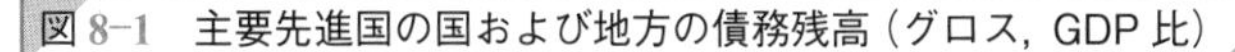

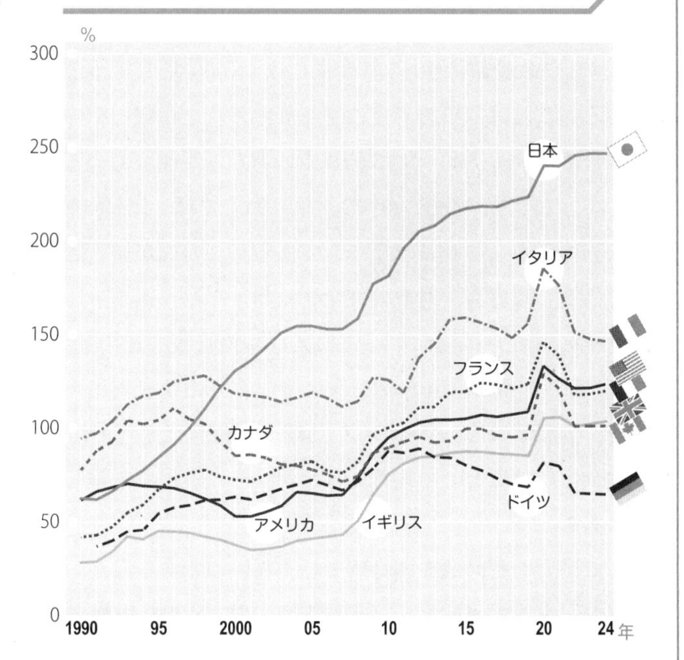

他の先進諸国と比較した場合，日本の政府債務残高の大きさは，1990 年代初頭それほど際立ったものではなかった。しかし，2000 年代前半には，他の先進諸国の多くが政府債務残高の増加を抑制したのとは対照的に，日本の政府債務残高は大きく増加してしまった。2008 年秋のリーマン・ショック後，他の先進国の政府債務残高も増加傾向を示しているが，日本の政府債務残高の増加の方は，それをはるかに上回るスピードで急速に進んでいる。コロナ禍を経た後も，日本の政府債務残高の大きさは突出しているといえる。

（出所）　OECD, *Economic Outlook* より作成。なお，2023 年以降の数値は OECD による予測値である。

となった。

毎年大量の国債を発行し続けてきた結果，日本の国債残高（すなわち借金）の総額は2023年度末には，1060兆円を超える見込みである。これは，その年度に予算計上された税収とその他政府収入の合計（一般会計）の15倍以上にあたる巨額なものである。

このような巨額の財政赤字の累積に対しては，「日本の財政は赤字依存体質からの脱却をすべきである」との説が繰り返し唱えられてきた。政府も，財政の健全化に向けた取り組みを行っているが，その道のりは険しい。たとえば，税収等（政府の税収と税外収入）から国債費（国債の利払いなど）以外の政府支出を引いたものを，プライマリーバランスと呼ぶ。政府は，その黒字化を財政健全化の目標として掲げてきたが，その実現すら難しいのが現状である。

それでは，なぜ財政赤字は望ましくないのであろうか。このまま財政赤字を放置すると，どうなるのであろうか。財政赤字の解消の必要性については，単に借金は好ましくないという素朴な観点からだけでなく，さまざまな経済学的な根拠から論じる必要がある。

2 国債の役割と問題点

●政府の借金はなぜ問題なのか？

国債の役割

財政赤字は，租税による収入が政府支出を下回ったときに発生し，国債の発行によってまかなわれる。ただし，それはあくまで国の借金であるので，最終的には将来の税収のなかから返済されなければならない。

国債の発行を行うことにより，政府は現在の税収に制約されずに必要な政府支出を実行できるという大きなメリットがある。とくに，一時的に財政赤字が発生しても，時間を通じた財政収支さえ均衡していれば，国債発行によって円滑な財政運営ができ，その意味である程度の財政赤字は必要な側面がある。

裁量的な政策の必要性を唱えるケインズ経済学は，より積極的な役割を国債に与える。たとえば，不況期における財政支出による景気拡大策を考えてみよう。第**6**章でみたように，ケインズ経済学においては，増税を行う場合には，それだけ政府支出による国民所得水準の増加は小さくなる。しかし，増税を行わず，増税額に対応するだけの財源を国債発行によって補えば，より大きな有効需要の増加の影響が経済に現れ，政府支出の増大は国民所得をより大きく増大させることができる。

国債の負担の問題

もっとも，より中期的な視点から国債発行の問題を考えてみた場合，巨額の国債発行は，さまざまな深刻な問題をともなう。第1の問題は，最終的に誰が借金を負担することになるかという **国債の負担** の問題である。

いま，増税をともなわない政府支出の増加が必要になり，国債が発行されたとしよう。この場合，国債発行の時点では，増税を行う必要がない。しかし，将来的にこの国債の償還（返済のこと）時点がきたときには，それをまかなうために税金を徴収しなければならない。つまり，政府の借金である国債を最終的に負担しなければならないのは，租税を支払う国民なのである。違いは，現在の政府支出増加のための増税が，現在なされるか将来なされるかのみである。したがって，政府支出を増加させるための国債発行は，結局は将来の増税という形の負担を意味する。

しかも，国債の大部分は長期国債といって，償還期限が10年や20年という長期のものである。とくに，国債の償還のために新たな国債を発行するという国債の借換えが行われれば，償還はさらに先のこととなる。この場合，国債は，それを発行した時点の人々の生存期間中に償還が行われず，その世代の人々には増税もない。むしろ，増税の負担を受けるのは，国債発行の時点では生まれていなかった子供や孫などの将来の世代ということになる。したがって，国債は，その負担を将来世代へ転嫁する側面があるといえる。

仮に国債が，建設国債であったなら，社会資本は将来の世代まで残るから，将来世代は負担だけでなく便益も受けることになる。しかし，もしこれが赤字国債であった場合，政府支出増による政府サービスの増加の便益を受けるのは現在世代である一方，償還のための税金を支払うのは将来世代であるので，純粋に負担のみが将来世代に転嫁されることになる。以上のような観点から，日本では建設国債は認められるが，赤字国債は原則として禁止されている。

国債発行のその他の問題点

国債発行にともなう第2の問題は，資本蓄積への影響である。国債は利子を生む資産の運用手段の1つである。よって，国債が保有されているということは，民間の貯蓄の一部が国債に回されていることになる。しかし，貯蓄は民間投資の資金でもあるから，国債が大量発行されて利子率が上昇すればクラウディング・アウトが発生し，民間投資が減少することになる。とくに，国債が社会資本の蓄積をともなわない赤字国債であれば，民間の資本蓄積の減少は，その分だけの将来の生産力の低下を意味する。この観点からも赤字国債は望ましくないとされる。

さらに，国債発行の第3の問題として，同じ世代内の所得分配上の問題がある。国債の償還は国民が負担するといっても，現実にはすべての人が均等に国債を保有しているわけではない。一方，税金は国民全体から徴収される。したがって，同じ世代のなかでも，国債の償還時には，国債を保有していない者から保有する者への所得の移転が行われることになる。

3 日本の財政赤字

●政府の借金はなぜ大きくなったのか？

日本の財政赤字の累積

それでは，なぜ日本は巨額の国債残高をかかえるようになったのであろうか。それをみるため，戦後の国債発行の経緯を振り返ってみよう。図**8-2**は，1965年度からの国債残高を建設国債と赤字国債に分けてみたものである。

終戦後の混乱期を除けば，戦後の日本において，1964年度まで財政赤字を出さないという均衡予算の原則が守られ，国債の発行は行われていなかった。また，建設国債が発行されるようになった1965年度以降も，その増加は70年代半ばまでは非常に緩やかなものであった。

ところが，第1次石油ショックによる深刻な不況のもとで，再び大幅な税収不足が発生した。そこで，1975年度には赤字国

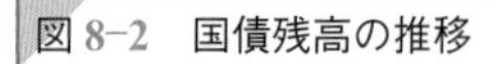

図 8-2　国債残高の推移

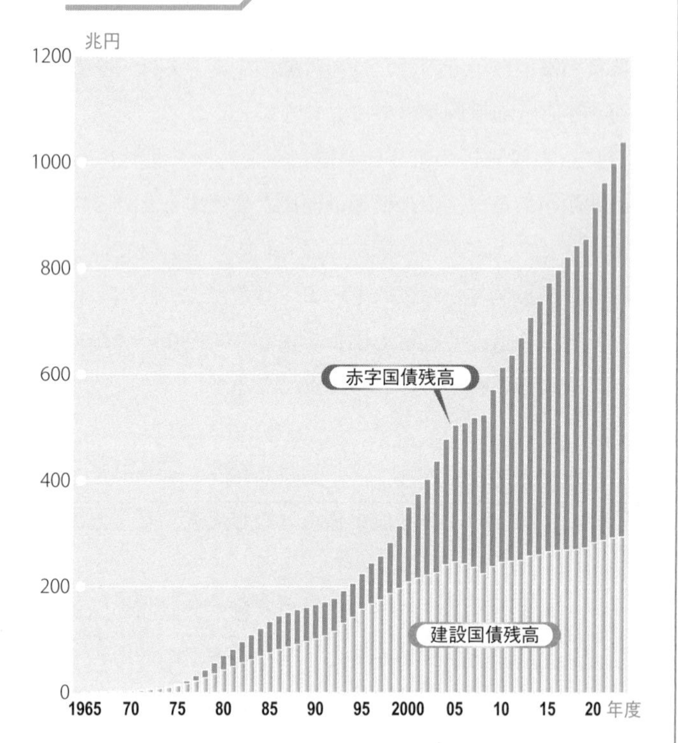

戦後日本の国債政策は，1964 年まで守られていた均衡予算の原則が，65 年に不況のなかでの建設国債の発行により破られることとなった。また，75 年以降，原則的に禁止されている赤字国債（特例国債）が毎年発行されるようになった。80 年代から 90 年代初めには，国債残高の伸びは一時的に鈍化したが，90 年代の長引く不況のなかで再び赤字国債が発行されることになり，国債残高は大幅に膨らんだ。2000 年代末には，世界同時不況の影響で税収不足が進んで国債残高に占める赤字国債の比率が大きく上昇し，コロナ禍を経てその傾向はさらに顕著となっている。

（出所）　大蔵財務協会『平成 15 年度版図表解説財政データブック』および財務省『最近 20 年間の各年度末の国債残高の推移』より作成。なお，2023 年度の数値は見込みである。

債（特例国債）を補正予算で発行してそれを補うことになった。そして，その翌年度以降は当初予算から赤字国債の発行を認め，特例であるべき赤字国債による財源調達が恒常化した。

1980 年代に入ると，財政赤字の縮小を目指して財政再建の試みが行われた。しかし，バブル崩壊後景気対策のための政府支出の増加と不況による税収減がダブル・パンチとなり，再び国債残高が大きく増加することになった。

その後，2001 年度から，歳出構造の改革を目指すよう財政再建に向けて再度方針が転換された。しかし，建設国債の発行額は縮小したものの，不況による税収減や社会保障費の自然増が進行したため，毎年の赤字国債発行額は巨額なものとなった。とくに，2000 年代末には世界同時不況の影響で税収がさらに大幅に落ち込み，国債残高に占める赤字国債の比率がこれまでになく高くなってしまった。その状況は，コロナ禍でさらに悪化してしまった。

日本の財政赤字の要因

このような国債発行の経緯をみると，建設国債や赤字国債発行の直接のきっかけは，不況による税収の落ち込みであったことがわかる。しかし，国債がいったん発行されると，翌年度からは発行が慢性化し，景気が回復しても発行額はほとんど減少していなかった。このような観点から財政赤字拡大の要因を分析してみると，日本で国債発行が慢性化してしまった大きな背景として，政府支出が硬直化していたことを指摘することができる。

もちろん，財政再建の試みはこれまで何度もなされてきた。とくに，2000 年代に入って，**図 8-3** からもわかるように，公共事業関係費の歳出は大幅に削減された。しかし，同時に，社会保障

図 8-3　最近における主な政府支出（一般会計）の項目の推移

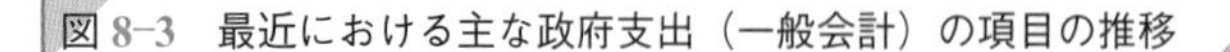

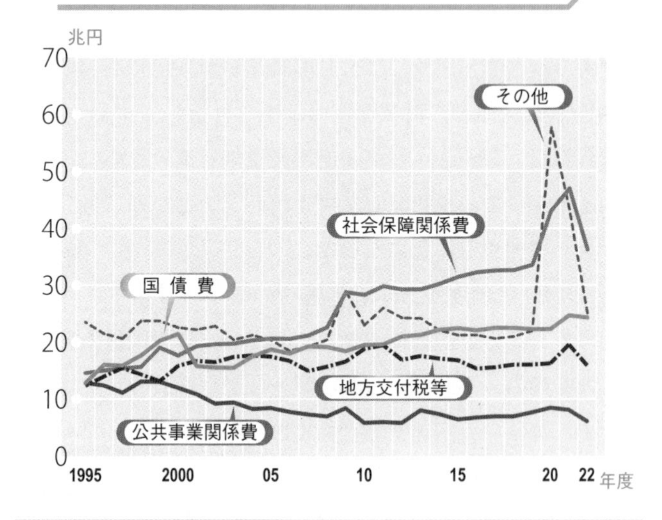

上図は，1995 年度以降の主な財政支出の項目の推移を振り返ったものである。主な財政支出の項目のなかで，1990 年代に増加した公共事業関係費は，2000 年代に入って大幅に削減された。これに対して，社会保障関係費は，毎年大幅な伸びを示している。国債費は，低金利のなかで緩やかな伸びにとどまったが，大きな歳出項目の 1 つである。なお，2020 年度や 21 年度に「その他」の財政支出が一時的に大きく増加しているが，これは新型コロナウィルス感染症対策として多額の予備費が計上されたことによるものである。

（出所）　財務省 HP・財政関係諸資料「一般会計歳出予算主要経費別分類」。2020 年度までは決算ベース。2021 年度は当初予算と補正予算の合計。2022 年度は当初予算。

関係費が大幅に上昇した。これは，高齢化の進展にともなって年金・介護・医療などに対する歳出が増加したことによる。日本は高齢化が急速に進んでおり，今後も社会保障の給付が経済成長を上回って増大すると予想される。将来にわたって持続可能な社会保障制度を維持していくためには，制度改革を早急に進めていく必要がある。とくに，人口の高齢化による給付の増加が現役世代の負担を年々増やしているため，給付と負担のバランスの確保や世代間の不公平の是正が求められている。

国債に対する利払いや償還にともなう費用を表す国債費も，社会保障関係費と並んで大きな歳出項目である。日本は，欧米に比べて租税負担率が低いため，経済成長が低迷するなかで財政バランスを確保できずその分を国債に依存してきた。しかし，国債発行残高の累増はすでに膨大になっており，増え続ける歳出を抑制することなしに，このまま財政赤字を継続することはほぼ不可能な状況となっている。

4 国債の中立命題

●財源調達方法の違いは影響するか？

国債の影響は中立か？

今日では，過度の国債発行は問題であるとする考え方がかなり主流である。しかし，国債発行に関しては，その必要性を主張するケインズ経済学と，まったく対極的な立場から，国債発行は経済に何ら影響も与えないという極端な考え方が存在している。この考え方は，将来を見通した家計の合理的行動に着目することから導かれるものである。

一般に国債を発行すれば，いずれは償還のための増税が行われる。したがって，家計が将来を見通して行動する限り，現在の国債発行によって一時的に減税が実施されたとしても，政府支出が変化しなければ将来的にはその国債の償還のために増税があると考えるはずである。このため，減税によって一時的に可処分所得が増加したとしても，将来を見通した合理的な消費者は，その財源が国債発行によるものである限り，生涯所得は変化しないと判断する。その結果，第2章で説明したライフサイクル仮説が成立する限り，生涯所得に依存する現在から将来へかけての消費の計画を変化させず，有効需要も増加しないことになる。

このように国債発行の後も消費支出が変化しない場合，減税により増えた可処分所得はそのまま貯蓄に回される。そして，この貯蓄の増加分は，その利子とともに，将来の国債償還の際に実施される増税の支払にあてられることになる。要するに，国民は国債の発行によって減税という所得を一時的に政府から受け取ったとしても，それを消費にあてることなく，償還時点がきたらそれと同じ額に利子を加えてそのまま政府に支払うだけなのである。

国債の中立命題（リカードの等価定理）

同様のことは，政府支出の増加をまかなうために，現時点の増税か国債の発行かのいずれかを行った場合でも当てはまる。**図8-4**は，このことを簡単な図にまとめたものである。

現時点で増税したケースと増税せず国債を発行したケースを比較した場合，現時点での可処分所得は増税したときのみ減少する。しかし，現時点で国債を発行したケースでは，将来時点で増税が行われるため，それによって可処分所得は減少する。このため，このことを見通して家計が合理的に行動する限り，現時点で貯蓄による調整が行われる。その結果，2つのケースでは，生涯所得が同じであることから，いずれも現時点および将来時点で同じだけ消費が減少し，そこにはまったく差が生じない。

図 8-4　国債の中立命題の概要

ケース 1　現時点で増税を行ったケース

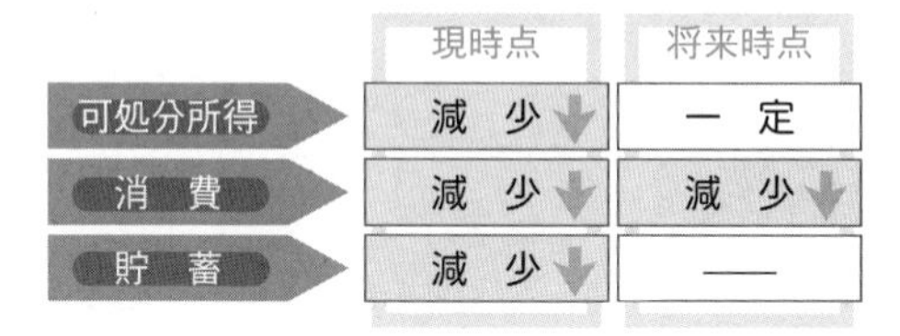

	現時点	将来時点
可処分所得	減　少 ↓	一　定
消　費	減　少 ↓	減　少 ↓
貯　蓄	減　少 ↓	——

ケース 2　現時点で国債を発行したケース

	現時点	将来時点
可処分所得	一　定	減　少 ↓
消　費	減　少 ↓	減　少 ↓
貯　蓄	上　昇 ↑	——

家計が将来を見通して合理的に行動している場合，政府支出を増税によってまかなうケースと国債の発行によってまかなうケースでは，消費に与える影響は同じである。

すなわち，「国債は現在の課税を将来に繰り延べたものにすぎないから，一定の政府支出の財源調達を国債によるか租税によるかという選択は人々の消費に何らの異なる影響を与えない中立的なものである」ことになる。このような考え方は，国債の中立命題といわれる。また，この国債の中立命題は，古く 19 世紀の経済学者**リカード**（D. Ricardo）により最初に主張されたため，リカードの等価定理とも呼ばれる。

なお，国債の中立命題は，国債発行による政府支出の増大がマクロ経済に中立であるという主張ではないことに注意する必要があろう。すなわち，国債の中立命題の意味することは，別のいい方をすれば，「政府支出の財源に関する調達方法が国債発行と増税のいずれであっても，そのマクロ経済に及ぼす影響は同じである」ということなのである。

生存期間が有限な場合の中立命題

もっとも，国債の償還は通常は長期に及ぶものであり，必ずしも国債発行によって増税を免れた人々の生存期間中に増税が行われるとは限らない。国債を償還するための増税が自分の生存中に行われない場合，国債発行はその世代の人々の生涯所得を増加させることになり，その結果，ライフサイクル仮説が成立する限り，その世代の人々の消費支出も増加させる。すなわち，長期の国債が発行された場合には，増税の負担は将来世代に転嫁されることになり，負担を免れた現在世代の消費支出は増加するという主張が成立する。

このような主張に対して，**バロー**（R. J. Barro）は，人々が自らの子供や孫の利益まで考えて行動する利他主義の存在を考えれば，生存期間中に償還がない長期の国債発行についても国債の中立命題が成立すると指摘した。すなわち，たとえ自らの生存期間中に増税が行われなくとも，増税は自分の子供や孫の世代には行われることがわかっている。したがって，子供や孫のことまで合理的に考えて消費を決定する家計は，増税を負担する子供や孫の世代の生涯所得を補う遺産を残すために，現在の貯蓄のみを増やし，消費を増やすことはないというのである。

長期の国債について中立命題が成立しないという主張は，家計のライフサイクルの視野が有限であり，増税は将来世代の負担となるという想定にもとづいている。よって，利他主義により世代

Column ⑰ 非ケインズ効果

国債残高が累積した経済において，政府支出の拡大が逆に消費など国内需要を減少させる非ケインズ効果が存在することが指摘されている。国債残高が一定のレベルを超えた場合，政府支出乗数による正の効果よりも，将来の負担の拡大がもたらす歪みによる負の効果が大きくなり，結果的に政府支出の拡大が経済にマイナスの影響を与えるという効果である。

マクロ経済学では，均衡予算乗数の定理に代表されるように，政府の予算制約式に注目して財政政策のインパクトを測ろうとするアプローチは古くから存在していた。しかしながら，伝統的アプローチでは，政府の予算制約式を考慮する場合でも，国債残高の累積がもたらす負の影響は二次的なものであると考えられてきた。これに対して，最近の研究では，政府の予算制約式自体が，財政政策のマクロ経済へのインパクトを考えるうえで，決定的に重要な役割を果たすと考えている。

「リカードの等価定理」は，その初期の研究である。非ケインズ効果は，これを拡張し，国債残高が一定レベルを超えて累積した場合，将来の税負担がもたらす歪みが大きくなり，政府支出の拡大が消費など国内需要にマイナスの影響をもたらすことを示している。

将来の国民負担の増加は，将来の経済活動にマイナスの効果を及ぼす。また，民間の経済主体がこのことを正確に認識して合理的に行動する場合，将来の国民負担の増加は，現在の経済活動にもマイナスの効果を及ぼす。したがって，仮に現在の政府支出が乗数効果などを通じてプラスの影響を経済にもたらす場合でも，その影響は将来の負担増加によるマイナスの効果で打ち消されることになる。とくに，将来に深刻な税制の歪みが発生する場合，非ケインズ効果が大きくなり，政府支出の増加が現在の経済活動に与える総合的な効果すらもマイナスとなる可能性が生まれる。

がつながっている家系を考えれば，それはあたかも無限のライフサイクルの視野をもって行動する家計と同じことになり，再び国債の中立命題が成立することになる。

国債の中立命題は現実に成立するのか？

もし現実の世界が中立命題の想定する世界に近ければ，一時的な減税や，国債発行により政府支出を増加させる財政政策の効果は，乗数理論や *IS–LM* 分析といったケインズ経済が示したものよりも小さくなる。したがって，実証的に国債の中立命題を確かめようとする試みは重要であり，このような観点から，日本においても国債の中立命題に関する実証研究が多く行われている。

しかし，これまでの実証研究では，国債の中立命題の成立について否定的な結果が多い。このように国債の中立命題が成立していない理由は，この命題が成立するための数々の前提条件が現実には満たされていないためである。

まず第1に，人々が子供や孫のことまで考えて行動するという利他主義の仮定は，現実の世界では必ずしも成立しないという点があげられる。たしかに，現実に遺産が残されていることが，利他主義が存在することの証拠とされるかもしれない。しかし，第**2**章第**7**節でみたように，遺産を残す理由は，必ずしも子孫の利益を考えて行動するためだけではないことに注意する必要がある。遺産が残されるという事実は，直ちに利他主義の存在の証明とはならないのである。

さらに，仮に利他主義による世代間の結びつきという前提が満たされていたとしても，中立命題の成立のためには，その他さまざまな前提が必要であり，それらは現実には満たされていない可能性が高い。そのような前提のうち代表的なものに，第2章第**5**節でみた家計の流動性制約の存在があげられる。

家計が最適な生涯消費計画を実行するためには，家計が望む消費水準よりも所得が少ないときには借金ができなければならない。しかし，現実には家計が望むだけのお金を借りて消費することはできないことが多い。このような流動性制約が存在する場合，望ましい水準以下しか消費していない家計は，減税による可処分所得の増加があれば，それを消費にまわすことになる。したがって，流動性制約が存在する限り，国債発行による減税は中立的ではなくなる。このように，国債の中立命題は，家計の直面する経済環境や行動様式についてのさまざまな前提条件がすべて満たされてはじめて成立する主張なのである。

5 課税平準化の理論

●課税の社会的コストと国債の役割

課税方式と中立命題

前節でみた仮定に加えて，国債の中立命題が成立するためのもう1つの重要な前提は，課税の方式が定額税（一括固定額税）でなされるということである。定額税とは，所得額や資産額などの課税基準に依存しない形で固定額を徴収するような税である。たとえば，すべての国民1人当たりにつき一定額の税金を課す人頭税がこれにあたる。

いうまでもなく，現実には定額税による課税方式がとられることはない。実際，所得税は所得が高くなるほど支払う税金も累進的に高くなる税制であるし，消費税は消費の一定比率を税金として納めるため，消費すればするほど比例的に税金が高くなる。そして，このような税制のもとでは，国債の中立命題はもはや成立しなくなる。

たとえば，いま，政府が国債を発行することによって，所得税率を一時的に引き下げ，将来引き上げるとしよう。可処分所得は，仮に同じ時間だけ働いたとしても，所得税率が高いときには少なく，所得税率が低いときには多くなる。このため，家計が労働時間を調整できるならば，税率の低いときに多く働き，高いときに少なく働こうとするであろう。したがって，政府が財源を調達するために，どの時点で国債を発行し，どの時点で税率を変更するかにより，労働時間に影響が生じることになり，国債の中立命題は成立しなくなるのである。

課税平準化の理論とは？

一般に，定額税以外の税制は，資源配分の非効率を発生させることが知られている。このような課税にともなう非効率は，定額税が行われない限り，避けることのできない社会的コストである。しかし，国債を発行し，課税のタイミングを適切に選べば，社会的コストは小さくすることができる。

課税の社会的コストの最小化という観点から，国債発行の役割を提言したのが，**バロー**である。バローは，課税の社会的コストが発生することは避けられないとしたうえで，そのコストを最小限にするためには，毎年の税率を平準化するように，国債発行額を決定する方がよいことを主張した。これが，課税平準化の理論と呼ばれるものである。

課税による資源配分の非効率は，税率が大きくなるほど逓増するものであると考えられる。この場合には，課税のコストを小さくしようとする観点からは，政府支出の必要額に応じて徴収する税金を変更するのではなく，なるべく時間を通じて税率が変化しないようにして課税する方が望ましい。

たとえば，人々の所得は，景気変動にともなって，増加したり，減少したりする。このため，政府が国債発行を避けるため，無理に税収を一定に保とうとすれば，不況期に税率を引き上げることが必要になる。しかし，このような税率の変化は，ケインズ経済学の立場から不適切なだけでなく，資源配分の効率性という観点からも望ましくない。

このため，不況期には国債を発行することで税収の減少を許容する一方で，好況期に増えた税収で国債を償還することが，課税の社会的コストの最小化という点からも正当化されることになる。すなわち，課税平準化の理論では，政府支出が一時的に税収よりも大きくなるときには国債の発行により税収不足分を調達し，政府支出が税収よりも小さくなるときに財政黒字を償還にあてるという国債発行のパターンが望ましいことになる。

6 日本の国債市場の動向

●低下を続けた国債金利

財政赤字と財政危機

国債は，政府の借金であり，いずれは返済しなければならないものである。このため，国債を償還するには，将来，増税や歳出カットなどによってその財源を確保することが必要になる。しかし，借金をした人が借りたお金を必ずしも返済するとは限らないのと同様に，政府の借金である国債も100％返済される保証は必ずしもないことには注意が必要である。

実際，国債残高が極端に膨れ上がると，国債の利払いや償還ができなくなる財政危機が発生し，その国の通貨の信頼を揺るがすことがある。財政危機は，敗戦国や成長に行き詰まった途上国で，これまでもしばしば発生し，経済に大混乱を引き起こしてきた。これらの国では，経済が極端に停滞し，国債の利子を支払うための税収すら確保できない状況が発生したことが原因である。

経済の停滞はそこまでは深刻ではなかったが，世界同時不況後のヨーロッパでも，2009年ごろからギリシャの深刻な財政赤字が明らかになり，ギリシャ危機が発生した。ギリシャ危機は，同様に財政赤字が深刻な他のヨーロッパ諸国（ポルトガル，アイルランド，イタリア，スペイン）でも国債の安全性に対する疑念を高め，その結果，それらの国々でリスク・プレミアムの上昇で国債の金利（利回り）が急騰しただけでなく，ヨーロッパ統一通貨であるユーロの信頼も揺るがす欧州債務危機へと発展した。

日本の政府債務残高を他国と比較した場合，アメリカやドイツといった主要国よりもはるかに大きいだけでなく，財政危機が顕在化したヨーロッパ諸国よりも数字上では事態は深刻である。たとえば，2022年の一般政府の債務残高は，財政危機が発生したヨーロッパ諸国でもGDP（国内総生産）と同程度なのに対して，日本は約2.5倍にまで膨れ上がっている。日本政府は，他の先進国に比べて「埋蔵金」などの資産が多いので，この数字は赤字を過大評価しているという意見もある。しかし，資産を差し引いた場合でも，日本の一般政府の債務残高はGDPを超えるという試

図 8-5　わが国の国債金利の推移

他の先進諸国と比較した場合，日本の債務残高の大きさは深刻である。しかし，わが国の国債金利の推移をみると，1990 年代末以降は，かつてない低水準で推移し，2019 年にはマイナスになった。仮に国債の安全性に対する疑念が高まるのであれば，リスクプレミアムによって国債金利は上昇するはずなので，このような国債金利の推移は，ひとつのパラドックスである。

（注）　利付 10 年物長期国債の応募者利回り。
（出所）　日本経済新聞社，Nikkei, NEEDS。

算が一般的で，事態の深刻さには変わりがない。

安定した国債金利　政府が国債を償還できず，破産してしまうケースは，国債の中立命題（リカードの等価定理）が成立しない極端なケースであり，そのような経済は**非リカード的経済**と呼ばれている。これまでのところ，先進国で政府が事実上破産し，借金である国債を償還できなくなった事例はほとんどない。ただ，日本政府もこのまま財政赤字の累積を放置すれば，破産という可能性は皆無ではない。

もっとも，1990年代末以降の日本国債の金利（利回り）は，かつてない低水準で推移してきた。**図8-5**からもわかるように，10年物国債の金利は，1990年代初頭には8%に達することもあったが，90年代を通じて下落を続け，2000年代に入っては2%を割り込んだ水準でほぼ推移している。とくに，2012年以降は10年物国債の金利が1%を大きく割り込み，16年，19年，20年には一時的にマイナスの値をとった。これは，国債を10年間保有しても利息がほとんどもらえないことを意味しており，きわめて低い利子率といえる。

よりパラドックスといえるのは，このような国債金利の低下が，日本の国債残高が大幅に増加した時期に起こったことである。他の先進諸国と比較した場合，日本の政府債務残高の大きさは深刻である。したがって，仮に国債の安全性に対する疑念が高まるのであれば，リスク・プレミアムによって国債金利は上昇するはずである。ただ，実際にマーケットで起こったことは国債金利の低下であった。政府債務残高の大幅な増加にもかかわらず，日本国債の安全性に対する疑念はまだ市場では顕在化していないことになる。

7 日本の国債金利の決定要因

●なぜ国債金利は低いのか？

ドーマー条件

これまでみてきたように，日本では，巨額の国債残高が累積したにもかかわらず，国債の安全性に対する疑念が高まることはほとんどなく，国債金利の低下が続いてきた。このような国債金利の低下は，政府が国債を借り換えたり，新規に発行したりする際のコストを減少させ，財政赤字の増加を抑制する役割も果たしてきた。

図8-3でみたように，近年，国債の借り換えや利払いにともなう国債費は，社会保障関係費に次いで，政府支出の大きな項目となっている。しかし，もし国債金利が上昇していれば，利払い費が増加し，国債費はさらに大きなものとなっていたはずである。国債金利の低下が続いてきたからこそ，国債残高が巨額になったにもかかわらず，国債費を**図8-3**の水準に抑えることができたと考えることができる。

とくに，日本では，金利が経済成長率を下回った結果，巨額な政府債務のもとでも，財政破綻が起こるリスクを回避できた面がある。なぜなら，国債の利払い費が政府債務を拡大させる場合でも，経済成長率が国債金利を上回る限り，既存の国債残高の対GDP比は減少するからである。

一国の財政破綻が起こるかどうかは，GDPに対して政府債務がどれだけの大きさにあるかに依存する面が強い。このため，金利が経済成長率を下回る経済では，政府債務やその利払い費が大きくても，財政破綻が起こるリスクは小さくなると考えることができる。

利子率と経済成長率を比較し，財政の維持可能性を調べる基準は，ドーマー条件と呼ばれる。すなわち，ドーマー条件では，利子率が経済成長率よりも低ければ，財政は破綻せずに安定化に向かい，逆に，利子率が経済成長率よりも高ければ，財政破綻へと導かれてしまうと考える。ドーマー条件に従えば，日本では利子率が経済成長率よりも低かったことで，巨額の国債残高が累積したにもかかわらず，国債の安全性に対する疑念が高まることがなかったといえる。

日本固有の理由

膨大な政府債務残高にもかかわらず，日本の国債金利が低水準で推移してきたのには，いくつかの理由がある。

まず第1は，日銀による超低金利政策である。第7章でみたように，日銀は，ゼロ金利政策など，利子率をゼロに近い水準に維持する政策を1990年代末から一部の時期を除いて継続している。しかも，この超低金利政策を，消費者物価が安定的に上昇するまで継続するという公約も行っている。この公約による時間軸効果によって，市場では当分の間は短期の利子率が低いままであるという期待が広がり，それが長期の利子率である国債の金利を押し下げてきたといえる。

第2は，物価が下落するデフレへの期待が依然として根強いことがある。第7章のフィッシャー方程式が示すように，名目利子率と物価上昇率の間には，名目利子率＝実質利子率＋物価上昇率（インフレ率），という関係がある。このため，市場で当面は物価が上昇率しないというデフレ期待が支配的となると，それだけ名目利子率が低下し，その結果，国債の金利も低水準で推移することとなる。

第3は，日本では将来的に増税の余地がまだあることである。ヨーロッパ諸国では，日本の消費税に対応する付加価値税の税率が20%を超える国は少なくなく，財政赤字が大きくなっても，それを税率アップで解消することは難しい。これに対して，現在の日本の消費税の税率は2019年10月に引き上げられても10%

Column ⑱ 数式でみた「ドーマー条件」

以下では，国債残高の対 GDP 比が一定の値に収束して財政破綻は生じないための条件である「ドーマー条件」を数式を使って説明する。いま t 年の（国債利払い費以外の）政府支出を G_t，期首の国債残高を B_{t-1}，税収等を T_t と表す。このとき，国債金利が r^B とすると，各年の政府の予算制約式は，

$$G_t + r^B B_{t-1} = B_t - B_{t-1} + T_t,$$

となる。この式は，今期の政府支出に過去に発行した国債への利払い費を加えた歳出が，今期の新規国債発行額と税収等（政府の税収と税外収入）の合計と一致することを示している。

この政府の予算制約式の両辺を GDP（Y_t）で割って整理すると，経済成長率を表す $\mu \equiv (Y_t - Y_{t-1}) / Y_{t-1}$ が一定の値をとるとき，国債残高の対 GDP 比の変化は，以下のように表すことができる。

$$b_t - b_{t-1} = \frac{(r^B - \mu)}{(1+\mu)} b_{t-1} + g_t - \tau_t,$$

ここで，$b_t \equiv B_t / Y_t$，$b_{t-1} \equiv B_{t-1} / Y_{t-1}$，$g_t \equiv G_t / Y_t$，$\tau_t \equiv T_t / Y_t$，である。

上式は，GDP 比でみたプライマンリーバランス（$g_t - \tau_t$）を所与とした場合，国債残高の対 GDP 比の拡大幅がますます増大するのか，それとも減少して国債残高の対 GDP が一定の値に向かうのかは，右辺の b_{t-1} の係数 $\{(r^B - \mu)/(1+\mu)\}$ がプラスであるかマイナスであるかによって決まることを示している。とくに，$1+\mu > 0$ であることから，$(r^B - \mu)$ が正か負かに依存して，国債残高の対 GDP 比（すなわち，b_t）が拡大し続けるか，それとも一定の値に向かっていくかが決まることがわかる。

この性質から，利子率（r^B）が経済成長率（μ）を上回れば，政府が大幅な増税（τ_t の増加）や政府支出のカット（g_t の減少）を継続して行わない限り，国債残高の対 GDP 比は増加し続け，財政破綻につながる。逆に，利子率（r^B）が経済成長率（μ）

を下回れば，増税や政府支出カットを行わなくても，各期の $g_t - \tau_t$ を所与とすれば，国債残高の対GDP比率は一定の値に落ち着くことになり，財政破綻は起こらない。

このように，利子率と経済成長率を比較して，財政の維持可能性を調べるのが，「ドーマー条件」である。すなわち，ドーマー条件とは，利子率が経済成長率よりも低ければ，財政は破綻せずに安定化に向かい，逆に，利子率が経済成長率よりも高ければ，財政破綻へと導かれてしまうという，財政の安定性をチェックするための重要な条件となる。

で，これをヨーロッパ諸国並みの20%へと引き上げれば財政赤字の多くが解消できることになる。

消費税の引上げに対しては国民の反発も多く，また消費税の引上げ自体は景気に一時的にマイナスに働くかもしれない。しかし，財政赤字解消という点からは明らかに有効な手段であり，そのことが消費税引上げの余地が大きい日本政府が破産する可能性は小さいという認識を市場に与えているといえる。日本政府が破産しなければ，国債のリスク・プレミアムは発生せず，その結果，国債の金利も低水準で推移する。

国債を保有しているのは誰か？

国債の金利が上昇しない第4の理由は，マクロ・レベルでみた日本の貯蓄と投資のバランスが，貯蓄超過にあることである。財政赤字は，政府部門の貯蓄がマイナスであることを意味する。しかし，家計部門や法人部門を含む日本経済全体でみると，貯蓄が投資を上回っており，この余剰資金が財政赤字を補ってもなおプラスとなっている。

近年では高齢化にともない家計の貯蓄率は大きく減少したが，家計部門は2023年3月末時点で2000兆円を超える金融資産を保有している。また，従来は投資が貯蓄を上回っていた法人部門でも，内部留保という形で貯蓄を増やす企業が増えていて，これが日本経済全体では家計部門の貯蓄率の下落を打ち消す形になっている。

政府の借金である国債残高が膨らんでも，国内で国債に対する購入意欲が高ければ，国債の利回りも低水準で推移すると考えられる。この状況は，国債の外国人保有比率が高く，それが国債利回りの動きを不安定にしてきたアメリカやヨーロッパ諸国とは大きな違いである。日本の国債の外国人保有比率は，2023年3月末時点でも15%程度である。

ただし，日本国債の保有者の内訳をみると，国債の保有が特定の主体に極端に偏っていることがわかる。図**8-6**は，2011年12月末と23年3月末の国債の保有者内訳を示したものである。大きな特徴は，かつては預金取扱金融機関である銀行や年金・保険といった金融機関の保有比率が高かったことである。2011年12月末時点では，銀行など預金取扱金融機関や保険，年金基金からなる民間金融機関（金融仲介機関）の保有残高は，全体の65%を超えていた。2023年3月末には，民間金融機関の保有残高は全体の30%程度に低下したが，それでも高い比率であることには変わりがない。

銀行や保険会社が，日本国債を大量に保有している理由は，日本経済が低迷するなかで預金や掛け金で受け入れた資金を運用する先が限られていることがあげられる。加えて，銀行や保険会社

図 8-6　国債等の保有者内訳

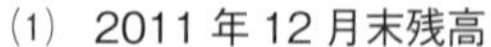

(1)　2011 年 12 月末残高

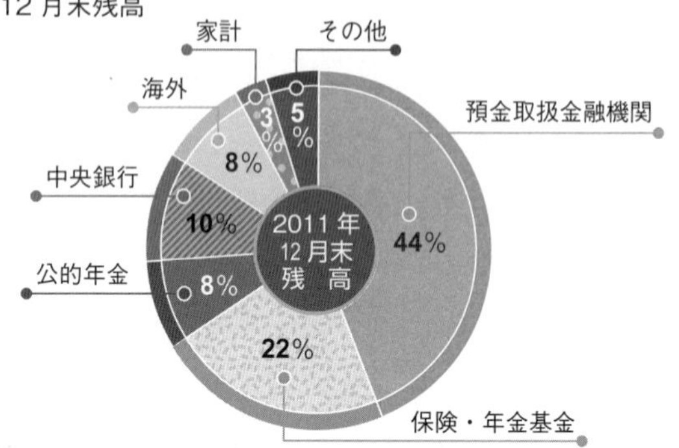

(2)　2023 年 3 月末残高

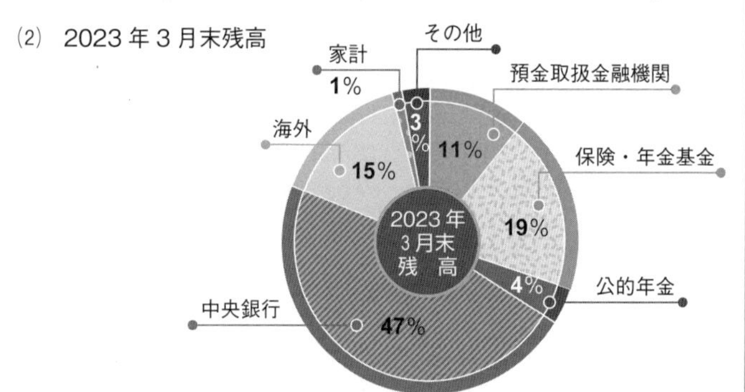

上図は，2011 年 12 月末と 2023 年 3 月末の国債等の保有者内訳を示したものである。日本の大きな特徴は，国債の大半が国内で保有されていることである。かつては，銀行など預金取扱金融機関や年金・保険といった金融機関の保有比率が高いシェアを占めていた。しかし，近年では，銀行（預金取扱金融機関）がシェアを減らす一方で，中央銀行である日銀が大きくシェアを占めている。

（注）1）国債等は，「国庫短期証券」「国債・財融債」の合計。
2）預金取扱金融機関は，国内銀行，中小企業金融機関等，その他金融仲介機関の合計。
（出所）日本銀行『資金循環統計』。

に対する最近の規制では，貸出や危険資産への投資より，国債を保有する方が有利になっていることも，金融機関に偏った保有比率を生み出す要因となっている。

ただ，このような金融機関に偏った国債の保有比率は，過度の財政赤字の累積によって金融市場に大きな混乱をもたらす可能性を高めている。なぜなら，国債の金利上昇は国債価格の下落を意味するため，国債の金利が少し跳ね上がっただけでも，国債を大量に保有する金融機関に大きなキャピタル・ロス（含み損）が発生し，それが金融市場を不安定なものにしかねないからである。

また，近年では，中央銀行である日銀が大きくシェアを高めている。日銀の保有比率は，2011年12月末時点では10%程度であったが，23年3月末には50%近くにまで上昇した。これは，第7章で説明したように，2013年4月以降，日銀が量的・質的金融緩和政策を開始し，長期国債の大量購入を続けていることによる。日銀の保有比率は，今後もよりいっそう高まることが確実で，国債の売却先として日銀に依存する体質がますます高まっていくことになる。現状では，日本政府がすぐに破産する可能性は小さい。しかし，財政赤字の過度の累積は，日本経済にさまざまな副作用をもたらす可能性が高いといえる。

これからの国債金利の行方

これまでみてきたように，日本では，巨額の国債残高が累積してきたにもかかわらず，国債金利の低下が続いてきた。しかし，2022年に入って物価上昇が顕在化し，国債金利が低下する一因であったデフレ期待が徐々に解消されつつある。また，それにともない，長期の利子率を引き下げる要因であった日銀の超低金利政策も見直しが始まっている。それを受けて，2022年夏には0.2%前後であった10年物国債の金利は，23年10月末には1%近くまで上昇した。

仮に日銀の超低金利政策をやめ，金融引締めへと政策を転換した場合，これまできわめて低い水準で推移してきた国債金利は上昇する可能性がある。国債金利の上昇は，国債価格の下落を意味するため，国債を大量に保有する金融機関に大きな損失をもたらすことが懸念される。また，国債金利の上昇は，政府が国債を借り換えたり，新規に発行したりする際のコストの増加につながるので，財政赤字をさらに拡大させることも懸念される。とくに，これまでは利子率が経済成長率を下回るドーマー条件が成立していたことで財政破綻は起こらなかったが，利子率が経済成長率を上回るようになれば，巨額な政府債務のもと，財政破綻が起こるリスクはこれまで以上に高まることになる。

現在のところ，国債金利の上昇がわずかであれば，その日本経済への影響は軽微で，日本国債の安全性に対する疑念が市場ですぐに高まるわけではないという見方が一般的である。しかし，少子高齢化が急速に進行する日本では，今後，国内の貯蓄超過は徐々に縮小することが見込まれている。その結果，民間部門の貯蓄でこれまでのように財政赤字（政府部門のマイナス貯蓄）を支えることも難しくなっていく。そうしたなかで，今後も物価が上昇し，国債金利が上昇し続けるようなことがあると，巨額の国債残高が累積しても国債金利は低いので大丈夫といった楽観論は成り立たなくなるかもしれない。

練習問題

1. 一般の家計の多くは，住宅ローンを利用するなどごく普通に借金をしている。このような家計の借金と比較した場合，政府の借金である国債の発行が問題とされる点は何か。負担の転嫁という観点から論じなさい。
2. 国債発行による減税は，国債の中立命題が成立する世界では家計消費を変化させない。それでは，ケインズ型消費関数のもとで減税が家計消費を増加させるのは，家計の消費行動に関するどのような想定が異なっているからか。
3. 近年，「公共事業は，もっと削減すべきである」という主張をよく耳にする。公共事業は，有効需要を増加させると同時に，社会資本を増加させるという望ましい側面があるにもかかわらず，なぜこのような主張がなされるのであろうか。
4. 経済状況が不安定な発展途上国などでは，財政赤字が累積し，国債残高が大きく膨らんだ場合，国債の金利（利回り）が大きく上昇することが多い。この理由を簡潔に説明せよ。

（第 8 章 **練習問題の解答例** ➡ p. 434）

参考となる文献やウェブサイト

予算決算など財政に関する統計は，財務省のホームページにある「統計情報」から，さまざまなデータを入手することができる。

財政理論の基礎を説明したものに，土居丈朗『入門財政学（第 2 版）』日本評論社［2021］ある。また，日本の財政の現状をわかりやすく説明したものに，関口祐司編著『図説 日本の財政　令和 5 年度版』財経詳報社［2023］がある。なお，後者は毎年改訂されているので，最新版を読むことをお勧めする。

第9章 インフレとデフレ

価格調整とそのコスト

バーゲンセールの風景

経済学では，一般物価水準が継続的に上昇する状態はインフレ，また一般物価水準が継続して下落する状態はデフレと呼ばれる。インフレやデフレはさまざまな原因によって発生する。本章では，インフレやデフレの原因を説明すると同時に，インフレやデフレがなぜ望ましくないかを考察する。

1 戦後日本の一般物価水準の推移

● CPI と CGPI でみた日本のインフレ

CPI や CGPI とは?

一般物価水準を数量的に表すものとして，物価指数がある。なかでも，総務省が公表している消費者物価指数（CPI）と日本銀行が公表している企業物価指数（CGPI）(2002年12月公表時より卸売物価指数（WPI）から名称が変更）は，マクロ経済学において最も頻繁に使われている物価指数である。また，内閣府が作成している国民経済計算において，名目 GDP と実質 GDP の比から事後的に計算される GDP デフレーターも，物価指数の1つである。

消費者物価指数は，消費財に関する物価指数であり，家計が購入する財に関する総合的な価格動向を表す指標となっている。一方，企業物価指数は，原材料などの中間投入物に関する物価指数であり，企業が購入する財に関する総合的な価格動向を表す指標となっている。

経済学では，一般物価水準が継続的に上昇する状態は，インフレーション（略して，インフレ）と呼ばれる。また，一般物価水準が継続的に下落する状態は，デフレーション（略して，デフレ）と呼ばれる。物価の動向は，代表的な物価指数の上昇率や下落率をみることによって把握することができる。

日本のインフレ率

図 **9-1** は，過去60年ほどの間の日本経済における消費者物価指数（CPI）と企業物価指数（CGPI）の推移をみたものである。日本経済は，戦後

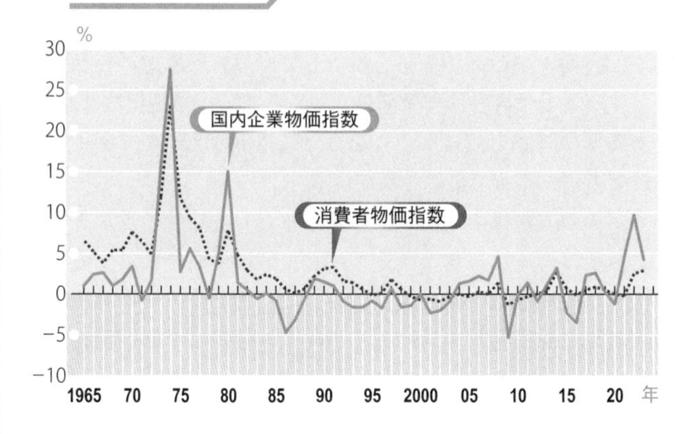

上図は，過去約 50 年のインフレ率の動向を振り返ったものである。日本では，1970 年代半ばから 80 年代初めにかけて，二度の石油ショック期に物価の急騰が発生した。しかし，1980 年代後半には，インフレ率は低水準に落ち着き，企業物価が大幅に下落した。また，経済が長い間低迷するなかで，消費者物価も 1990 年代末から下落が始まり，2000 年代にはデフレの進行が大きな問題となった。しかし，2022 年には世界的な原材料価格の上昇により，企業物価が大幅に上昇し，それにともなって消費者物価指数でもインフレが顕在化した。

（注）　国内企業物価指数は総平均，消費者物価指数は全国総合。いずれも 2020 年基準。ただし，消費者物価指数の 1970 年以前の値は 1980 年基準。また、2023 年の値は、2023 年 7 月時点における Consensus Economics の予測値。

（出所）　日本銀行『企業物価指数』および総務省『消費者物価指数』。

の混乱期を除けば，1960 年代までは，比較的安定した物価水準のもとで，持続的な経済成長を遂げてきた。

しかし，**図 9-1** から明らかなように，1973 年と 74 年には企業物価と消費者物価が急騰し，いずれの上昇率も，年率で 10% をはるかに超える大きなインフレが発生した。この時期は，世界

Column ⑲ 物価指数

経済の平均的な価格動向を示す指標が物価指数である。しかし，個々の商品の価格を集計して一般物価水準の指数を計算することは容易な作業ではない。そこで，物価指数は通常，ある基準時点を設け，それをもとに以下の2つのウェイト付けの方法によって集計されている。

第1の方法は，集計の際に基準時点の各品目の数量を固定し，その構成比でウェイト付けして個別価格を集計するもので，ラスパイレス式と呼ばれている。第2の方法は，現在時点の数量を固定した構成比でウェイト付けした個別価格を集計するもので，パーシェ式と呼ばれている方法である。

一般に価格の集計に際してどの方法を選ぶべきかに関しては客観的な基準は存在しないため，どの指数を選ぶかによって物価指数の値は異なってくる。また，これらの物価指数には，人々の購入パターンの変化によって起こる各品目の構成比の変化が十分に考慮されない点や品質の変化による影響をとらえることができないという問題点もある。

本文で説明した消費者物価指数（CPI）と企業物価指数（CGPI）は，そのウェイトが基準年で固定されているという意味で，ラスパイレス物価指数となっている。一方，同じ価格動向を示す指数でも，GDPデフレーターは，かつてはそのウェイトが比較年で固定されるパーシェ指数であった。

ただ，コンピュータ関連など品質向上のスピードが著しい製品が次々と登場し，そのウェイトが急速に高まっている近年では，価格指数を計算する際のウェイトを長い間固定しておくことには問題が大きい。このため，日本のGDPデフレーターの計算方法は大幅に改定され，2004年12月公表分からウェイトを毎年変更する連鎖方式に移行した。消費者物価指数や企業物価指数でも，連鎖方式による指数が参考指数として公表されるようになっている。

的に原油の価格が上昇した第1次石油ショックと呼ばれる時期に対応しており，同様のインフレはこの時期多くの先進諸国でも観察された。

また，1970年代末から80年代初頭にかけても，比較的大きな物価の上昇がみられた。この時期も，世界的に原油の価格が上昇した時期であり，第2次石油ショックと呼ばれている。ただし，インフレは，企業物価においてのみ顕著で，消費者物価の上昇はさほど大きいものではなかった。第1次石油ショックの苦い経験を教訓として，インフレを抑制することに成功したといえる。

一方，1980年代半ば以降は，物価水準の上昇率は企業物価と消費者物価のいずれも低く，とくに企業物価の上昇率はしばしばマイナスとなった。その原因としては，この時期に日本の通貨である円の価値が急速に上昇し（すなわち，円高が進行し），世界的な原材料価格の下落とともに，輸入品の価格を大幅に下落させたことがあげられる。また，1990年代以降は，経済の長期停滞によって総需要が低迷した。その結果，企業物価だけでなく消費者物価のインフレ率もきわめて低く推移するようになった。

近年の世界の物価動向

戦後長い間，先進国では持続的な物価の下落が観察されることはほとんどなかった。しかし，**図9-2**が示すように，1990年代半ば以降，多くの先進国では，緩やかな成長のもとでインフレ率が低下し，物価が安定するようになった。日本経済でも，ほぼ同時期に，消費者物価が下落し，物価が安定する時期が続いた。ただ，1990年代から2020年頃にかけて，多くの先進国のインフレ率が，一部の時期を除き，2％前後で推移したのに対して，日本のインフレ率は，

図 9-2　主要国のインフレ率

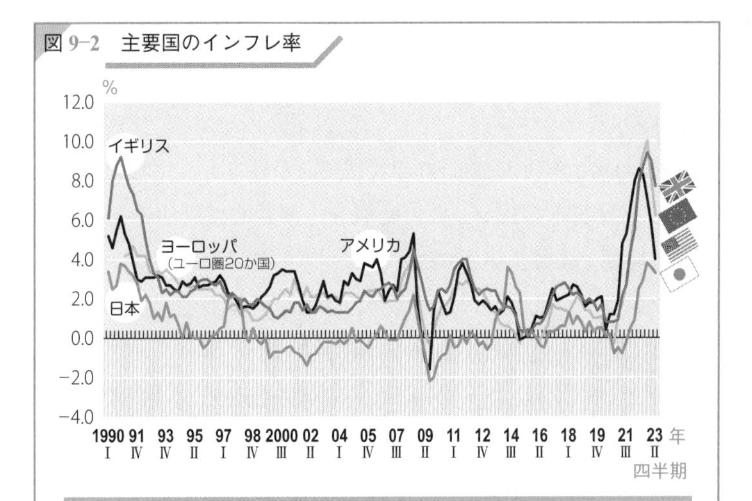

上図は，1990 年以降の先進主要国のインフレ率の推移を示したものである。1990 年代半ば以降，多くの先進国でインフレ率が低下した。ただ，世界的にインフレ率が低下するなかでも，日本の低インフレは際立ったものであった。2021 年から 22 年にかけて，多くの先進国のインフレ率は大きく上昇した。ただ，世界的にインフレが広がるなか，日本のインフレ率は他の先進国と比べると依然として非常に低いものであった。

（出所） OECD Stat より作成。

0％に近い値で推移しただけでなく，しばしばマイナスの値となるデフレが発生した。

世界的にインフレ率が低下するなかでも，日本の低インフレは際立ったものであった。とくに，デフレの進行は，長期化した成長率の低迷も相まって，日本経済に悪影響を及ぼしているのではないかという指摘も数多くなされた。

コロナ不況からの経済活動の急回復や世界的な資源価格高騰などが原因で，多くの先進国でインフレ率は 2021 年から大きく上昇した。とくに，2022 年にはロシアのウクライナ侵攻の結果，世界的に資源や食料品の価格が急騰し，多くの先進国では，一時10％近いインフレが発生した。

日本でも，輸入物価の高騰の結果，消費者物価指数が2022年には日銀が目標とする2%を大きく超えて上昇した。これは，消費税の引上げで物価が上昇した2014年を除けば，1991年以来の高い上昇率で，長年，物価の低迷が続いてきた日本にも変化の兆しがみられる。ただ，世界的にインフレが広がるなか，日本のインフレ率は他の先進国と比べると依然として低く，日本が長年続いてきた「物価の低迷」から真の意味で脱却できるかを見極めるにはもう少し時間がかかりそうである。

2 ディマンドプル・インフレーション

●超過需要が原因のインフレ

マネタリストの考え方

インフレの原因としてはさまざまなものが指摘されているが，その代表的な考え方の1つが，財市場において需要（ディマンド）が増加し，超過需要が発生した場合にインフレが起こるディマンドプル・インフレーションの考え方である。

一般に，総需要はさまざまな要因によって影響を受けるので，ディマンドプル・インフレーションといっても原因はさまざまである。好況期には，消費や投資など総需要が増加する結果，ディマンドプル・インフレーションが起こりやすいと考えられている。

しかし，**フリードマン**（M. Friedman）らに代表されるマネタリストは，貨幣の供給量を総需要を変化させる最も重要な要因と考え，名目貨幣量が実質国民所得の増加率を上回って増加することが，インフレの原因であると古くから主張してきた。

第5章第6節で説明したように，貨幣量の増加率は，中央銀行が基本的にコントロールすることができるものである。このため，このマネタリストの主張では，インフレが発生するのは，中央銀行が過度に貨幣量を増加させたことに原因があるとされた。

貨幣数量説にもとづく例

以上のマネタリストの主張は，貨幣数量説が成立する世界ではよく当てはまる。たとえば，第5章第4節で説明した以下のようなケンブリッジ方程式が成立するケースを考えてみよう。

$$M = kPY$$

ここで，Mは名目貨幣量，Pは一般物価水準，Yは実質国民所得である。

ケンブリッジ方程式の右辺の係数kはマーシャルのkと呼ばれているものであり，貨幣数量説では時間を通じて一定である。したがって，上式において一般物価水準Pが上昇するのは，MがYよりも上昇する場合となる。すなわち，名目貨幣量の上昇率が実質国民所得の上昇率を上回る場合に財市場に超過需要が発生し，ディマンドプル・インフレーションが起こることになる。

もっとも，実際にはマーシャルのkは必ずしも時間を通じて一定ではないので，以上の貨幣数量説にもとづくインフレの考え方は現実をかなり抽象化したものである。ただし，これまでの経験を振り返ってみた場合，名目貨幣量の上昇率が実質国民所得の上昇率を大きく上回った結果として大きなインフレが発生した事例は，数多く報告されている。

完全雇用とインフレ

乗数理論や*IS–LM*分析は，財市場の価格が変化しないことを前提とした考え方である。この前提条件のもとでは，総需要が増加すれば，それに応じていくらでも総供給が増加することになる。しかし，財市場において総需要が増加した場合，数量ばかりでなく，財の価格も変化すると考えるのが自然である。

とくに，利用可能な資本や労働がすべて利用されている完全雇用の場合，総需要が増えても総供給（実質国民所得）はそれ以上増加しない。このため，乗数理論や*IS–LM*分析は，実質国民所得が完全雇用に対応する水準よりも低い水準にあるときにのみ成立し，それ以外のケースではもはや当てはまらないことになる。

そこで，以下では，完全雇用が達成された場合の実質国民所得を完全雇用国民所得と呼び，Y_Fと表す。そして，Y_Fが達成されたもとでは，政府支出や貨幣量の増加は物価を上昇させるだけで，実質国民所得には影響を及ぼさないことをみていくことにする。

財政政策の例

はじめに**図 9–3** を使って，政府支出Gを増加させて*IS*曲線を右方へシフトさせたケースを考えてみよう。まず，初期時点において，実質国民所得水準Yが完全雇用国民所得Y_Fに等しいE_0点にあるとする。

この場合，右方へシフトした*IS*曲線と*LM*曲線の交点E'では，総需要に等しいYの水準はマクロ経済的に実現可能な総供給の上限である完全雇用国民所得Y_Fを超えてしまう。このため，財市場では総需要が総供給を上回るという超過需要が発生し，この不均衡な状態を解消すべく一般物価水準が上昇するディマンドプル・インフレーションが発生することになる。

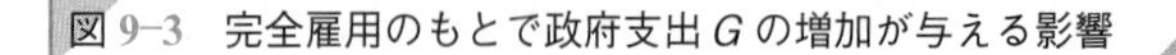
図 9–3　完全雇用のもとで政府支出 G の増加が与える影響

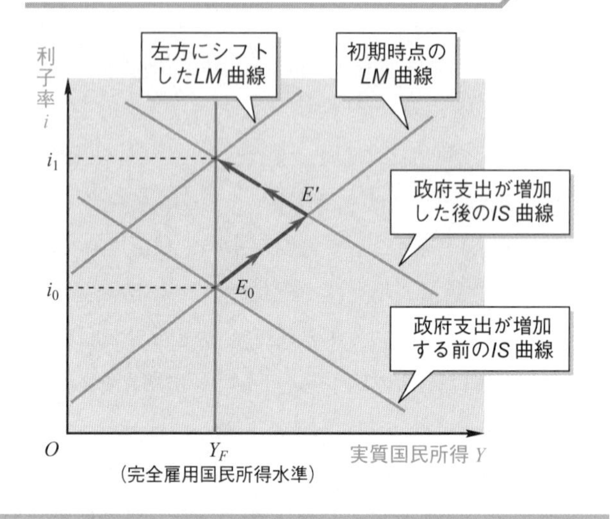

政府支出を増大させると，*IS* 曲線は右上方へシフトする。しかし，新たな *IS* 曲線と *LM* 曲線の交点 E' で示される総需要は，総供給の上限である完全雇用国民所得 Y_F を超えている。このため，超過需要のもとで一般物価水準 P の上昇は実質貨幣量 M/P を減少させ，*LM* 曲線を左方へシフトさせる。その結果，再び国民所得は完全雇用国民所得 Y_F となり，一般物価水準と利子率の上昇をもたらすのみとなる。

しかし，名目貨幣量 M が一定の場合，一般物価水準 P の上昇は実質貨幣量 M/P を減少させる。このため，E' 点では貨幣市場は超過需要となり，貨幣市場の均衡を表す *LM* 曲線は左方へシフトする。とくに，一般物価水準 P の上昇は，総需要に等しい Y が完全雇用国民所得 Y_F を上回る限り起こるので，この *LM* 曲線の左方へのシフトは *IS* 曲線と *LM* 曲線の交点で決まる国民所得 Y が完全雇用国民所得 Y_F に等しくなるまで持続する。その結果，政府支出の増加は，実質貨幣量の減少によって相殺され，最終的

図 9-4　完全雇用のもとで貨幣量 M の増加が与える影響

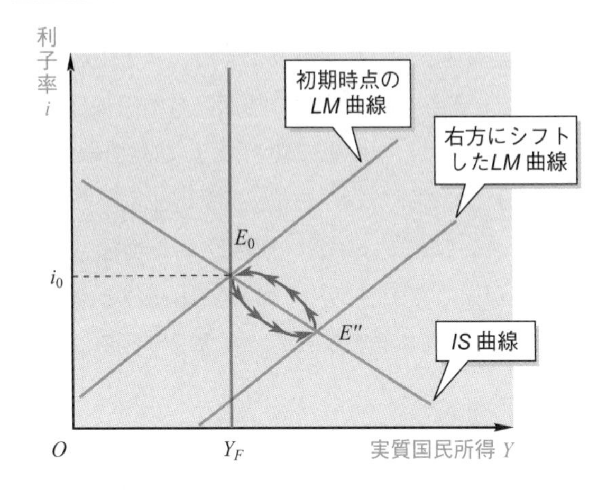

貨幣量を増大させる金融政策がとられると，一般物価水準 P が一定であれば，LM 曲線は右方にシフトする。しかし，新たな IS 曲線と LM 曲線の交点 E'' は，総需要が完全雇用国民所得 Y_F を超えるため，P が上昇する。この P の上昇は，実質貨幣量 M/P を減少させて，LM 曲線を左方にシフトさせる。その結果，国民所得は再び完全雇用国民所得 Y_F となり，名目貨幣量の増加は一般物価水準の上昇をもたらすのみとなる。

に国民所得にはまったく影響を与えず，一般物価水準や利子率を上昇させるのみとなる。

金融政策の例

同様の結果は，実質国民所得が Y_F に等しい E_0 点において，名目貨幣量 M を増加させたケースでも成立する。まず，名目貨幣量の上昇は，**図 9-4** で示されているように，物価水準が一定である限り，LM 曲線を右方へシフトさせる。しかし，この場合，IS 曲線と LM 曲線と

の交点 E'' では，Y は Y_F を超えてしまう。

このため，財市場が超過需要になることによって一般物価水準 P は上昇し，実質貨幣量 M/P が減少することで LM 曲線は左方にシフトする。一般物価の上昇は，均衡実質国民所得 Y が完全雇用国民所得 Y_F に等しくなるまで続くので，LM 曲線は IS 曲線との交点が元の E_0 点になるまで左方へシフトする。このため，完全雇用が成立するもとでは，名目貨幣量 M を増加させても，一般物価水準 P が同じ率で上昇するだけであり，この場合の金融政策は国民所得や利子率にはまったく影響を与えることはない。

3 コストプッシュ・インフレーション

●費用の上昇が原因のインフレ

コスト上昇の原因

前節では，総需要の増加がインフレを発生させるメカニズムを説明した。しかし，一般的に価格水準は需要と供給によって決定されるので，インフレの原因も，需要側だけでなく費用（コスト）側にも求めることができる。

このようにインフレの原因としてコスト（費用）の上昇を重視するのが，コストプッシュ・インフレーションの考え方である。この基本的な考え方は，企業が生産を行う際に必要なコストの上昇こそが一般物価水準を引き上げるというものである。

たとえば，各企業がその製品価格を決定する際には，通常，製品1単位当たりの生産コストがどれくらいであるかを考慮して決定する。このため，各企業の生産コストの上昇は，多かれ少なかれ，製品価格の上昇を引き起こすことになる。したがって，生産コストの上昇が経済全体に発生した場合，経済全体の物価水準も上昇し，インフレを生み出すことになる。

コストと価格水準

労働組合の圧力による過度の賃金上昇がインフレの原因になっているとする考え方は，このようなコストプッシュ・インフレーションの代表的なものである。一般に，労働の生産性が上昇している場合には，賃金も同じように上昇するのが自然である。しかし，労働の生産性の伸びを超えて名目賃金が上昇する場合，企業にとってそれは製品1単位当たりの生産コストの上昇につながる。したがって，労働組合の圧力により過度の賃金の引上げが行われた場合，それは製品価格の引上げにつながり，経済全体としては物価水準を上昇させることになる。

もっとも，インフレの原因を費用の上昇に求めた場合，日本のような天然資源に乏しい国では，その原因としてより重要なのは賃金の上昇よりもむしろ原材料価格の上昇である。とくに，原油の価格は，1970年代前半の第1次石油ショックと80年代初頭の第2次石油ショックの2回にわたって大幅に上昇し，日本経済に大きなインフレを生み出したことはよく知られている。また，2022年から23年にも，世界的な原材料価格が上昇した結果，日本でもコストプッシュ・インフレーションが発生した。

スタグフレーション

1970年代から80年代前半や2022年から23年にかけて多くの先進国経済で，不況にもかかわらずインフレが発生するスタグフレーションと呼ばれる状況がしばしば発生した。もしインフレの原因がディマ

Column ⑳ 生産性の上昇と物価の下落

先進各国の物価の動向をみた場合，1970 年代や 80 年代は高いインフレ率に悩まされた国も多く，不況期にはスタグフレーションも発生した。しかし，日本では 1980 年代の後半以降，欧米諸国でも 90 年代になって比較的物価が安定する期間が続いた国が多かった。その理由としては，この期間，全般的に原材料価格が安定していたため，各国でコストプッシュ・インフレーションが起こりにくい環境にあったことがあげられよう。また，ヨーロッパ諸国では，ユーロという共通通貨を実現させるため，各国政府が物価の安定を政策の最優先課題として取り組んだことも重要な要因であった。

ただ，最近の物価の安定を考えるうえでもう 1 つ重要な要因は，情報・通信面で大きな技術革新が進展したことである。これら技術進歩は，各企業の生産コストを大幅に削減するため，各企業の製品価格を下げる要因となる。いわばマイナスのコストプッシュ・インフレが発生したわけであり，それによってインフレ率も低水準で推移することとなった。

もっとも，これら技術進歩は，量的な面よりも質的な面の改善が多いため，物価の正確な計測を困難にするという問題を引き起こしている。たとえば，パソコン 1 台当たりの価格は，ここ数年で若干安くなった程度であるが，その性能は飛躍的に向上している。現在のものと同じ性能をもつコンピュータを数年前に購入しようとすれば，かなりの金額を支払わなければならなかったわけであるから，このような性能の向上も実質的には価格の下落として計算すべき性質のものである。このため，実際の物価統計でも，品質調整という形で性能の向上を価格の下落に反映させている。しかし，現実には，パソコンなど精密機械の質的向上を数量的に表し，物価統計に反映することは容易ではない。いかに正確に品質調整を行って物価統計を作成するかは今日の大きな課題である。

ンドプル・インフレーションであるならば，インフレは総需要が増加する好況の時期に発生するので，このようなスタグフレーションの存在はうまく説明することができない。

しかし，賃金や原材料価格などのコストの上昇は，価格の引上げにつながると同時に，企業の収入を圧迫し，その業績を悪化させることにもなる。なぜなら，企業は生産コストの上昇分をすべて値上げという形で製品価格に転嫁することは難しいからである。このため，コストプッシュ・インフレーションは，スタグフレーションを説明する考え方として，今日では幅広く受け入れられている。

4 インフレ期待の役割

●インフレに影響を与える第3の要因

なぜ期待が重要か？

ディマンドプル・インフレーションやコストプッシュ・インフレーションのほかに，インフレに影響を与える要因と考えられているのが，人々のインフレ期待（予想インフレ率）である。インフレ期待が変化すると，実体経済に何らのショックが発生していない場合でも，人々の需要行動や供給行動が変わることで，物価の動きに影響が及ぶ可能性がある。

財・サービス市場では，消費者は高いインフレ期待を抱けば値上がりしても財・サービスを購入する傾向がある一方，低いインフレ期待しかもたなければ値上がりする財・サービスの購入は控える傾向がある。このため，財・サービスを供給する企業も，人々のインフレ期待が高いと思えば値上げを行いやすいと考えるのに対し，低いと思えば価格の据え置きや値下げが必要と考えることとなる。その結果，インフレ期待が高まれば多くの価格が引き上げられる一方，インフレ期待が低ければ価格の上昇は起こりにくくなる。

労働市場でも，インフレ期待は名目賃金を変化させることで，インフレに影響を与える。労働者や雇用主（企業）にとって重要なのは，名目賃金ではなく，物価の影響を取り除いた実質賃金である。このため，労働者は，インフレ期待が高ければ名目賃金の引上げを強く要求する一方，低ければ名目賃金の引上げを求めない傾向がある。名目賃金の上昇はコストプッシュ・インフレーションの原因となるので，このことは，インフレ期待が高ければ賃上げにともなうインフレが起こる一方，インフレ期待が低ければインフレも起こりにくくなる。

中央銀行の役割

一般に，消費者や企業は，経済全体の一般物価水準の動向を正確に知ることは難しく，物価動向が不確実なもとで意思決定をしなければならないのが実情である。そうしたなか，中央銀行が今後の金融政策のスタンスを明確にし，そのもとでの物価の見通しを示すことは，人々が期待を形成するうえで重要な情報となる。このため，人々のインフレ期待をコントロールするうえで，中央銀行が果たす役割は重要であると考えられている。

今日では，多くの中央銀行が，将来の金融政策の方針を前もって表明するフォワード・ガイダンスを行っている。また，多くの中央銀行は，将来のインフレ率（物価上昇率）に目標値（インフレ目標）を設定すると同時に，今後の物価見通しを定期的に示している。中央銀行のこのような政策は，しばしば人々のインフレ期待を一定範囲に止めておく役割を果たしたと考えられている。とくに，過去にインフレに悩まされた多くの国々では，中央銀行がインフレ目標を設定した後，インフレを抑制することに成功したことが知られている。

5 予想されないインフレのコスト

予期せぬ所得の移転

インフレはなぜ悪いのか？

読者のなかには，幅広い品目の物価が上昇するインフレが経済に望ましくない影響を及ぼすことは自明であると思う人もいるかもしれない。しかし，経済学的にインフレがいかなるコストをもたらすものであるかは，意外に難しい問題である。そこで以下では，インフレが経済にもたらすコストを，予想されないインフレと予想されたインフレに分けて，順に検討していくことにしよう。

まず，予想されないインフレのコストは，一般に，予想されたインフレのコストよりも大きいと考えられている。これはあらかじめ予想されないインフレが発生した場合，予期せぬ所得の移転が発生するからである。

利子率の例

たとえば，われわれが銀行に預金する場合の利子率を考えてみよう。もしインフレ率が常にゼロであるならば，預金の名目上の利子率は預金によって実質的にもらうことのできる金額を正しく反映している。しかし，インフレによって物価水準が上昇した場合には，同じ金額の預金であってもその実質的価値は目減りするので，名目上は同じ預金金利であってもインフレ率が高ければ高いほどその実質的な魅力は小さくなる。

収入の実質価値という観点から利子率を考えた場合，預金者にとって重要なのは名目上の価値ではなく実質的な価値である。したがって，以上の結果は，預金者の所得を減らさないためにはインフレ率が上昇するにつれて預金の名目利子率も上昇させる必要があることを示している。第7章で説明したフィッシャー方程式において，名目利子率＝実質利子率＋インフレ率（物価上昇率の予想値），という関係が成立していたのもこのためである。

しかしながら，名目利子率は預金をする際に決定されるものであるので，預金をした後に予想されないインフレが発生する場合には，このような名目利子率の調整をすることができない。この場合，インフレが予想されなかった分だけ預金者が受け取るべき利子率は実質的に目減りすることになる。すなわち，予想されないインフレは，預金者のような貸手の所得を減らし，その分その資金の借手の所得を増加させるという予期せぬ所得の移転をもたらす効果があるのである。

賃金の例

われわれが仕事をする場合，その報酬として支払われる賃金はその金額があらかじめ決定されていることが多い。このような名目賃金があらかじめ契約によって決定される経済でも，予想されないインフレは予期せぬ所得の移転を生み出す効果がある。

というのは，労働者にとって重要なのは，契約によって決定される名目賃金（W）ではなく，それを一般物価水準（P）で割った実質賃金（W/P）だからである。したがって，予想されないインフレが発生し，その分だけ実質賃金が下落すると，労働者は所得のロスを被り，その分が企業への所得移転となる。

このような予期せぬ所得の移転を防ぐため，いくつかの国々では，インフレが予想以上に上昇した場合に賃金が自動的に上昇する **賃金の物価スライド制** を採用している。名目賃金が一般物価水準に応じて調整されるこの制度のもとでは，予想されないインフレに対しても名目賃金が調整されるので，実質賃金の下落という問題はある程度は回避できることになる。

不確実性の問題

以上のような予期せぬ所得の移転の発生以外にも，予想されないインフレは，経済の価格体系の不確実性を増大させることによって，経済活動の効率性に悪影響を及ぼすと考えられている。たとえば，われわれがさまざまな種類の品物を購入するときには，あらかじめ支出計画を立てて行うことが多い。

しかし，予想されないインフレが頻繁に発生している経済では，このような支出計画を効率的に立てることは難しくなる。というのは，品物の価格がめまぐるしく変化する状況のもとでは，将来的にどの品物が安くなり，どの品物が高くなるかという予想を立てるのが非常に難しくなるからである。したがって，予想されないインフレの存在は，人々があらかじめ設定した経済活動の予定を大きく狂わせてしまうという意味で，大きなコストを生むと考えられる。

6 予想されたインフレのコスト

●相対的には小さなコスト

予想されたインフレ

インフレがあらかじめ予想されたものである場合，そのコストはさほど大きくないというのが今日では一般的な考え方である。これは，すべての製品の価格が必ず上昇するということが人々の共通の認識となっている場合，人々はあらかじめそれに備えて行動を変化させることができるからである。

たとえば，前節で述べた賃金の例を考えてみよう。すでに説明したように名目賃金が一定であれば，インフレは労働者の実質賃金を低下させることによって労働者に損失をもたらす。しかし，将来的にインフレが発生することがすべての人々に予想されているような状況のもとでは，労働者は比較的容易に名目賃金の引上げを企業側に要求することができる。

なぜなら，インフレが完全に予想されている状態のもとでは，現在の名目賃金の引上げは単に実質賃金を維持するためだけであり，それによって企業側が実質的な損失を被ることがないことはわかっているからである。したがって，インフレが予想されたものである場合には，名目賃金があらかじめ引き上げられることによって，実質賃金の目減りによる労働者から企業への所得移転は発生しないことになる。

靴のコスト

しかしながら，仮にインフレが完全に予想されたものであったとしても，いくつかのコストが発生するといわれている。その第1のコストは，靴のコストと呼ばれているものである。

一般的に，インフレが発生すると，たとえばこれまで1万円で購入することができた品物が購入できなくなるという貨幣の実質的価値の下落が発生する。インフレがあらかじめ予想されたものである限り，預金であれば，このような貨幣の価値の目減りは，名目利子率の上昇によって実質的に補われる。しかし，現金は，そのまま保有しても，預金をしたときのような利子をもらうことができない。したがって，将来的にインフレが発生することが予想される場合，人々はこのような貨幣価値の実質的な目減りを防ぐため，できるだけ手持ちの現金の保有量を減らし，資産の大半をインフレの影響を受けない資産で保有しようとすることになる。

しかし，そのような行動は手間がかかるものである。というのは，資産の大半を銀行などに預けてしまった場合には，取引のたびに必要な現金を下ろしに頻繁に銀行に行かなければならないからである。このようなコストは，頻繁に銀行に行くことによって靴が傷んでしまうことから靴のコストと呼ばれ，予想されたインフレのコストの1つに数えられている。

メニュー・コスト

第2のコストは，メニュー・コストと呼ばれているものである。一般にインフレが発生すると，あらゆる商品の価格が上昇する。したがって，たとえばレストランのメニューに書かれている料理の価格もすべて書き換えることが必要となる。これは，ある意味で手間と費用がかかる作業であり，いくらインフレがあらかじめ予想されていた場合でも発生するコストである。このため，このような価格改定によって直接的に生ずるコストを一般にメニュー・コストと呼び，予想されたインフレによるコストの1つと考えている。

メニュー・コストが存在する場合，各製品の価格は頻繁に変更されず，その意味で価格は硬直的となる。このため，最近では，価格の硬直性を重視するケインズ経済学に，このメニュー・コストの存在を重視してケインズ経済学を再構築しようという動きも存在している。

7 ハイパー・インフレーション

●激しい物価の上昇の原因と影響

ハイパー・インフレーションとは？

これまで，先進諸国はしばしばインフレを経験してきた。しかし，経済の安定した先進諸国では，その場合に観察されたインフレ率は，最も高いときでも年率で10%を超えることはまれであった。これに対し，過去の歴史を振り返ってみた場合，経済が混乱状態に陥った国々では，短期間に物価水準が異常なまでに上昇したことがあった。

そのような異常な物価の上昇を経験した国の例としては，対外債務を累積させた1980年代前半のラテンアメリカ諸国や，旧ソ連のように市場経済化した直後の旧社会主義諸国があげられる。また，第1次世界大戦後のドイツやハンガリー，第2次世界大戦後の日本のように，戦争に負けた国々もその例である。これらの国々では，たとえば同じ日の朝と夕方でも，市場で売られている商品の価格が大きく値上がりするという事態も発生した。

ハイパー・インフレーションとは，このようにインフレ率が一定の期間にきわめて高い率となった状況をさす。ハイパー・インフレが発生する原因としては，たとえば敗戦直後の日本のように品物が絶対的に不足したことなども考えることができる。しかし，多くのケースで共通の原因としてあげられるのは，その当時，急激なマネタリーベースの増発が行われたことである。

第5章第**6**節でもみたように，貨幣乗数が一定である限り，マネタリーベースの増加は貨幣量を同じ率で増加させる。また，マーシャルのkや実質国民所得が一定のとき，貨幣量の増加は物価を同じ率で増加させる。したがって，政府が急激にマネタリーベースを増発した場合，貨幣量も急激に増加し，その結果として異常なまでのインフレが発生することになる。

インフレ税

それでは，ハイパー・インフレが発生した国々では，なぜ政府がそのような急激なマネタリーベースの増発を行ったのであろうか。そのことを考えるために，以下ではインフレ税という概念を説明することにしよう。

第5章の説明の際に述べたように，貨幣は価値の保蔵手段の1つである。しかし，貨幣を現金通貨に限ってみた場合，預金や債券と大きく違う点は，それを保有しても利子が得られないという点である。そればかりか，インフレにより一般物価水準が上昇した場合，その価値は大きく目減りしてしまうことになる。

インフレ税とは，貨幣の保有者がインフレによって被るこのような損失のことである。t期の一般物価水準をP_t，マネタリーベース残高をB_tとすると，このインフレ税は，t期のインフレ率（$(P_t-P_{t-1})/P_{t-1}$）にt期のマネタリーベースの実質残高（B_t/P_t）

を掛け合わせたものとして,

$$\frac{P_t - P_{t-1}}{P_{t-1}} \cdot \frac{B_t}{P_t}$$

と書き表すことができる。

これがインフレ税と呼ばれる理由は,インフレが生み出す貨幣の保有者の損失は,基本的には貨幣(マネタリーベース)を発行している政府の収入となるからである。なぜなら,発行されたマネタリーベースは政府にとっては負債であり,その価値がインフレによって目減りすればそれだけ政府が得をすることになるからである。

日本を含めた多くの先進国では,このようなインフレ税が政府の収入に占める割合は小さい。これは,インフレ税に頼らなくても,他の方法で税収を十分にまかなうことができるからである。これに対し,経済が混乱した国や発展途上国では,政府が十分な税金を徴収することが容易ではない。したがって,そのような経済では,政府にとっては貨幣を発行するだけで簡単に収入を増やすことができるインフレ税が重要な収入源となり,結果的に異常なまでのインフレを生み出してしまうことになる。

ハイパー・インフレのコスト

ハイパー・インフレが発生している国では,通常は非常に小さいと考えられている靴のコストも大きなものとなる。これはインフレによる貨幣の実質価値の目減りが著しいため,人々は現金の保有をできるだけ少なくするため,頻繁に銀行に行って自らの資産価値の保持に努めなければならないからである。

また,ハイパー・インフレは,経済の価格体系の不確実性を増大させることによって，貨幣経済の効率性に多大な悪影響を及ぼすものと考えられる。さらに，そのようなハイパー・インフレを生み出してしまった国々では，政府自体に対する不信も高まり，経済面だけではなく，政治面でも不安定な状況を引き起こすことにもなりかねない。ハイパー・インフレは，仮に予想されたものであっても，経済に甚大なコストをもたらすと考えられている。

8 デフレーション

●物価の下落がもたらすもの

デフレの原因

一般物価水準が継続して上昇する状態がインフレである一方，一般物価水準が継続して下落する状態がデフレである。したがって，デフレとインフレは表裏の関係があり，インフレと同様に，デフレも需要側と供給側それぞれの要因によって発生すると考えられる。

需要側の要因によるデフレは，財市場において需要（ディマンド）が減少し，超過供給となった場合に発生する。財市場において消費や設備投資などの総需要が減少するのは，経済活動が停滞した場合なので，需要側の要因によるデフレは通常は不況期に起こるということができる。

一方，供給側の要因によるデフレは，賃金や原材料費などの費用（コスト）が下落した場合に発生する。労働者の賃金が相対的に減少するのは経済が低迷したときに多いので，供給側の要因によるデフレも不況期に起こることがある。しかし，費用の下落は，技術革新などによって企業の生産性が向上した場合にも発生する。したがって，供給側の要因によるデフレは，必ずしも経済の低迷を反映して起こるわけではない。

日本経済では，1990年末から2000年代前半にかけて，企業物価指数に加えて，消費者物価指数の上昇率もマイナスとなるデフレが発生した。これは，日本の景気が低迷し，総需要が落ち込んだことが大きな原因であったといえる。ただし，この時期は同時に，情報通信（IT）などの分野で大きな技術革新があった。したがって，この時期のデフレは，景気の低迷という望ましくない側面と，生産性の向上という望ましい側面の両方を反映したものであったといえる。

予想されたデフレのコスト

インフレとデフレは，表裏の関係がある。したがって，デフレのもたらすコストは，インフレのコストとインフレのコストと対照的なものが多い。しかし，デフレのコストは，インフレのコストと類似点がある場合もある。

たとえば，予想されたデフレが発生する場合，予想されたインフレが発生する場合と同様に，メニュー・コストは増加する。これは，価格が上昇する場合であっても，価格が下落する場合であっても，価格を変更する際には，同様にコストが発生するからである。

一方，デフレのときには，インフレのときに発生する靴のコストは逆に減少する。これは，物価が下落しているもとでは，貨幣の実質的価値は逆に上昇するからである。その結果，デフレが発生すると，現金をそのまま保有することの機会費用は下落し，人々はインフレのときのように頻繁に銀行から預金を下ろす必要がなくなる（したがって，靴のコストは減少する）。

フリードマンが，その「最適通貨量の理論」において，緩やかなデフレは資源配分上むしろ好ましいことであると主張したのは，まさにこのような理由による。しかしながら，近年では，不況下に発生するデフレは，経済にプラスの影響を与えるよりも，むしろ弊害の方が大きいのではないかという指摘が有力である。

予想されないデフレのコスト

予想されないデフレは，予想されないインフレと同様に，実質利子率や実質賃金の予期せぬ変化を通じて所得分配に影響を与える。しかしながら，所得分配に与える影響は，デフレとインフレではまったく正反対である。

たとえば，名目賃金に硬直性が存在する場合，物価が上昇すると実質賃金は下落するが，物価が下落すると実質賃金は逆に上昇する。したがって，デフレは，インフレとは逆に，雇用主である企業から労働者へ意図せざる所得の移転をもたらす。

また，名目利子率が一定期間契約によって固定されている場合，デフレは実質利子率を高めることによって，お金の借手から貸手への所得移転をもたらす。とくに，資金の貸借契約では，その債務残高が名目値で固定されるのが通常である。したがって，予想されないデフレが発生すると，債務の実質価値が上昇し，お金の借手から貸手へ意図せざる所得の移転が生じる。

デフレによって，借手企業の債務（負債）の実質的負担が上昇し，その結果，経済が停滞する現象は，とくに負債デフレと呼ばれる。**フィッシャー**（I. Fisher）は，1930年代の大恐慌時に，負債デフレが深刻となり，深刻な経済収縮をもたらしたと主張した。

デフレ・スパイラル

デフレの影響が，雇用主である企業から労働者，あるいはお金の借手から貸手への所得移転にすぎない場合，その影響は所得分配上の問題にとどまる。しかしながら，多くの企業で，利潤が低迷し，借入金も過剰となった状況のもとでは，デフレは企業収益を過度に圧迫し，企業の倒産を増加させるなどして，さらなる経済の低迷をもたらす可能性がある。

その結果，景気の低迷→物価の下落（デフレ）→景気の低迷→物価の下落（デフレ）→景気の低迷→……，といった悪循環が発生する可能性が生まれる。これが，デフレ・スパイラルである。経済が長期にわたって停滞した1990年代後半以降の日本経済で，デフレ・スパイラルが発生する可能性がどれだけあったかは研究者の間でも意見が分かれている。しかし，デフレ・スパイラルは，デフレのコストを考えるうえでは重要な問題である。

9 低インフレのコスト

●インフレでもデフレでもない状態は何をもたらすか？

低インフレの何が問題か？

これまでみてきたように，一般物価の変動は，インフレもデフレも望ましくない。この観点から1990年代後半から2020年ころまでの日本経済をみた場合，物価が大きく上昇も下落もしなかった。このような「低インフレ」の状態は，一見，望ましかったように思われる。しかし，現在では，低インフレの状態より，一般物価が緩やかに上昇する状態の方が望ましかったという考え方が主流となっている。これは，インフレのコストより，デフレのコストの方がはるかに大きいと考えられているからである。

一般に，将来の経済状態は不確実で，今後，一般物価が上昇するか，下落するか，はっきりとわからない。その結果，低インフレの状態にある経済では，インフレとデフレが同じような確率で発生する傾向が生まれてしまう。一方，一般物価が緩やかに上昇する経済では，デフレがインフレよりも起こりにくくなる。このため，デフレのコストがインフレのコストよりはるかに大きい場合，一般物価が緩やかに上昇する状態が，低インフレの状態よりも望ましいと考えられる。

たとえば，一般物価が需要要因で変動するディマンドプル・インフレーションのケースを考えてみよう。この場合，景気が改善して好況になればインフレになる一方で，景気が悪化して不況になればデフレとなる。しかし，好況になってインフレが発生するよりも，不況になってデフレになる方が，経済的なコストは大きい。とくに，デフレのもとで景気が大きく悪化し，深刻な不況になった場合，前節で説明したデフレ・スパイラルが起こることも懸念される。このため，景気が悪化した場合に備えた「のりしろ」という点から，緩やかなプラスのインフレ率が適切となる。

デフレ・マインド　第**4**節でみたように，人々のインフレ期待（予想インフレ率）は，物価の動向に影響を与える要因である。インフレ期待が高ければ，インフレが起こりやすくなる。逆に，インフレ期待が低下すれば，物価は上昇しにくくなる。インフレ期待が高まらない限り，人々の需要行動や供給行動は値上げに対して消極的となり，低インフレやデフレを生み出す要因となる。

今後物価が上がりにくいという期待が広がると，消費者は値上げされた財・サービスの購入を控える傾向にあり，その結果，財・サービスを販売する企業は価格の据え置きや値下げを行わざるを得なくなる。労働市場でも，インフレ期待が高まらなければ名目賃金を引き上げることは難しく，このため，名目賃金の上昇を価格に転嫁するコストプッシュ・インフレーションは起こりにくくなる。

今後の経済状況があまりよくないと悲観的に考える人々の心理や行動様式は，デフレ・マインドと呼ばれる。一般に，低いインフレ期待は，デフレ・マインドに起因することが多いことが知られている。人々が将来を不安に思う状況では，消費者は節約や貯蓄をしてお金をあまり使わない一方，企業側も商品を安く売るために人件費や設備投資を削減し，収益を将来のために留保する。低インフレの時代に染みついたこのようなデフレ・マインドが，インフレ期待を低迷させることで，物価の低迷をさらに長引かせたといえる。低インフレやデフレに陥った経済では，人々のデフレ・マインドを払拭（ふっしょく）し，インフレ期待を高めることが大きな課題である。

練習問題

1 次のうち，インフレの原因が費用側にあるコストプッシュ・インフレと考えられるのはどれか。

(a) 品不足が生み出す物価の上昇
(b) ハイパー・インフレ
(c) 労働組合運動がさかんな国での慢性的な物価の上昇
(d) 景気が過熱したことによるインフレ

2 次のなかで，デフレが発生した場合に被る損失が相対的に大きいと考えられる人々はどれか。

(a) 賃金の物価スライド制のもとでの雇用主

(b) 常に財布のなかに多額の現金を持ち歩くお金持ち

(c) 収入の大半を株や土地の売買から得ているお金持ち

(d) 巨額の負債をかかえる企業

3 財Aと財Bの2つの財を考える。財Aはガソリンのような石油製品である一方，財Bはそれ以外の製品であるとする。当初，財Aの価格は財Bの価格の2倍であったが，インフレが生じ，その結果として財Aの価格が財Bの価格の3倍になったとする。

(a) インフレの原因が貨幣量の恒常的な増加による場合，2つの財の相対価格は長期的にはどのように変化するか。

(b) インフレの原因が石油価格の恒常的な上昇による場合，2つの財の相対価格は長期的にはどのように変化するか。

4 実質賃金も一種の相対価格（ある基準となる財1単位との交換比率で測った財・サービスの価値）である。それでは，名目賃金を消費者物価で割った場合の実質賃金は，何の何に対する相対価格であるか。

（第9章 練習問題の解答例 ➡ p. 435）

参考となる文献やウェブサイト

消費者物価指数および企業物価指数に関する詳細なデータは，総務省統計局および日本銀行のホームページにおける統計データのサイトから入手可能である。

デフレ下の日本における諸問題を総括的に議論したものとして，渡辺努『物価とは何か』講談社［2022］が代表的な研究である。

第10章 失　業

マクロ経済における労働市場

ハローワークの窓口

マクロ経済学において失業の存在をどのように考えるかは，古典派経済学とケインズ経済学では大きく異なる。本章の前半では，マクロ経済学の失業に対する考え方を解説する。そして，後半では，日本の失業率の問題を取り上げ，それに関するトピックスを紹介する。

1 労働市場と失業

●失業はなぜ発生するのか？

古典派の雇用理論

古典派経済学の理論では，雇用量は労働市場において各企業による労働需要の合計と各家計による労働供給の合計が等しくなる点で決定される。すなわち，古典派における労働市場では，**図 10-1** で示されているように，右下がりの労働需要曲線と右上がりの労働供給曲線の交点によって，雇用量 N^* および実質賃金 $(W/P)^*$ が決定されると考えるのである。

このような古典派経済学の考え方のもとでは，基本的には，現行の賃金で働きたいと思っている労働者はすべて雇用されていることになる。したがって，古典派の雇用理論においては，現行の賃金では働きたいのに働けない労働者は存在しない。

もっとも，古典派の雇用理論においても，働く能力のある人が必ずしもすべて働いているわけではないという意味では，失業が存在している。その代表的なものは，もう少し高い賃金でないと働きたくないとする労働者の存在である。このような労働者も，高い賃金を求めて職探しをする限り，統計的には失業者としてカウントされる。しかし，仕事はあるが現行の賃金では働くつもりがないので，その意味でこの失業は個人の意思による 自発的失業 である。

また，労働市場では，労働者が転職する際に，新しい就職先が決まるまで一時的に職を失った状態となることがある。これは，仮にどこかでその労働者を必要とする仕事があったとしても，求

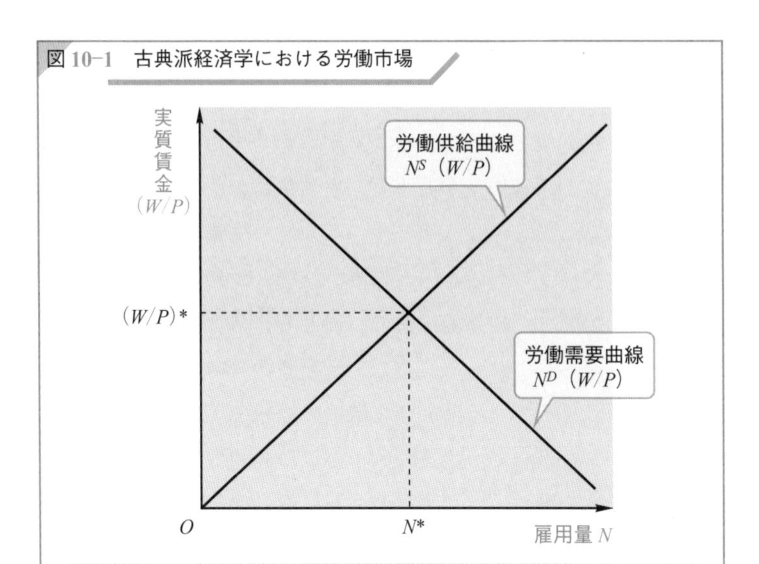

古典派経済学の労働市場では，上図のように，右下がりの労働需要曲線 $N^D(W/P)$ と右上がりの労働供給曲線 $N^S(W/P)$ の交点で雇用量 N^* および実質賃金 $(W/P)^*$ が決定される。この場合，実質賃金 $(W/P)^*$ で働きたいと思っている労働者は基本的にすべて雇用されていることになる。

人を行う企業と求職をしている労働者との間で情報が不完全であるなどの理由で，通常，その仕事をすぐに見つけることは難しいからである。このため，このような転職の際に発生する失業は**摩擦的失業**と呼ばれ，古典派の雇用理論でもその存在を認めている。

さらに，雇用主である企業が労働者に求める技能や学歴，年齢，性別，勤務地といった特性と，失業中の労働者のもつ技能や特性とがずれることによって生じる**構造的失業**も，やはり古典派の雇用理論でも発生する失業の1つと考えられている。たとえば，近年では，技術進歩が著しい情報通信（IT）の分野や高齢化にともなって拡大する介護職の分野では，慢性的な人手不足が発生している。その一方で，工場の海外移転や近隣アジア諸国からの輸入増加で，製造業では職を失う人々がいる。また，デジタル化の進展で従来型の事務作業が減少し，事務職員のなかには仕事がない者もいる。このような人手不足のなかでの失業は，失業中の労働者のもつ技能が社会的ニーズの高い技能とずれることで発生しているものであり，構造的失業の一種と考えられる。

しかしながら，これらの失業は，労働者の自由意思によるものであったり，そうでなくとも産業構造の変化によって発生するものである。したがって，失業の大半が，自発的失業や摩擦的・構造的失業である場合には，失業の存在は有効需要を増やすケインズ的なマクロ経済政策とは異なる政策で対応すべき問題になる。

名目賃金の硬直性と非自発的失業

古典派の理論では，労働市場の需要と供給が一致すると考えていたのに対し，ケインズ経済学では，賃金は下方硬直的で，雇用量は労働需要サイドのみで決定されると考えている。

古典派理論のように，賃金が伸縮的であれば，賃金は労働需要曲線と供給曲線が交わる水準 $(W/P)^*$ で決定される。しかし，賃金が何らかの理由で $(W/P)^*$ より高い水準 A にとどまり，その水準から下落することがない場合，**図 10-2** で示されているように労働市場に超過供給が起こることになる。

このような労働市場の超過供給の状態において実現する雇用量は，労働需要曲線上の点 B に対応する AB である。というのは，賃金 A の水準にある限り，企業は AB 以上の労働者を雇用したいとは考えないからである。したがって，BC に相当する量の労働

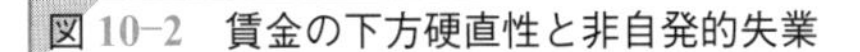
図 10-2　賃金の下方硬直性と非自発的失業

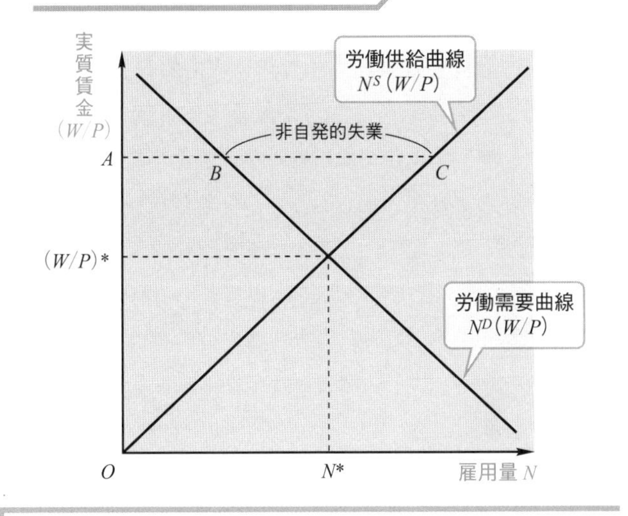

実質賃金が $(W/P)^*$ よりも高い水準 A 点で下方硬直的となるもとでは，企業が望む雇用量は労働需要曲線 $N^D(W/P)$ 上の B 点で決定され，実現する雇用量は AB となる。したがって，BC に相当する量の労働者は，現行の賃金で働く意思があるのに働けない非自発的失業者である。

者は，現行の賃金で働く意思があるのに働けないことになる。

このような状態は，非自発的失業 と呼ばれている。伝統的なケインズ経済学では，この非自発的失業を解消するために政府がさまざまな政策をとるべきであるという主張がなされた。

賃金の下方硬直性

もっとも，以上のようなケインズ経済学の議論の大前提となっていたのは，賃金が労働市場の需給を均衡させる水準よりも高く，そこから下落することがないという 賃金の下方硬直性 の存在であった。そこで，なぜ賃金が下方に硬直的かという問題点に関して，古くから多くの説明がなされてきた。

賃金の下方硬直性に関する１つの代表的な説明は，相対賃金仮説である。これは，各労働者が要求する賃金は自分の能力に応じたものというよりも，むしろ他の労働者の賃金水準に依存するという考え方である。仮にこのような考え方のもとに労働者が賃金要求を行っている場合，賃金は各労働者個人の能力を超えた水準で硬直的なものとなりうる。とくに，ある特定の労働者にたまたま高賃金を支払っていた場合，他の労働者は自らの賃金の引下げに大いに抵抗し，その結果，賃金は本来よりも高い水準で下方硬直的となる。

賃金の硬直性に関する第２の代表的な説明は，労働組合の存在である。賃金の引上げは労働組合の最重要課題であり，これまでにも労働組合はしばしば賃上げ要求を企業の経営者に対して行ってきた。したがって，強力な労働組合が存在する場合，労働組合の要求の結果として支払われる賃金は，下方硬直的となり，労働市場の需要と供給を一致させる本来の賃金水準よりも高く設定される可能性が生じる。

もっとも，相対賃金仮説は，各労働者個人の能力が十分に賃金に反映されないことを前提とした仮説であり，その現実的妥当性には疑問が呈されている。また，労働組合も，最近では，賃上げよりも組合員の雇用の安定を重視する傾向が高まっており，失業の原因となるような極端な賃上げ要求は行われなくなってきている。このため，最近では，以上の説明とはまったく異なった観点から賃金の硬直性と非自発的失業の存在を説明する理論の必要性も指摘されている。

2 フィリップス曲線

●インフレと失業の関係

フィリップス曲線とは？

フィリップス曲線は，1950年代末に**フィリップス**（A. W. Phillips）が，イギリスの過去100年近い長期にわたるデータを用いて，名目賃金上昇率と失業率の間に安定したマイナスの相関関係がみられたとする論文を発表したことが，その名前の由来となっている。しかし，名目賃金上昇率とインフレ率には密接な関係があるため，名目賃金上昇率をインフレ率に置き換えた場合にも，同様に安定した失業率とのマイナスの相関関係がみられることがその後報告された。

これが，物価版フィリップス曲線といわれるものである。そして，1960年代に入ると，通常，フィリップス曲線といえば，インフレ率と失業率の安定した関係を示す物価版フィリップス曲線として認識されるようになった。

この関係を図示すると，**図10-3**のような右下がりの曲線となる。フィリップス曲線が成立するもとでは，インフレ率と失業率の間にマイナスの相関関係がある。したがって，失業率を低くしようとすればインフレ率が高まり，逆にインフレ率を抑制しようとすれば失業率が高まる。

以上のような関係は，インフレと失業のトレードオフといわれる。インフレ率と失業率との間にトレードオフがある限り，両者をともに低下させることはできないことになる。

この関係は，マクロ経済において実現可能なインフレ率と失

図 10-3　フィリップス曲線：インフレ率と失業率の関係

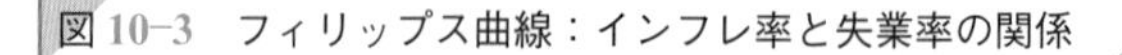

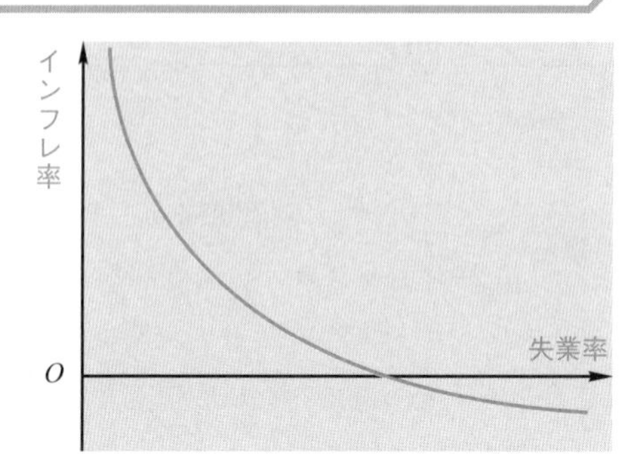

フィリップス曲線とは，インフレ率と失業率の間に成立する右下がりの関係である。フィリップス曲線は，失業率を低くするとインフレ率が高まり，逆にインフレ率を抑制すると失業率が高まるというトレードオフの関係が存在することを示した点で，マクロ経済政策にとって重要な意味をもった。

業率の組合せを提示している。このため，フィリップス曲線は，1960 年代に発展したマクロ計量モデルにも取り入れられ，裁量的財政・金融政策により，いかなるレベルにインフレと失業を調整すべきかが議論されることとなった。

日本のフィリップス曲線

以下では，日本の戦後のフィリップス曲線についてみることにしよう。**図 10-4** は，1956 ～ 2022 年の日本のフィリップス曲線を，インフレ率として消費者物価上昇率をとった場合について示したものである。この図から，時代を限ってみた場合には，比較的安定した右下がりの関係を認めることができる。

まず，1950 年代半ばから高度成長期にかけてのフィリップス

図 10-4　日本のフィリップス曲線

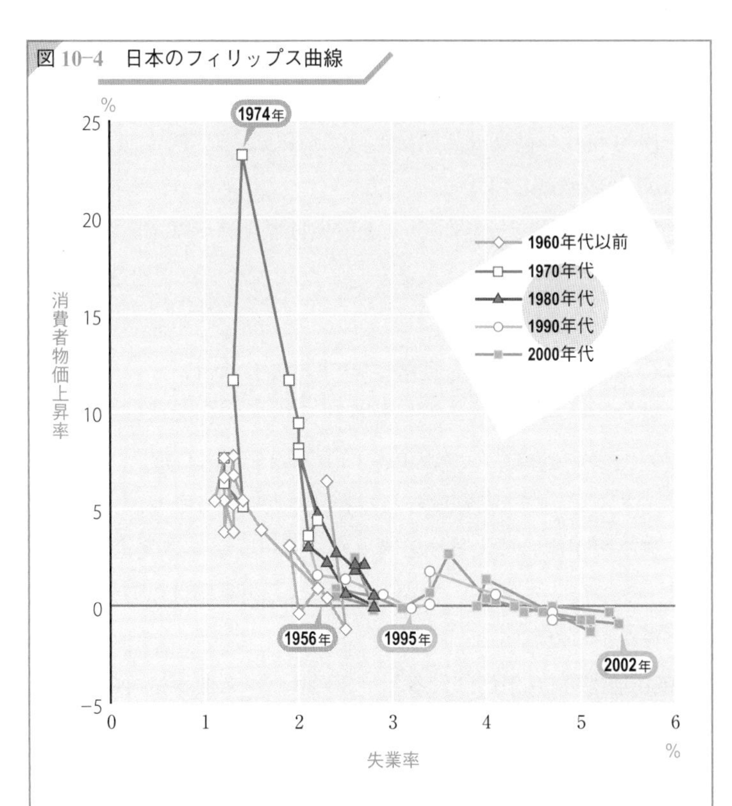

日本では，1960 年代から 70 年代初めまで安定していた短期のフィリップス曲線が，第 1 次石油ショックを契機に上方へシフトを始めた。1980 年代には，再び右下がりの短期のフィリップス曲線が観測されたが，それは以前よりも右側に位置することとなった。1990 年代後半以降は，インフレ率と失業率の組合せが右水平方向に大きく移動し，短期のフィリップス曲線は水平に近い（フラット化した）形状をしている。これは，低インフレのもとで失業率が大幅に変動したことを反映したものである。

（出所）　総務省『労働力調査報告』および『消費者物価指数年報』より作成。

曲線についてみると，この期間，失業率が低下するとともに，インフレ率が高まっていったという関係を読み取ることができる。1960年代の高度成長期に入ってからは，失業率は1.1%から1.3%の低い水準にとどまる一方，インフレ率も5%前後の値で安定していた。したがって，この時期はフィリップス曲線が安定していたといえ，このような安定したフィリップス曲線は1970年代初めまで継続してみられた。

ただし，フィリップス曲線を40年以上の長期データを通してみた場合には，それは必ずしも図**10-3**のような安定した関係を示していない。とくに，1970年代半ばの第1次石油ショック期には，フィリップス曲線はむしろ垂直に近い形となり，インフレ率と失業率が同時に上昇するスタグフレーションさえ進行した。また，その後，インフレ率が低下しても，失業率は以前の水準にもどらなかった。

1980年代や90年代に入ると，フィリップス曲線は再び安定した右下がりの曲線として観測されるようになった。しかし，その位置は以前の1960年代に比べると，より右側に位置するものであった。とくに，1990年代のフィリップス曲線は，80年代のフィリップス曲線よりさらに右側にシフトした。

以上からわかるように，フィリップス曲線は長期的には必ずしも安定した右下がりの関係を示していない。しかし，比較的短い期間に限ってみれば，インフレ率と失業率の間には安定したマイナスの相関関係が認められる。そこで，短い期間に観測される両者のマイナスの相関関係を，とくに短期のフィリップス曲線と呼ぶ。

日本では，1970年代前半と90年代前半に，この短期のフィリップス曲線が右上方へシフトしたと考えられている。一方，1990 年代後半から 2000 年代にかけては，ゼロ近辺のインフレ率のもとで，水平に近いフィリップス曲線が観測されている。この期間では，失業率が大きく変動しても物価はほとんど変動していない。インフレ率がゼロに近い水準まで低下した場合に，なぜ水平に近い（フラット化した）形のフィリップス曲線が観測されたのかは，最近のフィリップス曲線の研究の大きな関心事となっている。

アメリカのフィリップス曲線

次に，アメリカについても同じ期間でのフィリップス曲線をみることにしよう。これを示したものが図 **10-5** である。この図をみると，アメリカにおいては，長期的にみたフィリップス曲線は日本よりもさらに不安定であることがわかる。

アメリカにおいても，1960 年代以前には日本と同様に比較的安定したフィリップス曲線が存在していた。とくに，この時期には，景気拡張的な政策により失業率は低下したが，インフレ率は右下がりのフィリップス曲線に沿って上昇していた。

しかし，1970 年代初めにはインフレ率が高まっただけでなく，失業率はそれまでのフィリップス曲線によって予測されたものとは逆に上昇した。とくに，2 度の石油ショック期を通じたスタグフレーションは日本よりも深刻で，1970 ～ 80 年代にインフレ率と失業率が同時に高まった結果，短期のフィリップス曲線が右上に大きくシフトしていった。

このような短期のフィリップス曲線の上方シフトは，1980 年代初めまで続いた。ただし，1980 年代半ば以降インフレが収束するのにともない，アメリカのフィリップス曲線は，1960 年代

図 10-5　アメリカのフィリップス曲線

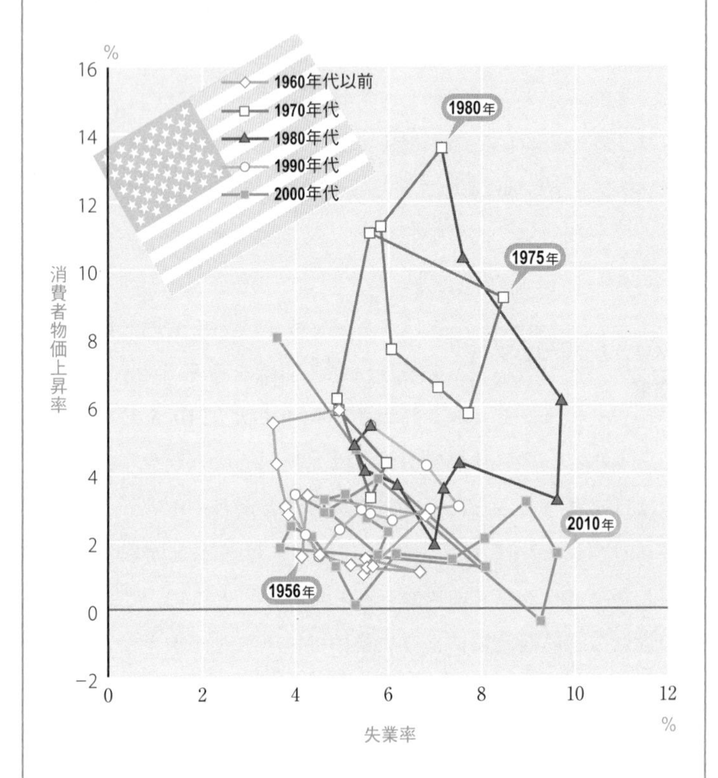

アメリカにおいても，1960 年代には短期のフィリップス曲線は安定していた。しかし，1970 年代から 80 年代にかけては，日本よりも大きな短期のフィリップス曲線の上方シフトがみられた。1980 年代半ばから 90 年代初めは，短期のフィリップス曲線は 60 年代よりも大幅に右上方に位置するようになった。1990 年代半ば以降，短期のフィリップス曲線は左下方にシフトし，インフレ率と失業率の低下が同時に進行した。2000 年代には，失業率が増加する年もあったが，アメリカの短期のフィリップス曲線は，1960 年代に近い位置にもどっている。

（出所）　OECD, Stat. より作成。

の位置あたりにもどってきている。

以上のような日米に共通してみられた短期のフィリップス曲線がシフトするという特徴は，その他の先進諸国でも観測されている。すなわち，多くの国で1960年代には安定したフィリップス曲線の存在が確認された。しかし，大半の先進国では，1970年代にはフィリップス曲線は右上方へシフトをはじめ，その後しばしば不安定化したのである。

3 自然失業率仮説

●短期と長期のフィリップス曲線

自然失業率

1970年代以降，フィリップス曲線の不安定性が観測されるようになると，マクロ経済学の分野では，それまでのフィリップス曲線の安定性に依存した政策分析が疑問視されるようになった。フィリップス曲線が不安定となった事実を説明する理論が必要とされたのである。このような理論として注目されたものが，**フリードマン**（M. Friedman）による **自然失業率仮説** である。

ここで，**自然失業率** とは，労働市場において需要と供給が一致する状況のもとでも依然として存在する失業率のことをさす。すなわち，自然失業率のもとでの失業は，古典派の雇用理論が想定する自発的失業や摩擦的・構造的失業であり，ケインズが救済しなければならないと考えた非自発的失業ではない。

このような自然失業率は，市場メカニズムによって一定の値に決まると考えられる。このため，古典派経済学の立場からは，なぜ，たとえ短期的にせよ，失業率が自然失業率から離れて変動するのかという疑問が発生した。フリードマンおよび**フェルプス**（E. S. Phelps）は，この疑問に対して「貨幣錯覚」という概念を用いて理論的説明を与え，なぜ失業率が短期的に変動するかを明らかにした。

貨幣錯覚

以下では，彼らの理論を簡単に説明していこう。はじめに，失業率が自然失業率に等しい状態にあったとしよう。このとき，総需要を拡大するために貨幣量を増加させる金融政策がとられたとすれば，物価や名目賃金が全般的に上昇し，インフレが発生する。

ところが，多くの場合，企業および労働者は経済全体の物価の動きについて瞬時には正確な情報を得ることができないので，インフレを正確に予想することができない。したがって，企業および労働者はインフレの一部を生産性の変化や需要パターンの変化といった実物的諸要因によって引き起こされたものと錯覚する可能性が生まれる。これが，貨幣錯覚と呼ばれるものであり，その結果，インフレを引き起こす貨幣的ショックが労働需要および供給をそれぞれ変化させてしまうことになる。

たとえば，労働者は自分が受け取る名目賃金の上昇についてはすぐに知ることができるが，経済全体の物価については正確な上昇を知ることができないという状況を考えてみよう。この状況のもとでは，貨幣量の増加によって名目賃金と一般物価水準が同じスピードで上昇した場合，実際には実質賃金が変化していないにもかかわらず，労働者は現在の名目賃金の上昇を実質賃金の上昇と錯覚することになる。この場合，労働供給が労働者の錯覚した実質賃金にもとづいてなされる限り，貨幣量の増加によって一般

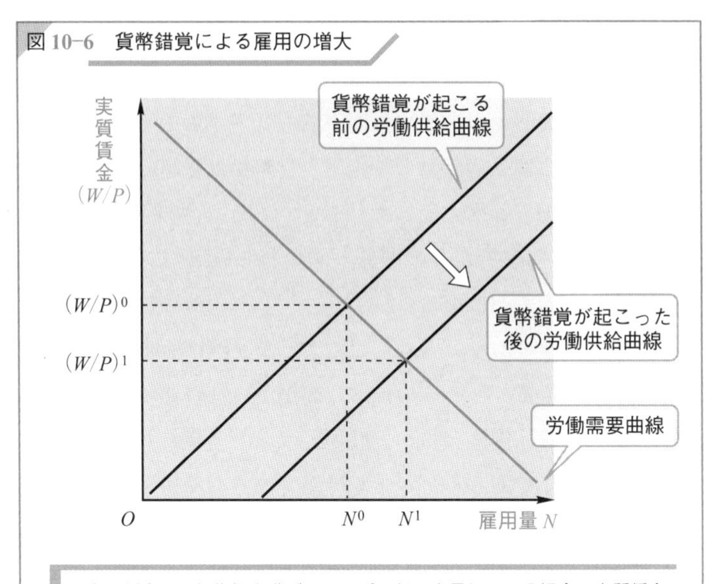

図 10-6　貨幣錯覚による雇用の増大

名目賃金と一般物価水準が同じスピードで上昇している場合，実質賃金は一定である。しかし，貨幣錯覚がある場合，実際の実質賃金が $(W/P)^0$ であっても，労働者は実質賃金はそれよりも高いと錯覚するため，労働供給は N^0 よりも増加する。したがって，実際の実質賃金に対応する労働供給曲線は上図のように右側にシフトし，雇用量は N^1 まで増大することになる。

物価水準が上昇すると，**図 10-6** のように実際の実質賃金に対する労働供給曲線が右方にシフトし，その結果，雇用量が増大して失業率が下落することになる。

同様のことは，企業が自社の販売価格の上昇についてはすぐに知ることができるが，経済全体の物価については正確な上昇を知ることができないという状況でも発生する。この状況のもとでは，貨幣量の増加によって自社の販売価格と一般物価水準が同じスピードで上昇した場合，企業は販売価格の上昇が自社だけで起こったと錯覚することになる。その結果，インフレが起こると，錯覚した企業は誤って労働需要曲線を右方にシフトさせることで雇用が増加し，失業率が自然失業率よりも低下することになる。

したがって，個々の労働者や企業が貨幣錯覚を起こしている場合には，一般物価水準の上昇率（インフレ率）と失業率の間には，**図 10-3** のような右下がりの関係，すなわち短期のフィリップス曲線が成立することになる。

しかし，フリードマンらは，このような状況は一時的なものにすぎないと考える。というのは，時間がたつにつれて，各企業は現在の自己の製品価格上昇が一般物価水準の上昇によるものであることに気づくであろうし，また労働者の方も現在の名目賃金の上昇は一般物価水準の上昇と同時に進行していることに気づくと考えられるからである。したがって，貨幣錯覚による雇用量の変化は一時的なものにとどまり，失業率はやがて自然失業率の水準にもどることになる。つまり，貨幣量の変化は一時的には雇用量を変化させるが，この効果は短期的な現象にすぎないことになるのである。

自然失業率仮説の図解

自然失業率仮説は，**図 10-7** を使って説明することもできる。はじめに，失業率が自然失業率 U_N に等しく，現実のインフレ率が 0 に等しい E 点に経済状態があったとしよう。また，個々の企業および労働者はインフレ率に対して同じ予想をし，その予想インフレ率も 0 であったとしよう。このとき，インフレ率が予想に反して 0 から π_1 へ上昇したとすると，個々の企業および労働者が貨幣錯覚を起こすため，失業率は U' へと減少する（$E \rightarrow A$）。

図 10–7　フィリップス曲線の右上方へのシフト

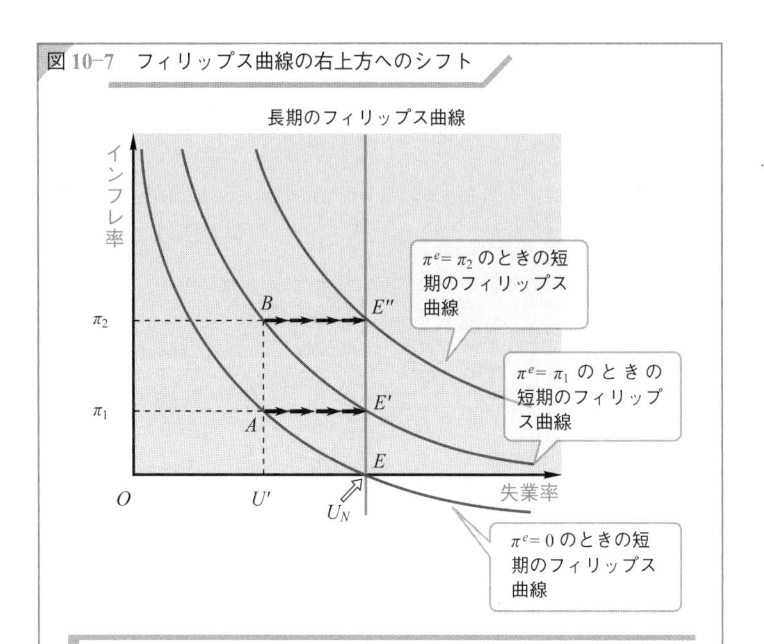

現実のインフレ率と予想インフレ率 π^e が 0 で一致している場合には，経済は E 点にある。また，このとき，予想に反してインフレ率が π_1 へと上昇すると，人々の貨幣錯覚により経済は A 点へと移る。

しかし，人々の予想インフレ率 π^e が現実のインフレ率 π_1 に修正されると，失業率は U_N へともどる。したがって，予想インフレ率を一定とした短期のフィリップス曲線は右下がりであるが，貨幣錯覚が修正された後の長期のフィリップス曲線は自然失業率 U_N のもとで垂直となる。

この A 点で表される状態は，人々の予想するインフレ率 π^e が 0 に等しい限りにおいて持続する。しかし，現実の物価水準が人々の予想を持続的に上回っているならば，人々の予想インフレ率もいずれは上方に修正されると考える方が自然である。したがって，インフレ率が π_1 のもとでは，人々の予想インフレ率も徐々に π_1 に近づくように上方に修正されていく。そして，それにともなって徐々に貨幣錯覚も解消され，結局，経済は失業率が自然失業率 U_N に等しくなる新たな均衡点 E' へと移行することになる。

このことは，インフレ率を π_1 にするような金融政策は，もはや失業率を U_N から減少させることができないことを意味する。この場合，政府当局がどうしても失業を U' の水準まで減少させたければ，現実のインフレ率を π_2 へと変化させなければならないことになる（$E' \to B$）。

しかし，このようにして実現された B 点もやはり短期的に維持されるにすぎず，人々の期待が修正されるにつれて，均衡は E'' 点へ移るであろう。したがって，短期的には右下がりとなるフィリップス曲線は，結局のところ右上方にシフトしていき，失業率を自然失業率以下に抑えようとする政策は，単に物価の上昇を生み出すだけということになる。

すなわち，人々の予想インフレ率が修正され，現実のインフレ率と等しくなる長期においては，フィリップス曲線は失業率が自然失業率に等しくなる水準で垂直となる。そして，このようなフィリップス曲線は，とくに，**長期のフィリップス曲線**と呼ばれている。

4　名目賃金の硬直性と自然失業率仮説

●貨幣錯覚を前提としない説明

賃金の硬直性と短期のフィリップス曲線

図 **10-3** のような短期のフィリップス曲線や図 **10-7** のような短期のフィリップス曲線の右上方へのシフトは，名目賃金

が硬直的な場合，貨幣錯覚がなくても成立する。たとえば，名目賃金（W）が事前に契約によって決定され，インフレが発生しても変更されないケースを考えてみよう。この場合，総需要を拡大するための金融緩和政策がとられたことで物価（P）が全般的に上昇すると，実質賃金（W/P）は下落する。

このとき，企業はそれまでより低いコストで雇用できるため，より多くの労働者を雇用しようとすると考えられる。したがって，雇用量が企業の労働需要の増加に応じて増加する限り，インフレが起こると雇用が増加し，失業率は自然失業率より低下することになる。すなわち，名目賃金が事前の契約などで硬直的な場合，インフレが起こると失業率は減少することで，**図 10–3** のような右下がりの関係が成立する。たとえば，**図 10–7** において，当初は失業率が自然失業率 U_N に等しく，企業や労働者は物価が上昇しない（すなわち，インフレ率が 0）と予想し，名目賃金を変更しなかったとしよう。このとき，インフレ率が予想に反して 0 から π_1 へ上昇したとすると，実質賃金が下落する結果，失業率は U' へと減少する。

短期のフィリップス曲線のシフト

しかし，貨幣錯覚の場合と同様，このような失業率の減少は一時的なものにすぎない。なぜなら，契約などによって硬直的であった名目賃金は，契約が更新される際に物価の変化を反映して変更されると考えられるからである。

たとえば，**図 10–7** の A 点で表される状態は，名目賃金が変更されない限りにおいて持続する。しかし，硬直的であった名目賃金が物価上昇に応じて上方に修正される場合，インフレ率が π_1

のもとでは，名目賃金の上昇率も徐々に π_1 に近づくように修正されていく。そして，それにともなって実質賃金の下落も解消され，結局，経済は失業率が自然失業率 U_N に等しい，新たな均衡点 E' へ移行する。このことは，インフレ率を π_1 にするような金融政策は，長期的には失業率を U_N から減少させることができないことを意味する。

もちろん，政府当局がインフレ率を π_2 にさらに高めれば，実質賃金が下落するため，短期的には失業率が U' へと減少する（$E' \rightarrow B$）。しかし，このようにして状態（B 点）もやはり短期的に維持されるにすぎず，名目賃金が修正されるにつれて，均衡は E'' 点へ移る。すなわち，名目賃金が硬直的な場合でも，貨幣錯覚が起こった場合と同様，金融緩和政策は一時的に失業率を減少させるにすぎず，長期においてフィリップス曲線は失業率が自然失業率に等しくなる水準で垂直となる。

5 自然失業率の変動

●失業率の変動に関する代替的な考え方

実物的景気循環理論

第 **3** 節や前節で説明した自然失業率仮説にもとづけば，現実の失業率や雇用量の変動は，貨幣錯覚や名目賃金の硬直性により失業率が自然失業率から離れることで生じている。なぜなら，自然失業率仮説では，自然失業率は，産業構造の変化，職探しのあり方や雇用保険制度などの経済の構造的・制度的要因に依存して決まり，比較的安定していると考えられていたからである。

もっとも，近年では，このような考え方とは逆に，自然失業率自体が大きく変動しているとする研究が増えてきている。たとえば，**図 10-1** で説明した古典派経済学における労働市場では，労働需要曲線や労働供給曲線が安定していると，その交点で決定される雇用量もほとんど変動しない。しかし，労働需要曲線や労働供給曲線が不安定であれば，古典派経済学における労働市場でも，雇用量は変動し，その結果，自然失業率も変動することになる。第 7 章第 **1** 節でみた実物的景気循環理論は，この点に注目して，生産性のショックによる労働需要曲線の変動や，労働者の時間を通じた意思決定による労働供給曲線の変動が，雇用量の変動の大きな要因であると主張する。

図 10-8 は，このような雇用量の変動を図示したものである。(1)のように労働需要曲線が不安定なケースでは，技術革新などによる生産性の上昇は労働需要曲線を右にシフトさせることで雇用量を増加させる一方，原油価格の上昇などによる生産性の低下は労働需要曲線を左にシフトさせることで雇用量を減少させる。このため，労働需要曲線が不安定なケースでは，雇用量は，図で示されるように，N_0 と N_1 の間を変動する。

これに対して，(2) のように労働供給曲線が不安定なケースでは，労働者がより多く働きたいと思えば労働供給曲線が右にシフトすることで雇用量は増加する一方，より余暇を楽しみたいと思えば労働供給曲線が左にシフトして雇用量は減少する。その結果，労働供給曲線が不安定なケースでは，雇用量は，図で示されるように，N_2 と N_3 の間を変動する。実物的景気循環理論は，(1) や (2) のような雇用の変動が自然失業率を変動させ，マクロ経済における景気変動を生み出す重要な要因であると考える。

図 10-8　不安的な労働需要曲線・労働供給曲線

(1)　労働需要曲線が不安定なケース

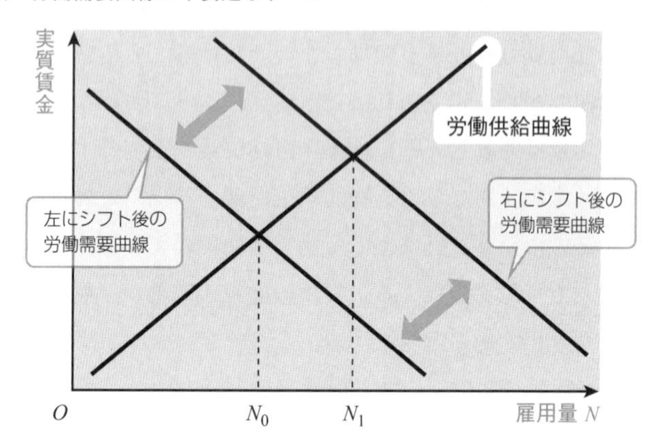

(2)　労働供給曲線が不安定なケース

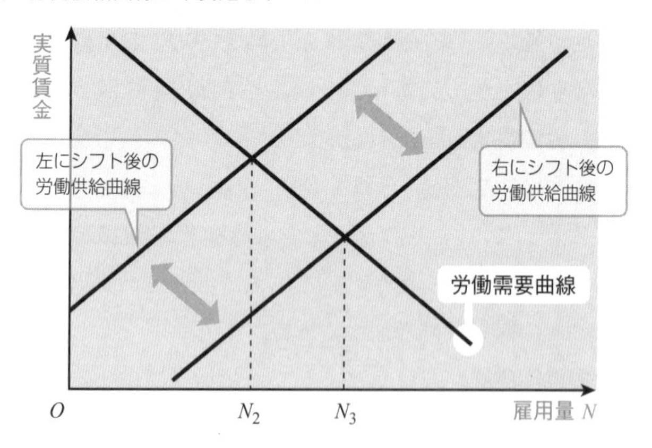

図 10-8 は，労働需要曲線や労働供給曲線が不安定な場合の雇用の変動を図示したものである。(1) のように労働需要曲線が不安定なケースでは，雇用量は N_0 と N_1 の間を変動する。これに対して，(2) のように労働供給曲線が不安定なケースでは，雇用量は N_2 と N_3 の間を変動する。

摩擦的失業や構造的失業の変動

一般に，マクロ経済的には労働市場で需要と供給がバランスしていても，産業や企業など経済部門ごとにみれば転職が行われている。しかも，転職が行われている場合，退職して新しい職を見つけるまでにはしばしば時間を要し，その間労働者は一時的に失業する。摩擦的失業や構造的失業は，このような労働者の移動にともなって発生する一時的，過渡的な失業である。

成長する部門と縮小する部門が同時に存在する場合，労働者の部門間シフトが活発となり，摩擦的失業や構造的失業が発生する。しかも，産業部門間の雇用の伸び率のばらつきが時間とともに変化する場合，摩擦的失業や構造的失業の大きさも時間とともに変動する。労働者の部門間シフトが短期的にも安定したものでない場合，自然失業率の変動が，現実の失業率の変動を説明するうえで重要となる。

労働者の部門間シフトにともなう失業は，産業部門間で労働の再配分を行う際に生ずるものである。このため，このような失業を減らすには，職探しのあり方に影響を与える雇用保険制度など制度的要因を改善し，各企業の求める労働者の知識・技能と個々の労働者のもつ知識・技能とが一致しない ミスマッチ を減らすことが，重要な政策となる。その一方，現実の失業率の大半が摩擦的失業や構造的失業である場合，財政政策や金融政策によって有効需要を増やし，景気を回復させようとするケインズ的な政策は，失業対策としては重要でないことになる。

ベバリッジ曲線

摩擦的失業や構造的失業など自然失業率の変動が失業率の変動の主な要因である

とする主張に対し，総需要の変動が失業率を変動させると考えるケインズ経済学の研究者は，求人指標に着目してその考え方を批判した。もし労働者の部門間シフトが失業率を上昇させているならば，失業者の数（すなわち，仕事を探す人の数）が増えると同時に，企業の求人数（すなわち，企業が雇いたい人の数）も増えていなければならない。ところが，現実には，失業者数に対応する求職者数が増加したとき，求人数は減少していることが多い。この事実は，ケインズ経済学の主張と整合的である一方，自然失業率の変動が失業率の変動させるとの主張とは矛盾すると批判したのである。

求人数と求職者数（または，失業者数）の間に成立するマイナスの関係は，ベバリッジ曲線（または，*UV* 曲線）として知られている。ベバリッジ曲線を図示すると，**図 10–9** に示されるような右下がりの曲線となる。図の 45° 線上では，求人数と求職者数が等しい。したがって，求人数と求職者数を示す点が図の 45° 線よりも下側に存在すれば求職者数の方が求人数よりも多くなる一方，上側に存在すればその逆となる。

もし，労働市場の需給が均衡したもとで失業率が変動している（すなわち，摩擦的失業や構造的失業の変動によって失業率が変動している）ならば，求人数と求職者数との組合せは図の B のように 45° 線上を動くはずである。しかしながら，実際には，景気変動にともなって求人数と求職者数との組合せが図の A のように逆方向に変動する傾向にあることが知られている。

日本の例　日本における求人・求職の指標としては，公共職業安定所（ハローワーク）の統計

図 10-9　ベバリッジ曲線（UV 曲線）

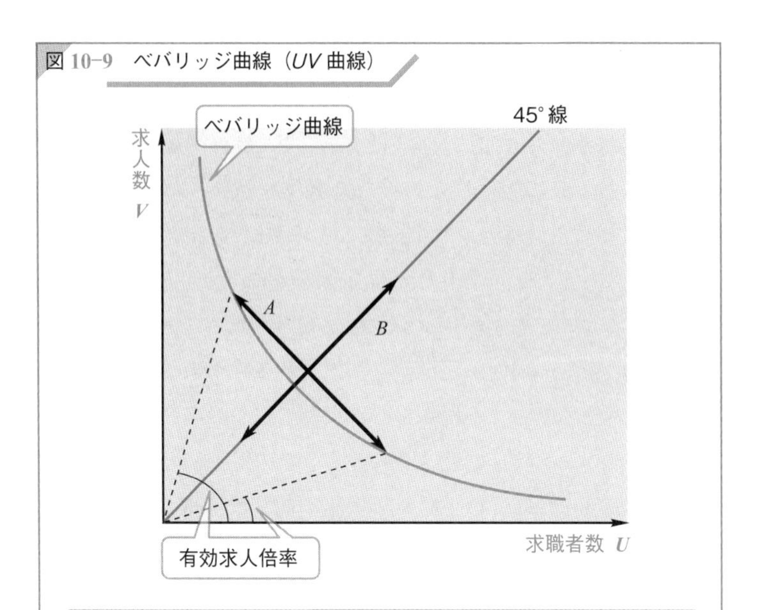

上図のように，求人数と求職者数の間にみられるマイナスの相関関係はベバリッジ曲線（UV 曲線）と呼ばれる。図の A に沿った動きに応じて失業が変動しているならば，それは景気循環によって自然失業率から失業率が離れるために起こっていることになる。一方，図の B に沿った動きに応じて失業が変動しているならば，それは摩擦的失業や構造的失業が変化することにより自然失業率が変動することに対応する。

である有効求人倍率が存在する。有効求人倍率とは，求人数を求職者数で除したものである。**図 10-9** では，原点と各点を結ぶ直線の傾きが有効求人倍率に対応している。この統計には，公共職業安定所を経由しない求人数や求職者数は含まれないなど，労働市場全体の動向を正確には反映していないという問題がある。しかし，有効求人倍率は景気循環に敏感に反応して変動することが知られており，景気や労働市場の状態を表す重要な指標の 1

つとなっている。

図 10-10 は，公共職業安定所の統計により 1960 ～ 2022 年の求職者数の労働力人口に対する比率と求人数の労働力人口に対する比率を図示したものである。図をみると，1990 年代後半や 2000 年代初めを例外とすれば，求人と求職は，45° 線に沿って動くよりは，右下方と左上方との間を動く傾向が強かった。すなわち，日本においてもベバリッジ曲線が観察されることがわかる。

とくに，景気の局面が好況から不況に移るにつれて求人と求職はより右下へ移動し，不況から好況に移るにつれてより左上へ移動する。このことは，有効求人倍率が，1 の付近にとどまるのではなく，景気拡張期には上昇し景気縮小期には下落する傾向があることに対応している。

したがって，失業率の変動は，求人数と求職者数が同方向に変化するときよりは，景気に応じて逆方向に変化するときに発生していると考えられる。有効求人倍率でみる限り，失業率の変動は，摩擦的失業率や構造的失業の変動よりは，ケインズ経済学が考えるように，景気循環による総需要の変動によって生まれているといえる。

ただし，1990 年代の後半や 2000 年代初めは，ベバリッジ曲線は逆に右上がりの形状をしていた。また，2000 年代前半以降のベバリッジ曲線は，右下がりの形状をしてはいるものの，1990 年代半ばまでのような明確な右下がりの形状ではなくなってきている。これは，日本でも，需要不足にともなうケインズ的な非自発的失業に加えて，摩擦的失業や構造的失業が，近年増加してきていることを示唆している。

図 10-10　日本のベバリッジ曲線と有効求人倍率

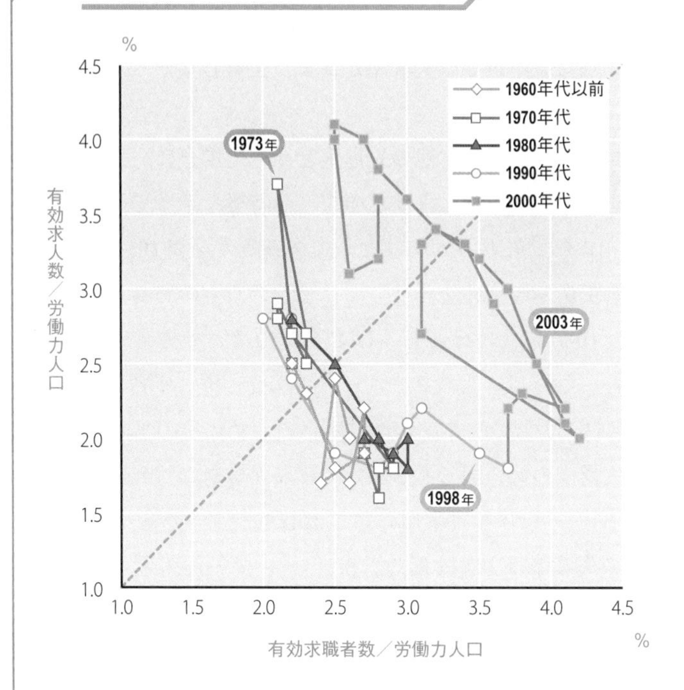

上図は，求人と求職の関係を年代ごとに分けて示している。この図より，求人と求職の軌跡はおおむね右下がりの曲線を描き，ベバリッジ曲線が観測されることがわかる。しかし，1990 年代後半から 2000 年代初頭にかけて，求人と求職の関係は一時的に右下がりではなくなり，その結果，2000 年代のベバリッジ曲線は，それ以前に比べて右上に位置する右下がりの曲線となっている。このことは，1990 年代後半以降，好況・不況による失業の変化だけでなく，摩擦的失業や構造的失業の増減が労働市場で重要となっていることを示している。

（注）新規学卒者を除きパートタイムを含む。

（出所）厚生労働省『一般職業紹介状況（職業安定業務統計）』，および総務省『労働力調査』より作成。

6 日本の失業率はなぜ低かったのか？

●なぜ不況期に失業率があまり上昇しなかったのか？

失業率の国際比較

他の先進国と比べた場合に，日本の失業率はどのような特徴をもっていたのであろうか。また，最近の動向はどうであろうか。**表10-1**は，先進7カ国の失業率の推移を年代ごとにまとめたものである。

まず，1960年代には，日本はドイツに次いで失業率が低い国であった。ただし，他のヨーロッパ諸国も，イタリアを除いて平均で2％以下の低い失業率水準にあったため，その当時，日本がとくに失業率の低い国であるわけではなかった。

ところが，1970年代半ばの第1次石油ショックを契機に，欧米諸国の失業率は上昇を続け，80年代以降，10％近くにまで上昇したところも少なくなかった。とくに，ヨーロッパ諸国の失業率上昇は顕著で，従来から失業率の高い国であったアメリカの失業率を上回る国も多かった。

一方，日本では，1970年代以降に失業率はわずかに上昇したが，1980年代を通じて2％台にとどまっていた。このため，先進諸国のなかで日本の失業率の低さは際立つものとなった。

2000年代になって日本の平均失業率は急上昇し，一時は，日本が先進国のなかで失業率が低い国とは必ずしもいえなくなった時期もあった。ただ，2010年代には，他の先進主要国の失業率が高止まりするなか，日本の平均失業率は減少し，再び先進国中で最も低い国となった。

表 10-1　先進諸国の失業率

（単位：%）

	失業率					
	1960〜69	1970〜79	1980〜89	1990〜99	2000〜09	2010〜22
日本	1.3	1.7	2.5	3.0	4.7	3.4
アメリカ	4.8	6.2	7.3	5.8	5.5	6.1
カナダ	5.1	6.7	9.4	9.6	7.1	5.8
ドイツ	0.6	1.9	5.2	7.8	9.0	5.5
イギリス	1.9	3.0	9.1	8.1	5.4	5.3
フランス	1.7	3.4	8.9	11.4	8.7	5.0
イタリア	5.2	6.4	8.5	10.2	7.9	10.4

日本の失業率は長い間非常に低かった。とくに，1980 年代に欧米諸国の失業率が上昇する一方，日本の失業率は低水準で安定していたため，その失業率の低さが際立つことになった。1990 年代以降，日本の失業率が上昇した結果，2000 年代になると，欧米諸国との差は大幅に縮小した。ただし，日本が先進国中で失業率がもっとも低い国であることには変わりがなく，その傾向は 2010 年代に再び顕著となった。

（注）ドイツについては 1962 年からの値で，91 年までは西ドイツの値である。

（出所）OECD, Stat. より作成。

日本の失業率の特徴

図 10-11 によって，日本，アメリカ，イギリスの失業率の推移を比較してみると，1990 年代前半までは，日本の失業率は平均的に低いだけでなく，景気循環に応じた変動も非常に小さかったことがわかる。とくに，2 度の石油ショック期において，アメリカとイギリスの失業率が大きく上昇したのに対し，日本の失業率はわずかな上昇にとどまった。

このように，日本の低い失業率が 2 度にわたる石油ショックを経験した後にも続いたことは，高い失業率に悩む欧米諸国から日本経済のパフォーマンスのよさを示すものとして注目された。そのため，この時期には，日本の失業率が他の先進諸国に比べてなぜ低く，かつ安定しているのかという問題が，重要な研究テーマとなった。

1990年代に入って日本の失業率が一時的に上昇し，2001年にはこれまでみられなかった5%という水準を超えた。その一方，同じ時期，アメリカやイギリスでは失業率が低下した。その結果，1999年から2001年にかけては日本の失業率がアメリカを上回ることになった。2000年代には，日本の失業率がアメリカやイギリスのそれと大差がなくなる時期もあったといえる。

しかし，世界同時不況の影響で，2009年にはアメリカやイギリスの失業率が急上昇し，その後も日本より高い水準で推移した。一方，日本の失業率は，2010年代を通じて下落を続けた。2020年のコロナ不況下でも，日本の失業率の低さは，先進主要国のなかで際立つものであった。このため，2000年代前半に一時は上昇した日本の失業率がなぜ2010年代以降に下落したのかは，新たな研究対象となっている。

日本の失業率はなぜ「低かった」？

2000年代には，日本の失業率が国際的にみて際立って低いという状態とはいえない時期もあった。しかし，少なくとも1970年代や80年代は，日本は先進国のなかで失業率が非常に低い国の1つであった。また，それまでより失業率が上昇した1990年代や2010年代でも，日本の失業率は，先進7カ国中では低い水準にあったといえる。そこで，以下では，日本の失業率がなぜ低かったのかについて，これまで指摘されている主な要因を

図 10-11　日本・アメリカ・イギリスの失業率

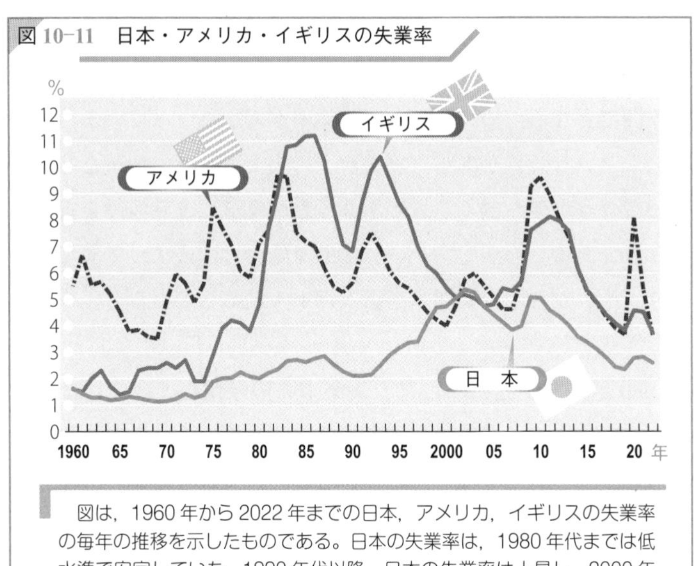

図は，1960 年から 2022 年までの日本，アメリカ，イギリスの失業率の毎年の推移を示したものである。日本の失業率は，1980 年代までは低水準で安定していた。1990 年代以降，日本の失業率は上昇し，2000 年代に入って 5%程度に達した。その結果，2000 年代には日本の失業率がアメリカやイギリスのそれと大差がなくなる時期もあった。しかし，日本の失業率は，2010 年代は再び下落し，しばしば急上昇したアメリカやイギリスの失業率とは対照的に，低水準で安定するようになってきている。

（出所）　OECD, Stat. より作成。

紹介することにしよう。

もちろん，日本の労働市場では，過去数十年間，大きな構造的変化が起こってきた。このため，日本の失業率が低くなる要因は，過去と現在では必ずしも同じではない。そこで，以下ではまず，なぜかつて日本の失業率が低くかつ安定していたかを考える。そして，そのうえで，最近の日本の失業率が，なぜ 2000 年代前半に一時は上昇したあと，再び低下するようになったかを検討する。

失業率の定義

日本の失業率が低かった理由の第1点として，失業統計における失業者の定義が国際間で異なるために，日本の失業率が過小になっているのではないかという意見があった。統計上の失業者とは，仕事をしていない者のうちで，働く意思があり，かつ実際に求職活動を行っている者である。しかし，その具体的な定義は国によって異なっており，それが日本の失業率を見かけ上，低くしているというのである。

1980年代を中心になされた失業率の国際比較の研究には，日本の失業率をアメリカの定義で調整すると倍近くになるとするものから，調整してもほとんど変わらないとするものまであり，多くの論争が起こった。

ただし，現在では，失業者の定義をアメリカの定義や国際的な共通基準に合わせても，日本の失業率は公表値と大きく変わらないという意見が大勢を占めている。また，OECDも各国の失業率の定義を調整した「標準失業率」を発表しているが，日本についてはその値と失業率の公表値の差はあまり大きくない。

労働の保蔵

第2点は，日本の企業は一般に労働投入の調整を雇用者数の調整によって行うことが少ないため，不況期にも失業率の上昇は小さいという説である。日本の労働市場では，伝統的に，過剰な労働投入の調整は，労働時間の短縮，ついで配置転換・出向・新規採用の縮小などで行われ，これらの手段でも対処できないような場合にのみ希望退職や解雇が用いられた。このため，不況期には，過剰な労働者を企業内でかかえることで，失業者の発生が抑制されてきたのであ

Column ㉑ 日米で異なる失業率の定義

国際労働機関（ILO）によれば，失業者とは，「仕事をもたず」「現に就業が可能で」「仕事を探していた」者である。ただし，実際の統計上の定義は，各国の実情に応じて異なっている。ここでは，失業率の定義の日米間の違いのうち，日本の失業率を低くしてしまう可能性がある，主なものをみてみよう。

まず第1に，仕事を探していたと認められる労働者の範囲の違いがある。日本では調査週の1週間に求職活動を行った者のみがそれに該当するのに対し，アメリカでは調査週を含む過去4週間のうちに求職活動を行った者が該当する。もちろん，日本でも過去の求職活動の結果を待っている者は，それが1週間以前のものであっても失業者に含まれる。しかし，上記の違いは，日本の失業者を数字のうえでは少なくしてしまう傾向はある。

第2に，アメリカでは不況期に労働者を一時的に解雇し，景気が改善すると再び雇用するレイオフ（一時解雇）という制度がある。このため，アメリカの統計では，レイオフされた労働者は失業者に含まれ，不況期に失業率を上昇させる要因となっている。しかし，日本ではそもそもレイオフという制度がなく，不況期にレイオフによって失業者が増えることはない。

また，就職予定で待機している者は，日本では非労働力人口に分類されるが，アメリカではかつて失業者に分類されていた。日本では3月は新卒内定者が翌4月からの就職を待機する時期に当たるが，当時のアメリカの定義では失業者とみなされたのである。しかし，アメリカの定義を日本の新卒内定者にそのまま当てはめて失業者とすることには問題も多い。最近では，アメリカでも，日本と同様に，就職予定者は失業者に含めないことになり，その違いは小さくなっている。

る。

このように，過剰な労働者を保有することを 労働の保蔵 という。労働の保蔵が他国よりも日本で顕著にみられるのは，日本企業では企業に固有の技能を労働者に対して必要とする度合いが高いためと考えられている。そのような企業に固有の技能は，労働者の企業内教育という投資活動により形成される一種の資本であるとみなされ，企業特殊的人的資本 といわれている。

企業にとって，労働者をいったん解雇すると，将来雇用の増加が必要になった場合に，再び新たに採用した労働者に教育投資を行わねばならない。また，労働者にとっては，技能が企業に固有である部分が大きいため，転職した場合にはその技能は評価されず賃金も低くなる。このため，労働者が途中で転職することは企業・労働者の双方にとって望ましくないため，雇用関係が長く続く 終身雇用制 という長期雇用慣行が日本では長い間存在してきた。この日本的雇用慣行が，日本の失業率を伝統的に低くかつ安定的にしてきたのである。

求職意欲の喪失効果

第3点は，仕事をすることを希望しながら実際には求職活動をしていない 潜在的失業者 の存在が，日本の失業率を低く変動の小さいものにしてきたという説である。長期雇用慣行は，一般に正規の労働者に対して成立しているものであり，比較的技能を必要としない仕事をしているパートタイム労働者などの臨時の労働者に対しては当てはまらない。そのため，雇用の調整が必要となれば，まず臨時の労働者の増減により行われることになる。

しかし，日本では，不況期に臨時の労働者が解雇されたとしても，それが失業率の上昇につながりにくいといわれている。この理由は，解雇された労働者が，仕事が見つかりそうにないと考えて，求職活動をあきらめることが多いためである。求職活動を行っていなければ，統計上，その人は失業者とみなされず非労働力人口に加えられる。これを **求職意欲の喪失効果** という。日本では，女性労働力を中心にこの求職意欲の喪失効果が強く働くため，不況期の失業率の上昇を抑える働きをした。

先に日本の失業率をアメリカの定義に調整しても大きくは変わらないことにふれた。しかし，潜在的失業者も失業者に加えた，より広い失業者の定義を日米共通に用いて比較すると，とくに女性の失業率について，調整後の日米の格差は縮小することも報告されている。

その他の要因

以上に加えて，日本の失業率が低い水準で安定しているその他の要因をあげておこう。まず，企業別の労働組合による賃金交渉やボーナス制度の存在により，景気や企業業績の状態を反映した伸縮的な賃金調整が行われやすい日本の労使慣行があげられる。賃金の調整が伸縮的に行われればより古典派の理論が成立しやすくなり，それだけ失業も発生しにくいといえる。また，雇用者と比べて失業状態になりにくい，自営業者・家族従業者の比率が高かったことも指摘されている。これらは，主に日本の失業率の変動を小さくした要因となる。

一方，日本の労働市場では伝統的に転職者が少ないため，職探しの過程で発生する摩擦的失業が小さかったことも，失業率水準が低かったことの要因としてあげられる。これは，終身雇用制や年功賃金制などの日本的雇用慣行のもとでは，転職は不利だったからである。また，一般に転職率の高い若年層の失業率は高いが，日本ではこの若年層の労働力率が低いことも，失業率を低くする効果をもっていたといえる。

7 1990年代後半以降の日本の失業率

●日本の失業率はどのように変化したのか？

自然失業率の上昇

これまでわれわれは，伝統的に日本の失業率が低い水準で安定していたことを確認し，なぜ従来は低い水準にあったのかについてみた。しかし，**図 10-11** でみたように1990年代後半以降に日本の失業率は一時的に上昇した。これはどのような状況が変化したことによると考えられるのだろうか。以下では，この点についてみていくことにしよう。

まず，再び図 **10-10** のベバリッジ曲線をみてみよう。図によれば，1990年代でも，年によっては，求人数と求職者数がグラフの左上から右下に，ベバリッジ曲線に沿って移動していたことが観察される。とくに，この移動は1997年から99年にかけて大きかった。このことは不況による総需要の減退が失業率を上昇させたこと，とくに1990年代末の失業率の急上昇にとってはこの要因が大きかったことを意味している。

しかし，図は同時に，1990年代半ば以降，とくに2000年代初めに顕著に，ベバリッジ曲線の右上方シフトがみられたことも示している。このことは，雇用のミスマッチによる摩擦的失業率が上昇したことを意味する。したがって，観測されるベバリッジ曲線から判断すると，1990 年代以降の日本の失業率の上昇には，不況による総需要の減少というケインズ的状況に加えて，雇用のミスマッチによる摩擦的失業率の上昇という要因が働いていたと考えられる。

就職氷河期

1990 年代後半以降の失業率の上昇には，若年層の失業率が大きく上昇したことが影響した。日本では，1900 年代半ば以降，バブル崩壊後の景気悪化やグローバル化による国際競争の激化にともなって，企業の新規採用が極端に減少し，就職氷河期と呼ばれる新卒者にとって雇用環境が厳しい時期が続いた。終身雇用制のもとでは，業績が悪化したからといって労働者を解雇することは容易ではない。しかし，新規採用であれば雇用は抑制することができる。このため，最も容易な手段として，業績が悪化した企業の多くで新卒採用の削減が行われ，それが就職氷河期をもたらしたと考えられている。

就職氷河期の結果，正規社員となれなかった若者層の間では，契約社員やパートタイマー，アルバイト，派遣社員のように，一定期間のみ雇用される非正規社員となる者が増えた。その結果，雇用が不安定化した若年層の間では，新たな職を探さなければならない機会が増えることで摩擦的失業や構造的失業が増加し，失業率を上昇させた一因となった。若年層は従来から他の年齢層よりも失業率が高かったが，当時，その傾向がますます顕著になったといえる。その後，就職氷河期世代の年齢が上がるにつれて，非正規社員である傾向が 20 歳代後半や 30 歳代の年齢層に広がり，その不安定な雇用環境は大きな社会問題にもなった。

その他の要因

若年層に加えて，1960代前半の高齢層で失業率が上昇したことも，90年代後半や2000年代前半に失業率が上昇した要因であった。高齢層の失業率は，とくに男性で高く，それは定年や解雇などが理由であった。今後少子高齢化が進行することが見込まれる日本では，高齢者をいかに再雇用し，安定した労働力として活用していくかは大きな課題である。

女性の社会進出にともなって定着率が高まり，不況期に求職活動をあきらめる女性労働者が減ったことも，失業率が上昇した一員であった。かつて不況期では，女性の求職意欲の喪失効果によって，失業率の上昇が抑えられる傾向にあった。しかし，その効果が以前に比べると小さくなり，それが不況期に失業率を上昇させる要因になった。

さらに，自営業者・家族従業者の比率が大きく減少したことも，失業率が上昇した要因と考えられている。自営業者・家族従業者は，業績が悪化した場合でも，雇用者と比べてはるかに失業状態になりにくい。しかし，その比率が大きく低下したことで，不況期に失業率が上昇する傾向が高まったといえる。

なお，高齢層や女性の労働者，それにかつての自営業者・家族従業者は，パートタイム労働者や契約社員などの非正規労働者になることが多い。非正規労働者は，転職率が正規労働者より高く，摩擦的失業や構造的失業を高める傾向にある。このため，これら労働者の間で非正規労働者が増えたことも，1990年代後半や2000年代前半に失業率が高まった理由と考えられる。

2010年代の失業率の下落

これまでみたように，長引く経済の低迷と相まって，1990年代後半以降，日本の失業率は一時的に大きく上昇した。しかし，2010年代になると，日本では失業率はむしろ低下傾向となった。その大きな理由は，日本で人手不足が顕在化したことである。

日本では，少子高齢化によって15～64歳の生産年齢人口が，1995年をピークに減少し始めた。その一方，高齢層や女性の労働者参加率が上昇したことで，労働人口自体の減少は限定的なものにとどまった。しかし，高齢層や女性の労働者は，パートタイムとして働くことが多かった。このため，休日の増加や時間外労働（残業）の規制強化とともに，日本の総労働時間は著しく減少し，この結果，日本経済ではさまざまな職種で人手不足となった。2010年代の日本経済では，深刻な人手不足のなか，失業率が低下したといえる。

ただ，人手不足に加えて，政府が雇用維持の目的で企業に支給する雇用調整助成金も，失業率を抑制するものであった。雇用調整助成金は，労働者の失業防止のために事業主に対して給付する助成金である。企業は助成金を受け取ることで，業績が悪化して雇用の維持が難しくなった場合でも，働く意思と能力のある労働者を主に「休業」という形で雇い続けた。ただ，休業者は，給料・賃金の支払は受けてはいるものの，仕事を休んでいる者である。このため，雇用調整助成金は，本来であれば解雇の対象となっていた可能性のある労働者を「隠れ失業者」とすることで，統計上の失業率の増加を抑える傾向があった。とくに，2020年のコロナ不況のもとでは，雇用調整助成金が大幅に拡充された結果，休業者の数が大幅に増加した一方，失業率の増加は他の先進主要国と比較して，きわめて小さいものにとどまった。

安定した労働者の生活を維持するには，雇用を守ることは重要である。しかし，過度に雇用を守り，労働力の新陳代謝を行わないと，経済成長のダイナミズムが失われる。最近の日本経済では，長期にわたって経済が低迷しただけでなく，人口の少子高齢化が急速に進行している。そうしたなか，成長が鈍化した産業・企業から今後成長が見込まれる産業・企業へ労働者を移動させることが，経済を活性化させるために必要である。終身雇用制という日本型の雇用慣行や雇用調整助成金は，低い失業率を実現するうえでは有効であった一方，このような効率的な資源の再配分をともなう成長のダイナミズムを阻害してきたのではないかという指摘は少なくない。

8 2000年代の賃金の低迷

●日本の賃金はなぜ低迷したのか？

際立つ日本の賃金低迷

これまでみてきたように，マクロ経済学の労働市場では，雇用を守るため，失業をいかに減らすかが大きなテーマであった。しかし，近年の日本では，失業を減らすだけでなく，賃金をいかに引き上げるかが大きなテーマになっている。これは，日本の賃金の低迷が，他の先進主要国と比べて際立っていたからである。

図10-12は，1991年から2022年までの先進主要国のフルタイム労働者の平均年収の推移を，1995年の値を100として表したものである。図から，1995年以降の25年余りの間に，労働者の

図 10-12　先進 7 か国の平均年収の推移

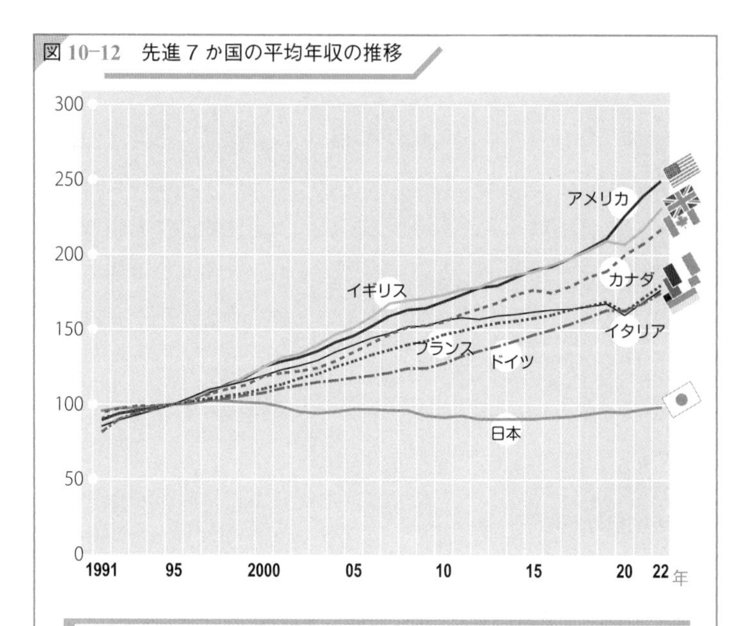

図は，1991 年から 2022 年までの先進 7 カ国の平均年収の推移を，1995 年の値を 100 として表したものである。1995 年以降の 25 年余りの間に，労働者の平均年収が，アメリカ，イギリス，カナダでは 2 倍以上，フランス，ドイツ，イタリアでも 70% 以上それぞれ上昇したことが読み取れる。これに対して，日本における労働者の平均年収は，2022 年と 1995 年がほぼ同水準であった。

（注）平均年収は，OECD の推計によるフルタイム労働者の平均年収（Average annual wages）。自国通貨建ての名目値。1995 年の値を 100 として計算した。

（出所）OECD, Stat. より作成。

平均年収が，アメリカ，イギリス，カナダでは 2 倍以上，フランス，ドイツ，イタリアでも 70％以上それぞれ上昇したことが読み取れる。これに対して，日本における労働者の平均年収は，1998 年から 2012 年頃にかけて緩やかながら下落した。2015 年以降は緩やかに上昇したものの，それでも22年の値は1995年の値とほぼ同水準であった。

このような日本の平均年収の低迷は，この期間，労働者の賃金がほとんど上昇しなかったことを反映したものである。日本における賃金の低迷は，人々に今後の経済状況を悲観的に考えるデフレ・マインドを生み出した。そして，それが，第**9**章**9**節でみたように，人々の行動を消極的にすることで，物価が上がりにくい低インフレの状態を生み出す要因となってきた。今日の日本では，労働者の賃金をいかに引き上げるかが大きな課題となっている。

なぜ低迷したのか？

それでは，なぜ日本だけ賃金が低迷してきたのであろうか。最も大きな理由は，1995年以降の25年余りの間，日本で消費者物価がほとんど上がらない低インフレの状態が続いてきたことである。労働市場において，需要や供給に影響を与えるのは，名目賃金（W）ではなく，物価（P）の影響を考慮した実質賃金（W/P）である。このため，物価が上がれば名目賃金も上がる一方，物価が上がらなければ名目賃金も上がりにくいという関係がある。

日本では，物価の低迷⇒名目賃金の低迷⇒物価の低迷⇒名目賃金の低迷⇒物価の低迷⇒……，という悪循環が，賃金の低迷を生み出してきた。実際，他の先進主要国では，1995年以降の25年余りの間，賃金だけでなく，物価も上昇した。この結果，物価の影響を考慮した実質賃金で比較した場合，日本の賃金だけが，他の先進主要国と比べて極端に低迷したとまではいえない。

もっとも，名目賃金ほどではないものの，物価の影響を考慮した実質賃金においても，1995年以降の25年余りの間，日本は他の先進主要国と比べて伸びが小さかった。他の先進主要国では，物価の上昇以上に名目賃金が上昇し，その結果，実質賃金が上昇する傾向がみられた。これに対して，日本では物価と名目賃金がいずれもほとんど上昇しなかった結果，実質賃金もほとんど上昇しなかった。このことは，低インフレ以外の要因も，日本の賃金低迷を生み出したことを意味している。

1990年代以降の日本経済は，それまでの期間と比べて平均成長率が大きく低下し，ほぼ30年間にわたって低迷を続けた。また，今後は少子高齢化が急速に進行し，それが経済成長の大きな足かせとなることが見込まれている。そうしたなか，経済状況を悲観的に考えるデフレ・マインドが企業セクターでも高まり，多くの企業で賃金を削減することで利益を確保しようとする風潮が広がった。その一方，成長が鈍化した企業から成長が見込まれる企業への労働移動など，経済を効率化するための資源の再配分は十分に行われなかった。このような日本経済の低迷に起因する要因も，日本の賃金低迷を生み出した重要な要因であったと考えられる。

練習問題

1 次のなかで，自然失業率に含まれない失業はどれか。

(a) 非常に高い技能をもってはいるが，プライドが高いため，企業が支払ってくれる賃金よりも高い賃金でないと働く気のない人。

(b) ほとんど働く気はないが，失業保険がもらえるのでとりあえず職探しをしているふりをする人。

(c) 転職の際に，次の仕事が始まるまで一時的に無職でいる人。

(d) どんな賃金水準でも働く気があるが，いつまでたってもどこの企業にも雇われない人。

2 失業率のうち自然失業率以外の部分は，景気循環に応じて変動する部分であるので循環的失業率と呼ばれることがある。以下の要因は，自然失業率や循環的失業率にどのような影響を与えるか。

(1) 転職率の高い若年労働者比率が低い

(2) 求職意欲の喪失効果

(3) 自営業比率が高い

(4) 伸縮的な賃金調整

(5) 終身雇用制

3 1960年代までは，多くの先進国でフィリップス曲線は安定した右下がりの関係を示していた。この理由を簡潔に述べよ。

4 以下で述べる経済の状況において，有効需要を増やすことで景気を刺激するケインズ的な財政政策や金融政策が，失業率を減らすうえで最も有効であると考えられるものはどれか。最も適切と考えられるものを記号で答えよ。

(a) これまでの仕事が嫌になったため，会社を辞めて新しい職を見つけようとしたが，自分に合った仕事が見つからず，失業の状態が長期化している。

(b) 景気の悪化にともなって，どの職種でも求人数が大幅に減ってしまったため，ひとたび失業するとなかなか次の仕事が見つからない状態が続いている。

(c) オリンピックの開催に伴って建設業では人手不足が顕著になる一方，世界的な景気の低迷で輸出が伸び悩んだ結果，製造業では人員整理が進み，仕事を失う人が増えている。

(d) 情報通信の分野では，著しい技術進歩にともなって求人数が急速に増えているが，さまざまなミスマッチによって，求職者の多くは必ずしもすぐに仕事が見つかっていない。

(e) 企業は優秀な人材であればすぐにでも大量に労働者を雇いたいと考えているが，現在，応募してきている人たちが本当に優秀な人材かどうかわからないので，なかなか大量に雇用することに踏み切れないでいる。

（第 10 章 **練習問題の解答例**  p. 436）

参考となる文献やウェブサイト

失業率など雇用や失業に関するデータは，総務省統計局のホームページにある「統計データ」のうち，「労働力調査」から入手可能である。また，有効求人倍率をはじめとする雇用統計や，賃金および労働時間に関する各種統計は，厚生労働省のホームページの「各種統計調査」から入手できる。

第11章 経済成長理論

経済はなぜ成長するのか？

MACRO

国産初の量子コンピューター

本章では，経済成長理論とは何かを説明し，各国の経済成長がどのようなメカニズムによって決定されるかを勉強する。とくに，これまでの各国の経験を振り返ることによって，どのようにすれば経済成長を遂げることができたのかを解説する。

ECONOMICS

1 経済の成長

●持続的な経済の発展

経済成長とは？

経済成長 とは，持続的な経済活動の発展を表す概念である。経済成長の程度を具体的な数字として示す指標としては，通常，GDP（国内総生産）の増加率が用いられている。

これは，第1章で述べたように，GDP は一国の総生産量を表し，その国の経済活動水準を示す代表的な指標であるからである。したがって，経済学では多くの場合に GDP の増加率を経済成長の指標とし，これを 経済成長率 と呼んでいる。

ただし，名目 GDP を指標とすると，一般物価水準の変化の影響が含まれてしまう。このため，インフレの影響を取り除いた実質 GDP による経済成長率が，一国の実体的な経済成長を測る指標として広く利用されている。

また，経済成長率はしばしば経済全体の総生産量である実質 GDP ではなく，実質 GDP を総人口で割った，1 人当たりの実質 GDP の増加率を使って測られることも多い。これは，経済成長を各個人の豊かさの増進を測る指標と考えた場合，経済全体の総所得ではなく，国民1人1人の所得水準の伸びによってとらえる方がより適切となるからである。

毎年の経済成長率は景気循環のために変動しているので，経済成長という長期的・持続的現象をとらえる場合には，短期的な景気循環の影響を取り除くことが望ましい。そのために，多くの場合，経済成長率は，景気循環の影響を取り除き，長期の平均的な経済成長の指標として求められる。このような経済成長率は，潜在成長率とも呼ばれている。

日本の経済成長

世界各国の実質GDPの推移をみた場合，その値は短期的には景気循環によって変動しているが，長期的には経済成長により着実に増加を続けている。とくに，日本の実質GDPは，第2次世界大戦の影響によって大幅に減少した時期を除いて，ほぼ一貫して上昇傾向を示してきた。以下では，日本の過去百十数年間についての経済成長を具体的な数字でみることにしよう。

はじめに，明治時代から現在までに，実質GDPがいかに飛躍的に増加したかをみてみよう。日本のGDPは，2015年では約538兆円に達している（2008SNAベース）。しかし，1885年当時の日本のGDPを2015年の価格で表すと，5兆7500億円ほどにすぎない。すなわち，1885年からの130年間に，日本の実質GDP水準は実に約93.5倍になったのである。

このような日本のめざましい経済成長は，実質GDPを1人当たりでみた場合にも同様に認められる。すなわち，1人当たりGDPは2015年では約423万円であるが，1885年のそれを2015年の価格で表した場合には15万円にしかならないのである。したがって，1人当たり実質GDPは，この130年間に約28倍にまで増加したことになる。

経済成長のトレンド

次に，**図11-1**により，日本の経済成長の推移をより詳しくみてみよう。図の縦軸は，1885年から2022年の各年ごとの実質GDP水準を示し

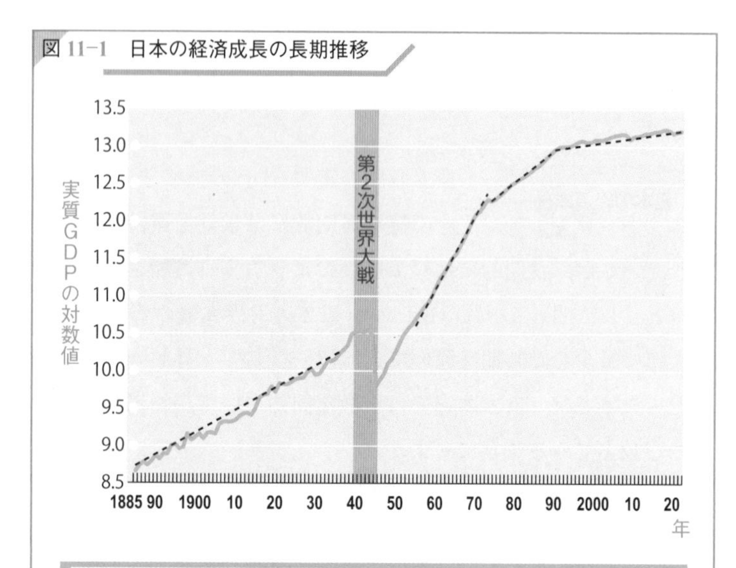

図 11-1　日本の経済成長の長期推移

図は，実質 GDP（単位 10 億円）の対数値によって，日本の経済成長の推移を示したものである。図中の黒い点線は，1885～1936 年，1955～73 年，1974～90 年，1991 年～2022 年のそれぞれの期間のトレンドを示す。成長は，第 2 次世界大戦で一時的に足踏みした。しかし，戦後は 1970 年代前半に成長が鈍るまで，めざましい高度成長を達成した。1970 年代後半以降，成長率は低下したが，それでも先進主要国のなかで最も高い成長を実現した国のひとつであった。しかし，90 年代以降は低成長が続いており，その低迷は先進主要国のなかでも際立っている。

（出所）Angus Maddison, *Monitoring the World Economy 1820-1992*, Development Centre Studies, OECD [1995]，および内閣府『国民経済計算（GDP 統計）』より作成。1979 年以前の数値は Maddison による実質 GDP 指数（1913＝100）や実質 GDP 額（1990 年価格）を，1980 年の実質 GDP 額（2015 年価格）と一致するように接続した。

ている。ただし，図をみやすくするため，目盛りは金額ではなく，実質 GDP の自然対数値で示してある。このように自然対数値で実質 GDP をグラフにした場合には，グラフの各年の傾きが近似的にその年の実質GDPの増加率，すなわち経済成長率になる（たとえば，1990年の縦軸の値は12.959であり，91年の縦軸の値は12.994である。このことから，この1年間の経済成長率は，その差0.035，すなわち，3.5%であるというように読むことができる）。

このため，ある期間についてグラフに一定の直線を当てはめることができれば，その期間中における直線の傾きが示す安定した率の経済成長を求めることができる。この直線（図中の黒い点線）が第7章第**2**節で説明した実質GDPのトレンドであり，景気循環の影響を取り除いた潜在的な経済の成長能力を示す。すなわち，この直線の傾きが先に述べた潜在成長率に対応する。

もっとも，このような観点から**図11-1**をみると，グラフからは100年余りの期間を通して1つのトレンドが当てはまるわけではないことがわかる。そこで，いくつかの期間に分けてトレンドを当てはめたものが図の点線である。それによると，明治以降の日本の経済成長は大きく4つの時期に分けることができる。

まず，明治以降の近代化の過程を経て第2次世界大戦に至るまでは，比較的安定した成長が続いていた時期であった。この間の平均経済成長率（潜在成長率）は，1885〜1936年でみて3.3%であった。ただし，このような安定した経済成長は，第2次世界大戦の敗戦を迎えると，一時的に大きく落ち込むこととなった。すなわち，戦争直後の実質GDPは戦争前の60%以下にまで下落し，1925年当時の水準に逆行したのである。

しかし，日本経済が戦後の復興を達成した1950年代後半から70年代初頭に至るまでは，戦前よりも高い経済成長が実現された。この時期が高度成長期と呼ばれる時代であり，1955〜73年の平均経済成長率は約9.2%と，世界でもまれにみる高水準を記録した。

このような日本経済の高度成長は，第1次石油ショックを契機に大きな転換を迎えることになった。そして，それ以降は高度成長期のように高い成長を維持することはできなくなり，1974〜90年の平均成長率をみると約3.7%に低下し，安定成長期へと移行した。もっとも，当時の日本の平均成長率は，それでも先進主要国のなかで最も高いもののひとつであった。

しかし，第**1**章第**6**節でみたように，1980年代後半の「バブル景気」の後，日本の経済成長は長期にわたって低迷を続けている。この間，一時的に成長率が高まった時期はあったものの，全体としてみると，1991〜2022年の平均成長率は1%程度にまで低下した。なぜ，日本経済が，1990年代以降，低い成長しか達成できない状態が長期間続いたのかについては，現在，専門の研究者の間でも論争となっている。

2 経済成長の源泉

●経済成長をもたらすものは何か？

経済の供給能力

経済成長がどのようなメカニズムによって決定されるかを考察するのが，経済成長理論である。経済成長理論におけるひとつの大きな特徴は，一国の成長や発展はその国の供給能力の拡大によってもたらされると考える点である。

したがって，仮に総需要が増加しても，供給能力の拡大がともなわなければ成長や発展は実現しないと経済成長理論では考えるのである。この考え方はケインズ経済学の有効需要の原理とはま

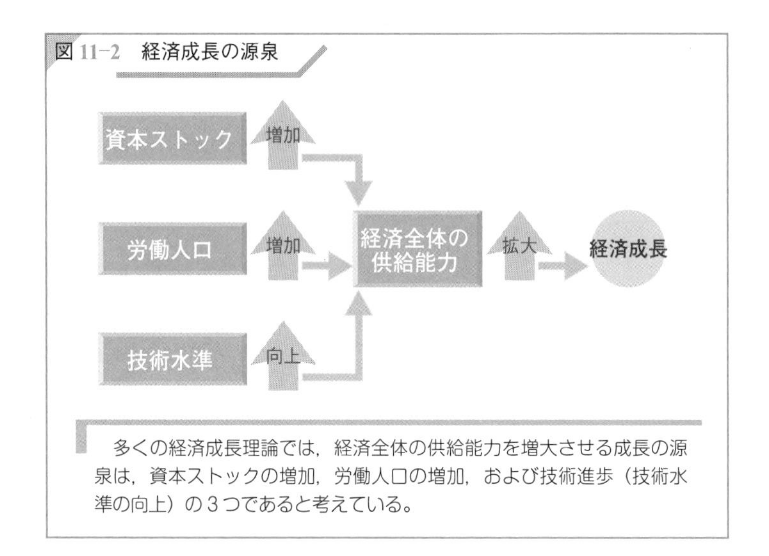

図 11-2　経済成長の源泉

多くの経済成長理論では，経済全体の供給能力を増大させる成長の源泉は，資本ストックの増加，労働人口の増加，および技術進歩（技術水準の向上）の３つであると考えている。

ったく対照的な考え方であり，経済成長理論を理解するうえでまず念頭に置いておかなければならない重要な点である。

もちろん，一言で経済成長理論といっても，そのなかにはさまざまな理論が存在している。とくに，次節でみるように，市場メカニズムのもとですべての国が同じように経済成長を達成できるかどうかに関しては，いまだに決着がついているわけではない。しかし，多くの経済成長理論では，経済全体の生産量（供給能力）の増大をもたらすのは，**図 11-2** で表されているように，資本ストックの増加，労働人口の増加，技術進歩 の３つの要因であり，これらの要因が経済成長の源泉であると考えている。

経済成長の源泉

経済成長の第１の源泉は，資本ストックの増加である。一般に，企業の設備投資には，有効需要を増加させる需要側の役割に加えて，機械・設備などの資本ストックの量を増加させて経済全体の供給能力を拡大させる役割（投資の二重性）がある。経済成長理論は，この投資の後者の役割に注目し，投資により資本ストックを増加させれば，それだけ財・サービスの供給能力が高まり，その結果，経済成長が達成されると考えている。

第2に，経済成長理論では，労働人口の増加も成長の源泉と考えている。ここで，労働人口とは，総人口のうち子供や老人など働けない人々を除いた人口のことであり，労働力として利用することのできる人の数である。労働の投入量が増加すればそれだけ生産量は増加するので，一国の労働人口の増加はその国の供給能力を拡大させ，GDPを高めると考えるのである。

また，労働人口自体は一定でも，労働時間が増加したり，教育水準の向上などによって労働力の質が上昇したりすれば，それは実質的には労働人口が増加したのと同じ効果を経済成長にもたらす。このため，労働人口の増加による経済成長への貢献度を測る場合，しばしば労働時間や労働の質を考慮した効率性単位の労働人口の増加によってその貢献度が測られている。

第3の源泉

第3に，経済成長理論では，資本ストックや労働人口のような生産要素が増加しなくとも，経済全体の生産量（供給能力）が拡大する可能性を考慮している。これが，技術進歩と呼ばれる成長の源泉であり，これにより同じ費用でもより良い製品がより多く生産できるようになる。また，最近では，新製品の開発など財の多様性を高める成果も技術進歩の一種と考える研究も増えている。

技術進歩は，多くの場合，R&D（research and development）と

呼ばれる研究開発の結果もたらされる。このR&Dには，公的な研究機関などで行われる基礎的研究に加えて，民間企業による独自の研究開発に対する支出が含まれる。このような支出は，民間企業にとって即座に利潤を高めるわけではない。しかし，各民間企業は将来的に他の企業との競争に打ち勝っていくためには，少しでも魅力的な新商品や効率的な生産技術を開発する必要があり，それが持続的な成長につながると考えられている。

3 経済成長理論

●経済成長に関する２つの考え方

ハロッド＝ドーマー理論

経済成長理論のなかには，さまざまな考え方のものが存在している。たとえば，ハロッド＝ドーマー理論は，貯蓄による資本ストックの増加が成長の源泉であり，財市場で需要と供給がバランスする限りにおいて，望ましい経済成長は達成されると考えた。

このハロッド＝ドーマー理論で重要となるのが，投資の二重性である。すなわち，企業の設備投資は，経済全体の需要を増加させると同時に，資本ストックの量を増加させることによって経済全体の供給能力も拡大させる。したがって，この２つの投資の効果がちょうど同じであれば，長期的に資本ストックの増加を源泉とした経済成長が達成される。ハロッド＝ドーマー理論では，このような経済成長率を保証成長率と呼んだ。そして，経済がこの保証成長率で成長する限り，市場が均衡した望ましい経済成長が達成されると考えた。

しかしながら，ハロッド＝ドーマー理論では，財市場において このような需要と供給の均衡は必ずしも成立しない。これは，資本ストック K と生産量 Y との間に，

$$Y = vK$$

という関係が想定されたため，係数 v が一定である限り，投資による供給能力 Y の拡大は，必ずしも投資による総需要の増加と等しくないからである。

このため，ハロッド＝ドーマー理論においては，投資による供給能力の拡大と需要の増加がちょうど等しくなるのは偶然の一致以外に起こりえず，経済が保証成長率を達成するのは，「ナイフの刃」の上をわたるくらい難しいこととなる。この結果，ハロッド＝ドーマー理論では，通常，供給能力の拡大が需要の増加を上回る需要不足の状態や，逆に供給能力の拡大が需要の増加に追いつかない供給不足の状態が発生することとなる。

新古典派経済成長理論

これに対し，**ソロー**（R. M. Solow）らによって提案された 新古典派経済成長理論 では，需要と供給が等しくない場合には価格の調整メカニズムが働くため，経済の成長経路は需給が一致した安定した成長経路となる。この新古典派経済成長理論の大きな特徴は，生産が資本ストックと労働という 2 つの生産要素に依存し，かつこの 2 つの生産要素がお互いに代替可能であるという点である。

すなわち，新古典派経済成長理論では，生産量 Y と資本ストック K および労働量 L との間に，

$$Y = AF(K, L)$$

という マクロ生産関数 を想定し，Y は K と L のいずれが増加し

た場合にも増加するとされる。このため，たとえば，資本ストックが不足している場合には労働の投入量を増やすことによって，また資本ストックが余っている場合には労働の投入量を減らすことによって，それぞれ生産を調整することができることになる。

一般に，このようなマクロ生産関数のもとでは，生産にどれだけの量の資本ストックが使用され，どれだけの量の労働が投入されるかは，各生産要素の相対的な価格の調整によって決定される。すなわち，資本ストックが不足している場合には，資本の価格が相対的に上昇するため，生産は労働をより多く投入することによって行われる。また逆に，資本ストックが余っている場合には，資本の価格が相対的に下落するため，生産は労働を相対的に節約し，資本ストックを多く使うような形に変更されることになる。

新古典派経済成長理論では，このような生産要素に関する価格調整メカニズムの存在によって資本ストックと労働がともに完全に雇用され，資本ストックと労働の増加を源泉とする安定した経済成長が達成されると考える。以下では，この新古典派の経済成長理論をベースに，経済成長の源泉をより立ち入って考察していくことにする。

4 成長会計

●経済成長をもたらす要因の分析

成長要因の分解

第**2**節でみたように，経済成長の源泉は，資本ストックの増加，労働人口の増加，および技術進歩に分けることができる。しかし，各源泉への依存の程度は，経済の状態により，あるいは時代ごとに異なって

Column ㉒ 数式による経済成長の要因分解

本文中で説明した経済成長の要因分解は，以上の形で定式化されるコブ＝ダグラス型生産関数と呼ばれるマクロ生産関数を用いると，比較的容易に数学的に導出することができる。

$$Y = AK^{a}L^{1-a}$$

ここで，係数 a は一定の値（ただし，$0 < a < 1$）である。また，コブ＝ダグラス型生産関数は，一次同次の性質を満たすことは容易に確認することができる。

いま，コブ＝ダグラス型生産関数の両辺の対数をとり，

$$\log Y = \log A + a\log K + (1-a)\log L$$

と変形する。次に，この両辺を時間に関して微分すると，

$$\frac{\Delta Y}{Y} = \frac{\Delta A}{A} + a\frac{\Delta K}{K} + (1-a)\frac{\Delta L}{L}$$

となる。

ここで，ΔY, ΔA, ΔK, ΔL は，それぞれ Y, A, K, L を時間に関して微分したものであり，各変数の時間を通じた変化分を表す。このため，上式における変数 $\Delta Y/Y$, $\Delta A/A$, $\Delta K/K$, $\Delta L/L$ は，それぞれ，Y, A, K, L の増加率となり，上式は本文のなかで説明した成長会計の基本式を示すことになる。

とくに，コブ＝ダグラス型生産関数のもとでは a の値は一定であることから，K の増加率や L の増加率の係数も一定となる。また，以上の関係式は，コブ＝ダグラス型生産関数だけでなく，一般的な一次同次のマクロ生産関数でも成立することが知られている

いる。このような観点から，現実の経済成長にこれらのそれぞれの要因がどれほど寄与しているかを量的に把握しようとする試みが存在している。その代表的なものが，**ソロー**によって考案された**成長会計**である。

成長会計の原理を知るために，まず，現実の成長率を資本・労働・技術進歩のそれぞれの貢献度に分解する方法を，簡単に説明することにしよう。このため，生産要素（すなわち，資本ストックと労働人口）の投入と生産量の関係を表すマクロ生産関数

$$Y = AF(K, L)$$

を考える。

ここで，Yは生産量（実質GDP），Kは資本ストック量，Lは労働投入量（具体的には，労働人口）を表している。また，この生産関数において，Aは生産技術の水準を表す変数で，全要素生産性（Total Factor Productivity，略してTFP）と呼ばれている。

成長会計では，このマクロ生産関数が，次のような一次同次の性質をもつとする。

$$\lambda Y = AF(\lambda K, \lambda L)$$

この性質は，資本ストックと労働人口の投入量をλ倍すると，生産量もλ倍になることを示している。すなわち，一次同次のマクロ生産関数は，すべての投入量を同じように増やしたとき投入量当たりの生産量は変わらないという意味で，「規模に関して収穫一定である関数」といえる。

マクロ生産関数から，Yの増加，すなわち経済成長をもたらすものは，A，K，Lの3つの要因であることがわかる。また，マクロ生産関数が一次同次の性質をもつとき，Yの増加率で表される経済成長率は，次のように各要因の増加率に分解できることが知られている。

経済成長率
＝Aの増加率＋$a \cdot K$の増加率＋$(1-a) \cdot L$の増加率
［資本ストックの増加率］　［労働人口の増加率］

Column ㉓ 経済成長への労働と資本ストックの貢献

以下では，資本ストックの増加率と労働人口の増加率の貢献度の指標となる係数 a および $(1-a)$ の意味について，コブ＝ダグラス型生産関数を使って考えてみよう。

一般に，労働1単位の増加がどれだけ生産量を増加させるかは，労働の限界生産性といわれる。とくに，企業が利潤最大化をしている限り，この労働の限界生産性 $(\Delta Y/\Delta L)$ は労働1単位当たりの賃金に等しくなる。

このため，賃金を w とすると，$w=\Delta Y/\Delta L$ となる。労働人口の増加率は $\Delta L/L$ なので，この式を書き換えると，$\Delta Y/Y=(wL/Y)(\Delta L/L)$ となる。ここで，(wL/Y) は生産量に占める総賃金の比率であり，労働分配率といわれる。

とくに，コブ＝ダグラス型生産関数 $Y=AK^aL^{1-a}$ のもとでは，$\Delta Y/\Delta L=(1-a)\,Y/L$ が成立するので，$w=(1-a)\,Y/L$ となり，

$$1-a=\frac{wL}{Y}=\text{労働分配率}$$

という関係が成立する。したがって，労働人口の増加の生産量の増加への貢献部分は，

労働分配率 × 労働人口の増加率 = $(1-a)\cdot L$ の増加率

として表すことができる。

同様に，生産量のうち資本の提供者へ支払われた部分の比率を資本分配率とすると，資本ストックの増加によってもたらされる生産量の増加率は，

資本分配率 × 資本ストックの増加率

と表される。とくに，コブ＝ダグラス型生産関数のもとでは，この資本分配率は，係数 a に等しいことを確認することができる。したがって，資本ストックの増加の生産量の増加への貢献部分は，$a\cdot K$ の増加率とも書き換えることができることになる。

この式が，経済成長率に対する各成長要因の貢献度を示す式であり，成長会計の基本式となっている。なお，A の増加率は，全要素生産性の増加率で，技術進歩率に相当する。

各要因の貢献度

以上で示した成長会計の基本式は，全要素生産性の増加率，資本ストックの増加率，および労働人口の増加率の3つの要因が経済成長を高めるのにどのように貢献しているかの度合いを表すこととなる。ただし，この貢献度を表す式では，資本ストックの増加率や労働人口の増加率に，それぞれ，a および $(1-a)$ という係数がかかっていることに注意する必要がある。

これらの係数はいずれもマクロ生産関数の形状に依存して決まるものであり，実は a は資本分配率に，そして $(1-a)$ は労働分配率に等しくなることも知られている。とくに，コブ＝ダグラス型生産関数のもとでは a の値は一定であることから，資本および労働の分配率も一定となる。

したがって，成長の要因は，

経済成長率
＝全要素生産性の増加率
＋資本分配率×資本ストックの増加率
＋労働分配率×労働人口の増加率

という形にも分解することができることになる。

技術進歩率

資本ストックと労働人口の増加率以外に経済成長をもたらす部分が，全要素生産性 A の増加率である。すなわち，この A の増加率の貢献部分は，生産要素（すなわち，資本ストックと労働人口）の増加によらない部分であり，一般に技術進歩による部分と考えられる。

他の貢献度とは異なり，A の増加率，すなわち 技術進歩率 を直接計測することは容易ではない。しかし，経済成長の要因を分解した式を変形すると，

技術進歩率（全要素生産性の増加率）

＝経済成長率－資本分配率× 資本ストックの増加率

－労働分配率× 労働人口の増加率

という関係が成り立つ。

この式の右辺の変数はすべて現実のマクロ・データとして観測可能であるから，技術進歩率（すなわち，全要素生産性の増加率の貢献分）は，経済成長率から資本ストック（K）と労働人口（L）の増加率の貢献部分を差し引いた残差として間接的に計測することができる。この意味で，上式を用いて計測された技術進歩率は，ソローの名を冠して ソロー残差 といわれる。

ただし，別のいい方をすれば，資本ストックと労働人口の増加率で説明できない経済成長部分を，直接観測できない技術進歩による成長部分として考えるということになる。したがって，成長会計の計測結果をみる場合，全要素生産性の増加率の貢献分として求められた技術進歩率には，資本・労働の計測誤差まで含む，資本・労働の増加によってとらえられない経済成長へのさまざまな影響・要因が反映される可能性があることには注意が必要である。

5 成長会計の計測例

●日本の経済成長の源泉は何だったのか？

計測するうえでの工夫

一国の経済成長がどのような要因によってもたらされているかを考えることは重要である。そのため，これまでも多くの国々について成長会計の計測や国際比較が試みられてきた。もっとも第**4**節で説明した例は成長要因の分解の簡単な例であり，実際の計測にあたっては，現実の経済を考慮した詳細な調整が行われている。

たとえば，*Column* ㉒でみたコブ＝ダグラス型生産関数は，代表的な一次同次の生産関数で，現実のデータに比較的よく当てはまることが経験上知られている。しかし，実際の計測では，それよりもさらに一般的な一次同次の生産関数の形を想定した分析が行われている。

また，資本や労働といっても，現実には同じものばかりではない。たとえば，資本ストックは時間が経つにつれて老朽化・陳腐化する。また，労働力も学歴，性別，年齢などによって，その生産力は異なる。労働時間も，労働力の生産力に影響する。したがって，実際に成長会計の計測にあたっては，このような資本や労働の質の違いも考慮するなどさまざまな工夫がなされている。

日本の成長会計

日本についても多くの成長会計の計測が存在するが，ここではその代表的な研究例として，まず，1960 年代と 70 年代を対象とした黒田昌裕らによる計測結果をみてみよう。図 **11–3** には，黒田らによる計測結

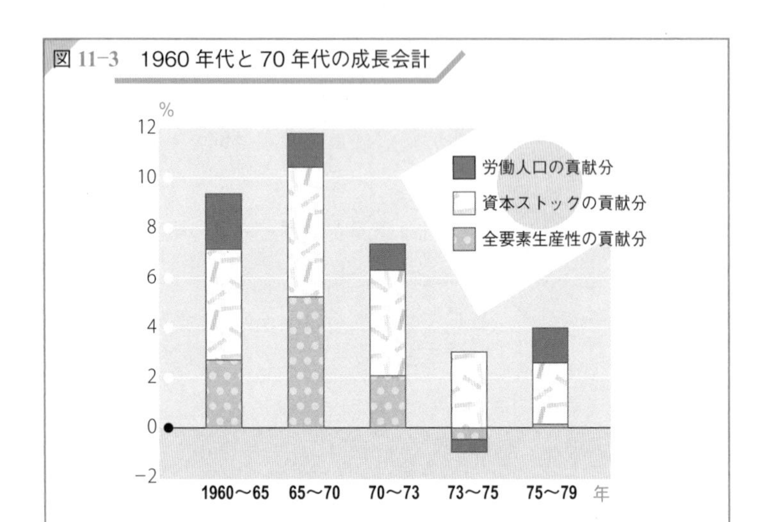

図 11-3　1960 年代と 70 年代の成長会計

上図から，日本の高度成長期は，全要素生産性の増加に表される技術進歩に支えられていたことがうかがわれる。ただし，全要素生産性の増加は，第 1 次石油ショック後大きく低下した。

（出所）　黒田昌裕・吉岡完治・清水雅彦「経済成長——要因分析と多部門間波及」浜田宏一・黒田昌裕・堀内昭義編『日本経済のマクロ分析』東京大学出版会［1987］第 3 章，により作成。

果が，時代別に示されている。

図より，成長率が高かった 1973 年までの成長要因の 1 つの特徴として，全要素生産性の貢献度の高さをあげることができる。このように全要素生産性の貢献度が高いことは，高度成長が急速な技術進歩に支えられたものであったことを示している。また，1973 年までの成長要因のもうひとつの特徴として，資本ストックの貢献度の高さをあげることができる。このことは，第 **3** 章第 ***1*** 節で述べたように，高度成長期の日本において「投資が投

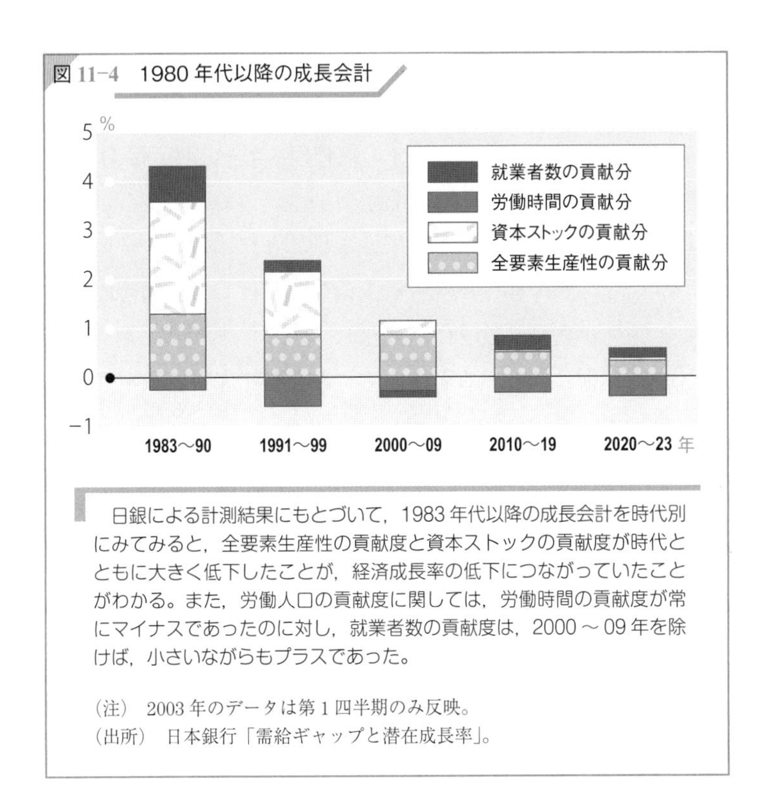

図 11-4　1980 年代以降の成長会計

日銀による計測結果にもとづいて，1983 年代以降の成長会計を時代別にみてみると，全要素生産性の貢献度と資本ストックの貢献度が時代とともに大きく低下したことが，経済成長率の低下につながっていたことがわかる。また，労働人口の貢献度に関しては，労働時間の貢献度が常にマイナスであったのに対し，就業者数の貢献度は，2000 〜 09 年を除けば，小さいながらもプラスであった。

（注）　2003 年のデータは第 1 四半期のみ反映。
（出所）　日本銀行「需給ギャップと潜在成長率」。

資を生む」と呼ばれた設備投資の伸びが，経済の好循環に重要な役割を果たしたという説と一致する。

一方，図から，1973 年以降の成長率の低下には，全要素生産性の成長率が低くなったことが大きな要因であったこともわかる。とくに，第 1 次石油ショックの影響を受けた 1973 〜 75 年において，全要素生産性の増加率はマイナスであった。これは，エネルギー価格の上昇による生産性の低下が，残差部分である全要素生産性に現れたためである。

次に，日銀による計測結果にもとづいて，**図 11-4** から 1983 年代以降の成長会計を時代別にみてみよう。この時期，成長率が大幅に鈍化したことから，**図 11-4** の縦軸のスケールは，**図 11-3** と大きく異なっている。また，計測方法が多くの点で異なるため，結果は**図 11-3** と単純な比較はできないことには注意が必要である。とくに，**図 11-4** では，労働人口の貢献度を，労働時間の貢献度と就業者数の貢献度に細分化して示してある。しかし，**図 11-4** を時代別にみてみると，いくつかの興味深い特徴が観察される。

まず，全要素生産性の貢献度と資本ストックの貢献度が，時代とともに低下したことが，経済成長率の低下につながっていたことである。とくに，資本ストックの貢献度の低下が著しく，1980 年代には 2% 以上あった貢献度が，2000 年代に入り 0.3% 以下に低下し，2010 年以降はほとんどなくなった。この結果は，第 **3** 章第 ***1*** 節でみたように，2000 年代以降，設備投資の低迷が日本経済の低迷につながったという考え方と一致する。

一方，労働人口の貢献度に関しては，労働時間の貢献度が常にマイナスであったのに対し，就業者数の貢献度は，2000 ～ 09 年を除けば，小さいながらもプラスであった。就業者数の貢献度がプラスとなったのは，人口が減少するなかでも女性や高齢者の労働参加が進んだことが原因と考えられる。しかし，女性や高齢者は，パートタイムで働くことが多かったため，労働時間の貢献度はマイナスとなった。また，休日の増加や働き方改革により時短勤務が進んだことも，労働時間の貢献度がマイナスとなった原因であった。もっとも，少子高齢化がいっそう進行することが見込まれる日本では，14 ～ 64 歳までの生産年齢人口の減少はより深

Column ㉔ 技術進歩の類型

本文では，経済成長の重要な源泉として技術進歩があったことを説明した。すなわち，各先進国とも，同一要素投入のもとでより多くの生産が可能になる技術進歩が，経済成長を生み出したのである。もっとも，一言で技術進歩といっても，それにはさまざまなタイプのものがある。

たとえば，**ヒックス**（J. R. Hicks）は，技術進歩が起こる前と後で，資本ストックと労働の限界生産性が同じ率で増大するならば，その技術進歩は中立的であると定義した。すなわち，時間 t の経過とともに進む技術進歩を $A(t)$ で書き表すとすれば，ヒックス中立的技術進歩とは，マクロ生産関数が，

$$Y = A(t)\,F_1\,(K, L)$$

と書き表せるケースになる。したがって，成長会計における全要素生産性の増加は，ヒックス中立的技術進歩に対応することになる。

一方，**ハロッド**（R. F. Harrod）は，資本ストックを一定としたときに，同じ生産を行うのに必要な労働投入量を節約するような技術進歩を中立と定義した。このため，ハロッド中立的技術進歩を $A(t)$ とした場合には，マクロ生産関数は，

$$Y = F_2\,(K, A(t)\,L)$$

と書き表されることになる。

さらに，同一水準の労働投入量のもとで同じ生産を行うのに必要な資本ストックを節約する技術進歩は，ソロー中立的技術進歩と呼ばれている。この技術進歩がソロー中立であるための条件は，マクロ生産関数が，

$$Y = F_3\,(A(t)\,K, L)$$

と書き表されること，すなわち，技術進歩 $A(t)$ の効果がすべて資本の効率の上昇（すなわち，資本の節約）に現れることである。

図 11-5　成長会計の先進国間比較

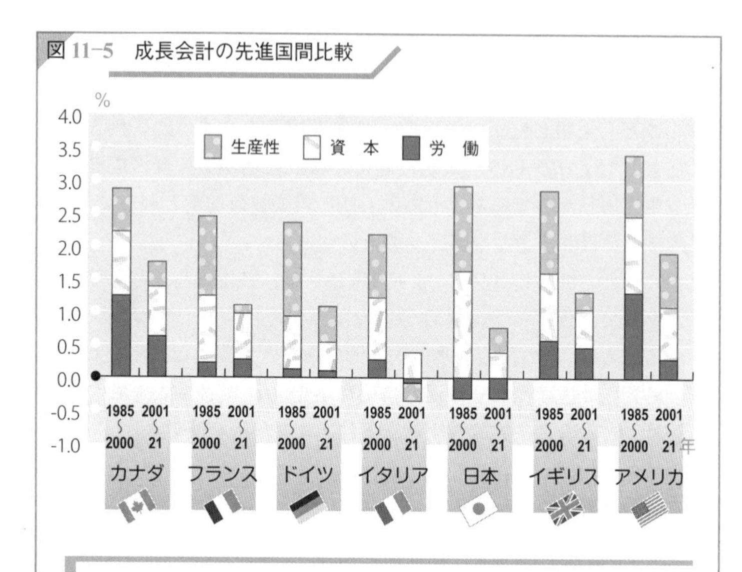

図は，先進 7 カ国（G7）について 1985 〜 2000 年と 2001 〜 21 年の 2 つの期間に関して，成長会計の計測結果を比較したものである。1985 〜 2000 年の期間には，全要素生産性の増加（技術進歩）および資本蓄積が一定の成長の原動力となっていた。しかし，2000 年代以降，多くの先進国において，全要素生産性の貢献度と資本ストックの貢献度の低下が成長率の低下の主要な要因となった。

（出所） OECD, *Compendium of Productivity Indicators 2023*.

刻なものとなる。このため，今後，就業者数の貢献度もマイナスに転じ，それが経済成長の大きな足かせとなる可能性が高い。

先進国の成長会計の国際比較

成長会計の計測例を，より広範な先進諸国について示したものが，**図 11-5** である。**図 11-5** は，先進 7 カ国（G7）について 1985 〜 2000 年と 2001 〜 21 年の 2 つの期間に関して，成長会計の計測結果を比較したものである。

図における各国の左側の棒グラフは，1985～2000年の成長会計の計測結果を示している。これから，この期間には，全要素生産性の増加（技術進歩）および資本蓄積が一定の成長の原動力となっていたことが，各国に共通の特徴であったことがわかる。この期間，全要素生産性の貢献度と資本ストックの貢献度は，先進7カ国の平均でいずれも約1%であった。これら貢献度は，先進7カ国がより高い成長率を実現していた時期よりは低下しているものの，持続的な成長を支えた要因であったといえる。

一方，労働の貢献度は，日本が労働時間の減少を反映してマイナスなのとは対照的に，ほとんどの先進国でプラスとなっている。しかし，それら国々の左側の棒グラフと右側の棒グラフを比較してみると，2001～21年の期間，フランスを除けば，労働の貢献度は減少する傾向にある。

また，各国の左側の棒グラフと右側の棒グラフを比較してみると，多くの先進国において，全要素生産性の貢献度と資本ストックの貢献度の低下が，2000年代以降の成長率の低下の主要な要因であることがわかる。これは，多くの先進国では，かつてみられたような大規模投資をともなう劇的な技術革新が困難になりつつあるため，これまでのような経済成長の実現は難しくなっている可能性があるといえる。

ただし，すでに説明したように，全要素生産性の貢献度には資本ストックと労働という投入要素に帰着できない成長要因すべてを含むため，この事実は直ちに技術進歩が低下したという結論を導くわけではない。このため，なぜこのように先進国に共通して全要素生産性の貢献度の低下が発生したかは，現在の経済成長の分野での実証的な研究課題のひとつとなっている。

6 収束の概念

●経済成長に成功した国と失敗した国

収束とは？

初期時点では所得水準の異なる国々が，最終的にその所得水準が等しくなっていく現象は，収束と呼ばれている。このような収束の現象は，第2次世界大戦後の先進諸国の間では非常によく成立していることが知られている。

たとえば，**図11-6**には1950～2019年の主要先進諸国の（1人当たりの）実質所得水準の推移が，アメリカの実質所得水準を100として描かれている。図よりわかることは，1950年当時には比較的大きなものであった各国の所得水準格差は，時間とともに徐々に解消され，80年時点ではかなり小さなものとなっていることである。1980年代半ば以降は所得水準の均等化は必ずしも進んではいない。ただ，通期でみれば，主要先進諸国間の実質所得水準では，上述の収束の現象がおおむね存在していることになる。

しかしながら，このような収束の現象は，分析の対象に中進国や発展途上国をも含めた場合は，もはや成立しないこともよく知られている。たとえば，**図11-7**は，世界114カ国のデータを用いて，横軸に1960年時点での各国の（1人当たりの）実質所得水準，縦軸に1960年から2019年にかけてのその成長率をとり，その関係を描いたものである。

仮に，各国の所得水準が収束している場合には，初期時点での所得水準が低い国ほど経済成長率が高いはずであるから，収束現

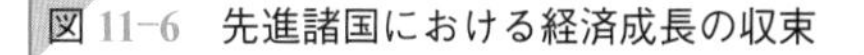
図 11-6　先進諸国における経済成長の収束

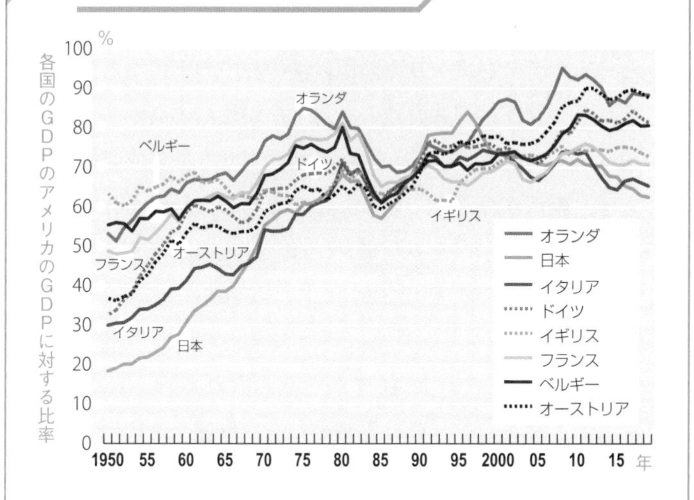

初期時点で所得水準が異なる国々が最終的に等しい所得水準になっていく現象は，収束と呼ばれている。先進諸国間では，1950 年にはかなりばらつきのあった 1 人当たりの所得水準が，1980 年頃にはかなり均等化し，この収束がよく成立していた。だたし，1980 年代半ば以降に限ってみると，先進国間で収束がいっそう進んだという傾向は必ずしもみられない。

（注）　縦軸は，各国の 1 人当たり GDP のアメリカの 1 人当たり GDP に対する比率。

（出所）　Penn World Tables 10.0 より作成。各国の 1 人当たり GDP は，アメリカの 1 人当たり GDP を 100 とした比率で表示されている。

象が存在する限り，図で表される関係は右下がりの曲線となるはずである。ところが，この図より容易にわかることは，1960 年当時の所得水準とその後の成長率との間にはとりたててはっきりとした関係はないということである。

たとえば，中央アフリカ，ブルンジといったサハラ以南のアフリカ諸国の多くは図の左下にある傾向があり，それらの国々は初期時点の所得水準が非常に低かったにもかかわらず，その後の成長率が世界で最も低いままであった。一方，ウルグアイやベネズエラといったラテンアメリカ諸国は図の真中の下にある傾向があり，それらの国々は初期時点の所得水準が比較的高かったものの，その後はより所得水準が高かった先進国よりも低い成長率しか達成できず，経済が停滞している。このように，世界全体の観点から各国の実質所得水準をみた場合には，上述の収束の現象がまったく存在していないことになる。

東アジアの高成長

図 **11-7** から読み取れるもうひとつの特徴は，図の左上に位置する国々の多くが，韓国，台湾，シンガポール，香港といったアジア NIEs と呼ばれる経済地域であるという点である。このことは，1960 年当時の所得水準はさほど高くなかった東アジア経済地域が，その後，世界でも突出した高い経済成長を達成したことを示している。

もちろん，東アジア経済地域でも，1997，98 年には大きな経済危機が発生し，多くの国々が大幅なマイナス成長を経験したことは事実である。しかし，他の発展途上国と比較した場合，各東アジア諸国が過去数十年間にわたって記録した高成長はやはり特筆に値するものといえる。このため，今日でも，東アジア経済地域がなぜめざましい経済成長を可能にしたのかは，世界各国の政策当事者の間で多くの注目を集めている問題のひとつである。

東アジアの奇跡

たとえば，1993 年 9 月に世界銀行が発表したレポート『東アジアの奇跡』では，日本，アジア NIEs（韓国，台湾，シンガポール，香港），インドネ

図 11-7　経済成長の収束：114 カ国のケース

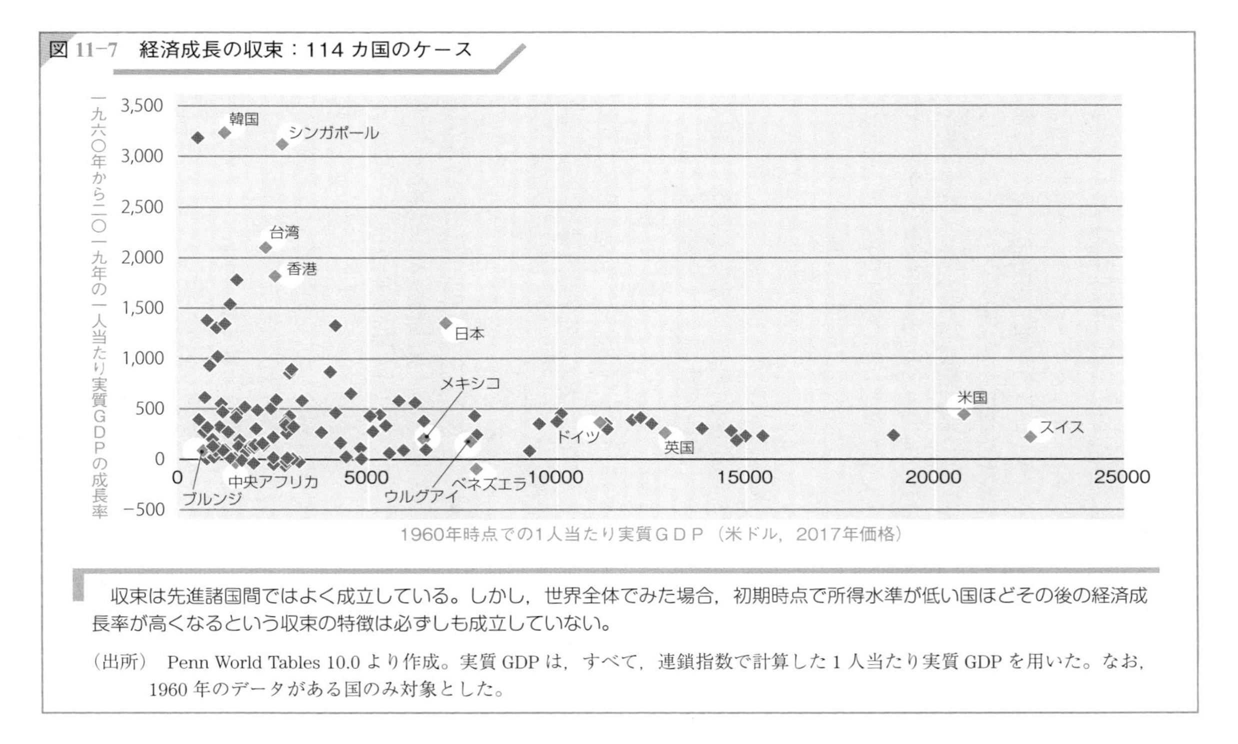

収束は先進諸国間ではよく成立している。しかし，世界全体でみた場合，初期時点で所得水準が低い国ほどその後の経済成長率が高くなるという収束の特徴は必ずしも成立していない。

（出所）　Penn World Tables 10.0 より作成。実質 GDP は，すべて，連鎖指数で計算した 1 人当たり実質 GDP を用いた。なお，1960 年のデータがある国のみ対象とした。

Column ㉕ 政府の介入は経済成長を促進するか？

本文でもみたように，多くの東アジア諸国では，政府が市場経済に適切に介入したことが，長い期間にわたって高成長を持続させたと考える主張がなされてきた。実際，日本の高度成長期においても，通産省（現在の経済産業省）が輸出促進政策などさまざまな産業政策を行ったし，大蔵省（現在の財務省と金融庁）は金融機関の資金配分に大きな影響を及ぼした。これらの政府介入がどれだけ日本の経済成長に貢献したかは，さまざまな議論があり，学界でも議論は分かれるところである。しかし，東アジア諸国の経験は，少なくとも発展途上国が経済成長するうえで，政府が市場に介入する必要性を擁護する根拠となっている。

もっとも，世界各国の経験を振り返ってみると，多くの発展途上国においては，政府が市場介入した結果，逆に経済の停滞がしばしば深刻となった。とくに，政府が国内産業を保護し，外国からの輸入品を国内生産へと切り替えようとする輸入代替化政策を行ったラテンアメリカ諸国では，その後，しばしば経済危機が発生した。また，政府が経済的に大きな権限をもった結果，政府高官に対する賄賂など汚職が横行し，経済環境をますます悪化させた発展途上国も少なくない。

一方，1990年代半ばに政府主導のもとで順調に経済成長を遂げていた東アジア諸国でも，1997年から98年にかけて経済危機が発生し，経済が低迷した。また，その大きな原因の1つとして，政府の市場介入が，保護を受けている経済主体にモラル・ハザードを生み出したことが指摘されている。このため，近年では，経済を発展させるうえで，政府がどの程度市場に介入するのが望ましいかに関して，さまざまな意見が出されている。発展途上国で，市場を自由化するのがよいのか，政府が一定の介入をするのがよいのかは，研究者の間でも意見が分かれている。

シア，マレーシア，タイの8カ国を高い成長を遂げる東アジア経済地域とし，そのめざましい経済成長を東アジアの奇跡と呼んだ。そして，なぜこれらの地域でめざましい経済成長が実現したのかを詳細に分析した。

この分析によると，東アジアの奇跡をもたらしたのは，適切なマクロ経済政策，初等・中等教育などへの十分な投資など，いわゆる基礎的な政策が各国政府により確実に実施されたことであった。また，各国とも共通して，政府によって各種の選択的な市場介入政策がとられたが，そのなかでもとくに輸出促進政策は種々の形で経済成長に寄与したと分析は結論づけた。

中国の経済成長

中国経済は，1960年代後半から70年代前半にかけて行われた文化大革命による混乱や計画経済の行き詰まりによって，長い間停滞が続いていた。しかし，改革開放政策による市場経済への移行期（1978～92年）を経て，92年以降，社会主義市場経済としてその経済成長を一気に加速させた。92年以降の成長率は他の東アジア諸国を大きく上回り，97年のアジア通貨危機の後も，その成長の鈍化はわずかであった。

2000年代に入っても中国の高成長は持続し，2003年から2007年には5年連続の2ケタ成長率を記録した。このような高成長の持続は，日本の高度成長に匹敵するもので，2008年秋のリーマン・ショックに端を発する世界同時不況のもとでもほとんど鈍化しなかった。いまや中国は，世界経済の牽引（けんいん）役としてそのプレゼンスを大きく高めている。

図11-8は，中国，日本，ドイツ，アメリカの名目GDPを，米

図 11-8　めざましい中国の GDP の伸び

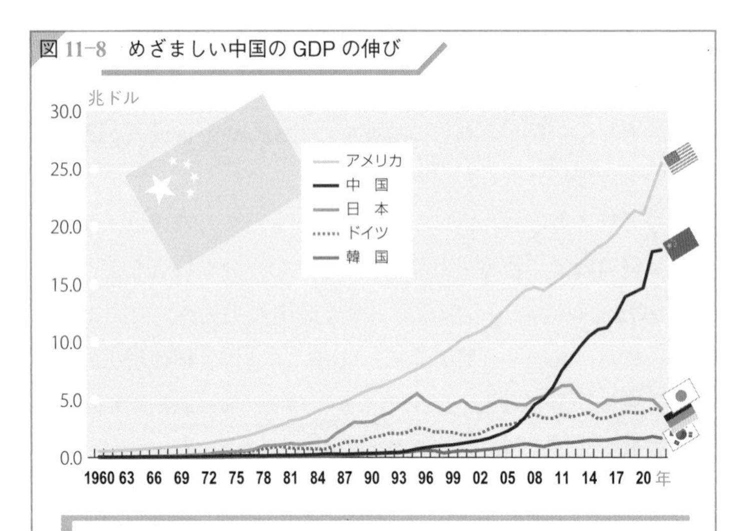

1992 年以降，社会主義市場経済として，中国は経済成長を一気に加速させた。中国の GDP は，1990 年には，日本の約 8.5 分の 1，アメリカの約 16 分の 1 にすぎなかったが，2007 年にはドイツを抜いて世界第 3 位の経済大国となり，2009 年にはほぼ日本に追いついた。2010 年には日本を抜き，そう遠くない将来，アメリカを抜いて世界第 1 位の経済大国になる可能性がある。

（注）すべて名目 GDP を米ドル建てに換算して比較している。

（出所）世界銀行 , *World Development Indicators.*

ドル建てに換算して示したものである。中国の GDP は，1990 年には，日本の約 8.5 分の 1，アメリカの約 16 分の 1 にすぎなかった。2000 年でも，日本の約 4 分の 1，アメリカの約 8.5 分の 1 にとどまっていた。しかし，その後の持続的な高成長により，中国は，2007 年にはドイツを抜き，2010 年には日本を抜いて世界第 2 位の経済大国になった。そう遠くない将来，アメリカを抜いて世界第 1 位の経済大国になるという見方もある。

もっとも，このような GDP の高成長だけから，中国が先進国の仲間入りをしたと考えるのは少し早計である。中国の人口は14億を超えており，その数は日本の10倍を超え，アメリカの4倍以上である。このため，GDPを人口で割った1人当たりGDPを米ドル建てに換算してみると，2022年の段階でも約1万2700ドルにとどまり，日本の約3分の1，アメリカの約6分の1しかない。国全体の総生産は大きくなったが，中国の人々の所得水準は，依然として高くないといえる。

また，高成長を続けてきた中国経済でも，最近では，成長率の鈍化が顕著となっている。政治的には社会主義体制を維持しながら，市場経済を導入してきた中国が，今後も持続的な高成長を維持できるかどうかは，研究者の間でも意見が分かれている。

韓国の経済成長

1948年に成立した韓国（大韓民国）は，朝鮮戦争（1950～53年）によって産業施設が廃墟になった結果，50年代半ばには世界で最も貧しい国のひとつであった。しかし，1960年代から輸出主導型の経済発展計画を推進し，「漢江（ハンガン）の奇跡」と呼ばれる目覚ましい経済成長を成し遂げた。

1960年代は原材料や軽工業製品の輸出が主であったが，70年代から重化学工業施設への投資による経済発展が推進され，大企業を中心とした輸出主導型の経済構造が確立した。1997年11月には通貨危機が発生し，一時的に深刻な経済危機に直面した。しかし，不良企業を市場化から退出させて構造調整を行ったことにより，2000年代に入ると成長率は回復し，現在は，半導体とディスプレイの分野で世界をリードするまでになっている。

人口は日本の半分以下であるため，GDPでは大国とは必ずし

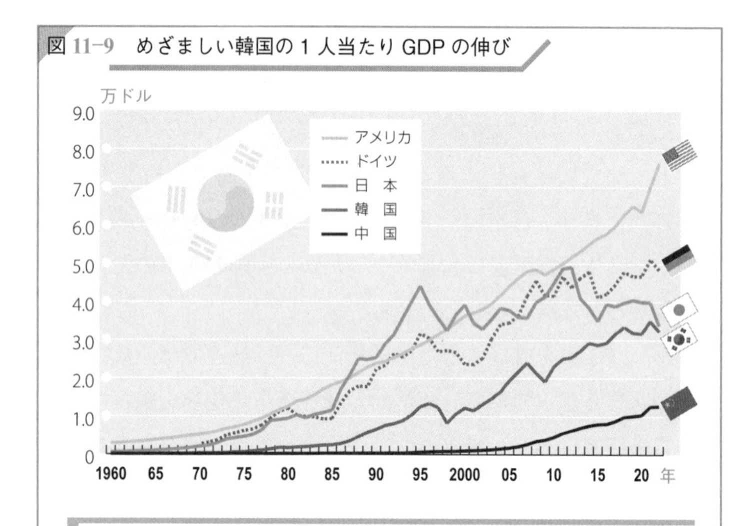

図 11-9　めざましい韓国の 1 人当たり GDP の伸び

韓国は，1950 年代半ばには世界で最も貧しい国のひとつであった。しかし，60 年代から輸出主導型のめざましい経済成長を成し遂げた。人口は日本の半分以下であるため，GDP では大国とはいえない。しかし，国民 1 人当たりの GDP では，近年，日本とほぼ同じレベルに成長している。

（注）　名目 GDP を米ドル建てに換算し，総人口で割ることで比較した。

（出所）　世界銀行 , *World Development Indicators.*

もいえず，**図 11-8** が示すように，近年でも，アメリカや中国だけでなく，日本やドイツにも及ばない。しかし，**図 11-9** からわかるように，国民 1 人当たりの GDP でみると，近年，日本とほぼ同じレベルにまで成長している。どの国を「先進国」と考えるかに関しては明確な認定基準がない。しかし，国民 1 人当たりの経済力という点では，韓国は高度な工業化を達成し，経済発展を実現した先進国といえる。

7 内生的経済成長理論

●新しい経済成長理論

新古典派経済成長理論の限界

第**6**節で検討したように，国際的に比較した場合には各国の所得水準は国によって大きく異なる。とくに，高成長を持続させることに成功している国がある一方で，低成長からなかなか抜け出せない国々も数多く存在している。すなわち，全世界的には，長期的に各国の所得水準がある一定の範囲のなかに収束するという現象はみられないのである。

このような状況は，たとえば伝統的な新古典派経済成長理論では，必ずしもうまく説明することができない。これは，新古典派経済成長理論において1人当たりの国民所得水準の成長率を長期的に決定するのは，外生的な人口成長率や技術進歩率であり，それは長期的には国ごとにさほど差がないと考えられていたからである。

この新古典派経済成長理論の結論を導くうえで重要となるのは，労働人口や技術進歩を一定とした場合，資本の限界生産性は資本ストックが増加するにつれて低下するという仮定である。すなわち，新古典派経済成長理論では，他を一定とした場合，資本ストック K と生産量 Y との間に，**図 11-10** で表されるような 資本の限界生産性の逓減 を想定するのである。

この仮定のもとでは，資本ストックの蓄積が十分に大きくなると，資本ストックを追加的に増加させても生産の増加にはほとんど寄与しなくなる。このため，経済成長が進展し，資本ストック

図 11-10　資本の限界生産性の逓減

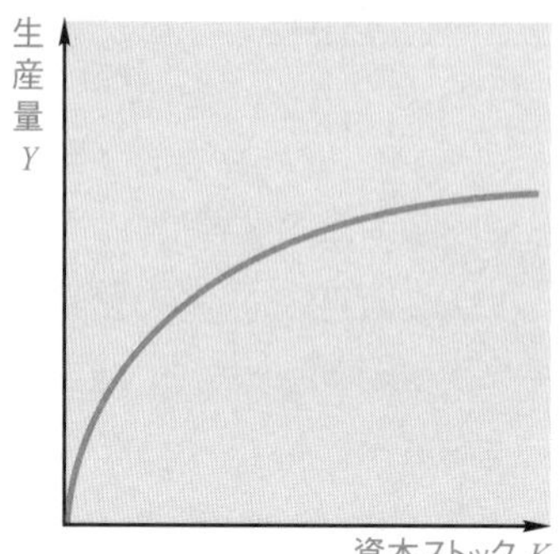

新古典派経済成長理論では，マクロ生産関数において，技術水準や労働人口を一定とした場合，資本の限界生産性は資本ストックが増加するにつれて減少することが想定されている。このため，技術進歩や労働人口の増加がない限り，資本ストックの増加はやがてストップする。

が十分に蓄積されると，新たに技術進歩や労働人口の増加がない限り，企業はもはや資本ストックを増やさなくなるのである。

すなわち，新古典派経済成長理論では，経済成長が十分に進展した長期では，3つの経済成長の源泉のうち，資本ストックは，技術進歩や労働人口の増加が起こったときだけ増加することになる。このため，長期的に1人当たりの国民所得水準を増加させる源泉は，労働人口の増加と技術進歩の2つとなる。また，労働人口の増加や技術進歩率に差がない場合，各国の1人当たりの所得水準は一定の範囲内に収束する。

内生的経済成長理論とは？

もっとも，**図 11-3** や**図 11-4** からもわかるように，これまでの成長会計の推計結果は，長期的にみても，資本ストックの増加が，技術進歩や労働人口の増加が大きくない国々でも経済成長の重要な源泉であったことを示している。このため最近では，新古典派経済成長理論とは異なった立場から経済成長の問題をとらえるアプローチが主流になってきている。

これらのアプローチに共通した特徴は，資本の限界生産性が資本ストックが増加しても低下しないとする仮定である。すなわち，他を一定とした場合，資本ストック K と生産量 Y との間に，**図 11-11** で表されるような関係を想定するのである。そして，これら新しいアプローチは，この仮定を使って，なぜ全世界的にみた場合に収束の現象がみられないかの理由を考察している。

この新しいアプローチのもとでは，資本ストックの蓄積が進んだ場合でも，資本ストックの増加は 1 人当たりの国民所得水準をそれまでと同様に増加させることになる。したがって，仮に労働人口の増加や技術進歩といった要因に何らの変化がなくとも，経済は資本ストックの増加によって持続的な経済成長を達成できることになる。

以上の結果は，長期的な経済成長の重要な源泉が，技術進歩や労働人口の増加といった外的な要因だけではなく，資本ストックの内生的な増加という経済活動にあることを意味している。このため，このような経済成長に関する新しいアプローチは，内生的経済成長理論 と呼ばれている。

図 11-11　資本の限界生産性が逓減しないマクロ生産関数

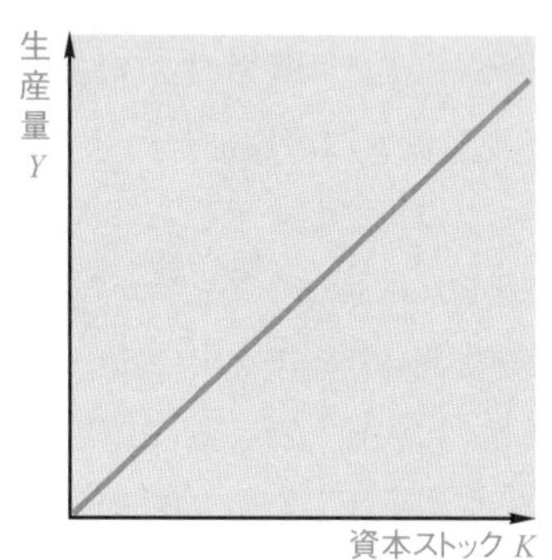

新しい内生的経済成長理論では，マクロ生産関数において，他を一定とした場合でも，資本の限界生産性は資本ストックが増加するにつれ逓減しないことが想定されている。このため，資本ストックの増加は長期的にも1人当たりの国民所得を増加させる重要な要因となる。

人的資本の役割

資本の限界生産性の逓減を前提としない内生的経済成長理論において有力な理論的根拠となっているものの1つが，人的資本の役割である。一般に，人的資本とは，その国の労働者がもつ知識，技術，熟練度などのストックのことを表し，機械・設備等のストックである物的資本と区別される。

経済成長における人的資本の役割を重視する立場の人々は，物的資本の量ばかりでなく，この人的資本の量が各国の生産性に大きく影響すると考える。具体的には，物的資本ストック K と区別して人的資本ストックを H とすると，マクロ生産関数は，労働量 L に加えて K と H に依存するものとして，次式のように表される。

$$Y = AF(K, L, H)$$

技術進歩や労働人口の増加がない場合，このマクロ生産関数のもとでの資本の限界生産性は，人的資本ストックの量が増加しない限りは，物的資本ストックの増加とともに減少する。しかし，物的資本ストックが増加すると，人的資本ストックが相対的に不足するので，経済全体として人的資本ストックを増加させるような投資，たとえば教育投資がさかんに行われるようになる。その結果，物的資本ストックが増加した場合でも，それが人的資本ストックの増加をともなう限り，資本の限界生産性は減少しないことになる。

人的資本の蓄積は，中等・高等教育を受けたり，最新の技術に身近で接することによって培われるものであるので，このような人的資本の蓄積が進む国は貧しい国よりも比較的豊かな国であると考えられる。一方，人的資本の蓄積の進まない貧しい国は，いつまでたっても先進国に追いつくことができない。その結果，人的資本の蓄積の違いが，全世界的にみた場合には収束の現象が観察されないことに1つの説明を与えている。

技術や知識の外部性

内生的経済成長理論に関するもうひとつの有力な考え方は，外部性を重視する考え方である。この考え方は，個別企業のレベルでは，新古典派経済成長理論と同様に，労働者1人当たりの資本ストックが増加するにつれてその限界生産性が減少することを仮定する。しかし，経済全体のレベルでは，他の投入量が増加しなくとも，資本の限界生産性は逓減しないという前提のもとに，議論を展開している。

このような前提条件が成立する1つの理由として，**ローマー**（P. M. Romer）は，技術や知識の外部性の存在を考えた。すなわち，個々の企業が行うことによって培われる生産技術に関する知識には正の外部効果があり，自らの生産性を高めると同時に，他の企業の生産性をも高める効果があるというのである。このため，個々の企業にとっては資本の限界生産性は逓減するが，この外部効果まで考慮した経済全体のマクロ生産関数では，資本の限界生産性はもはや逓減しない。

具体的には，個別の企業の生産量 Y は，自らの資本ストック K や労働量 L ばかりでなく，経済に存在する平均的な資本ストック量 K^* にも依存し，

$$Y = AF(K, K^*, L)$$

として書き表される。K^* を一定とした場合，この生産関数は，通常の新古典派経済成長理論のマクロ生産関数と同じである。しかし，すべての企業が同じように自らの資本ストック K を増加させた場合，平均的資本ストック K^* も増加する。このため，経済全体としてみた場合には，資本の限界生産性は K が増加しても減少しなくなるのである。

その結果，少なくとも経済全体でみたときには，資本ストックの蓄積が進んだ場合でも，資本ストックは生産の増加に依然として寄与することになる。この場合，経済成長が進展したときでも，企業は持続して資本ストックを増加させようとするため，長期的にも，資本ストックの増加は，労働人口の増加や技術進歩と同様に，経済成長の重要な源泉となる。逆に，経済成長が遅れている国では，平均的資本ストック K^* が少ないことで，資本ストックを増やしても生産はそれほど増加しないことになる。これが，も

う1つの内生的経済成長理論の考え方である。

8 経済成長と所得分配

●豊かな社会では人々は平等か？

クズネッツ仮説

「経済成長が，所得格差にいかなる影響を与えるか」という議論は，国家間の所得格差というグローバルな視点だけでなく，一国の成長率と国内の所得分布との関係にも当てはまる。この点に関する伝統的に受け入れられてきた考え方が，「経済発展の初期に不平等が拡大し，経済が成熟するにつれて平等になる」という クズネッツ仮説 である。

クズネッツ（S.S. Kuznets）は1955年に発表した論文で，アメリカ，イギリス，ドイツの経済の発展過程と所得分布の推移を観察し，発展段階が農業から工業へと進むにつれて国内の所得格差は広がるものの，工業部門の賃金が上がり，生産性の低い農業部門が縮小するに従って所得格差は縮小に向かうことを数値例によって示した。

この関係は，1人当たりの国民所得を横軸，所得格差を縦軸にグラフを描くと，**図 11-12** のような形となることから，逆U字型のクズネッツ曲線 と呼ばれている。クズネッツ曲線は，経済発展の初期の段階では格差が拡大するが，持続的な成長によって，貧困層のボトムアップが実現し，中間層が増えてくると，徐々に所得格差が縮小することを示唆している。加えて，中間層の拡大は，民主化社会における政治的発言力の増大を通じて所得再分配政策を促進し，所得の不平度をさらに低下させると考えられてき

図 11-12　逆U字型のクズネッツ曲線

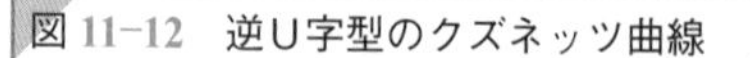

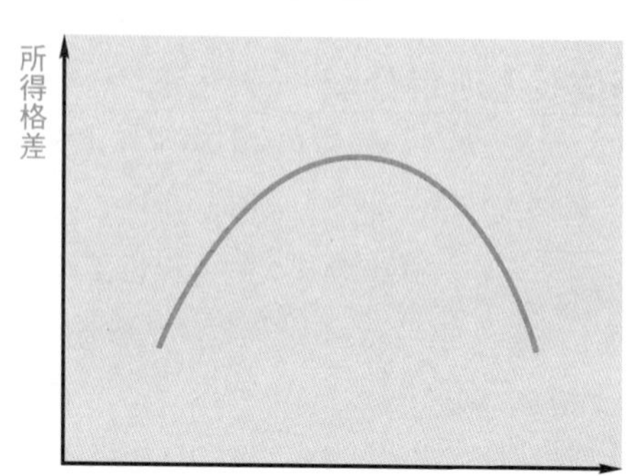

クズネッツは，発展段階が農業から工業へと進むにつれて国内の所得格差は広がるが，工業部門の賃金が上がり，生産性の低い農業部門が縮小するに従って所得格差は縮小に向かうことを示した。図はこの関係をグラフを描いたものである。

た。

ピケティの『21 世紀の資本』

多くの先進国では，第 2 次世界大戦後から 1970 年頃まで所得格差の大きな減少が観察された。この結果は，持続的な成長が実現し，経済が成熟するにつれて所得格差が縮小するとしたクズネッツの仮説を支持するものである。

しかし，**ピケティ**（T. Piketty）は，その著書『21 世紀の資本』で，より最近の先進国のデータを調べてみると，1980 年頃を境に所得格差は逆に拡大していることを示した。とくに，ピケティは，人口の上位 1 %の階層に所得と富が集中するという傾向が，アメリカやイギリスなどの国々で近年とくに顕著となっていることを明らかにした。

ピケティは，第2次世界大戦後から15年間ほど続いた所得格差の縮小は，大戦からの復興や，当時拡大した所得再分配政策によって例外的にもたらされたとする。そのうえで，資本主義経済では，資本の収益率が経済成長率を上回ることで，所得格差が今後もますます拡大していくと警鐘を鳴らした。

ピケティの警鐘は，各方面で反響を呼び，その著書は異例のベストセラーとなった。ただ，その主張がどこまで妥当性をもつかに関しては，研究者の間でも意見が分かれている。

練習問題

1 ある国の実質GDPが10年間で50%成長したとする。さらに，同期間にこの国の資本ストックは50%，労働人口は5%成長し，労働分配率は70%であったとする。成長会計によれば，この10年間の経済成長に対する，資本・労働・全要素生産性の貢献度は，おのおの何%になるか。

2 実質GDPの増加率は，景気循環の指標としても，経済成長の指標としても重要である。それでは，実質GDPの増加率のどのような側面がおのおのの指標となるか。

3 以下の要因のうち，ソロー残差を増加させると考えられるのはどれか。

(a) 輸入原材料価格の下落，(b) 労働人口の減少，(c) 新しい技術の導入，(d) 資本の減価償却。

4 技術進歩や労働人口が変化しない場合，新古典派経済成長理論では経済成長率は長期的に何%となるか。

（第11章 練習問題の解答例 ➡ p. 437）

参考となる文献やウェブサイト

新しい経済成長理論までカバーした入門書として，平口良司『入門・日本の経済成長』日経 BP，日本経済新聞出版［2022］がある。

また，本文中で紹介した世界銀行のレポートの出典は，世界銀行『東アジアの奇跡――経済成長と政府の役割』（白鳥正喜・海外経済協力基金開発問題研究会訳）東洋経済新報社［1994］，『21 世紀の資本』の出典は，トマ・ピケティ『21 世紀の資本』（山形浩生・守岡桜・森本正史訳）みすず書房［2014］である。

第12章 オープン・マクロ経済

為替レートと経常収支

コンテナ埠頭での貿易の光景

近年の日本経済の国際化にはめざましいものがあり，日本と外国との経済取引はますます活発化している。そこで，本章では，オープン・マクロ経済と呼ばれる海外との取引が存在する場合のマクロ経済を取り上げ，それを理解するうえで必要な基本概念を説明する。

1 国際収支表

●外国との取引の収支を示す指標

国際収支表とは？

外国との取引が存在するマクロ経済を考察するにあたってまず知っておかなければならない概念は，国際収支表という概念である。この国際収支表の考え方は，家計が家計簿をつけたり，企業が財務諸表を作成してそれぞれの収支を計算するのと同様に，複式簿記の原理を用いて一国が外国と行った取引の収支を計上するものである。

わが国では，2014 年 1 月から，国際収支統計が改訂され，大項目が経常収支と資本収支の 2 本立てから，経常収支，金融収支，および資本移転等収支（道路など社会資本への無償資金援助などに関する収支を計上）の 3 本立てと変更された。

経常収支

経常収支は，財・サービスの取引に関する収支を計上する貿易・サービス収支，海外からの投資収益の収支を計上する第 1 次所得収支，および海外援助・国際機関への拠出などの収支を計上する第 2 次所得収支の 3 つからなる。なかでも，当該期間中における財の輸出額と輸入額の差は，貿易収支として，以下のように示される。

貿易収支 = 財の輸出額－財の輸入額

わが国では長い間，貿易収支が経常収支の大半を構成し，財の輸出が輸入を上回れば経常収支が黒字に，逆に財の輸出が輸入を下回れば経常収支が赤字になる傾向があった。しかし，近年では，国際的な輸送や旅行の拡大やサービス化の進展により，サービス収支（サービスの輸出額－サービスの輸入額）の規模も大きくなっている。より重要なことは，対外資産の増加によって海外からの投資収益が拡大し，第一次所得収支が経常収支に大きな影響を与えるようになっていることである。その結果，貿易収支と経常収支の関係は，以前ほどはっきりはしなくなっている。

金融収支

一方，金融収支は，債券や株式など金融資産の国際間取引に関する収支を計上するものである。日本政府が保有する対外資産を表す外貨準備の増減も，金融収支に含まれる。

金融収支は，日本の資産の増加を＋，減少を－で表示するため，以下のように示される。

金融収支＝海外への資金流出額－海外からの資金流入額

すなわち，日本人が外国企業にお金を貸したり，外国企業の社債や株を買ったりすれば，金融収支にはプラスの要因となる。逆に，外国人が日本企業にお金を貸したり，日本企業の社債や株を買ったりすれば，金融収支にはマイナスの要因となる。

金融収支の主な構成要因が，直接投資と証券投資である。直接投資は所有権の移転をともなうお金の流れであり，外国企業の所有権を左右する株式の売買（より厳密には，出資比率10％以上）が直接投資に含まれる。したがって，たとえば，日本企業がアメリカ企業の株を購入し，その企業の経営権を握るようなことがあれば，それは日本からアメリカへ直接投資が行われたことになる。

これに対し，財テクとしての株式投資や国債・社債などの債券の売買が行われれば，それは証券投資として計上される。このため，たとえば，日本企業がアメリカの国債を購入すれば，それは

表 12-1　日本の国際収支表

	経常収支	貿易・サービス収支	貿易収支	輸出	輸入	サービス収支	第1次所得収支	第2次所得収支
1996	74,943	23,174	90,346	430,153	339,807	−67,172	61,544	−9,775
2000	140,616	74,298	126,983	489,635	362,652	−52,685	76,914	−10,596
2004	196,941	101,961	144,235	577,036	432,801	−42,274	103,488	−8,509
2008	148,786	18,899	58,031	776,111	718,081	−39,131	143,402	−13,515
2012	47,640	−80,829	−42,719	619,568	662,287	−38,110	139,914	−11,445
2016	213,910	43,888	55,176	690,927	635,751	−11,288	191,478	−21,456
2020	159,917	−8,773	27,779	672,629	644,851	−36,552	194,387	−25,697
2022	115,466	−211,638	−157,436	987,688	1,145,124	−54,202	351,857	−24,753

日本の国際収支では，かつて貿易収支が大幅な黒字を記録し，それが経常収
赤字となることすらある。その一方，第一次所得収支の黒字幅が拡大し，それ
資金流出が流入を上回った結果，ほとんどの年でプラスを記録してきた。

（出所）日本銀行『国際収支統計』。

日本からアメリカへの証券投資が行われたということになる。

国際収支表の特徴

ところで，国際収支表をみるうえで注目すべき点は，経常収支と金融収支の動きが連動していることである。これは，財やサービスが取引された場合には，必ずその背後でお金の受け渡しがあることを反映したものである。

このため，国際収支表では，統計上の誤差（誤差脱漏）がない場合，

$$経常収支 - 金融収支 + 資本移転等収支 = 0$$

という関係が常に成立する。その結果，経常収支がプラスの場合には金融収支もプラス，経常収支がマイナスの場合には金融収支

（単位：億円）

金融収支	直接投資	証券投資	金融派生商品	その他投資	外貨準備	資本移転等収支	誤差脱漏
72,723	28,648	37,082	8,011	−40,442	39,424	−3,537	1,317
148,757	36,900	38,470	5,090	15,688	52,609	−9,947	18,088
160,928	35,789	−23,403	−2,590	−21,542	172,675	−5,134	−30,879
186,502	89,243	281,887	−24,562	−192,067	32,001	−5,583	43,299
41,925	93,591	24,435	5,903	−51,490	−30,515	−804	−4,911
286,059	148,587	296,496	−16,582	−136,662	−5,780	−7,433	79,583
141,251	93,898	43,916	7,999	−16,541	11,980	−2,072	−16,594
64,922	169,582	−192,565	51,362	107,114	−70,571	−1,144	−49,400

支の黒字をもたらしてきた。しかし，近年，貿易収支の黒字は大きく減少し，
が経常収支の黒字をもたらすようになっている。なお，金融収支は，海外への

もマイナスとなる傾向が生まれる。

最近の日本の国際収支

表 12-1 が，1996 年から 2022 年にかけての日本の国際収支表である。表からわかるように，わが国では，長い間，経常収支が大幅な黒字を記録してきた。これは，かつては，輸出が輸入を上回る貿易黒字が続いてきたからである。しかし，近年，貿易収支は赤字に転じ，その結果，経常収支の黒字も大きく減少している。

その一方，経常収支のなかでは，外国からの利子・配当等の受取の増加を反映して，第 1 次所得収支の黒字が拡大している。これは，日本の対外資産の累積が巨額になったことを反映したもので，近年では第一次所得収支が経常収支の黒字を生み出す大きな

要因となっている。

金融収支は，日本から海外へ継続して資本が流出した結果，大幅なプラスを記録してきた。とくに，日本企業の海外進出の拡大を反映して，直接投資のプラス幅が拡大している。他方，資産運用を目的とした株や債券への証券投資は，プラス（すなわち，日本の海外への証券投資が，海外から日本への証券投資よりも大きい）を記録する年が多いものの，近年ではマイナス（すなわち，日本の海外への証券投資よりも，海外から日本への証券投資が大きい）となることもあった。

日本の経常収支の長期的趨勢

長期的な趨勢として日本の経常収支を振り返ってみた場合，第2次世界大戦後の約20年間は赤字となることが多かった。これは，戦後復興期から高度成長期にかけて国内生産が旺盛な国内需要に追いつかない状況が継続したため，外国からの輸入が輸出を上回り，貿易収支が赤字となったからである。

しかし，**図12-1**にみられるように，日本の経常収支は，1960年代後半頃からは黒字に転ずるようになった。とくに，この経常収支の黒字は2度の石油ショック期を除いてそれ以降継続し，その黒字額は徐々に拡大していった。

経常収支の黒字は，1980年代半ば以降大きく拡大し，80年代半ばや2000年代半ばにはGDPの4%程度にまで達することもあった。近年ではその黒字幅が急速に減少した年もあったが，これまでのところ，わが国の経常収支は黒字を続けている。

図 12-1　日本の経常収支（対 GDP 比）

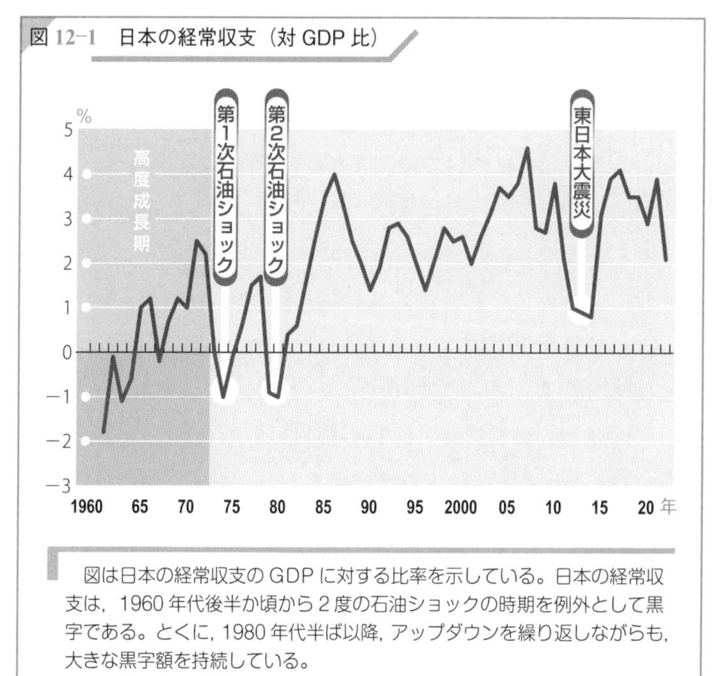

図は日本の経常収支の GDP に対する比率を示している。日本の経常収支は，1960 年代後半か頃から 2 度の石油ショックの時期を例外として黒字である。とくに，1980 年代半ば以降，アップダウンを繰り返しながらも，大きな黒字額を持続している。

（出所）　日本銀行『国際収支統計』，内閣府『国民経済計算（GDP 統計）』より作成。

2　為替レート

●各国の通貨の交換価値

為替レートとは？

オープン・マクロ経済において，2 つの異なる通貨の間の交換比率を表すのが，為替レートである。たとえば，自国通貨を円とし，外国通貨をアメリカのドルとすると，1 ドルが何円で交換されるか（あるいは，1 円が何ドルで交換されるか）という交換比率が円とドルの為替レートになる。

経済にあまり関心のない読者でも，テレビや新聞のニュースで本日の為替レートがいくらになっているかが連日のように報道されていることには気づいている人も多いであろう。それほど，国際化が進んだ現在の日本経済にとって為替レートの動きは重要なのである。

一般に，為替レートを表示する方法としては，1 ドル = 100 円という形で表す円建てレートと呼ばれるものと，1 円 = 0.01 ドルという形で表示するドル建てレートと呼ばれるものがある。以下では，とくにことわりがない場合には，為替レートは円建てとし，1 ドル = e 円という形で表現する。そして，円の価値がドルに対して上昇した結果，円建てレートの値が減少する状況を円高（あるいは，ドル安），また円の価値がドルに対して下落して円建てレートが増加する状況を円安（あるいは，ドル高）と呼ぶことにする。

為替レートの決定メカニズム

為替レートの水準は，外国為替市場と呼ばれる市場において売買される各国通貨に対する需要量と供給量によって決定される。したがって，円とドルとの間の為替レートを決定する際は，ドルに対する需要量と供給量の関係が重要な役割を果たすことになる。

まず，ドルに対する需要は，円をドルに交換する際に発生する。たとえば，日本人がアメリカ製品を輸入する場合や，アメリカへ証券投資をする場合などに，ドルが需要されることになる。通常，このようなドルの需要量 D は，円建て為替レート e との

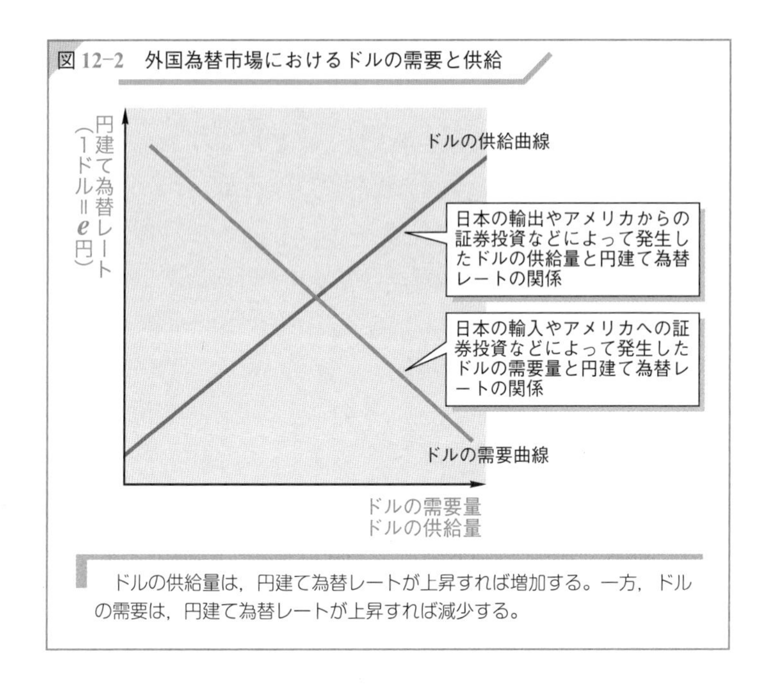

図 12-2　外国為替市場におけるドルの需要と供給

ドルの供給量は，円建て為替レートが上昇すれば増加する。一方，ドルの需要は，円建て為替レートが上昇すれば減少する。

間に，**図 12-2** のドルの需要曲線のような右下がりの関係がある。というのは，ドルが円に対して安くなる（すなわち，e が減少する）と，同じ日本円で購入できるアメリカ製品や金融資産の額は増えるので，日本の輸入やアメリカへの証券投資が増加する（したがって，より多くの円がドルに変換される）からである。

一方，ドルの供給は，ドルを円に交換する際に発生する。具体的には，日本からアメリカへの輸出代金が支払われる際にドルが円と交換される場合や，アメリカ人が円建て金融資産を購入する場合などにドルが供給されることになる。このようなドルの供給量 S は，通常，円建て為替レート e との間に，**図 12-2** のドルの供給曲線のような右上がりの関係がある。これは，ドルが円に対して安くなった（すなわち，eが減少した）場合，日本製品の輸出価格や日本の金融資産の価格はアメリカ人にとって高くなるので，日本製品や日本の金融資産の購入量が減少する（したがって，ドルから円への交換が減る）からである。

変動相場制

為替レートの水準が外国為替市場における民間の経済主体の需要と供給によって決定される制度は，**変動相場制** と呼ばれている。変動相場制の場合，為替レートは，図 **12-3** の e^* のように民間の経済主体のドルに対する需要量と供給量が一致する点で決定される。

図 12-3　変動相場制における為替レートの決定メカニズム

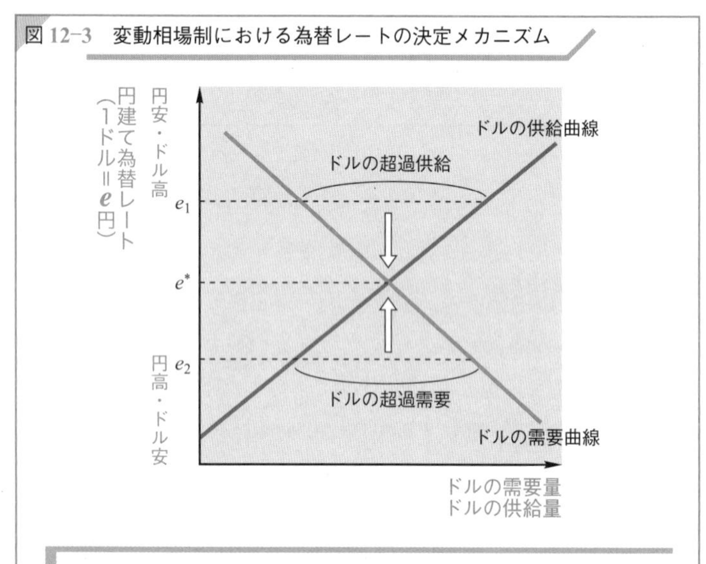

変動相場制のもとでは，為替レートはドルに対する需要量と供給量が一致する水準 e^* に決定される。したがって，たとえば，ドルが超過供給となる水準に為替レートがあれば円高・ドル安へ為替レートは調整される。

もし為替レートが e^* よりも大きい e_1 の水準であると，ドルは超過供給となる。逆に，為替レートが e^* よりも小さい e_2 の水準であると，ドルは超過需要となる。しかし，変動相場制のもとではこれらの状態は長続きせず，ドルの超過需要の場合には円安・ドル高に，またドルの超過供給の場合には円高・ドル安になることによって，外国為替市場の不均衡を自動的に解消する為替レート調整メカニズムが働くことになる。

固定相場制

一般に，政府・中央銀行が意図的にドルを売買する行為は，介入 と呼ばれる。この介入によって，為替レートを 平価 と呼ばれる一定の水準に固定する制度が，固定相場制 である。

固定相場制のもとでは，民間のドルに対する需給が超過供給あるいは超過需要の状態にあっても，為替レートが平価に等しい限り，その不均衡の状態は継続する。というのは，固定相場制のもとでは，政府・中央銀行が為替レートを平価の水準に固定するために，意図的にドルを売買する介入を行うからである。

たとえば，**図 12-4** において民間のドルに対する需要量と供給量が一致する為替レートの水準が e^* であったとしよう。この場合，固定相場制のもとでの平価が e_1 であれば，政府・中央銀行は AB に相当する額のドルを意図的に需要するドル買い介入を行い，その結果，為替レートの値は e^* よりも円安である e_1 の水準に固定される。一方，平価が e_2 であれば，CD に相当する額のドルを意図的に供給するドル売り介入によって，政府・中央銀行は為替レートを e^* よりも円高の e_2 の水準に固定することになる。

図 12-4　固定相場制における為替レートの決定メカニズム

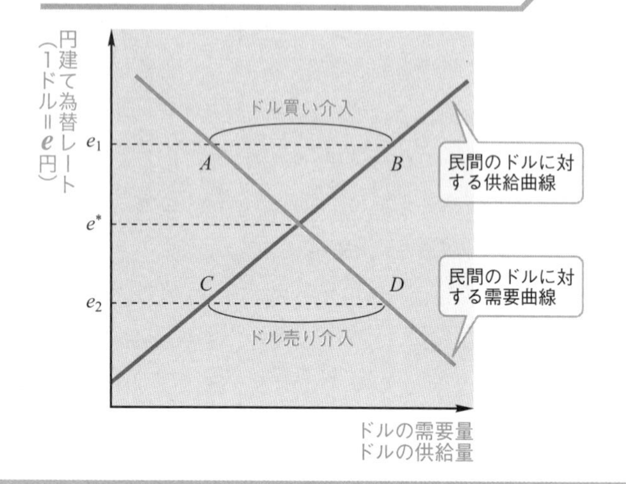

固定相場制のもとでは，政府・中央銀行の介入によって為替レートの水準はあらかじめ定められた平価に決定される。たとえば，民間のドルに対する需要量と供給量が一致する為替レートの水準が e^* であるとしよう。この場合，仮に平価が e_1 であれば，政府・中央銀行は AB に相当するドル買い介入を行うことで，為替レートを e^* より円安の水準である平価 e_1 に維持することになる。

3　国際通貨制度の推移

●為替レートはどのように決められてきたか？

国際金本位制　国際間で行われる実物的・金融的取引の大きな特徴の1つは，それぞれ異なる通貨をもつ国と国とが取引することである。したがって，国際間の取引をスムーズに行うためには，異なる通貨間の決済を可能にする国際通貨制度を整備することが必要になる。仮にこのような制度が十分に整備されていなければ，国際的に流動性が不足して世界的な金融危機が発生したり，各国が為替引下げ競争を行ったりするかもしれない。そして，もしそのような事態が起これば，世界的な貿易量が縮小し，世界的な不況を深刻化させるという事態も発生しかねないのである。

時代をさかのぼってみた場合，国際通貨制度は古くは，国際金本位制という形で機能していた。この制度のもとでは，各国の通貨当局は自国通貨をあらかじめ定められた価格で金と交換することが義務づけられていた。このため，各国の通貨当局はその金保有量に応じて通貨供給量を増減させなければならなかった。また，金の国際価格が共通のもとでは，各国の通貨の交換比率，すなわち為替レートは，結果的に常に一定に保たれた。

ただし，このような金本位制のルールは，各国が無責任に自国の通貨量を増加させる懸念を取り除くという好ましい側面をもつ反面，通貨量が金保有量に制約されることで，必ずしも世界経済の安定的発展のために必要な通貨量が十分に供給されるとは限らないという問題点をもっていた。

IMF体制（ブレトン・ウッズ体制）

第2次世界大戦後の約20年間，国際通貨制度は，IMF体制（ブレトン・ウッズ体制）あるいは金・ドル本位制と呼ばれるルールにもとづいて行われた。このルールのもとでは，その巨額の金の保有を背景として，アメリカは他国の通貨当局がいつでもドルを金に交換できることを保証した。それと同時に，アメリカを除く各国は，その為替レートをドルに対して一定の比率で固定する固定相場制を採用し，為替レートの変更は経常収支の不均衡が長期にわたるケースなどで例外的に認められるのみとなっていた。

日本の為替レートは，1949年4月25日に1ドル＝360円という水準に決定され，50年代の初めに日本がIMFへ加盟したのをうけて，正式なIMF体制の平価となった。そして，この1ドル＝360円という平価は，1971年にIMF体制が崩壊するまで，一度も変更されることはなかった。

もっとも，IMF体制は，中心となるアメリカが十分な金を保有し，ドル価値の安定を保証できる限りにおいてのみうまく機能する制度であった。このため，IMF体制は，1960年代末ごろからのアメリカの慢性的な経常収支の赤字や，ドイツ・日本などの生産性の上昇といった世界経済の新しい動きに対応できなくなった。その結果，1971年8月には，当時のアメリカ大統領ニクソンの金・ドル交換停止宣言（いわゆる，ニクソン・ショック）によるドルの大幅な切下げによって崩壊することとなった。

変動相場制

IMF体制が崩壊してから今日まで，日本を含めた多くの国で採用されている国際通貨制度は，原則として変動相場制である。この国際通貨制度のもとでは，為替レートの水準は外国為替市場の需給によって決定される。したがって，**図12-5**で示されているように，変動相場制移行後の日本の為替レート（円／ドル）は，基本的には円高の方向に推移してきたものの，各時期の通貨の需給関係に応じて円安に振れたり，円高に振れたりしてきた。

各国が変動相場制を採用した当初，変動相場制のもとでは外国のショックが為替レートの変動によって吸収されるため，各国の

図 12-5　日本の為替レートの推移

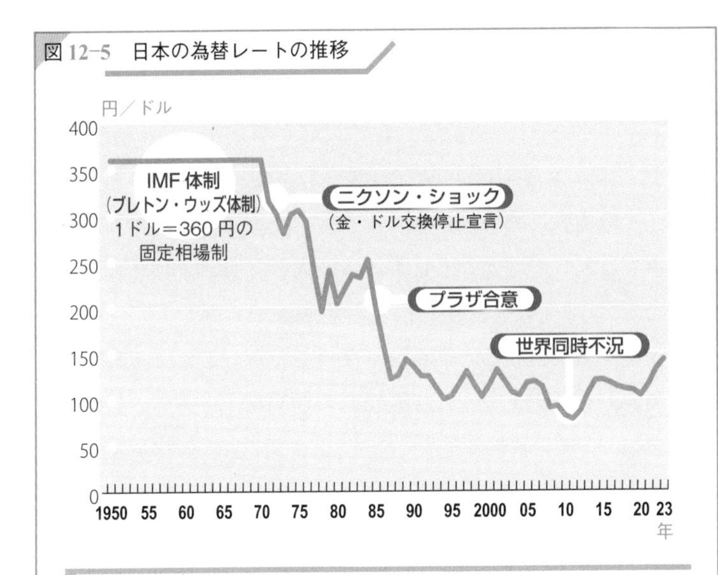

戦後の日本の為替レートは，IMF 体制のもと，1971 年のニクソン・ショックまで，固定相場制によって1ドル＝360 円という水準に決定されていた。しかし，1970 年代前半以降は変動相場制が採用され，為替レートの水準は外国為替市場の需要と供給がバランスするように決定されている。1980 年代半ばにはプラザ合意をきっかけに急速に円高が進んだ。また，2008 年末以降の世界同時不況の影響で，急速な円高が進行し，12 年には一時的に1ドル＝70 円台の円高も発生した。ただ，日銀が異次元の金融緩和を開始して以降，極端な円高は起こらなくなっている。

（出所）　日本銀行「時系列統計データ検索サイト」。なお，為替レートは，2023 年を除き年末値。2023 年は7月末の値。

政策当局は金融・財政政策を国内経済の安定化のみに使うことができると考えられていた。しかし，実際にわれわれが経験したことは，為替レートがしばしば大きく変動し，それが国内経済の攪乱要因にさえなっているのではないかという懸念であった。

たとえば，1980 年代半ばには，先進5カ国蔵相・中央銀行総裁会議（G5）で発表されたプラザ合意（1985年9月）によって，円ドル為替レートがわずか1年のうちに，1ドル＝230円代後半から150円台へと急騰した。また，2000年代末には，世界的金融危機による世界同時不況の影響もあって，2007年7月には1ドル＝120円台であった円ドル為替レートが10年秋以降，80円台前半へと大きく増価し，日本経済に大きな影響を与えた。

ただし2013年に日銀が異次元の金融緩和を開始して以降，このような極端な円高は起こらなくなっている。これは，日本ではゼロ金利やマイナス金利の状態が続いた結果，海外への資金流出（すなわち，ドルの需要曲線の右方へのシフト）が起きたからである。

4 為替レートの決定要因

●金融資産の取引の重要性

伝統的な考え方　為替レートの決定要因として何が重要であるかという問いに対する答えは，伝統的な国際金融理論と最近の理論とでは大きく異なっている。まず，伝統的な理論では，国際間の財・サービスの取引に必要な外国為替の需給関係が主として強調された。そして，輸出の増加や輸入の減少によって日本の貿易収支が黒字の場合には円高となり，逆に輸出の減少や輸入の増加によって貿易収支が赤字の場合には円安となると考えた。

一般に，他の条件が変化しないとした場合，日本の貿易収支が黒字に転じたときには，日本の輸出に対して支払われるドルの供給量が日本の輸入に必要なドルの需要量を上回ることになる。したがって，その他の要因の変化が無視できるとすれば，日本の貿易収支の黒字はドルの超過供給を生み出し，結果として変動相場制のもとで為替レートをドル安・円高へと調整することになる。

これに対し，日本の貿易収支が赤字に転じたときには，日本の輸入に必要なドルの需要量が日本の輸出によるドルの供給量を上回る。このため，今度は逆に外国為替市場においてドルが超過需要となり，為替レートはドル高・円安へと調整されることになる。

アセット・アプローチ

しかし，各国の経済的な結びつきがますます深まり，国際間の資本移動に関するさまざまな規制が撤廃された今日では，各国通貨の金融取引が飛躍的に増大し，その額は貿易収支に計上される輸出入の額をはるかにしのぐまでになってきている。このため，アセット・アプローチと呼ばれる最近の為替レート決定理論は，金融資産の取引によって発生する各国通貨の需給関係が為替レートを決定するうえで重要であると考える。

たとえば，金融資産をアメリカで運用したときの収益率が日本で運用したときの収益率よりも高くなった場合を考えてみよう。この場合，海外で運用することによるリスクが不変とすれば，日本人にとってアメリカの金融資産は魅力的なものなので，ドル建ての金融資産に対する需要量は増加し，円建ての金融資産に対する需要量は減少する。このため，日本の金融収支は黒字となり，その結果，**図 12-6**(1)のようにドルに対する超過需要が発生し，為替レートはドル高（すなわち，円安）へと調整される。

逆に，日本の金融資産がアメリカの金融資産よりも運用するうえでの収益が魅力的となった場合，アメリカから日本へ資金が流入し，日本の金融収支は赤字となる。したがって，この場合には

図 12-6　アセット・アプローチのもとでの為替レートの決定

(1)　アメリカにおける資産運用の収益率が上昇したときの影響

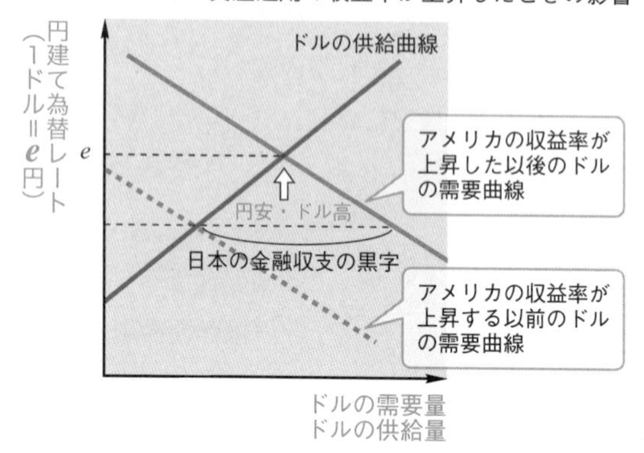

アメリカにおける資産運用の収益率が上昇した場合，資金が日本からアメリカへ流出する結果，日本の金融収支は黒字となり，為替レートは円安・ドル高へと調整される。

(2)　日本における資産運用の収益率が上昇したときの影響

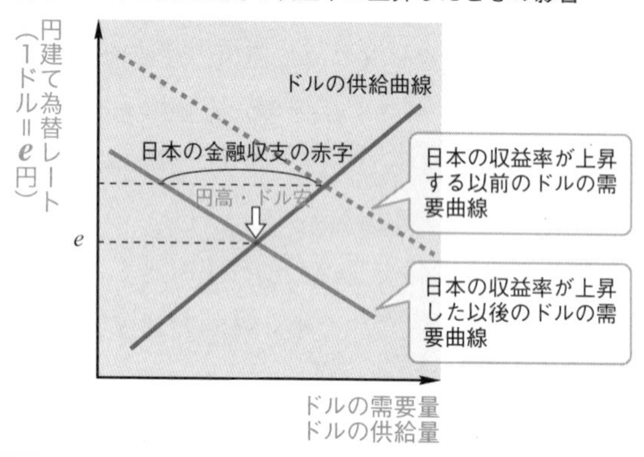

日本における資産運用の収益率が上昇した場合，資金がアメリカから日本へ流入する結果，日本の金融収支は赤字となり，為替レートは円高・ドル安へと調整される。

外国為替市場では，図**12-6**(2)のようにドルの超過供給が発生し，為替レートはドル安（すなわち，円高）へと調整されることになる。

投機と為替レート

為替レートに対する投機とは，ある国の通貨が安いときにその通貨を購入し，それが高くなったときに売却することによって利益を得る操作である。一般に，通貨に対する需要の増加はその通貨の価格を高め，その通貨の供給はその価格を低めるので，本来であれば投機的行動によって為替レートの変動は平準化されるはずである。実際，IMF 体制（ブレトン・ウッズ体制）から変動相場制に移行するまでは，**フリードマン**（M. Friedman）ら多くの経済学者たちが，変動相場制になって為替レートが自由に変動するようになっても，投機によって必要以上の為替レートの変動は取り除かれると考えていた。

しかしながら，変動相場制に移行した後，われわれが実際に経験したことは，投機的な金融資産の取引によって，為替レートがしばしばきわめて激しく変動したことであった。とくに，国際間の資本移動が自由化されてくると，さまざまな思惑から短期的に大量の資金がより高い収益を求めて国際間を移動し，その結果，為替レートは非常に短い期間で大きく変動することがしばしばあった。

そこで最近，注目されるようになってきた考え方が，投機家が短期的な為替レートの変動による値上がり益（すなわち，キャピタル・ゲイン）を目的として行動するという考え方である。このような投機的行動の結果，経済の実態とは無関係に，将来的に高くなると思われる通貨は購入されてその価値がますます高くなる

Column ㉖ 予測できない為替レートの動き

われわれが変動相場制に移行して以後の経験を通じてわかったことは，外国為替市場において決定される為替レートの変動が激しすぎるのではないかということである。実際，何人かの経済学者によって，従来の為替レートの理論は，現実の為替レートの激しい変動をとらえるには，まったく不十分なものであるという研究結果がいくつか報告されている。

その代表的なものの1つが，**メーシィ**（R. Meese）と**ロゴフ**（K. Rogoff）の2人による研究である。彼らは，変動相場制移行後の1970年代のデータを用いて，為替レートに関するいくつかの代表的な経済モデルを推定し，複雑な経済モデルによる為替レートの予測と，現在の為替レートの値のみを用いる単純な予測との精度を比較した。その結果，将来の為替レートを予測するうえで，「経済理論」にもとづくモデルの予測が，現在の為替レートの値のみを用いる単純な予測方法に劣っているということが明らかにされた。

将来の為替レートの予測値に現在の為替レートの値のみを用いるという予測方法は，きわめて素朴なものである。しかし，「経済理論」にもとづく予測方法が，この素朴な方法にすら勝つことができないというこの結果は，伝統的な為替レートの理論では為替レートの予測を行うことは非常に困難なことを示している。より正確な為替レートの予測と推計に多くの時間と労力を割いてきた研究者にとって，大変ショッキングな結果であった。

その後，より精緻な計測手法やデータを用いて，この結果が正しいかどうかが幅広く検証された。いくつかの研究は，現在の為替レートの値のみを用いる単純な予測方法より予測力が高い「経済理論」が存在すると主張した。しかし，大半の研究は，そのような「経済理論」の予測力が，単純な予測方法の予測力を上回ることがないと結論づけている。

一方，逆にこれから安くなると考えられた通貨は売却されてその価値がますます下落する。

とくに近年のように金融取引による外国為替に対する需給関係が重要となってくると，一時的なキャピタル・ゲインを目的とした投機的な行動が，経済の実態とは無関係に，短期的な為替レートの決定に重要な役割を果たすようになっている。

購買力平価説

まったく貿易障壁がなく，コストなく財の国際間取引ができる世界では，国が異なっても同じ製品の価格はひとつであるという一物一価の法則が成り立つ。一物一価が成り立つとき，国内でも海外でも，同じ商品の価格は同じ価格で取引されるので，2国間の為替相場は2国間の同じ商品を同じ価格にするように調整されると考えられる。たとえば，アメリカでは1ドルで買えるハンバーガーが日本では100円で買えるとするとき，1ドルと100円では同じものが買える（つまり1ドルと100円の購買力は等しい）ので，為替レートは1ドル＝100円が妥当であると考えられる。

購買力平価説は，為替レートがこのように2国間の通貨の購買力が等しくなるように決定されるという考え方である。具体的には，日本の物価水準をP（円），海外（アメリカ）の物価水準をP^*（ドル）とすると，購買力平価説のもとでは，円建て為替レートe（円／ドル）に，

$$e = \frac{P}{P^*}$$

という関係が成立する。したがって，購買力平価説のもとでは，日本の物価が相対的に上昇すれば円安・ドル高となり，逆に日本

の物価が相対的に下落すれば円高・ドル安となる。

もちろん，現実の世界では，すべての財やサービスが自由に貿易されることはないため，購買力平価説は成立していない。とくに，短期的には，為替レートは，購買力平価説から導かれる値とは大きく乖離する。しかし，長期的にはこのような乖離は調整されることが少なくない。このため，購買力平価説は，2国間の技術進歩の違いなどを調整すると，長期的な為替レートの動きを理解するうえで有益なものと考えられている。

5 パススルーと物価

●輸入物価と国内物価の関係

パススルーとは何か？

購買力平価説が成立する場合，為替レートは2国間の通貨の購買力が等しくなるように決定される。しかし，現実の世界では，ほとんどの財・サービスで一物一価の法則は成立せず，為替レートは短期的に購買力平価説から導かれる値と大きく乖離する傾向がある。これは，海外の価格や為替レートが変動しても，企業がその影響をすべて国内価格に反映させることがないからである。

海外価格や為替レートの変動を企業が国内価格に転嫁させる度合は，パススルーと呼ばれている。通常，パススルーは不完全で，海外価格や為替レートが変動することで輸入価格が変動しても，その影響は部分的にしか国内価格に反映されないことが知られている。

たとえば，日本の輸入企業は，為替が円安となった場合，国内の販売価格を引き上げる必要がある。なぜなら，輸入品のドル建て価格が一定でも，円安はその円建て価格を上昇させるからである。しかし，輸入企業が為替変動を価格にすべて転嫁させた場合（すなわち，100％のパススルーの場合），販売価格が大きく上昇する結果，国内の売上が落ち込んでしまう。このため，輸入企業は，売上の落ち込みを避けるため，為替レートの変動を部分的にしか国内の販売価格に転嫁させない傾向がある。

パススルーが物価に及ぼす影響

国内のインフレを考えるにあたって，コストプッシュ・インフレーションは，最も重要な要因のひとつである。とくに，原材料の多くを輸入に頼る日本では，国際的な原材料価格の上昇による輸入価格の上昇が，コストプッシュ・インフレーションの大きな原因となる傾向があった。このため，企業が輸入価格の変動をどれだけ国内価格に転嫁させるか（すなわち，パススルーの大きさ）は，国内のインフレ率をしばしば大きく左右してきた。

図 12-7 は，1970 年代初頭から 2023 年 7 月まで，消費者物価，国内企業物価，および輸入物価がそれぞれどのように変化したかを，増加率（対前年比）の推移で示したものである。図からわかるように，かつての日本経済では，原油などエネルギーの輸入物価が上昇すると，消費者物価が大きく上昇することが少なくなかった。1973 年に発生した第 1 次石油ショックや 79 年に発生した第 2 次石油ショックは，その典型的な出来事である。とくに，第 1 次石油ショックでは，1974 年に消費者物価指数が対前年比で 20% を超えて上昇し，のちに「狂乱物価」といわれる深刻なコストプッシュ・インフレーションとなった。

しかし，このような輸入物価と国内物価との密接な関係は，

図 12-7　消費者物価，国内の企業物価，および輸入物価

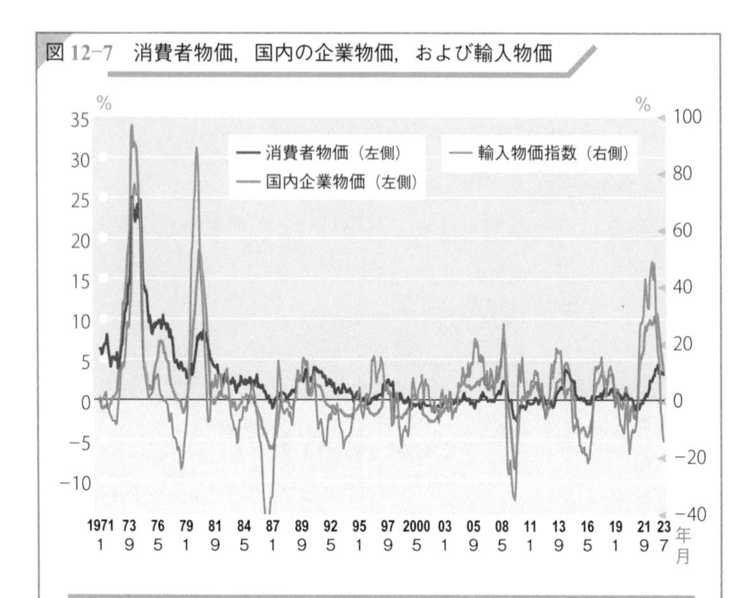

図は，消費者物価，企業物価，および輸入物価それぞれの増加率（対前年比）の推移で示したものである。かつての日本経済では，原油などエネルギーの輸入物価が上昇すると，消費者物価が大きく上昇することが少なくなかった。しかし，このような密接な関係は，1990 年代以降はっきりとしなくなった。とくに，輸入物価は，国内企業物価など「川上」での物価とは依然として一定の関係がみられるのに対して，消費者物価など「川下」の物価との関係は希薄となってきた。

（出所）　消費者物価は総務省「消費者物価指数」，国内企業物価および輸入物価は日本銀行「企業物価指数」による。

1990 年代以降はっきりとしなくなった。これは，部分的には，省エネや代替エネルギーへの転換など，エネルギー価格の変動に影響を受けにくい構造に日本経済が変化したことも一因である。しかし，輸入物価は，国内企業物価など「川上」での物価とは依然として一定の関係がみられるのに対して，消費者物価など「川

下」の物価との関係は希薄となってきた。このことは,「川上」で物価が上昇しても,「川下」では,売上の落ち込みを避けるため,値上げが行われにくい構造があったことが,消費者物価の低迷につながったことを示唆している。

2022年の物価動向をみると,とくに海外から輸入する原材料価格の上昇と円安の影響で,輸入物価の上昇が目立った。これを反映して,日本企業が直面する原材料コストや輸入製品の調達コストが大きく上昇し,国内企業物価だけでなく,消費者物価も徐々に上昇した。しかし,22年の日本の消費者物価の上昇率は,他の先進主要国よりもかなり低いものにとどまった。長年低インフレが続いてきた日本の物価の先行きを見通すには,企業がコスト上昇をどれだけ価格転嫁できるかというパススルーの動向を見極めることが重要である

6 経常収支の決定要因

●何が経常収支を決定するうえで重要か?

弾力性アプローチ

経常収支の決定要因として伝統的に重要と考えられてきたものは,為替レートの調整メカニズムである。とくに,弾力性アプローチと呼ばれる考え方は,一時的に経常収支が赤字や黒字になっても,長期的には為替レートの調整メカニズムによって経常収支は均衡していくとするものである。

この基本的な考え方を理解するために,まず日本の経常収支が黒字になったとしよう。この場合,ドルの超過供給が発生して為替レートは円高(ドル安)となるので,アメリカでの日本の輸出

品のドル建て価格は上昇する。これは，日本製品の円建て価格が同じであったとしても，ドルの価値が円に対して低くなればそれだけそのドル建て価格は上昇するからである。アメリカでの価格の上昇は通常日本製品に対する需要を減少させるので，結果的に日本からアメリカへの輸出量が減少する。

また，日本の経常収支の黒字の結果として発生する円高は，日本での外国製品の価格を下落させる効果もある。これは，ドル建てでは同じ価格のアメリカ製品であっても，円高になれば円建て価格は下落するからである。外国製品の価格が安くなれば日本人はそれだけ外国製品をより多く購入することになるので，この効果によって日本のアメリカからの輸入が増加する。したがって，日本の経常収支が一時的に黒字になったとしても，円高になることによって輸出が減少して輸入が増加する結果，黒字は解消され，やがて経常収支は均衡することになる。

逆に，日本の経常収支が赤字になれば，為替レートは円安になる。このため，今度は日本の輸出が増加する一方で輸入が減少する結果，経常収支はやがては均衡するように調整される。

すなわち，弾力性アプローチのもとでは，経常収支は一時的には黒字になったり，赤字になったりするが，為替レートが円高や円安になることによって，経常収支の不均衡は最終的には解消されるのである。このようなメカニズムは，経常収支に対する**為替レートの調整メカニズム**と呼ばれる。

もっとも，近年われわれが実際に経験している事実は，為替レートの経常収支に対する調整メカニズムがきわめて弱いということである。実際，日本の経常収支は過去40年以上の間，大幅な黒字を続け，それは為替レートが大幅に円高・ドル安になった

Column 27 Ｊカーブ効果

為替レートの変化によって経常収支の不均衡がスムーズに調整されるためには，輸出額や輸入額が為替レートの変化に対して十分感応的でなければならない。しかし，少なくとも短期的には，輸出額や輸入額は為替レートの変化に対してあまり反応しないことが知られている。とくに，弾力性アプローチのもとでも，経常収支の不均衡が為替レートの調整によって短期的には逆に拡大するＪカーブ効果の存在は古くから指摘されてきた。

このＪカーブ効果を理解するうえでのポイントは，経常収支を決定するのは輸出額や輸入額であって，輸出量や輸入量ではないという点にある。たとえば，円高になれば日本の輸出企業の価格競争力が低下して輸出量は減少するが，ドル建てでみた輸出額は減少するとは限らない。これは，

ドル建て輸出額＝輸出量 × ドル建て輸出価格

であるので，輸出量が減少してもドル建て価格がそれを上回る形で上昇していれば，ドル建てでみた輸出額は円高によって逆に増大する可能性が生まれるからである。したがって，経常収支の不均衡は為替レートの変化によって，少なくとも短期的には，逆に拡大することは十分考えられる。

ただし，弾力性アプローチのもとでは，このような為替レートの変化による経常収支の不均衡の拡大は，あくまで短期的なものと考えられていた。これは，為替レートの変化に対して輸出量がさほど反応しないのは短期的な現象であり，時間がたてば輸出量が十分に落ち込んで経常収支の黒字幅も減少していくと考えられたからである。このため，Ｊカーブ効果が存在するもとでは，経常収支の不均衡は為替レートの調整によって一時的には拡大するが，遅くとも１年や２年のタームでは均衡へと向かっていくことになる。

場合でも変化がなかった。このため，最近では為替レートによる経常収支の調整メカニズムには大きな疑問が呈せられている。

アブソープション・アプローチ

上で説明した弾力性アプローチは，為替レートの経常収支に対する調整メカニズムを重視した理論である。しかし，最近ではこれとはまったく異なった観点から経常収支の変動メカニズムを考察する理論が有力になってきている。そのひとつが，アブソープション・アプローチと呼ばれるものである。このアブソープション・アプローチの基本的な考え方は，財市場の均衡条件から導かれる。

一般に，オープン・マクロ経済では，国内総生産をY，消費をC，投資をI，政府支出をG，輸出をX，輸入をMでそれぞれ表すと，財市場の均衡条件は，

$$Y = C + I + G + X - M$$

である。したがって，この財市場の均衡式を変形すると，

$$X - M = Y - (C + I + G)$$

という式を導くことができる。この式の右辺における国内の総支出$(C + I + G)$は，とくに国内アブソープションと呼ばれている。

上の均衡式は，貿易収支$(X - M)$にほぼ対応する経常収支の黒字が，国内総生産Yとこの国内アブソープションの差として決定されることを表している。すなわち，経常収支の黒字とは，国内で生産したものの一部が国内では需要されず，代わりに海外の需要に吸収される状況を示している。また，逆に経常収支の赤字とは，国内で生産したもの以上の国内需要が存在するため，海外で生産されたもので国内需要の一部を満たす状態を表している。

以上のアブソープション・アプローチの考え方は，経常収支の変動が各国の景気と密接な関わりをもっていることを示唆している。すなわち，景気の良い国では消費や投資活動がさかんで，国内アブソープションの増加に国内総生産が追いつかない状況が発生する。このため，その国では海外からの財・サービスの輸入が増大し，経常収支は赤字になる傾向になる。これに対し，景気の悪い国では逆に，国内アブソープションが国内総生産を下回り，その結果，経常収支は黒字になる傾向になる。

このような景気変動と経常収支を結びつけるアブソープション・アプローチの考え方は，少なくとも短期的には経常収支の変動をかなり説明しているものと思われる。実際，日本のこれまでの短期的な経常収支の変動をみると，それは日本や主要な貿易相手国の景気変動と密接な関係があることを観察することができる。

貯蓄・投資バランス・アプローチ

弾力性アプローチやアブソープション・アプローチに代表される経常収支の理論の特徴は，為替レートの調整や国内外の景気の差が経常収支を変化させるものとしてとらえることにあった。しかし，財やサービスが取引された場合には必ずその背後でお金の受け渡しがあり，資本移転等収支などを別とすれば，事後的には経常収支の黒字は金融収支の黒字に対応し，経常収支の赤字は常に金融収支の赤字に対応する。

そこで，最近では経常収支の黒字や赤字は，金融収支が黒字や赤字である結果として発生しているとする考え方が有力となっている。その考え方の代表的なものが，貯蓄・投資バランス・アプローチ（*IS* バランス・アプローチ）である。このアプローチの基本的な考え方は，アブソープション・アプローチと同様，オープン・マクロ経済における財市場の均衡条件をベースに導かれる。

すなわち，民間の貯蓄を S，租税を T で表すと，民間の貯蓄は，$S=Y-T-C$ となる。したがって，$Y=C+I+G+X-M$ という財市場の均衡式を変形すると，$X-M$ は，

$$X-M=(S-I)-(G-T)$$

と書き表せる。この式は，経常収支 $(X-M)$ が，民間の貯蓄・投資差額 $(S-I)$ と財政赤字 $(G-T)$ の差，すなわち，

経常収支＝民間の貯蓄・投資差額－財政赤字

として決定されることを表している。たとえば，貯蓄・投資バランス・アプローチでは，民間の貯蓄が投資を上回ることが経常収支が黒字になる原因と考える。また，財政赤字が増加することも，経常収支が赤字になる原因と考える。

一般に，財政赤字が一定の場合，国内の民間の総貯蓄が民間の総投資を上回れば，その分は外国の金融資産の購入という形で貯蓄される。また，民間の貯蓄・投資差額が一定のもとで，政府の財政赤字が増加すれば，その分は外国から借入という形で資金を調達しなければならなくなる。このため，民間の貯蓄・投資差額の増加は金融収支を黒字へと導く一方，財政赤字の増加は金融収支の赤字を生み出す。

したがって，金融収支の黒字が経常収支の黒字に対応し，金融収支の赤字が経常収支の赤字に対応することに注意すると，民間の貯蓄・投資差額の増加は経常収支を黒字へ導く一方，財政赤字の増加は経常収支を赤字にすることがわかる。貯蓄・投資バランス・アプローチは，この性質をもとに，民間の貯蓄率や政府の財政収支が経常収支の構造的な変動の原因となっていると考えるの

である。

貯蓄・投資バランスでみた日米の経常収支

このような貯蓄・投資バランス・アプローチの考え方は，国際間の資本移動が活発となった最近の経常収支の動きを説明するうえでは有用であることが多い。

たとえば，1980年代前半にアメリカの経常収支は大幅な赤字となったが，これは，80年代になってアメリカの財政赤字が大きく膨らんだことによるものと解釈できる。財政赤字$(G-T)$の項目が大きくなると，$(S-I)$が変化しなければ，赤字を外国からの借入によってまかなわなけらばならなくなる。このため，金融収支は赤字となり，その結果，経常収支$(X-M)$も大きくマイナスとなったと考えられる。

また，過去30年超の間，日本の経常収支は大幅な黒字であったが，これも日本の貯蓄に余裕があった点に注目すれば，ある程度の説明をつけることができる。すなわち，第**2**章第**7**節でみたように日本の貯蓄率は先進諸国のなかでも際立って高い水準にあり，民間の貯蓄超過$(S-I)$の項目は大きくプラスであった。このため，財政赤字$(G-T)$の項目が多少マイナスであっても，日本人は貯蓄超過の多くを海外の金融資産に投資することになった。これは，日本の金融収支の大幅な黒字を意味し，結果的に日本の経常収支$(X-M)$は大きなプラスとなったといえる。

この考え方のもとでは，われわれが経験してきた持続的な日本の経常収支の黒字は一時的なものではなく，むしろ日本人の貯蓄率が高い限り，長期にわたって継続する構造的なものであったという考え方が成立する。また，日本の経常収支が黒字である原因は，「日本の貯蓄率がなぜ高かったか？」という問題に帰着することになる。

もっとも，第**2**章第**9**節でみたように，日本の貯蓄率は，1990年代の後半以降，大きく減少する傾向にある。この時期，企業の設備投資も同時に低迷したので，貯蓄・投資バランスの面では経常収支が黒字となることに変わりはなかった。しかし，仮に今後も貯蓄率の減少が持続する一方，企業の設備投資が回復するとすれば，日本の貯蓄・投資バランスは悪化することになる。今後のわが国の経常収支の動向は，このような貯蓄・投資バランスの構造的な変化を見通して考える必要がある。

練習問題

1 次のなかで，他の条件を所与とした場合に，為替レートを円高に導くと考えられる要因はどれか。

(a) 日本企業の東南アジアへの直接投資の増加
(b) 日本銀行のドル買い為替介入
(c) 日本企業の輸出の増加
(d) 日本人の海外旅行者数の増加
(e) 海外の機関投資家による日本株の売却

2 為替レートを決定するうえで，以前は輸出や輸入の動向が重要であったが，最近は国際間を資本がどのように流れるかがより重要となっている。この理由を簡潔に述べよ。

3 次のなかで経常収支に関する「貯蓄・投資バランス・アプローチ」の考え方に該当するものはどれか。

(a) 日本の経常収支の黒字は円高によって解消される。
(b) 景気がよくなれば輸入が増えて経常収支は悪化する。
(c) 日本の高い貯蓄率は経常収支を黒字とし，為替レートを円高にする。

(d) 経常収支の黒字や赤字は一時的な現象である。

4 以下の金融資産の国際間取引のうち，金融収支にはマイナスに働く要因と考えられるものはどれか。

(a) 日本の銀行が海外企業に融資を行った。

(b) 日本人が，アメリカの国債を買った。

(c) 外国の銀行が日本国内の融資を回収した。

(d) 外国人の投資家が日本企業の株を購入した。

(e) 日本政府が保有する対外資産を表す外貨準備を増加させた。

（第 12 章 **練習問題の解答例**  p. 438）

参考となる文献やウェブサイト

国際収支などオープン・マクロ経済に関する各種データは，財務省のホームページの「国際政策」の統計のセクションが有益である。

国際経済学を勉強したいと考えている読者のための教科書としては，たとえば，浦田秀次郎・小川英治・澤田康幸『はじめて学ぶ国際経済　新版』有斐閣［2022］がある。

Model Answer 練習問題の解答例

第1章 解答例

1 (b), (e), (f)

2 GDP は国内で生産された粗付加価値の合計であるため，海外で生み出された粗付加価値である中間生産物の輸入額は含まれない。したがって，

GDP＝最終生産物の生産額合計−中間生産物の輸入額合計

という関係がある。

3 アイルランドの国民は，外国に賃金や利子といった所得を多く支払っている。

4 すでに景気が「山」を越えて上昇から下降へ反転しており，景気循環の局面が「後退期」にあると考えられる。

第2章 解答例

1 正解は，(c)。(c)以外は変動所得であるため，消費にまわされる比率は小さい。

2 1970 年代半ばの期間は，日本経済においてそれまでのような高成長がそれ以上続くことはないことがはっきりした時期であった。このため，人々の恒常所得が実際の可処分所得以上に低下し，その結果，消費が減少することによって家計貯蓄率水準が高くなった。

3 株式や土地などの保有資産の価値が上がったことで，人々が将来消費に向けることができる生涯所得が増加したと考えたために，消費が増えたことを反映して貯蓄率が低下した。

4 ライフサイクル仮説では，子孫の効用を考えず，一生の消費計画をたてるため，子孫の将来のことを考えて財産を残すことはない。しかし，ライフサイクル仮説が成立するもとでも，いくつかのケースで，子孫に財産が遺産という形で残される。その1つが，死亡年齢が不確実なために，たまたま早く死亡した際に発生する「意図しない遺産」である。また，子供に世話をしてもらうことを条件に親が子孫に財産を残す「戦略的遺産動機」も，ライフサイクル仮説と整合的である。

第3章 解答例

1 資本ストックが望ましい水準に瞬時に調整される新古典派の投資理論の方が，投資の変動は大きい。

2 利子率の上昇は資本の使用者費用が上昇したことを意味する。資本の使用者費用が上昇した場合，望ましい資本ストックの量は減少するため，それを達成するために必要な投資の量も減少する。

3 資本減耗率 d の上昇は資本の使用者費用を増加させるため，望ましい資本ストック $K_t{}^*$ は減少する。しかし，新古典派の投資理論では粗投資 $I_t = K_t{}^* - (1-d)\ K_{t-1}$ であるため，d の上昇が I_t を減少させるかどうかははっきりしない。

4 通常，生産の大きな調整には時間がかかる。このため，近い将来，販売額が増加することが見込まれていれば，あらかじめ生産を増やし，将来の販売に備えて在庫を増やしておくことが企業にとって望ましくなる。この場合，在庫投資は意図した形でプラスとなる。同様に，近い将来，販売額が減少することが見込まれていれば，あらかじめ生産を減らし，在庫を減らすことが望ましいので，在庫投資は意図した形でマイナスとなる。

第4章　解答例

1　金融市場では，利子率による価値調整メカニズムが働く。このため，マクロ的にみた場合，投資量が貯蓄量を上回った場合には利子率が上昇することによって，また投資量が貯蓄量を下回った場合には利子率が下落することによって調整が行われる。

2　簡単なケースでは，株価の理論値は$p_t = d/(r+\rho)$として決定される。したがって，$r=0.05$および$\rho=0$のケースでは，理論的には$p_t/d=20$でなければならないので，現実の株価は高すぎるといえる。

3　一国全体の土地の広さは一定なので，マクロ経済全体でみた場合，土地は設備投資には含まれない。このため，マクロ経済では，トービンのqは，企業が保有する機械・設備に対する株式市場の評価（企業がその機械・設備を操業して生み出す利潤に対する株式市場の評価）の機械・設備の再取得価格に対する比率となる。したがって，トービンのqの分子はその企業の株式の総額から企業が保有する土地の評価額を差し引いたもの，分母は機械・設備の再取得価格となる。

4　流動性制約が存在する場合，企業は投資に必要な資金を十分に借り入れることができないため，投資を予定どおりには実行できない。これは，社会的には投資が過少となることを意味し，投資が将来的に利益を生み出す機会の一部を逃すことになるため，社会的に非効率を生み出す。

第5章　解答例

1　価値尺度としての機能。なお，交換手段や価値の保蔵手段としての機能は，ECUではなく，当時各国で流通していた通貨が果たしていた。

2 貨幣需要関数が不安定化し，貨幣紛失の問題が起こった原因として考えられる金融の自由化は，まずアメリカにおいて1970年代半ば以降進展し，金融機関によってこれまでにない新しい金融商品が次々と開発された。日本の金融の自由化は，このアメリカの自由化より少し遅れて1970年代末以降始まったといわれており，その結果日本では貨幣需要関数が不安定化する時期がアメリカよりも少し遅れたものと考えられる。

3 マーシャルのkは一定であるので，ケンブリッジ方程式では，「名目貨幣量の変化率」=「実質国民所得の変化率」+「一般物価水準の変化率」となる。したがって，名目貨幣量の変化率が実質国民所得の変化率を上回れば，一般物価水準は上昇する。逆に，名目貨幣量の変化率が実質国民所得の変化率を下回れば，一般物価水準は下落する。

4 貨幣量（M）はマネタリーベース（B）に一定の貨幣乗数を掛け合わせたものである。この貨幣乗数は，民間の現金/預金保有比率（C/D）をq，また銀行の預金準備率（R/D）をsとすると，$(q+1/q+s)$となる。したがって，本問題では，$q=1/2$，$s=0.1$となることに注目すると，貨幣乗数は$(0.5+1)/(0.5+0.1)=2.5$となる。すなわち，貨幣量はマネタリーベースの2.5倍となる。

第6章　解答例

1 政府支出乗数の式から，

$$\Delta Y=[1/(1-0.9)]\cdot 100\text{億円}=1000\text{億円}$$

となる。

2 垂直な直線となる。

3 均衡予算の場合，はじめに政府支出の増加によって有効需要がΔGだけ増加する一方で，消費の減少によって有効需要は$c\Delta T$だけ減少する。したがって，第1ラウンドでは，国民所得は$(\Delta G - c\Delta T) = (1 - c)\Delta G$だけ増加する。第2ラウンドでは，第1ラウンドの国民所得の増加をうけて，消費が$c(1 - c)\Delta G$だけ増加する。以下同様にして，最終的な国民所得の増加ΔYは，

$$
\begin{aligned}
\Delta Y &= (1-c)\Delta G + c(1-c)\Delta G + c^2(1-c)\Delta G + \cdots \\
&= (1-c)\left(\Delta G + c\Delta G + c^2\Delta G + \cdots\right) \\
&= (1-c)\left(\frac{1}{1-c}\Delta G\right) = \Delta G
\end{aligned}
$$

となる。

4 (b)のケースは本文で説明した場合であり，投資乗数は$1/(1 - c)$である。(a)のケースでは，国民所得がYのときには，租税はtYである。よって，可処分所得は$Y - tY = (1 - t)Y$となる。このとき均衡国民所得を決める式は，

$$Y = A + c(1 - t)Y + I + G$$

と変更される。したがって，均衡国民所得Y_0は，

$$Y_0 = \frac{A + I + G}{1 - c + ct}$$

となる。

これにより，投資がΔIだけ変化すると，均衡国民所得は，

$$\frac{1}{1 - c + ct}\Delta I$$

だけ変化することがわかる。つまり，投資乗数は

$$\frac{1}{1 - c + ct}$$

である。両者を比べると$t>0$なので，(a)のときの方が投資乗数が小さい。よって同じ投資の変動に対して(a)のときの方が国民所得の変動が小さい。以上より，(a)の課税方式がより景気を安定化するといえる。

第7章　解答例

1　実質 GDP が安定したトレンドのまわりを変動するケースの経済政策は，トレンドからの乖離をできるだけ小さくし，実質 GDP を安定した潜在的な水準に近づける経済政策が望ましいと考えられる。これに対して，実質 GDP のトレンド自体が変動するケースでは，実質 GDP の潜在的な水準が変化していると考えられるので，経済変動を安定化させる経済政策のもつ必要性ははっきりしなくなる。

2　ケインズ経済学が主張するような経済政策は，人々の行動がこれまでと変化しない場合に，より有効である。したがって，同じ経済政策であっても，何度も行うとそれに対応して人々は行動を変化させるようになり，その効果は小さくなってしまう。

3　4%から1%へ変化。企業の利子負担は軽減される。

4　正解は，(1)。国民所得を一定額増加させるために必要な政府支出は，財政政策の効果が小さい場合ほど大きい。本問では，(1)のとき *LM* 曲線が垂直に近くなるため，財政政策の効果が小さく，したがってより多くの政府支出が必要となる。

なお，(2)は *LM* 曲線が水平なケース，(3)は *IS* 曲線が垂直なケースに対応し，いずれも財政政策の効果は大きい。また，(4)と(5)も，政府支出乗数が大きいことから，財政政策の効果は大きい。したがって，(1)以外は，多くの政府支出は不要である。

第8章　解答例

1　家計の借金の場合には，借りる人と返す人が同じである。ところが，政府の借金は，通常は国債の発行と償還の間が長期に及び，また国債を保有している人と国債の償還のために税金を徴収される人が必ずしも同じではない。そのため，借りる人（国債発行により便宜を受ける人）と返す人（最終的に償還のための税金を払う人）が必ずしも同じではないことになり，世代間や世代内で負担が転嫁されるという問題が生じる。

2 国債の中立命題が成立する世界では，現在の消費は，現在の可処分所得ではなく，将来の増税も織り込んだ恒常所得に依存して決まると考える。これに対して，ケインズ型消費関数は，現在の消費が現在の可処分所得にのみ依存して決まると考える。この考え方のもとでは家計の現在の消費は現在の減税にのみ依存し，将来の増税には依存しない。そのため，減税によって消費が増加することになる。

3 短期的には，公共事業は有効需要を増やすので，不況期には公共事業を増やす政策は有効である。また，長期的にも，公共事業によって本当に必要な社会資本が生み出されるのであれば望ましい。しかし，実際の公共事業は無駄が多く，必ずしも必要でない社会資本も少なくないため，無駄な公共事業費は削減すべきだと指摘する人が多い。

4 国債は政府の借金であり，いずれは償還しなければならないものである。しかし，経済状況が不安定な発展途上国などでは，財政基盤が脆弱なため，国家が借りたお金を必ず返済できるとは限らない。このため，国債残高が大きく膨らんだ場合，国債の利払いや償還ができなくなるとの懸念が高まり，そのリスク・プレミアムが上昇する結果，国債の利回りが大きく上昇する。

第9章 解答例

1 (c)

2 (d)

3 (a)インフレの原因が貨幣量の恒常的な増加による場合，少なくとも長期的には貨幣は実体経済に中立的となる。よって，長期的には当初のように財Aの価格は財Bの価格の2倍にもどる。

(b)インフレの原因が石油価格の恒常的な上昇による場合，相対価格の変化は生産費用への実体的なショックを反映したものとなる。このため，財Aの価値が財Bの価値の3倍という状態が，長期的にも続く。

4 賃金は労働サービスへの対価である。したがって，消費者物価ではかった実質賃金は，労働サービスの消費財に対する相対価格である。

第10章 解答例

1 正解は，(d)。(d)のみが，ケインズ的な非自発的失業である。

2 (1)は転職にともなう摩擦的失業を低くするため，自然失業率を低くする。(2)は失業者が労働力人口から退出することにより不況期の循環的失業の増加を緩和する。(3)も自営業者は失業しにくいため不況期の循環的失業の増加を緩和する。(4)は企業が不況期には解雇よりも賃金カットで対処することを意味し，やはり不況期の循環的失業の増加を低く抑える。(5)は不況期の解雇者が少なく，転職者も少ないことに結びつき，循環的失業率と自然失業率をともに低くする効果をもつ。

3 1960年代までは，インフレ率が比較的安定していたため，人々の予想インフレ率も低い水準に安定していた。また，石油ショックのような大きなサプライ・ショックもなかったため，自然失業率が大きく変動することも少なかった。

4 正解は，(b)。ケインズ的な財政政策や金融政策は，不況期に拡大する失業を減らすうえで最も有効である。なお，(a)と(c)は構造的失業，(d)と(e)は摩擦的失業で，いずれも，ケインズ的な政策よりも，労働市場のミスマッチを軽減するミクロ的な政策が失業対策としては望ましい。

第11章 解答例

1 成長要因の分解式から，実質GDPの成長率＝全要素生産性の増加率＋(資本分配率 × 資本ストックの増加率)＋(労働分配率 × 労働人口の増加率) である。また，労働分配率が70%のとき，資本分配率は30%である。以上の数値を代入すれば，50%＝全要素生産性の増加率＋(0.3×50%)＋(0.7×5%)。したがって，全要素生産性の増加率＝50% − 15% − 3.5% = 31.5%，である。よって，50%の経済成長に占める資本・労働・全要素生産性の貢献度は，おのおの，15%/50%，3.5%/50%，31.5%/50%，すなわち，30%，7%，63%である。

2 毎年の実質GDP成長率の変動をみると年ごとに変化している。それは，景気循環による，さまざまなマクロ経済変数の変動が，最終生産物である実質GDPの成長率に反映されているためである。したがって，実質GDP成長率の毎年の上下は景気循環の代表的な指標のひとつである。一方，毎年の実質GDP成長率を10年，20年単位で平均してみると，それはその期間中の景気循環の影響を取り除いた経済の潜在的な産出能力が，どの程度上昇していたかを示す。したがって，実質GDPの平均成長率は該当期間の経済成長の指標となる。

3 (a)，(c)

4 0%

第12章　解答例

1　正解は，(c)。それ以外の要因はいずれも，為替レートを円安・ドル高へと導く。

2　以前は国際間の資本移動にさまざまな規制が存在していたため，各国通貨に対する需要を決定するのは主として経常収支に計上される輸出入の動向であった。しかし，今日では，国際間の資本移動に関するさまざまな規制が撤廃され，各国通貨の金融取引が飛躍的に増大し，その額は経常収支に計上される輸出入の額をはるかにしのぐまでになってきている。このため，最近の為替レート決定理論は，金融資産の取引によって発生する各国通貨の需給関係が為替レートを決定するうえで重要と考えている。

3　(c)

4　正解は，(d)。それ以外は，金融収支にはプラスに働く。金融収支は，対外資産の増加を＋，減少を－と表示する。日本政府が保有する対外資産を表す外貨準備の増減も，金融収支に含まれる。

索引 MACRO ECONOMICS

事項索引

アルファベット

A～G

H～N

O～Z

50音

あ 行

●か　行●

●さ　行●

●た 行●

●な　行●

●は　行●

●ま　行●

●や　行●

●ら　行●

●わ　行●

人名索引

著者紹介　福田 慎一（ふくだ しんいち）
東京大学大学院経済学研究科教授

照山 博司（てるやま ひろし）
京都大学経済研究所教授

【有斐閣アルマ】
マクロ経済学・入門〔第6版〕
Introduction to Macroeconomics, 6th edition

1996年11月10日　初　版第1刷発行
2001年 4 月 1 日　第2版第1刷発行
2005年 4 月30日　第3版第1刷発行
2011年 4 月20日　第4版第1刷発行
2016年 3 月30日　第5版第1刷発行
2023年12月25日　第6版第1刷発行

著　者　福田慎一
　　　　照山博司
発行者　江草貞治
発行所　株式会社有斐閣
　　　　〒101-0051 東京都千代田区神田神保町 2-17
　　　　https://www.yuhikaku.co.jp/
装　丁　デザイン集合ゼブラ＋坂井哲也
組　版　田中あゆみ
印　刷　大日本法令印刷株式会社
製　本　牧製本印刷株式会社
装丁印刷　株式会社亨有堂印刷所

落丁・乱丁本はお取替えいたします。定価はカバーに表示してあります。

Printed in Japan. ISBN 978-4-641-22224-3